国家社科基金项目“我国互联网信息的多元主体协同治理体系研究”(18BXW121)资助

传播法与伦理评析

张文祥　编著

山东大学出版社
SHANDONG UNIVERSITY PRESS
·济南·

图书在版编目(CIP)数据

传播法与伦理评析 / 张文祥编著.—济南：山东大学出版社，2023.7

ISBN 978-7-5607-7022-2

Ⅰ. ①传… Ⅱ. ①张… Ⅲ. ①传媒法—研究—中国 Ⅳ. ①D922.84

中国版本图书馆 CIP 数据核字(2021)第 104182 号

责任编辑　滕希功
文案编辑　谭婧婺
封面设计　泽坤广告

传播法与伦理评析
CHUANBOFA YU LUNLI PINGXI

出版发行　山东大学出版社
社　　址　山东省济南市山大南路 20 号
邮政编码　250100
发行热线　(0531)88363008
经　　销　新华书店
印　　刷　济南乾丰云印刷科技有限公司
规　　格　720 毫米×1000 毫米　1/16
　　　　　20.5 印张　400 千字
版　　次　2023 年 7 月第 1 版
印　　次　2023 年 7 月第 1 次印刷
定　　价　65.00 元

序

行为规范的制定和实施，离不开具体个案。规范往往来自对各类个案的总结和提升，而实施规范则需要用个案来示范和实践。在法制层面，以往普通法系国家的法源主要是判例法（case law），而大陆法系国家的法源主要是成文法，但也辅之以判例。我国的法律形式都是成文法，但是司法机关也不时公布典型案例提供参考，近年来则正式实行指导性案例的制度。至于在道德伦理领域，通过讲述具体个案来向公众说明和普及推广有关规范，更是古今中外常见的方式。

从某种意义上说，我国当代传媒法和伦理的研究正是起源于案例介绍和分析。传媒法领域的第一个国家社会科学基金研究项目"舆论监督与新闻纠纷问题研究"立项于 1993 年，时任新闻出版署副署长、中国新闻法制研究中心主任王强华先生担任项目主持人，其成果内容就是"总报告"加上从 180 个案例中精选的 60 多个案例及对这些案例的评析（王强华等编：《舆论监督与新闻纠纷》，复旦大学出版社 2000 年版）。其后有影响的传媒法案例著作还有高秀峰等主编的《中国新闻侵权判例》（共收案例 12 件，法律出版社 2000 年版），刘海涛、郑金雄等著的《中国新闻官司二十年》（共收案例 50 件，中国广播电视出版社 2007 年版），徐迅负责的课题组编著的《中国新闻（媒体）侵权案件精选与评析 50 例》（法律出版社 2009 年版）等，这些著作中的若干案例至今还常被引用。传媒伦理研究也是同样，陈桂兰主编的《新闻职业道德教程》（复旦大学出版社 1997 年版）乃我国当代最早阐述新闻伦理的著作之一，其姊妹作就是《新闻职业道德案例评析》（高等教育出版社 2001 年版）。21 世纪有影响的新闻媒体职业规范著作如陈力丹等著的《中国新闻职业规范蓝本》（人民日报出版社 2012 年版），展江、彭桂兵著的《媒体道德与伦理案例教学》（中国传媒大学出版社 2014 年版），徐迅任组长的编写组编写的《媒体人新闻业务守则释义》(中国政法大学出版社 2015 年版)等，都通过大量案例来说明有关规范。

传媒法和伦理规范既具有稳定性，又要与时俱进、有所发展。随着时间推移，各类案例与日俱增，层出不穷，所以有关案例的著作理应不断推陈出新，后来居上。张文祥教授编著的这部《传播法与伦理评析》，对近 30 年来传播领域发生的海量案例进行爬罗剔抉深挖精选，其涵盖所及：论时间，从 1985 年新闻记者诽谤第一案直至 2020 年发生的各种网络纠纷和争议；论法律类型，包括宪法及其相关法、民商法、行政法、社会法、刑法等调整不同类型社会关系的部门法；论调整手段，从民事和刑事司法裁判到行政管理，以至行业和单位自律、民间调解；论行为主体，则有新闻媒体、新闻记者、其他媒体工作者、其他新闻报道行为人、新闻消息源、新闻报道相对人、网络内容提供商(ICP)和网络平台提供商(ISP)、提供内容的用户(UGC)，以及各行政部门、行业团体等；论各类权益，则涉及公民与法人的表达权、知情权、监督权、参与权、名誉权、肖像权、隐私权和个人信息保护、著作权以及其他各种社会公共利益和国家利益等等。凡此种种，可以见到这部案例选评，既保留了传统媒体时代的一些经典案例，阐述了有关传媒规范的某些基本原理，又因时而进，特别注意搜集网络环境中新型传播形态下出现的新案例，对传统规范如何应用于新情况以及相应的新规范作了探讨。

在传播法与伦理课程的教学和研究中，案例的作用可以用认识论中抽象和具体的关系来说明。对于学人们来说，法与伦理的规范都呈现为抽象的条文、命题和概念，阅读这些条文也许只需要花费很短的时间，但是要真正领会有关条文、命题及概念的实质，则必须回到具体的实际生活中去。搜集、了解、研究各种案例，也就是遵循马克思说过的“从抽象上升到具体的方法”之一。通过各种案例，我们有可能了解和领会有关条文和概念的丰富内涵，这是“思维用来掌握具体并把它当作一个精神上的具体再现出来的方式”。当然，每个案例都是多侧面的，“具体之所以是具体，因为它是许多规定的综合，因而是多样性的统一”。对于案例的评析，作者往往是抓住他认为需要说明的某些规范中的原理予以阐发，本书同样是如此；而学人们尽可以从案例中发掘出对于其他有关规范的认识。当然，随着学习和研究的深入，学人们从足够多的案例中也许能提炼或概括出对于相关规范的新认识，把它提供给有关部门参考，这就有可能经过法定程序制定能够补充、修改或者代替原有规范的新型规范。马克思把这种“完整的表象蒸发为抽象的规定”称为“第一条道路”,而前述“抽象的规定在思维行程中导致具体的再现”则被称为“第二条道路”。[①] 马克思论著里所说的是研究政治经济学的方法,但是在法和伦理的研究上,也应当如此。人的认识正是在这两条道路上循环往复、循序渐进,而后有所创新、有所发明、有所前进。在推出张文祥教授这部书的时候,我们重温马克思的有关论述,应该是有益的。

希望这部书对学人们能够有所帮助。

魏永征

2021 年 2 月 1 日

① 参见马克思:《政治经济学批判导言》,《马克思恩格斯选集》第 2 卷,人民出版社 2012 年版,第 701 页。

目　录

上编　传播法

下编 传播伦理

上编

传播法

第一章　传播与表达自由

本章撷取典型案例，分别对网络空间表达、政府信息公开、舆论监督、记者权利及其保护等传播法中的公法问题进行评析。

案例1

言论自由在民事诉讼中的阐释与适用

案例介绍>> 阐释宪法权利的三起民事诉讼案

《中华人民共和国宪法》(以下简称《宪法》)第35条明确规定："中华人民共和国公民有言论、出版、集会、结社、游行、示威的自由。"因我国法院不受理宪法案件，公民的宪法权利还不具有可诉性。但在一些民事诉讼案中，法院判决书会对作为宪法权利的言论自由作出阐述。以下三起民事诉讼案就有一定代表性。

第一个案例是杨某与北京市朝阳区某中心小学名誉权纠纷案。

2017年3月7日中午，北京市朝阳区某小学二年级8班学生杨某在教室门口扫地时，无意撞到同班同学张某，张某摔倒受伤。张某随后被送医救治，后转学继而退学回家。2018年3月7日到6月23日，张某的母亲杨某通过其微信公众号先后发表《北京市朝阳区某中心小学伤害孩子事件——我们不再沉默(一)》等8篇文章，向该小学讨要说法。

朝阳区某中心小学认为杨某发布相关文章存在杜撰捏造、歪曲篡改客观事实、侮辱丑化某小学的行为，侵害了某小学名誉权，遂提起诉讼。一审法院认为杨某利用微信公众号发表针对某小学的诽谤、侮辱言论，使公众对某小学产生一定误解，造成某小学的社会评价明显降低，其行为构成侵犯名誉权。杨某辩称其文章内容是真实的，且其行为系行使宪法赋予的言论自由权利，是履行公民监督、批评职责的正当行为。杨某不服一审判决，提起上诉。

二审法院判决就杨某主张的言论自由进行了阐述：

> 言论自由是公民之基本权利，具有实现自我、沟通意见、追求真理以及监督各种政治和社会活动的功能，应予充分保障。但是，公民行使言论自由不得侵犯他人之合法权利。人格权与言论自由系同受宪法保障的基本权利，并无价值高低之分。名誉权作为人格权之具体权利，是保护公民、法人获得和维持对其名誉进行客观公正评价的法律手段，是法律赋予公民、法人的一项重要民事权利。言论自由与名誉权之保护发生冲突时，应就个案审慎地加以衡量。[①]

二审法院认为，杨某8篇涉案文章中的描述并不符合客观事实。因文章中使用了“欺世盗名”“黑幕”“施害者”“黑社会”等具有贬损之意的词语，难以认定杨某系出于善意、真诚的批评而发表，其行为超越了正当评论的限度，具有明显的恶意诋毁的性质。因此，杨某的言论不同程度地存在缺乏事实依据，侮辱、贬损某小学名誉的情节，超越了正常舆论监督、批评的限度，不属于言论自由的范畴。杨某所称其涉案文章内容是真实的且其行为系行使言论自由权利的抗辩不能成立，不能抵消其行为的违法性。二审法院驳回上诉，维持原判。

第二个案例是陈某与普陀山佛教造像研究院、李某名誉权纠纷案。

2016年8月18日至9月25日，由中国文化管理协会、浙江省文化厅和普陀山佛教协会联合主办，浙江美术馆和普陀山佛教造像研究院共同承办的《汉风藏韵——中国古代金铜佛像艺术特展》(以下简称“涉案展览”)在浙江美术馆举办。本次展览共展出118件金铜佛像及佛教法器。8月26日，陈某在新浪网刊载了题为《浙江美术馆展出的雷人佛造像》的文章，称“百分之九十以上的造像都粗俗不堪，让人大跌眼镜”等等。截至2017年8月22日庭审，涉案文章尚未删除。普陀山佛教造像研究院和展品作者李某认为陈某的文章侵害其名誉权并使其遭受了经济损失，遂提起诉讼。

一审法院对文章标题和内容逐一进行分析和判断，认为“雷人佛造像”“百分之九十以上的造像都粗俗不堪，让人大跌眼镜”“表情呆滞、纹饰杂乱、线条僵硬，表面包浆人为做旧明显”“展出的这些所谓永宣造像，表情媚俗，千像一面，极为雷同。造像的工艺十分粗糙，纹饰僵硬，线条呆滞，身上的金色，有很多类似于现代化学金色”等内容属于作者作为文物专家对普陀山佛教造像研究院、

① 参见北京市第三中级人民法院(2018)京03民终14682号民事判决书。

李某展品真伪和审美的主观评价，属于言论自由的范畴，不构成侵权。“却让我大吃一惊”“国宝帮又第三次成功攻占国家文化重地”等内容虽系陈某对原告展品的负面评论，但均属于文章作者亲自参观展出的所见所感所想，亦未超出合理行使言论自由权的范畴，不构成侵权。但文章的部分文字和图片没有站在学术和个人观点角度，具有主观上的恶意，超过了言论自由和舆论监督的合理边界，造成普陀山佛教造像研究院、李某社会评价降低的后果，构成名誉侵权。判决陈某删除涉案文章中的相关文字和配图，赔偿原告诉讼合理支出 3000 元。

双方当事人不服，均提起上诉。二审法院维持一审判决，就言论自由与名誉权的关系作了如下阐述：

> 公民享有宪法所赋予的言论自由基本权利，对于社会公共议题也依法享有通过大众传媒或其他方式进行监督和批评的权利。同时，名誉权是民事主体的基本民事权利，法律禁止他人用侮辱、诽谤等方式进行侵害。因此，公民言论自由权利的行使应当存在一定界限，即不能违反法律和公序良俗，对于公共议题进行具有学术色彩的批评行为，也应当遵循善意且合理的原则。若行为人恶意误导公众或采取不符合公序良俗的传播手段，发表具有贬损他人名誉性质的内容，导致他人名誉受损的后果，应当认定构成名誉侵权。原审判决认定事实清楚，适用法律正确，实体处理得当，依法予以维持。[①]

第三个案例是北京迅奥科技有限公司与成都世纪安胜信息技术有限公司技术服务合同纠纷案。该案属于因当事人之间权利义务内容涉及公共利益因素，而运用合宪性解释的情形。

成都世纪安胜信息技术有限公司和北京迅奥科技有限公司签订互联网服务协议，协议内容共有其他操作（置顶/IP 反查）、论坛舆情处置、新闻宣传、信息溯源等四项，双方为第二项服务发生争执诉至法院。法院支持了世纪安胜信息技术有限公司的合理诉求，但认为“论坛舆情处置”内容有按甲方要求消除互联网不良影响的条款，属于原《合同法》第 52 条规定“损害社会公共利益”的情况。[②] 该案判决书就此问题写道：

> 论坛舆情处置，双方认可该项服务内容涉及有偿删帖，其服务模式为

---

① 参见浙江省高级人民法院（2017）浙民终 903 号民事判决书。

② 2021 年 1 月 1 日《民法典》正式实施后，《合同法》废止。《民法典·合同编》未再列举合同无效的法定情形，而是通过《民法典·合同编》第 508 条规定，本编对合同的效力没有规定的，适用总则第六章的规定。这反映了我国法律对认定合同无效更为谨慎谦抑，尽量尊重合同当事人意思自治的态度。

世纪公司按照迅奥公司发出的指令,通过信息网络有偿提供删除信息服务。对此本院认为,言论自由是宪法赋予公民的一项基本权利,该项服务内容侵犯了公民的言论自由,不利于公民表达权和监督权的实现,损害社会公共利益,属无效条款。[①]

案例总结>> 言论自由与民事权利的连接和互动

随着社会的发展,公民权利意识提高,涉及宪法基本权利的争讼日渐增多。在以上三个案例的审理判决中,把有关表达自由的宪法规定转化成民法语言,通过对侵权责任构成要件和抗辩事由的创造性解释,将宪法规范纳入其中,从而达到在民事案件中兼顾宪法精神的目的。

从前两个案例的判决书可以看出,两家法院均肯定了言论自由、监督批评权是宪法所赋予的公民基本权利,明确表示予以充分保护。同时指出名誉权作为人格权,同样受到宪法保护。在行使言论自由时应遵循宪法所规定的权利和义务关系,权利的行使不得侵犯他人合法权益。法院通过对文本内容和语境的分析,认为两个案例中的被告言论均超越了正当评论的限度,具有明显的恶意诋毁性质,这种具有主观恶意、超出了批评合理范围、有损他人人格权的言论不应受到言论自由保护。在第三个案例中,法院所说的"该项服务内容侵犯了公民言论自由""损害了社会公共利益",实质上是以宪法言论自由条款解释了原《合同法》第 52 条第 4 项中"社会公共利益"这一内涵不确定的法律概念,是对合宪性解释的运用。[②]

宪法在我国的法律适用过程中面临尴尬处境:一方面,它在我国法律体系中居于根本大法的地位,具有最高法律效力,是各种法律法规的"母法";另一方面,宪法的部分内容在我国的司法实践中被虚置,没有产生实际的法律效力。[③]公民不能直接依据宪法中规定的基本权利寻求司法救济。在现代社会,有关权利冲突的案件越来越多,尽管属于民事纠纷案件,但在审理判决过程中,其部分争议点必然涉及宪法。当宪法规定的这类未被民事法律具体化的基本权利受到侵犯,并且属于民事诉讼范畴的,法官只有引用宪法条文来予以确认与保护,否则这类权利就会丧失司法救济的途径,成为没有救济的权利。

从宪法与民法的关系来看,二者是相互连接、相互促进的,尊重和保障公民

---

① 转引自魏永征、周丽娜:《新闻传播法教程》,中国人民大学出版社 2019 年版,第 31 页。

② 参见李海平:《民法合宪性解释的事实条件》,《法学研究》2019 年第 3 期。

③ 参见宫松、孙涛:《论宪法在民事审判中的适用》,《当代法学论坛》2007 年第 2 辑。

权利是宪法基本权利和民事权利共同的价值，连接宪法人格权与民法人格权共同价值基础的是人格尊严。[①] 两者的功能和目标都是保障公民的基本权利不受侵害，促进社会和谐与稳定。有学者认为，凡是跟人身利益有联系的，就应当给予民法上的补救。[②] 对于宪法规定的公民其他权利，尽管在民法上没有作出具体规定，没有将其在形式上转化为私权利，但是只要符合上述要求，就可以确认其具有民事权利的属性，使自然人的所有民事利益都能得到民法的保护。[③]

案例分析 》 切入民法：言论自由从法定到实有的渠道

就宪法人格权而言，虽然人权保障条款已经入宪，但基本权利的主观权利属性往往较弱。[④] 最高人民法院在 2016 年发布的《人民法院民事裁判文书制作规范》中载明，裁判文书的裁判依据不能直接援引宪法具体条款，但是对于个案体现的宪法精神可以在文书的说理部分进行阐述。

要使宪法具有生命力，基本权利只有内化为民法价值才可以发挥其作用。这就需要寻找一种折中的方法，将宪法上的有关规范，在民法上“切入”进去，以有效地解决那些复杂化了的私人与私人间的法律关系。[⑤] 中南财经政法大学法学院张红教授从法理、法教义学和法政策三种不同角度对民事审判中的宪法适用进行分析，认为民事判决依据中不能直接引用宪法，但在判决理由中可以引据宪法增强论证的说明力。基本权利的民法适用是现代法治的重要课题，但其不宜沾染诸如“宪法司法化”之类法律政策宣示的流弊，也不宜徘徊于“直接说”或“间接说”非此即彼的二元抉择之中。而应在准确梳理其理论脉络的基础上，参酌比较法实务经验，建立妥善规范机制，使宪法与私法协力，确保未被法律具体化的基本权利通过民事裁判得以实现。将基本权利适用于民法，目的在于通过民法保护尚未被民法确立的基本权利，此种保护方法为“基本权利第三人间接效力说”。在我国现有法制体系中，这种方法使得基本权利既能通过民法中的概括条款在私人合法与不法两大领域都能得到周全保护，而又走出了“泛宪法诉讼”的窘境。[⑥]

---

① 参见窦衍瑞：《宪法基本权利和民事权利的连接与互动——以人格权为例》，《政法论丛》2018 年第 3 期。

② 参见王利明：《中国民法典草案建议稿及说明》，中国法制出版社 2004 年版，第 348 页。

③ 参见杨立新：《人身自由与人格尊严：从公权利到私权利的转变》，《现代法学》2018 年第 3 期。

④ 参见张善斌：《民法人格权和宪法人格权的独立与互动》，《法学评论》2016 年第 6 期。

⑤ 参见林来梵：《宪法切入民法》，《浙江社会科学》2015 年第 11 期。

⑥ 参见张红：《方法与目标：基本权利民法适用的两种考虑》，《现代法学》2010 年第 2 期。

民有所呼，法有所应。面对人格利益保护在宪法和民法层面同时膨胀的需求，加之权利冲突日益频繁的新挑战，探寻加强人格权益保护的有效路径成为必需。中国民法典的编纂和诞生过程被看作是一部法治与权利意识的成长史，其中独立成编的人格权编被视为最大亮点。王泽鉴教授指出，民法典人格权编的最大贡献、最有意义的地方就在于规定了人身自由和人格尊严，将《宪法》中的基本权利在民法中体现出来。[①] 王利明教授认为，人格尊严必须通过人格权制度具体化并转化为一项民事权利后，方能获得民法的保护。[②] 徐显明教授也主张，应把宪法当中列举出来的基本权利尽可能转化为民事基本权利。[③] 人格权逐渐获得保护的过程正是其走下神坛，进入民事范围，通过人与人的互动关系展现其鲜活生命力的过程。[④] 民法典的落脚点是人，它是宪法公民权利原则性规定的条文化，以民法典中人格权编为支点，将有力撬动中国法治的未来，开启公民权利保障法治化的新时代。

---

① 参见王泽鉴：《民法典的制定、解释适用与法学教育》，2018 年 11 月 28 日，https://www.sohu.com/a/278353277_658337。

② 参见王利明：《人格权法中的人格尊严价值及其实现》，《清华法学》2013 年第 5 期。

③ 参见徐显明：《民法典应充分体现"尊重和保障人权"》，《中国人大》2016 年第 14 期。

④ 参见姜战军：《论人格权的基础》，《华中科技大学学报》(社会科学版)2013 年第 6 期。

案例 2

广西南丹矿难案的媒体介入

案例介绍 >> 人民日报调查广西南丹矿难事故

2001 年 7 月 17 日，广西壮族自治区南丹县龙泉矿冶总厂拉甲坡矿发生特大透水事故，81 名矿工遇难。事故发生后，具有黑社会背景的矿主与当地腐败官员勾结，宣称没有发生重大事故，没有伤亡，隐瞒事故真相长达半月之久。

7 月 31 日，人民网发表由人民日报记者郑盛丰组织采写的报道《广西南丹矿区事故扑朔迷离》。事后证明，这既是人民网也是全国所有网站最早刊发的由新闻记者采写的有关揭露南丹矿难瞒报的报道。这起被瞒矿难，由于人民日报记者的揭露而大白于天下，并最终被党中央、国务院严肃查处。

2011 年出版的《朱镕基讲话实录》第 4 卷首次披露了朱镕基在《信息专报》第 66 期刊载的《关于广西南丹矿井重大死亡事故的再次紧急报告》一文上的批示，要求"首先要排除一切阻力，查明遇难人员"[①]。《朱镕基讲话实录》第 4 卷还披露了朱镕基在一次讲话中提到了《信息专报》对南丹矿难的报道。朱镕基说：

> 最近，广西南丹锡矿死了七八十人，要不是《人民日报》的《信息专报》报道，差不多上百人就要冤沉水底了。那个矿主买通了南丹县委书记、县长等领导干部，私自开这个矿，什么安全措施也没有，雇的工人都是湖南、贵州的穷苦农民，死了也没人管。大水一冲，七八十人就沉入水底了，但是县里隐瞒说没死一个人。《人民日报》的记者反映上来以后，我就批给广西壮族自治区的党委书记。我说，《人民日报》记者反映的是真实的，无论如何要把水抽干，活要见人，死要见尸，不能草菅人命。水一抽干，尸体都出来了。那个矿主是用钱买通县长、县委书记，蒙蔽自治区一级的领导。[②]

《信息专报》是 2000 年 10 月创刊、由人民日报社内参部主编(2005 年 3 月前由人民日报社总编室主编)的机密级刊物。报道的内容主要是在第一时间上报的可能影响全局、影响稳定的政治、经济、社会、外交等重大问题，特别是一些

① 《朱镕基讲话实录》编辑组:《朱镕基讲话实录》第 4 卷，人民出版社 2011 年版，第 224 页。

② 《朱镕基讲话实录》编辑组:《朱镕基讲话实录》第 4 卷，人民出版社 2011 年版，第 286 页。

重大突发事件、安全隐患等。

作为当时参与揭露报道这一矿难的人民日报记者，郑盛丰说，《朱镕基讲话实录》第4卷中，读到多年前朱镕基关于南丹矿难的批示及讲话，心头又涌起一股激情、一股力量。他告诉人民网记者："十分庆幸自己有机会与同行一道，率先揭露并全程参与这一矿难的报道，这已成为我们人生和记者生涯中十分珍贵的经历与财富。忘不了时任国务院总理的朱镕基同志的重要批示。没有这个批示，当时被遮瞒得密不透风的南丹矿难，或许要历经更长时间才能捅开，甚至不能完全捅开。批示件的印戳时间表明，朱镕基同志在我们将《信息专报》传报总社之后不到一小时就作出了如此严厉而又十分明确的批示，这当中还包括了总社审核报送的时间。批示中非常罕见地使用了'黑恶势力勾结官员，草菅人命'这样的词语，可见朱镕基同志代表党中央和政府所表达的坚定态度与强大决心。如今，尘埃已定，回望当时，我们在想：倘若今天又面对有如当年南丹矿难那样的重大安全事故，我们还能像当年那样义无反顾勇往直前么？回答是：我们别无选择，因为我们是党和人民的记者！"①

深入调查南丹矿难并及时全面报道的央媒还有中央电视台《焦点访谈》栏目。央视记者是在隐瞒南丹矿难的"盖子"被揭开后参与报道的。8月8日，央视记者随事故调查组赶赴广西南丹，目睹了南丹矿难事故调查的全过程，并于8月31日在《焦点访谈》栏目中播出。该报道依据中央调查组、国务院调查组调查的事件真相，揭露出南丹矿难的原因、损失和责任等。该报道的小标题分别为："两次爆破震穿隔水岩　一矿透水殃及六个矿""矿上拿不出像样的图纸　救援工作进展十分缓慢""地方管理的混乱由来已久　矿上竟有非法'生死合同'""官商勾结瞒报事故　中央彻查追究责任""对记者是这样，对上级政府的质询也是这样"。该报道说：

> 广西南丹的重特大事故是极为沉重的，但事故的背后带来的思考更为沉重。几年来，广西南丹的乱采乱挖已经到了极其严重的地步，许多矿工失去了宝贵的生命。国务院关于特大安全事故行政责任追究的规定明确要求，特大安全事故发生以后，有关各级人民政府及政府有关部门，应当按照国家的规定、程序和时限立即上报，并且按照国家有关规定迅速如实地发布事故消息。但是在南丹事故中，某些责任人却在尽最大的努力隐瞒灾难。现在事故的技术原因已经水落石出，对于事故隐瞒的真相以及与事故

① 《朱镕基批示人民日报〈信息专报〉南丹矿难报道首次曝光》，2011年9月14日，http://www.chinadaily.com.cn/dfpd/shizheng/2011－09/14/content_13687247.htm。

相关的涉黑腐败问题也在加紧调查，相信不久也会真相大白。[①]

记者调查并披露真相，不仅事关公共利益，事关千家万户的生命安危，而且对国家治理也有重大意义。

案例总结 >> 假如媒体缺席

《人民日报》、央视对广西南丹矿难的报道已成为媒体人津津乐道的舆论监督经典案例。如果事故和灾难发生后，媒体没有及时介入调查和报道，那么事件真相可能将很难被人所知，人民群众利益将得不到保护，腐败渎职等违法犯罪问题也将得不到揭露。

2001 年 8 月 27 日，《人民日报》发表评论《假如媒体缺席……》，深刻总结南丹矿难事故报道的经验和教训。现摘录部分内容如下：

> …………
>
> 假如媒体缺席，上级领导机关处理事故的方针政策可能在某些人手里走样，人民群众的利益可能得不到足够的保护。受害者默默地深埋于荒山，家属拿到一点微薄的赔偿，事故原因和责任或许不再深究。更可怕的是，产生事故的隐患并没有排除，玩忽职守、藐视法律的肇事者可能再次肇事，不称职的官员还有可能进一步高升，攫取更大的权力。因此我们非常需要记者说出事实的真相。
>
> 但社会上有很多人对媒体曝光的利弊有不同看法。有人认为，事故曝光多，会影响当地社会的稳定，影响党和政府的威信。因而往往阻挠媒体对事故现象的采访。
>
> 可是反过来想：假如事故发生后，媒体缺席呢？应该说，媒体保持沉默，正是肇事者、犯罪者所企盼的。在悄无声息处理事故时，无人监督，无人深究，肇事者可以和稀泥，可以推卸责任。明明是安全设备不过关、制度不合理，明明是非法作业、违法开采，肇事者可以说成是不可抗力，说成是自然灾害，甚至可以将责任推到死难者身上。即使是上级政府前来处理，如果没有媒体及大众舆论的监督，他也许可以千方百计"摆平"一些官员。
>
> 让媒体走远点，或许也是个别官员所企盼的。他们或许是事故发生地的行政首长，或许是分管事故发生行业的官员。事故一曝光，他们的政绩

① 《〈焦点访谈〉播出南丹矿难事故调查全过程》，2001 年 9 月 1 日，http://news.sohu.com/49/19/news146441949.shtml。

就要打折扣，乌纱帽也受到威胁。他们当然希望知道事故内情的人越少越好，最好是不让上面知道，以便大事化小，小事化无。当然，实在无法躲避媒体的时候，也许技高一筹的人会经过严格筛选，布置某些媒体采访，使之按照他们的需要发出不真实的声音。这也是一种“缺席”。这和媒体沉默一样，是肇事者和某些居心不正的官员所欢迎的。

相反，正是由于媒体的作用，使事故的真相大白于天下。该吸取的教训认真吸取，该完善的制度认真完善，该追究的责任严肃追究。事故隐患因此减少，党和政府的威信因此提高，人民群众对党和政府的信任程度因此增强。

当然，由于媒体的大胆和勇气，出现在公众眼前的事故明显多了。或许有人认为“社会越来越乱了”。但这种观点的市场并不大，更理性的认识已逐渐为更多的人所接受。不可否认，事故本身已说明出事的单位和地方秩序混乱。但就此断定整个社会秩序混乱，却是十分偏颇的。事情恰好相反，距出事地点千里之外的人们能感知到这个事故，很大程度上是因为有了一种让媒体公正介入的秩序，一种让公众了解社会真相的秩序。这个秩序让社会具有更完善的自我修复机制，表明公民的知情权已受到重视，这无疑意味着社会进步。①

案例分析 >> 揭露真相是媒体当为

阳光是最好的防腐剂。按照现代行政法治理论，应打造阳光政府，政府行为应在阳光下运行，避免暗箱操作。实现阳光政府的重要途径就是实现政府信息公开，保障公众知情权，创造条件让人民监督政府，防止个别公职人员滥用权力和贪污腐败。因此，媒体公开报道是依法行政的要件之一。对事故和灾难的报道，地方媒体受到的制约较多，中央媒体责无旁贷，理应更多地发挥作用。《人民日报》和央视《焦点访谈》对广西南丹矿难事故的调查报道，是中央媒体发挥舆论监督作用的典型案例，收到了非常好的社会效果。1998 年 10 月 7 日，时任总理的朱镕基在中央电视台考察工作时为《焦点访谈》题词："舆论监督，群众喉舌，政府镜鉴，改革尖兵。"他还对媒体的舆论监督功能多次进行阐述和肯定。

朱镕基在与《焦点访谈》节目组谈话时谈道："现在，《焦点访谈》现象越来越普及，不只是中央电视台有一个《焦点访谈》，许多电台、电视台也有类似的节

① 裴智勇：《假如媒体缺席……》，《人民日报》2001 年 8 月 27 日。

目。”对于《焦点访谈》的问题揭露，朱镕基的态度更是十分鲜明：“这是一个很好的现象，把老百姓的疾苦反映出来，把政府的毛病揭露出来，马上就改。有错就改，这才是共产党人的姿态，对人民群众的鼓舞很大。现在把问题揭露出来，改正以后就给人民带来极大希望，真正把人民群众凝聚起来，就有了信心。”朱镕基还说：“大家要习惯这种批评。你们哪一天找出我的毛病，来采访我，我一定接受批评，改正自己的错误。我们做了很多决定，国务院的重大决定都是从我这里出去的，难免会有一些毛病，找一找，指出来，改正它。”①

在当下复杂的社会环境下，媒体一直保持舆论监督的锋芒是不容易的，中央媒体亦然。但媒体的功能是监测环境、监督政府，只有敢于直面事故、揭露真相才是媒体当为。如《人民日报》的评论所指出的，我们的党和政府是广大人民根本利益的真正代表，面对灾难和事故，党和政府首先想到的是人民群众的安危和利益，想到的是举一反三，吸取教训，最大限度地减少和杜绝灾难、事故的发生。媒体作为党和人民的喉舌，当然有责任有义务也有权利将事故的真相及时告诉人民群众，使人们从不愿看到的事故中引出正面的积极的结果。②

① 转引自桂杰、李馨：《“希望记者越是艰难的地方越要去”》，《中国青年报》2011年9月22日。

② 参见裴智勇：《假如媒体缺席……》，《人民日报》2001年8月27日。

案例 3

孙志刚事件与舆论监督

案例介绍 》 被收容者孙志刚之死与收容制度的废除

2003 年 3 月 17 日晚上，大学毕业后任职于广州某公司的湖北青年孙志刚在前往网吧的路上，因没有暂住证，被警察送至广州市收容遣送站收容。3 月 20 日，孙志刚突然死亡。《南方都市报》记者陈峰、王雷经过深入调查，于 4 月 25 日发表题为《被收容者孙志刚之死》的调查报道，配发评论《谁为一个公民的非正常死亡负责》。该报道披露孙志刚在收容所被殴打致死的真相，并尖锐地提出两个问题：一是孙志刚该不该被收容；二是即使孙志刚属于收容对象，谁有权力对他实施暴力。

《南方都市报》的报道刊出后立即被新浪网等网站转载，“孙志刚事件”迅速由地方媒体报道的地方新闻升级为全国新闻，成为全社会关注的焦点。《中国青年报》《北京青年报》等媒体跟进了此案的报道，《南方都市报》继续推出后续报道，追踪此案。不少网友发表评论，为孙志刚之死鸣不平，质疑收容遣送制度，敦促政府和相关部门尽快通过法律手段解决问题，社会舆论迅速形成。

时任中共中央政治局常委、中央政法委书记罗干等批示要求依法彻查此案。广东省委常委召开专门会议，要求维护法律尊严，维护公民合法权益，还孙志刚及其家属一个公道。事发后不久查明打人致死的凶手是收容站内的护工，但警方有关人员也有不可推卸的责任。最终，共有 18 名犯罪人员被依法惩处，23 名责任人受到党纪政纪处分。

孙志刚案引发了社会对收容制度的质疑。5 月 14 日，俞江等三位青年法学博士生把一份合力写成的“关于审查《城市流浪乞讨人员收容遣送办法》的建议书”，传真至全国人大常委会法制工作委员会，将孙志刚事件的讨论推动到一个新的高度。这是公民依据宪法和立法法规建议修改不合理法规的首次成功实践，这次实践对最终废除不合理的法规起到了不可低估的推动作用。① 该建议书认为，实行收容制度的法律文件，即 1982 年国务院发布实施的行政法规《城

① 参见陈晓英、真东：《三博士上书推开法规审查之门》，《法制日报》2003 年 12 月 31 日。

市流浪乞讨人员收容遣送办法》同我国宪法和有关法律相抵触，要求全国人大常委会依法对这个行政法规的合宪性进行审查。

5 月 16 日，《中国青年报》报道了这份建议书，再次引起舆论的强烈关注和议论。

国务院迅速作出回应，决定撤销《城市流浪乞讨人员收容遣送办法》，重新制定《城市生活无着的流浪乞讨人员救助管理办法》。2003 年 8 月 1 日起，该新办法开始施行，实现了从强制的“收容遣送”到自愿的“救助管理”，制度更加符合法治和人权保障原则。

案例总结 » 舆论监督的标志性案例

孙志刚案是一件相当完整和典型的舆论监督个案。如魏永征教授所论述的，该案既含有对政府部门的批评，即对广东警方某些人滥用公共权力、侵害公民权利行为的披露和谴责，也含有对政府部门的建议，即建议审查过时的、不符合法治和人权精神的法律文件；既有对具体行政行为(即导致孙志刚死亡的收容行为)的监督，又有对过时行政法规的监督；既有对公权力行为的监督，又有对公权力决策的监督。该案报道取得了良好社会效果，推动了我国法制建设和民主政治建设的发展。①

孙志刚案发生的 2003 年，正是我国互联网刚刚开始普及的时代，网络传播的社会影响在不断扩大。之后，互联网大大拓宽了公众的表达渠道，网络逐渐成为舆论监督的主阵地。从山西黑砖窑事件、云南躲猫猫事件、浙江杭州七十码事件、陕西华南虎事件、温州动车事故、“表哥”杨达才事件、时任国家能源局局长刘铁男被微博实名举报事件，到近年的于欢刺死辱母者案、广州医生谭秦东发帖质疑鸿茅药酒事件等，无一不是公众在网上发帖、形成舆论，随后新闻媒体介入，促使政府部门回应和处理问题，显示了舆论监督在网络时代的力量。

政府部门对互联网上的舆论监督予以了肯定。2010 年国务院新闻办公室发布的白皮书《中国的反腐败和廉政建设》正式使用“网络监督”的概念，白皮书指出：“网络监督日益成为一种反应快、影响大、参与面广的新兴舆论监督方式。”

可以说，孙志刚案是传统舆论监督向网络舆论监督过渡的一个标志性案例。

---

① 参见魏永征、周丽娜：《新闻传播法教程》(第 6 版)，中国人民大学出版社 2019 年版，第 46 页。

案例分析 >> 舆论监督的性质与作用

孙志刚案得以水落石出无疑是媒体监督与社会互动结合作用的结果。在这一事件中，媒体、法律工作者、公众、政府形成了一个良性的互动，正是这种“互动”终结了一部过时的法律，也使孙志刚案成为我国媒体监督与社会互动的经典案例。媒体的介入和参与无疑起着关键作用。孙志刚案最初得以呈现在世人面前并引起世人关注，完全是基于媒体对这一案件新闻价值的判断。孙志刚案由地方新闻升级为全国新闻，由特殊案例推广到一般情况，甚至推动整个国家的收容制度改变，离不开新闻媒体和公众联手发挥作用的舆论监督。

“舆论监督”的概念最初是新闻传播学界提出来的。[①] 一般指的是通过新闻媒体报道形成的舆论对公共权力和社会生活起到的监督作用。魏永征教授将舆论监督界定为一种作用，而非公民或媒体的权利。具体而言，舆论监督不是某个特定主体的权利，而是公民充分行使表达意见的权利、提出批评和建议的权利所产生的作用和效果；如果相关权利遭到压制和摧残，舆论监督就不可能存在。[②]

尽管舆论监督不是权利，但与《宪法》第 41 条明确的“中华人民共和国公民对于任何国家机关和国家工作人员，有提出批评和建议的权利；对于任何国家机关和国家工作人员的违法失职行为，有向有关国家机关提出申诉、控告或者检举的权利”密切相关。其中监督权是指公民监督一切国家机关和国家工作人员的权利。舆论监督是人民主权的题中之义，是党和政府认可的人民监督的一种方式，写入了从党的十三大到十九大的报告。其中，十七大报告明确提出：“保障人民的知情权、参与权、表达权、监督权。”[③]十八大报告首次将党内监督、民主监督、法律监督、舆论监督等四种监督并提，要求“让人民监督权力，让权力在阳光下运行”[④]。十九大报告强调，“构建党统一指挥、全面覆盖、权威高效的监督体系，把党内监督同国家机关监督、民主监督、司法监督、群众监督、舆论监督贯通起来，增强监督合力”[⑤]。

---

① 参见成美、童兵：《新闻理论简明教程》，中国广播电视大学出版社 1986 年版，第 255～261 页。

② 参见魏永征、周丽娜：《新闻传播法教程》（第 6 版），中国人民大学出版社 2019 年版，第 44 页。

③ 胡锦涛：《高举中国特色社会主义伟大旗帜　为夺取全面建设小康社会新胜利而奋斗——在中国共产党第十七次全国代表大会上的报告》，《人民日报》2007 年 10 月 25 日。

④ 胡锦涛：《坚定不移沿着中国特色社会主义道路前进　为全面建成小康社会而奋斗——在中国共产党第十八次全国代表大会上的报告》，《人民日报》2012 年 11 月 18 日。

⑤ 习近平：《决胜全面建成小康社会　夺取新时代中国特色社会主义伟大胜利——在中国共产党第十九次全国代表大会上的报告》，《人民日报》2017 年10 月 28 日。

如魏永征教授所论，舆论监督是一种“软监督”，不具备权力监督的约束力，其发挥作用是在共产党领导下开展和进行，需要党的各级组织重视和支持。孙志刚案说明，舆论监督的作用发挥，离不开党和政府对新闻媒体的支持、对舆论的顺应和对民意的尊重。

案例 4

“王帅案”的罪与非罪

案例介绍 》 一篇网帖引发的诽谤错案

2009 年 2 月 12 日，在上海打工的河南省灵宝市青年王帅以《河南灵宝老农的抗旱绝招》为题在网上发帖，披露当地政府违规征地、毁掉被占耕地上的青苗和果树的事情。该帖被众多门户网站和新闻媒体转载和跟进。3 月 6 日，灵宝警方在上海将王帅抓获并以涉嫌“诽谤罪”刑事拘留。3 月 6 日到 13 日，王帅在上海和河南灵宝看守所被关押 8 天。

3 月 13 日，王帅被解除刑事拘留转为取保候审。

3 月 25 日，王帅在天涯社区贴出《致河南省委书记的一封信(一篇帖子，狱中八日)》，向时任河南省委书记徐光春反映灵宝地方政府违规征地和自己因网络言论而遭受牢狱之苦。

4 月 8 日，《中国青年报》发表记者王俊秀等采写的报道——《一篇帖子换来被囚八日——青年举报家乡违法征地遭遇跨省追捕》，对王帅被拘捕始末进行报道，引起社会各界强烈反响，多家媒体进行了追踪报道。

《中国青年报》的报道引用王帅的话说：“我到现在也想不通，在网上发一篇帖子，又没对哪个人指名道姓，怎么就算‘诽谤’了?”王帅更没想到的是，灵宝警方会如此有能耐，迅速认定发帖者是远在上海的他，并跨省追捕，将他“捉拿归案”。

王帅遭此祸，只因他在网上发了篇题为《河南灵宝老农的抗旱绝招》的帖子。2008 年 5 月 28 日，当地政府以建设五帝工业聚集区为名，“租”用了大王镇农地 28 平方公里，其中大部分是基本农田，约 3 万余农民将失去土地。[①]

2009 年 4 月 15 日，当地警方以罪名不成立将王帅释放，并给予王帅国家赔偿 783.93 元。

4 月 16 日，时任河南省副省长兼公安厅厅长秦玉海做客人民网，谈到“河南

---

① 参见王俊秀、王帝:《一篇帖子换来被囚八日——青年举报家乡违法征地遭遇跨省追捕》,《中国青年报》2009 年 4 月 8 日。

灵宝跨省抓捕发帖人王帅"事件时表示，当地公安机关执法有过错，王帅的情形不符合诽谤罪的构成要件，他获得了国家赔偿。秦玉海还就此事表示道歉："作为河南省的公安厅长，在我们省出了这种问题，在工作上我也有责任，在这里我也向大家道歉。"秦玉海称河南省公安厅已派出调查组在灵宝调查。①

4 月 28 日，三门峡市委、市政府在查清违规事实之后，召开专题会议进行认真研究，对有关责任人进行了严肃处理：责成灵宝市委、市政府向三门峡市委、市政府作出深刻检查；责成灵宝市委书记吕均平、市长乔长青向三门峡市委、市政府作出深刻检查；对灵宝市委常委、常务副市长高永瑞给予行政警告处分，免去灵宝市大王镇党委书记黄松涛职务；责成三门峡市国土资源局依照干部管理权限对灵宝市土地管理局副局长李建强予以免职，给予灵宝市土地管理局阳店土地管理中心所所长翟海江行政记过处分。②

案例总结 ≫ 批评不能构成"诽谤罪"

学者于建嵘撰文提出，和灵宝"王帅案"相类似，重庆"彭水诗案"、山西"稷山文案"、陕西"志丹短信案"、山东"高唐网案"中许多明显属于言论自由范畴内的行为，之所以能被扣上"诽谤"的帽子，动用公权力滥加审讯、拘捕、起诉，并被上升到"影响地方经济发展""破坏地方形象"的高度，没有具体权力者背后蓄意的"非法行政，滥用职权""压制批评，控制舆论""徇私舞弊，枉法裁判"，显然是不可想象的。滥用警力的不是警察本身，而是有权使用警力者。一些地方政府在处理征地等棘手问题时，强令警察超越职权参与。王帅"诽谤案"本就不该发生，现在被作为错案撤销，只是解决了一个衍生问题。此事因反映灵宝市政府违法用地问题而起，注意力应该回到这里。王帅既然不是诽谤，灵宝市政府应该就其反映的违法征地问题，给王帅和公众一个明确的答复。如果公众因王帅的帖子有误解的地方，灵宝市政府认为其损害了当地政府形象，那它有义务就实际情况作出澄清和说明，以回应网民的质疑，打消网民的疑虑。不进行有效的沟通，不明真相的群众永远也没有办法去了解。③

《中国青年报》刊发评论认为，批评政府哪怕是失实批评，都不能以"诽谤

① 参见《河南省公安厅厅长秦玉海为王帅事件做客人民网》，2009 年 4 月 16 日，http://www.famouscase.net/show.php? contentid=671；2014 年，秦玉海成为党的十八大后河南落马的第一个省部级高官，参见苏晓明、李态全：《秦玉海：河南"官场地震"第一人》，《中国新闻周刊》2014 年第 39 期。

② 参见吴烨：《三门峡市委、市政府对灵宝违规用地问题作出严肃处理》，《河南日报》2009 年 4 月 29 日；2018 年，乔长青因涉嫌严重违纪违法，被开除党籍、取消退休费待遇。

③ 参见于建嵘：《王帅案中谁更应道歉》，《南方都市报》2009 年 4 月 17 日。

罪"治罪，这是保障公民监督权、知情权的体现，是一个民主法治社会得以正常运转的基本要求。政府是由民众赋予其权力，政府的唯一宗旨就是为民众服务。宪法和法律鼓励公民批评和监督政府，保证政府权力在正常轨道上行使。要让公民能大胆地批评和监督政府，就要倡导一个宽松的舆论氛围，保证人人敢于发言而不会被治罪，就要容忍公民对政府不当甚至是失实的批评——公民不具备侦查机关所具有的权力；公民也不是中央纪委，不能等到调查清楚真相后再来监督。从严格意义上讲，为保障公民能自由地批评和监督政府，政府连名誉权都不能享有，政府甚至不能提起民事上的诽谤侵权之诉。因为，政府作为公法人不具备私法人享有名誉权的基础，政府在社会上安身立命依靠的是公信，而不是名誉。①

案例分析 >> 期待诽谤回归民事侵权"去罪化"

灵宝警方抓捕王帅的理由是涉嫌构成"诽谤罪"。一般来说，诽谤是以虚假事实损害他人名誉的民事侵权行为，主要以民法救济。根据《刑法》第 246 条，"捏造事实诽谤他人，情节严重"的行为列为诽谤罪，但该罪一般为自诉罪，即当事人可以选择以诽谤侵权提起民事诉讼或以诽谤罪提起刑事诉讼，法院均为不告不理。而在第 246 条第 2 款有一个"但书条款"："但是严重危害社会秩序和国家利益的除外。"这就意味着，侵害个人人身权利的同时还"严重危害社会秩序和国家利益"的情形，被刑法当作了公诉罪。公安机关可代表国家进行侦查，检察机关可代表国家提起公诉，由法院追究行为人刑事责任。

河南灵宝警方抓捕王帅的依据正是这条"公诉罪"规定。

但何为"严重危害社会秩序和国家利益"？2013 年，《最高人民检察院和最高人民法院关于办理利用信息网络实施诽谤等刑事案件适用法律若干问题的解释》和《最高人民法院关于审理编造、故意传播虚假恐怖信息刑事案件适用法律若干问题的解释》对诽谤罪、寻衅滋事罪、非法经营罪等多种罪名在网络传播中的适用作出解释，规定"捏造事实诽谤他人"，包括捏造损害他人名誉的事实在网上散布或指使他人散布、将信息内容篡改为损害他人名誉的事实在网上散布或指使他人散布和明知是捏造的损害他人名誉的事实在网上散布而情节恶劣，这样三种情况。"情节严重"，包括同一诽谤信息实际被点击、浏览次数达到 5000 次以上，或者被转发次数达到 500 次以上；造成被害人或者其近亲属精神失常、自残、自杀等严重后果；二年内曾因诽谤受过行政处罚，又诽谤他人以及

① 参见杨涛：《批评政府哪怕失实，也不能以"诽谤"治罪》，《中国青年报》2009 年 4 月 9 日。

其他情形。“严重危害社会秩序和国家利益”，包括引发群体性事件；引发公共秩序混乱；引发民族、宗教冲突；诽谤多人，造成恶劣社会影响；损害国家形象，严重危害国家利益；造成恶劣国际影响以及其他情形。这是我国司法首次对诽谤罪的具体构成作出具有法律效力的规范。[①]

就“王帅案”而言，纵然构成“严重危害社会秩序和国家利益”，但王帅的批评对象是政府而非具体国家工作人员，缺乏特定指向，如河南省公安厅厅长秦玉海所言，“王帅的情形不符合诽谤罪的构成要件”。王帅的行为是行使《宪法》第 41 条赋予公民的批评政府和官员的权利。如果因批评言论动辄得咎，公民的批评、建议、申诉、控告和检举权利就会受到不当限制，甚至可能形同虚设。

据展江教授研究发现，互联网普及以后，一些地方屡屡对网民针对地方政府和官员的举报和批评行为加以处罚。2006 年到 2009 年 7 月间，全国发生了近 20 起因此类通过新媒体的言论表达被行政拘留、通缉、刑事拘留、判处缓刑和有期徒刑的案件，所依据的法律主要是《治安管理处罚法》和《刑法》中的侮辱和诽谤条款。这些案例几乎全部发生在地域比较偏远的县一级，并有向乡镇和村级扩散的苗头。问罪依据从《治安管理处罚法》逐渐转为《刑法》，从追究“散布谣言”发展到惩治诽谤罪、侮辱罪和诬告罪，问罪色彩越来越浓。展江教授认为，“诽谤罪”俨然成了一些地方官员钳制言论的利器。这些案件的法律根源，均源于《刑法》“但书”被任意解释了。长远之计是建议考虑废除“但书”，将“诽谤罪”彻底还原为“自诉案件”。理论上讲，只要法律中有侮辱罪和诽谤罪条款，“因言获罪”的阴影就不会完全散去。因此，釜底抽薪式的做法是顺应国际大势，推动实现诽谤去刑法化（去罪化），让诽谤完全成为民事侵权的问题，堵上滥用公权力打压公民言论自由的“口子”。[②]

---

① 参见魏永征、周丽娜：《新闻传播法教程》（第 6 版），中国人民大学出版社 2019 年版，第 84 页。

② 参见展江：《杜绝“因言获罪”，保护公民的言论表达权》，《南方周末》2010 年 7 月 29 日。

案例5

自媒体时代的言论自由与法律边界

案例介绍 >> 少年杨某因发帖被刑拘

2013年9月12日，甘肃张家川县某镇一KTV歌厅从业人员高某非正常死亡。9月14日中午，某镇中学初三学生杨某在其微博、QQ空间发帖质疑高某死亡有内情。据张家川警方称，为避免事态扩大升级，14日当天对高某尸体强制尸检，确定系高空坠落致死，排除他杀。死因通报后，其家属对公安机关的结论无异议。当晚，杨某再发微博，称"警方强行拘留死者家属，与群众发生冲突"。15日晚，杨某又发微博称，"KTV(案发地)的法人代表是张家川县法院的副院长"。

张家川警方称，由于杨某散布谣言、煽动群众游行，严重地妨害了社会管理秩序，使公安机关在处理高某非正常死亡一案时非常被动，造成恶劣社会影响，17日以涉嫌寻衅滋事罪对其刑事拘留。19日当地官方发布消息后，在网上激起千层浪，引起国内媒体和社会舆论的热切关注。

少年杨某因发帖被刑拘，当地警方的处置方式和法律适用等受到媒体和舆论质疑。

事件发生不久，法院曾认定该县公安局局长白某强行贿5万元这一消息被网友发掘出来。作为贫困县的该县豪华办公楼等也被网友揭露。

北京中闻律师事务所律师王誓华接受委托成为杨某的代理律师后，不断发布案件进展。22日要求会见杨某，但被警方拒绝。23日凌晨1时许，王誓华接到了从看守所被释放的杨某。

经甘肃省公安厅和天水市公安局联合工作组对张家川县杨某涉嫌寻衅滋事案调查核实，鉴于杨某系未成年人以及归案后的悔罪表现，决定撤销刑事案件，依照《治安管理处罚法》，对其行政拘留7日。

甘肃省公安厅表示，撤销杨某的刑事案件转为行政拘留，是鉴于杨某系未成年人以及归案后的悔罪表现，本着对其"教育为主、惩罚为辅"的原则，根据《刑法》《刑事诉讼法》的有关规定和宽严相济的刑事政策依法依规处理。

23日深夜，张家川县政府门户网站发布消息称，县公安局党委书记、局长白某强被停职。

这起发生在边远小县城的案件，产生了全国性的影响。“鼠标少年”杨某发帖被刑拘一案被评为2013年度大案和2013年度中国十大传媒法事例之一。

案例总结>> 当地警方是否滥用公权力打压网络言论？

该案是全国首例因转帖500次以上被刑拘的案例。

张家川警方对“鼠标少年”杨某进行刑拘的法律依据是2013年9月9日由最高人民法院、最高人民检察院联合颁布的《关于办理利用信息网络实施诽谤等刑事案件适用法律若干问题的解释》。该司法解释对办理利用信息网络实施诽谤、寻衅滋事、敲诈勒索、非法经营等刑事案件适用法律的标准进行细化，应当认定为《刑法》第246条第1款规定的“情节严重”，规定了4种情况；对可以提起公诉的“严重危害社会秩序和国家利益”的诽谤犯罪，规定了7种情况。其中编造虚假信息，或者明知是编造的虚假信息，在信息网络上散布，或者组织、指使人员在信息网络上散布，起哄闹事，造成公共秩序严重混乱的，构成寻衅滋事罪；以发布或删除信息为由索取财物属敲诈勒索罪；有偿删除网络信息可构成非法经营罪。

该司法解释所涉及的两个罪名引起了重大争议：一是网络信息诽谤（第1～4条），二是网络寻衅滋事（第5条）。关于网络信息诽谤，规定同一诽谤信息被点击、浏览5000次以上，或被转发500次以上的即可入罪（《刑法》第246条）。同时又列举了一些“严重危害社会秩序和国家利益”的情况，可以突破“不告不理”原则的限制予以公诉。

该司法解释虽为打击网络谣言特别是非法网络公关行为提供了明确的法律依据，但也引起社会对警方滥用公权力打压网络言论的担忧。

张家川警方认为杨某制造并传播谣言。但据媒体调查，杨某发布这些消息之前，县城的许多居民都知道这些消息，都在传播，杨某并非这些信息的制造者。警方曾于2013年9月18日在网上发布的通报中称，“死者家属主观臆断并利用他人炮制舆论散布死者高某系他人殴打致死并抛尸，以此误导群众，混淆视听，严重干扰公安机关依法办案”，证明杨某并非谣言制造者。即使发微博说“看来必须得游行了”，但并不能说明杨某就是游行的组织者。杨某的代理律师王誓华认为，即便杨某发布的微博被转发了500次，也不能认为就构成了犯罪，这要看微博信息与造成的后果是否有直接关联。①

还有专家指出警方适用法律的瑕疵：第一，“转发 500 次以上”是司法解释对诽谤罪“情节严重”的标准，不是寻衅滋事罪的规定，而当地警方称依法对杨某涉嫌寻衅滋事立案侦查，警方在法律适用上就是张冠李戴。第二，该初中生在网络上“编发虚假信息”构成寻衅滋事罪，但必须是“造成公共秩序严重混乱”，本案后果有那么严重吗？《关于办理利用信息网络实施诽谤等刑事案件适用法律若干问题的解释》第 5 条里面第 2 款写道，犯罪涉及编造虚假信息其核心在于公共秩序的严重混乱，危及到场所中其他公民的身体或其他方面的安全。就好比在电影院内假称有炸弹，造成观众混乱引发了踩踏事件的情况，而这件事未严重到按刑事案件追究。第三，从刑法原理上说，适用刑事诉讼法是最后的手段，刑诉案件处理中常提到“谦抑原则”，是指用最少量的刑法取得最大的刑法效果。“对一个初中生，应批评教育为主，至多治安处罚，动辄刑罚伺候，刑法的谦抑精神何在？”②

案例分析 >> 自媒体时代的言论自由与法律边界

张家川“鼠标少年”发帖被刑拘案被称为“500 转刑拘第一案”，涉及自媒体时代的言论自由与法律边界的重要问题。北京理工大学法学院教授徐昕在点评该案时认为，初中生杨某仅因一次并非空穴来风的网上发帖而被刑拘，意外地成为最高法院和最高检察院刚刚发布不久的网络刑事案件“司法解释”第一案，不仅令世人瞠目，也令有司难堪。此案引发了对该解释及司法解释制度的反思，对利用该司法解释打击谣言产生了一定的阻止作用。他提出，该解释对可公诉的诽谤罪作了超越立法的扩大解释，并将网络空间推定为公共场所，扩张寻衅滋事罪的适用范围。③

《第一财经日报》文章直接点出本案的核心问题：认为舆论关切杨某的命运，实际上也是在关心警权的边界以及言论自由的法律边界。在“两高”司法解释公布之时，该报曾发表社论，对该“解释”中关于网络上寻衅滋事一罪的规定表示担忧，忧虑相关含糊的条文可能引致执行过程中警权的滥用。此类规定有

---

① 参见怀若谷：《甘肃警方称造谣被拘初中生煽动游行 律师吁拿出证据》，《京华时报》2013 年 9 月 21 日。

② 张骁、刘丹：《甘肃初中生发帖涉散布谣言被拘 律师将作无罪辩护》，《北京青年报》2013 年 9 月 21 日。

③ 参见《徐昕点评：2013 年度大案》，2014 年 1 月 4 日，http://www.fabang.com/a/20140114/638724.html。

可能将网络不当言论与网络谣言混同在一起，造成非罪行为的有罪化。杨某一案发人深思，这个事件告诫人们：其一，即便要针对网络谣言“严打”，也一定要依法打击，谨慎行事，不可随意扩大化、运动化；其二，对于逆耳的舆论监督，绝不可随意拿警权当工具，伤害言论自由；其三，当软约束的警权与模糊的司法解释结合在一起时，滥用的概率无疑会增大——这反过来提醒，制定司法解释同样需要倍加谨慎。①

马长山教授撰文指出，随着全球化、信息化、网络化时代的到来，网络空间已经成为人们日常生活的重要组成部分，是言论表达的重要场域。2013 年“两高”司法解释通过网络诽谤和网络寻衅滋事来规制网络空间行为，固然有其规范言论自由、维护社会稳定、促进理性秩序的动因，但也实现了从网络空间向现实空间的“穿越”，并会产生一定的法律问题和社会风险。因此，需要我们进行理性反思和控制，以促进司法的社会向度回归与社会资本重建，从而推进“法治中国”建设。就此，他提出了几个核心论点：网络空间具有公共性，但不等于公共秩序；网络空间与现实空间相连接，但不等于现实空间；网络空间的言行产生现实空间的危害后果，需要有特殊的因果关系。因此，要从制度上防止网络寻衅滋事的“口袋化”。②

① 参见《杨辉的命运与警权的边界》，《第一财经日报》2013 年 9 月 24 日。

② 马长山：《法律空间“穿越”及其风险——从两高办理网络诽谤等刑事案件的司法解释出发》，《苏州大学学报》(法学版)2014 年第 4 期。

案例6

孙小果的“死里逃生”与舆论监督

案例介绍>> 昆明恶霸孙小果的“复活”与覆灭

据《昆明日报》2019年4月24日报道,自中央扫黑除恶第20督导组于4月1日进驻云南省开展扫黑除恶专项斗争督导以来,昆明市打掉了孙小果、涂力军等一批有影响的涉黑涉恶犯罪团伙,查处了一批涉黑涉恶腐败和“保护伞”案件。

《新京报》的调查报道揭开了孙小果的恶行和该案背后的黑幕。该报记者调查发现,此次涉黑团伙头目孙小果,与20多年前因强奸、强制侮辱妇女、寻衅滋事等罪被判处死刑的“昆明恶霸”孙小果竟是同一人。而这个孙小果早在1998年已被判处死刑。

孙小果是因何罪行被判处死刑?又是如何复活的呢?

据1999年《中国法律年鉴》记载,孙小果及其团伙强奸、侮辱多位女性,包括数位未成年女性,行为十分恶劣。1994年10月16日,当时身为武警学校学生的孙小果等2人伙同4名社会无业青年驾车游荡,在昆明环城南路强行将2位女青年拉上车,驶至呈贡县境内呈贡至宜良6公里处将其轮奸。1995年12月20日,盘龙区人民法院判处孙小果有期徒刑2年。然而,孙小果没有进过一天监狱。1997年,8个月内,孙小果及其团伙就有至少8起犯罪,涉及强奸罪、故意伤害罪、强制猥亵侮辱妇女罪、寻衅滋事罪等。

1998年1月9日,《南方周末》刊发报道《昆明在呼喊:铲除恶霸》,曝光了孙小果及其团伙在昆明的恶行。报道中提到,昆明市公安局刑侦大队教导员说道:“干公安工作这么多年,我还从未见过如此残暴的刑事案件!”办案警官透露,昆明的许多娱乐场所都要定期向孙小果交钱,名曰“保护费”。孙小果及其弟子来玩,不仅不给钱,娱乐场所还得倒赔。《云南法制报》等也对孙小果“掩盖不住的罪恶”进行了报道。1998年2月18日,昆明市中级人民法院经审理,判决被告人孙小果犯强奸罪,判处死刑,剥夺政治权利终身。二审维持原判,但死刑没被核准,遂改为死缓。孙小果在服刑期间,此案又启动再审程序,再审后对原量刑作了大幅度调整，孙小果最终被改判为有期徒刑 20 年。[①]

2009 年 5 月，获得实用新型专利的孙小果，在其母孙某予(孙学梅)、继父李某忠的运作下开始向法院申请减刑。2010 年 4 月，减刑申请获得法院裁定核准后的孙小果出狱。从 1997 年 11 月孙小果被刑事拘留，至 2010 年 4 月出狱，孙小果实际服刑约 13 年。[②]

孙小果案经媒体报道后，引发社会高度关注。2019 年 5 月 24 日消息，中央督导组发现孙小果案背后存在较多问题，遂将该案作为重点案件向云南省交办。全国扫黑办有关负责人表示，中央第 20 督导组已责成云南省组织专门力量，依法严查孙小果涉黑案及背后存在的严重问题，全国扫黑办将配合中央督导组对该案同步督办，一盯到底，彻底查清问题，依纪依法严肃处理，回应社会关切。云南省委表示，省市相关部门要密切配合、深入调查、依法彻查。[③]

7 月 26 日，据云南省扫黑办通报，云南省高级人民法院作出决定，依法对孙小果强奸、强制侮辱妇女、故意伤害、寻衅滋事案启动再审。[④]

11 月 8 日，云南省玉溪市中级人民法院对孙小果等 13 人组织、领导、参加黑社会性质组织等犯罪一案当庭宣告一审判决，以被告人孙小果犯组织领导黑社会性质组织罪、开设赌场罪、寻衅滋事罪、非法拘禁罪、故意伤害罪、妨害作证罪、行贿罪，数罪并罚，决定执行有期徒刑 25 年，剥夺政治权利 5 年，并处没收个人全部财产。[⑤]

12 月 17 日，云南省高级人民法院依法对孙小果等 13 人组织、领导、参加黑社会性质组织等犯罪一案二审公开宣判，对上诉人孙小果等 4 人驳回上诉，维持原判。[⑥]

12 月 23 日，云南省高级人民法院对孙小果 1997 年犯强奸罪、强制侮辱妇女罪、故意伤害罪、寻衅滋事罪再审案件依法公开宣判，维持昆明市中级人民法院 1998 年 2 月一审对孙小果判处死刑的判决，并与其出狱后犯组织、领导黑社

---

① 相关内容参见向凯、庞礴：《20 年前曾判死刑的“昆明恶霸”今疑又成涉黑涉恶典型》，《新京报》2019 年 4 月 26 日。

② 参见彭渝：《孙小果“复活记”：死刑不被核准改死缓，后经再审改判 20 年》，2019 年 6 月 3 日，https://www.thepaper.cn/newsDetail_forward_3594980。

③ 参见《云南省委表态孙小果案：提供保护的公职人员，一查到底》，《新京报》2019 年 5 月 24 日。

④ 参见罗沙：《云南省高级人民法院依法对孙小果案启动再审　被查涉案公职人员和重要关系人增至 20 人》，2019 年 7 月 26 日，http://www.xinhuanet.com/2019-07/26/c_1124803193.htm。

⑤ 参见罗沙、王研：《孙小果出狱后涉黑犯罪一审获刑二十五年　孙小果再审案件将择期宣判》，2019 年 11 月 8 日，http://www.yn.xinhuanet.com/reporter/2019-11/08/c_138539014.htm。

⑥ 参见彭波：《孙小果出狱后涉黑犯罪二审宣判：维持 25 年徒刑判决》，2019 年 11 月 17 日，http://legal.people.com.cn/n1/2019/1217/c42510-31510002.html。

会性质组织等罪被判处有期徒刑25年的终审判决合并，决定对孙小果执行死刑，剥夺政治权利终身，并处没收个人全部财产。对孙小果的死刑判决，依法报请最高人民法院核准。①

2020年2月12日，最高人民法院作出裁定，核准云南省高级人民法院决定对孙小果执行死刑，剥夺政治权利终身，并处没收个人全部财产的刑事判决。最高人民法院复核认为，孙小果犯罪手段极其残忍，犯罪情节极其恶劣，犯罪后果极其严重，主观恶性极深，人身危险性极大，依法应当予以严惩。20日，云南省昆明市中级人民法院对罪犯孙小果执行死刑。

孙小果终于从20多年前的死刑，再次走到了死刑。

孙小果案还牵涉出不少政法系统的重要关系人和“保护伞”，其中包括云南省高院两任院长孙小虹、赵仕杰，二人分别被给予党内警告处分和留党察看一年处分。原副院长郑蜀饶被给予党内严重警告处分。云南省高院审判委员会原专职委员梁子安、田波，分别获刑12年、10年。昆明市中院刑二庭原副庭长陈超获刑8年。

案例总结》孙小果案背后的司法与传媒

20多年前被判处死刑的孙小果竟然能够“死里逃生”，还能逍遥法外继续作恶，这一匪夷所思的案例暴露了严重的司法问题，给社会造成了巨大危害。在孙小果被执行死刑后的2020年3月25日，云南省高级人民法院召开全省法院警示教育大会，要求全省法院深刻汲取孙小果案教训，以案为镜鉴，以案促整改。

孙小果之所以能在被判死刑后“死里逃生”，出狱后再次涉嫌严重犯罪，与其背后的“保护伞”有直接关系。随着新闻报道的不断深入，孙小果案情的细节被披露出来，一条庞大的黑势力“保护伞”链条逐渐浮出水面，在舆论监督下，司法公正终于实现。孙小果案件包含着诸多具有争议的要素，如“打伞破网”、司法公正、舆论监督、假新闻等一系列问题。孙小果案的水落石出，体现了媒体舆论监督的力量，表明了司法机关对于“保护伞”“关系网”严厉打击的坚决态度。

中国人民大学刑事法律科学研究中心教授田宏杰认为，黑社会性质组织犯罪谋划建立“关系网”“保护伞”，向经济领域渗透，与黄赌毒交织合流，呈现组织化、金融化、隐蔽化特点。一些党政干部深裹其中，同黑恶势力沆瀣一气，恶劣

① 参见《云南高院依法公开宣判孙小果再审案　决定执行死刑》，2019年12月23日，http://www.xinhuanet.com/2019-12/23/c_1125377515.htm。

程度触目惊心，人民群众则是黑恶势力的直接受害者。[①] 正如《法制日报》评论所言，孙小果案再审开庭，及其背后“保护伞”被审查起诉，再次证明：正义可能迟到，但绝不会缺席。我们坚信，法律最终会还所有人以公平公正。[②]

从孙小果案件可以看出媒体舆论监督的激浊扬清作用。人民日报官方微博对此案作出评论：“孙小果案，久问之下，终有结果。一两次通报可能难以平息质疑，但不断释放真实信息，便能满足公众知情权；与民意形成良性互动，便能减少谣传。一个孙小果搅得舆论场不平静，更拖累云南形象，值得反思。请牢记：公平正义是执法司法工作的生命线。”

四川大学教授龙宗智认为：“孙小果出狱后所犯罪行由云南省司法机关异地指定管辖，有法律根据，有助于排除可能存在的干扰和弊端，彰显了司法公正。一是指定管辖有法律根据。二是本案指定异地管辖彰显司法公正。三是积极回应社会关切增强司法公信力。”[③]

该案办理中还有个插曲：2019 年 5 月 27 日，包括央视网、北京头条、《中国妇女报》、新浪新闻、网易新闻在内的数十家媒体和网站几乎在同一时间推送、发布了“孙小果等 9 人恶势力犯罪集团被逮捕”的消息。昆明盘龙区检察院对此予以否认，称孙某某并非孙小果，稍后会有官方信息发布，“现在已经核实了，不是孙小果，就是同姓而已”[④]。

原来是这几家媒体及商业网站编辑该稿件时，未作核实就自行将“孙某某”改成了“孙小果”。针对这种行为，新闻记者杂志社发表的《2019 年虚假新闻研究报告》写道：“这再次暴露了媒体从业人员薄弱的职业意识和职业能力，以及内部把关审核机制存在的缺陷。”“值得注意的是，多家专业媒体发布了这条假新闻，事后却只有央视网一家就此道歉，其余都默不作声，若无其事。犯错成本如此之低，甚至连道歉也无须作出，媒体无惧出错也就不足为奇了。”[⑤]

案例分析 >> 保障舆论监督对防止司法腐败的作用

舆论监督从广义上说，包括通过传媒对党务、政务的公开报道，对国家机关和国家工作人员施政活动的报道和评论，以及对各类坏人坏事，特别是腐败行

---

① 参见田宏杰：《孙小果案之黑社会性质组织特征观察与思考》，《人民公安报》2019 年 10 月 15 日。

② 参见《法制日报》评论员：《依法再审孙小果案，正义不会缺席》，《法制日报》2019 年 10 月 15 日。

③ 龙宗智：《孙小果案指定异地管辖彰显司法公正》，《检察日报》2019 年 11 月 8 日。

④ 张彤、吴荣奎：《昆明盘龙检方回应“孙某某等 9 人被逮捕”：不是孙小果》，《新京报》2019 年 5 月 27 日。

⑤ 年度虚假新闻研究课题组：《2019 年虚假新闻研究报告》，《新闻记者》2020 年第 1 期。

为、腐败分子的披露和批评。对作为国家机关之一的司法部门进行报道和评论，自然也是舆论监督的题中应有之义。舆论监督是权利，不是权力，但它和司法独立一样都是受宪法保护的。二者的目标统一于社会公正。司法不能封闭，新闻自由不能滥用，二者应该明确各自的行为方式。任何新闻报道都应该尊重事实，对法律案件的报道亦是如此。[①]

司法需要舆论监督，舆论监督是法治国家民主政治的标志，舆论监督既体现了宪法所规定的言论自由等公民基本权利，又是司法活动有序运转的重要保障。[②] 从孙小果案来看，媒体的调查报道使舆论持续升温，为各种信息的组合和各圈层协同效应的集聚形成了强大的舆论场，倒逼党政部门介入对孙小果案的复查。[③] 孙小果案是一次舆论监督司法的成功范例。

司法是社会公正的最后一道防线。孙小果案告诉我们，如果这道防线失守，社会将会变得污浊不堪。司法腐败，是最严重的腐败；司法不公，是最可怕的不公。孙小果能长期逃脱法律的制裁，社会反响极大，给社会的观感极差。毫不夸张地说，围绕在孙小果身上的这张严密的保护网直接导致了司法公平正义被牺牲，也间接导致了孙小果没有能及时吸取教训，反而变本加厉，在犯罪道路上愈走愈远。孙小果案留下的教训需要司法部门认真吸取。除了内部反思，将该案办理中每个疑点都弄清楚，将每个参与者弄清楚，将完整的真相呈现出来，把暗藏于司法队伍中的病毒消除掉，才能立下让后人不敢越雷池半步之威。[④] 更重要的是，司法要接受舆论监督，并从制度上保障新闻舆论对司法工作的监督。传媒与司法的不同特性容易导致舆论监督与公正审判之间的冲突，因而制度设计上需要认真权衡和解决的问题，是如何在制度运作中保持合理的张力，在新闻自由和公平审判之间寻求合适的度。而这一点，应该是能够做到的。因为二者不仅都是宪法所保护的，而且它们的目标是一致的，都是为了社会公正：新闻媒介作为社会的守望者，常常是在前面发现问题，为正义与公正呼喊，而司法机构紧随其后，是实现社会公正的最后一道防线。

---

① 参见孙旭培、刘洁：《传媒与司法统一于社会公正——论舆论监督与司法独立的关系》，《国际新闻界》2003 年第 2 期。

② 参见赵利：《媒体监督与司法公正的博弈》，《中山大学学报》(社会科学版)2010 年第 5 期。

③ 参见杨亮：《重大社会敏感事件的舆论流变与策略分析——以“孙小果事件”为例》，《青年记者》2019 第 35 期。

④ 参见高路：《孙小果案，警示“千里之堤溃于蚁穴”》，《钱江晚报》2019 年 5 月 28 日。

案例 7

兰成长之死与真假记者之辨

案例介绍》山西黑矿主打死“假记者”

2007 年 1 月 10 日，《中国贸易报》山西记者站工作人员兰成长和同事常汉文前往浑源县对一家无证开采的黑煤矿进行调查采访时，受到该采矿点矿主侯某纠集 8 名暴徒围攻殴打。兰成长于第二天因颅内出血抢救无效身亡。

13 日某网站题为《山西浑源：记者被黑心矿主暴打致死！》的帖子披露了此事。随后经《南方都市报》率先报道后震惊全国，《中国青年报》、人民网等媒体也纷纷对事件进行报道。中央高层领导作出批示要求查明情况。

兰成长死去后的第一天，大同市政府官方网站发出一份关于“打击假报假刊假记者的专项行动”的文件，明确重点打击的对象是：“以采访名义拉广告、搞经营、搞创收的行为；以宣传报道为名义收取版面费、搞有偿新闻的行为；以批评报道相要挟进行新闻敲诈，索要钱财，收取有价证券、信用卡等行为。”当地官方多次提出兰成长是“假记者”，而兰成长所服务的报社更是强调其无新闻采访权，所为纯属个人行为。大同市“打击假报假刊假记者”专项工作领导小组工作人员称：《中国贸易报》山西记者站应该是合法设立的新闻机构，但兰成长并不是记者，因为他没有正规的记者证件，山西站的站长也向当地政府表示没有派兰到该矿去采访。因此，兰成长不是正式记者，没有采访资格，他到浑源县采访是个人行为，组织上没有委派他前去。

兰成长的无记者证身份和采访动机引发了激烈争论，死者由此在道德上处于劣势，少了要求公正的砝码，更失去了舆论的同情。

2007 年 6 月 27 日，兰成长被打致死一案在临汾市中院宣判：被告人侯振润被判无期徒刑，郑文平、武强等 5 人分别被判 5～15 年有期徒刑不等，郑贵犯窝藏罪处有期徒刑 1 年。同时，判令侯振润等 6 人赔偿兰成长的亲属共计 30 余万元。法院查明，侯振润在大同市浑源县大仁庄乡西王铺村私开煤矿，2007 年 1 月 10 日下午 4 时许，侯振润等人见到了《中国贸易报》山西记者站聘用的工作人员常汉文、兰成长，侯振润见常的证件上没有“国家新闻出版总署”的印章，认为二人是假记者，便伙同他人对二人进行殴打。兰成长于次日死亡。经鉴定，兰成长系被他人用钝物多次打击头部致颅脑损伤死亡，常汉文为轻伤。据兰成长家属代理律师徐展勤介绍，法院审理认证，兰成长不是假记者，也认证不了他是去敲诈，所以不能认定兰成长有过错。法庭上，公诉机关出示了山西省新闻出版局提供的一份证据，上面有一栏显示为"兰成长·记者"。徐展勤表示："法院认定，原中国贸易报社山西记者站站长常旭日关于'兰、常二人到浑源县的行为是个人行为'的证言不予采信，关于常汉文'去浑源县亮亮证，就给一千元'的证言不予采信。"①

案例总结》"假记者"死于"真问题"

兰成长悲剧产生的原因引起媒体的反思。媒体调查认为，即使兰成长没有国家新闻出版总署核发的记者证，去煤矿不是去做真正的采访而是为报社创收引发冲突被打身亡，也不能掩盖山西煤矿普遍存在的问题。正是煤矿管理的不规范助长了黑煤矿现象，加上当地媒体舆论监督的缺位，才给假记者敲诈勒索提供了可能。假记者盯的是有问题的黑煤矿。大同市政府通告针对的是大同近年来假记者横行的现状。事实上，一些不法分子打着"记者"的名义招摇撞骗，也是山西诸多矿业城市非常头痛的问题。据报道，兰成长去之前，该"非法矿主"已经接待了八拨"记者"。由"假记者"的繁荣，可以推断当地不法产业的类型和规模。某种程度上，"假记者"成了某些不法分子的一种制约力量。"真记者"为社会公义而殉职，是新闻的光荣。"假记者"的悲剧，凸显的是真实的社会矛盾。②

《南方都市报》的调查发现，在矿难频发的能源大省山西，矿主为了避免自身问题被曝光，影响利益，纷纷用金钱收买媒体。像打死兰成长的主凶侯振润经营的此类黑煤矿，虽然一直是国家整顿打击的重点，但在大同，却屡禁不绝，遍地皆是。像兰成长这样，主要工作是靠煤老板"创收"的记者，在山西大同并非少数。有人估计大同的形形色色不写稿专门跑矿的记者在600人以上，甚至有人说上千人。大同市新闻出版局报刊图书科科长刘东悦不敢说一个准确数字，因为根本无法统计。矿难几乎都是通过媒体才得以曝光，当媒体成为监督煤矿安全生产主要途径的同时，也成为煤老板希望用金钱攻克的对象。

兰成长被殴致死的背后是正常监督的缺位，部门职能的异化为记者们创造了寻租空间。展江教授认为，新闻界出现腐败的根本原因，在于媒体在市场经

① 孙勇杰、黄玉浩：《兰成长案一人被判无期》，《新京报》2007年6月29日。

② 参见何三畏：《"假记者"死于"真问题"》，《新京报》2007年1月22日。

济条件下暴露出来的管理制度缺陷。张志安教授认为，中国媒体的国有属性、行政特质，使其依然是行政系统的组织延伸和体系组成，尤其对中央级媒体或党报媒体而言，具有自上而下的权威资源和无可替代的监督力量。某种程度上，媒体报道尤其所谓批评报道容易被异化为行政监督。由此，掌握着这种资源的新闻从业者便很容易利用这种监督权对企业或下级政府进行威慑乃至敲诈了。[①]

案例分析 >> 记者的真与假

我国实行新闻记者证管理制度。在该制度下，新闻记者只限于"新闻机构编制内或者经正式聘用，专职从事新闻采编岗位工作，并持有新闻记者证的采编人员"。按照《新闻记者证管理办法》，新闻采编活动是新闻记者专有的职务行为。"从事新闻采编活动，须持有新闻出版总署核发的新闻记者证。""新闻采编人员从事新闻采访工作必须持有新闻记者证，并应在新闻采访中主动向采访对象出示。"同时规定，"新闻机构非采编岗位工作人员、非新闻机构以及其他社会组织或者个人不得假借新闻机构或者假冒新闻记者进行新闻采访活动"。《互联网新闻信息服务管理规定》明确提出，互联网新闻信息服务相关从业人员从事新闻采编活动，也应当持有国家统一颁发的新闻记者证。这些规定就把没有记者证而从事新闻采访活动的人员当作了"非记者"或"假记者"。

记者的新闻采访权来自哪里呢？按照魏永征教授的研究，《国际新闻界》通常把新闻自由理解为采访自由、通讯自由、出版自由和批评自由，认为这些是新闻记者的主要权利。在我国，业界关于记者权利讨论较多的是采访权、报道权和评论权等。理论上认为，新闻记者的权利来源于宪法规定的言论、出版自由和进行文化活动的自由。这些自由的权利主体是公民。新闻工作者也是公民，也享有宪法规定的一切权利。新闻工作者与普通人的区别只是职业分工不同，前者把寻求、获取、传播信息作为自己的职业，这种职业的功能是使广大公民更好地实现自己的言论出版自由等权利。公民并没有把这项权利转让给新闻媒体和新闻工作者，让其"代表"自己来行使这些权利。因此，言论出版自由以及其中包含的所有权利，并不是新闻工作者专有的、排他的权利。不过在我国，创设新闻单位实行特许制，取得新闻记者资格需经行政许可，从事新闻采编活动被认为是新闻记者的专有权利。这样就把公民的宪法权利变成了特定主体的

① 参见谭人玮：《兰成长被打死调查：媒体成矿主用金钱攻克对象》，《南方都市报》2007年2月3日。

一项特许权利。即使如此，新闻单位和记者也不享有超出公民权利的特权。[①]

在信息传播走向移动化、社交化、智能化的今天，新闻行业趋于“液态”，与其他行业的边界逐渐消融、模糊。网络极大降低了信息采集、传播和获取的门槛，以往由专业新闻工作者行使的权利已经被更多普通网民所享有。尽管“公民记者”“网络记者”还不被官方认可，商业网站也不允许从事新闻采编行为，但这一切并不影响公民借助网络技术的赋权，实际上从事寻求、获取、传播信息的行为。因此，我国的新闻记者队伍远远不止持有新闻记者证的 23 万人，理论上讲 9 亿多网民都可以成为活跃的新闻记者。[②]

由此看来，如果兰成长是去煤矿正常采访，而非敲诈勒索，就属于行使公民的正当权利，不应因其是否持有记者证，而改变和增减其活动受法律保护的性质和程度。记者证不应成为判断采访者行为是否正当的根本标志。

---

① 参见魏永征、周丽娜：《新闻传播法教程》(第 6 版)，中国人民大学出版社 2019 年版，第 36 页。

② 截至 2019 年 12 月 31 日，共有 232830 人持有有效的新闻记者证，其中报纸记者 81988 人，期刊记者 6365 人，通讯社记者 2798 人，电台、电视台和新闻电影制片厂记者 140150 人，新闻网站记者 1529 人。参见中国记协：《中国新闻事业发展报告(2020 年发布)》，2020 年 12 月 21 日，http://www.zgjx.cn/2020－12/21/c_139600961.htm。

第二章　传播与犯罪

因使用媒体、传播信息行为可能构成的犯罪有很多种。本章选取的典型案例，从最早的记者诽谤罪案，到最富的省报记者站站长犯罪，再到多例触目惊心的媒体人经济犯罪。我国传播犯罪案件频发，研究有待进一步类型化。

案例 8

《二十年"疯女"之谜》与记者诽谤罪案[①]

案例介绍 》》 1949 年来首例记者诽谤罪案

1949 年以后中国记者第一次因为自己采写的报道走上法庭，而且不是现在常见的民事纠纷，而是作为刑事被告，两位资深记者被判犯有诽谤罪，处以刑罚。这个案例就是 1983 年上海《民主与法制》刊发的《二十年"疯女"之谜》引起的首例记者诽谤罪案。

该文发表于《民主与法制》月刊 1983 年第 1 期"道德法庭"专栏，署名"本刊记者沈涯夫、牟春霖"，全文约 7000 字。

这篇通讯宣称"谨将调查结果公布于众"：据妇女狄振智（文中化名田珍珠）诉说，20 多年前，她的丈夫杜融（文中化名屠勇）为了达到从武汉调到上海工作的目的，采取哄骗、殴打等手段，诱逼狄振智装疯，两次将她送进精神病院。想不到杜"在道貌岸然的外衣下竟藏着一颗卑鄙的心"，在私生活问题上露出马脚，被迫对狄坦白交代，又怕狄揭发，第三次将她送进精神病院，她戴着"疯女"

---

① 因本案例的特殊重要性，加上发生时间较早，本部分内容根据魏永征教授的相关论述编辑而成。主要参见魏永征：《〈二十年"疯女"之谜〉诽谤罪案回顾》，《青年记者》2014 年第 22 期；《纪念〈疯女之谜〉诽谤案 20 周年》，2008 年 12 月 31 日，http://yongzhengwei.com/archives/30105。

帽子生活已逾20年。记者也报道了对其丈夫杜融的访问，还访问了狄振智所工作的工厂，但对杜融和厂方做的狄振智患有精神病的陈述不认可。文章呼吁："让那些该受到制裁的人不能再逍遥法外吧！"

文章发表后，引起了强烈的社会反响。读者对文章的内容深信不疑，纷纷写信给刊物，严厉谴责丈夫的行为，并且要求追究丈夫的刑事责任。面对舆论的谴责，杜融的工作、生活都受到很大影响。他曾多次向刊物提供材料说明真相，进行解释，但文章的作者认定报道无误，继续发表文章，呼吁对杜融进行法律的制裁。

上海《新闻记者》杂志1984年第4期转发了有关"疯女"争议的材料，并发表"编者的话"："有关'疯女之谜'的争论，涉及维护报道真实性这样一个原则问题。""如果报道失实，以致在不正确的材料基础上得出了错误的结论，那就应当有勇气承认错误，并光明磊落地加以修正。"

1985年1月，杜融向上海市长宁区人民法院提起诉讼，对《民主与法制》杂志社记者沈涯夫、牟春霖以诽谤罪提起刑事自诉，指控两位记者捏造事实、蓄意诽谤。1987年6月29日，法院作出一审判决，认定《二十年"疯女"之谜》一文内容纯属捏造。两被告人不顾狄振智有精神病史的事实，违反要否定精神病的诊断结论必须做司法医学鉴定的规定，拒不接受有关的医生、同事、受害人居住地部分群众、当事人所在单位组织、上级领导机关的忠告和规劝，故意捏造和散布足以损害自诉人人格、破坏自诉人名誉的虚构的事实，手段恶劣，情节严重，影响很坏，已构成诽谤罪。因此，依法分别判处两位记者者剥夺政治权利1年6个月和1年，并分别赔偿杜融经济损失人民币100元和50元。

两被告人不服，提起上诉。他们辩称，揭露杜融逼迫狄振智装疯依据的是客观存在的事实，无诽谤的故意，更不属情节严重，要求保护新闻记者的合法权益，宣告无罪。

1988年4月11日，上海市中级人民法院对本案作出终审裁定：驳回上诉，维持原判。沈、牟又提起申诉。1989年1月23日，上海市高级人民法院驳回申诉。沈、牟再向最高人民法院申诉，最高人民法院于1990年4月25日通知两人：原判正确，应予维持；申诉无理，予以驳回。

本案至此最终画上句号，距涉讼文章发表已逾7年。1988年第2期《最高人民法院公报》报道了本案的一审判决和二审裁定。

案例总结≫ 两位记者为中国传媒法制作出了特殊"贡献"

此案在全国新闻界、法律界和社会各界引起很大反响。有人认为，这反映了广大公民的法制观念和社会主义公民意识有了普遍提高，公民运用法律武器来保护自己合法权益的意识也日益增强。也有人说："批评有一点失误就不行，一搞就是诽谤，动不动就上法院，这叫舆论监督怎么做？"

1989 年 1 月 16 日，上海市中级人民法院在《上海法制报》发表长文《〈二十年'疯女'之谜〉诽谤案事实真相》，从事实真伪、行为人主观方面、是否情节严重等诽谤罪的三个构成要件，来论证本案被告人构成诽谤犯罪。

《二十年"疯女"之谜》这篇被定性为诽谤的文章以及该刊物的后续文字，确实存在着一系列致命伤：

——挑战科学所认定的事实。全文所要说明的，就是"疯女"并非真疯，是在她的丈夫出于某种卑鄙企图的引诱和威逼下的伪装，所以是蓄意迫害。然而，疯女之疯，乃是积 10 余年医学治疗所认定的，而文章的依据，则是女方的诉说和有些群众的同情话语。为什么不对两者的可信度作一个基本的比较呢？

——直接对特定人进行审判。该文所刊登的栏目叫"道德法庭"，表明它的宗旨就是要像法庭般地判断是非曲直，它对杜融加上"虐待妇女"等罪名，要将他"依法惩处"，而这并非媒介的职责。

——将"卑鄙""伪君子""流氓""丑恶灵魂"等极端语词横加于对方，无视对方的人格尊严。

——坚持错误，而且不给对方发言权。杜融曾经通过不同渠道向编辑部指出文章不符事实，要求发表他的回复予以澄清，但是没有被接纳。该刊物持续声讨杜的"暴行"，企图淹没一切不同意见。

今天看来这些行为真的是匪夷所思，然而在一段时间内却是常态。"拨乱反正"后，中国新闻界同全国人民一起从"阶级斗争"噩梦中苏醒。"疯女之谜"案的悲剧性在于，作者和杂志社致力于清除旧的东西，然而他们因袭了旧的手段。他们热情行使来之不易的权利，但他们没有意识到旧时代给予的特权已经终结，这绝不是新时代真正权利的应有内容。那时要求分清特权和权利的区别也许为时尚早，他们头脑里还没有"名誉""诽谤""人格尊严"这一类概念。

记者写报道也要"吃官司"，当时在新闻界引起极大震撼。从这层意义上说，"疯女之谜"案是对新闻记者和媒介的当头棒喝。"新闻官司"推动新闻媒介走出了"阶级斗争"的阴影。从某种意义上说，该案的两位记者为中国传媒法治作出了特殊"贡献"。没有本案，中国新闻媒体也许还会在"阶级斗争"的迷雾中冲撞更长的时间。

案例分析 >> 中国法制建设初期的刑事诽谤案例

这起案件所涉及的核心，是新闻报道和言论表达的界限问题。从本质上说，这是一个基本的宪法问题。被告人认为，自己作为新闻记者，享有宪法规定的言论、出版自由的权利，要求改判无罪。而法院认为，我国宪法明确规定国家保护公民言论、出版的自由和权利。但是，新闻记者和所有公民一样，在行使宪法和法律规定的权利的时候，必须履行宪法和法律规定的义务，即"不得损害国家的、社会的、集体的利益和其他公民的合法的自由和权利"，"禁止用任何方法对公民进行侮辱、诽谤"。因此，这一案件的判决，不仅明确了宪法和法律对公民权利的保障，更强调了公民在行使宪法权利的时候，不得损害其他公民的宪法权利。虽然这起案件是在现行宪法颁布不久后发生的，当时的民主法制建设也才刚刚开始恢复，但在今天看来，依然具有重要的现实意义。[①]

本案发生于中国开展法制建设的初期。1979 年《刑法》第 145 条规定了"捏造事实，诽谤他人情节严重"，可处以 3 年以下有期徒刑、拘役、管制或者剥夺政治权利。这是我国自 1949 年以来首次就诽谤（即损害他人名誉）行为规定了刑事责任，而规定对名誉权等人格权予以民事保护的《民法通则》则是到 1987 年才颁行。

总体说来，"疯女之谜"的报道和后续文字应是《民主与法制》杂志社的法人行为，两记者的采访报道应属职务行为。在当时对公民名誉权的保护和对诽谤行为的制裁只有刑事手段，本案立案时《民法通则》尚未颁布实施。按照《刑法》规定，诽谤罪的主体只能是自然人，不能追究单位责任。这就是由两记者在法律上承担全部不利后果在制度上的原因。如果走民事程序，按照《民法通则》颁布后最高人民法院发布的司法解释，杂志社和记者应该列为共同被告，共同承担停止侵害、恢复名誉、消除影响、赔礼道歉、赔偿损失等民事责任。而 2009 年通过的《侵权责任法》采纳了国际通行的替代责任原理，规定用人单位的工作人员因执行工作任务造成他人损害的，由用人单位承担侵权责任，本案中就应由《民主与法制》杂志社承担侵害杜融名誉权的责任。

最后，关于两记者是否具备诽谤罪的主观要件、是否构成直接故意也不是无可商榷的。法院列举事实，说明被告人应该明知疯女真疯，却坚持指责自诉人迫害妇女，属于明知虚假事实而加以传播以贬损他人名誉，在逻辑上自可成立。但是作为辩护人的刑法专家、华东政法大学教授朱华荣等提出"不听劝阻、

① 参见殷啸虎：《"二十年疯女之谜"的真相》，《新民晚报》2012 年 7 月 8 日。

固执己见”只能说明行为人具有很强的决意，而不是故意，也并非全无道理。接触过狄振智而认为她并非疯女的并非只有这两位记者，我们可以批评他们缺乏精神病学知识，以感觉代替科学，但是不能说这些人都在故意造谣。

2012 年修改的《刑事诉讼法》，对于刑事犯罪认定证据提出了更高要求，确立了必须“排除合理怀疑”的原则。按此标准，两记者是否具备直接故意，尚有可疑，那么按照 1996 年《刑事诉讼法》确立的“疑罪从无”原则，就很难作有罪判决。

当然不可以今天的法律来否定过去的结论，而只是说本案如果发生在法制进一步健全的今天，可能就不是这样的结局。但在当时的法律制度下，本案判决也许是唯一的。

案例 9

马顺龙贪腐案与记者站新闻寻租问题

案例介绍 >> 省报记者站站长马顺龙的亿元传奇

2019 年 11 月 20 日财新网报道，显赫一时的甘肃新闻界风云人物马顺龙，因犯受贿罪、挪用公款罪，数罪并罚，被甘肃省兰州市西固区法院判处有期徒刑 7 年，罚金 90 万元。该判决已经生效。①

2017 年 10 月 27 日，财新网刊发特稿《一个省报记者站站长的亿元传奇》，报道了甘肃日报社武威记者站站长马顺龙(1952 年 7 月生)贪腐案。据报道，马顺龙不仅在武威当地大名鼎鼎，还创下了两项《甘肃日报》纪录：第一，史上驻站最长的驻站记者。自 1984 年以来，甚至 2012 年到龄退休之后，他拒绝与报社派来的站长做交接，在这个岗位上一干就是 33 年，直到 2017 年 4 月被甘肃省纪委带走接受调查。第二，《甘肃日报》最富有的记者——资产近亿。其家中搜出现金 1800 多万元，堪称甘肃新闻界屈指可数的最富记者之一，在全国或许也排得上号。该报道说，有关部门确认马顺龙的主要问题有三：其一，插手武威的人事安排，被称作“地下组织部长”；第二，长期违规开办个人实体公司，其经济活动得到了武威地方主要领导的纵容，其回报就是操纵舆情；第三，大搞有偿新闻。②

据财新网报道，马顺龙在当地人称马三爷——“书记老大，市长老二，他老三”。在武威驻站的 30 多年，马顺龙和武威多任市委市政府领导“打得火热”，在当地是呼风唤雨式的人物。他与时任武威市委书记火荣贵大吵一架后主动服软，火荣贵与其摒弃前嫌，二人关系极为密切。有了跟火荣贵的关系，马顺龙在当地颇具影响力，多次利用这层密切关系指挥区县领导办事，受贿 142 万元。2012 年退休的马顺龙拒绝交权，导致甘肃日报社派来接替马顺龙的新站长不能交接。武威市委组织部还向甘肃日报社发函，要求马顺龙继续在甘肃日报社驻

① 参见王和岩：《甘肃日报原记者站站长获刑七年　利用影响力受贿 142 万元》，2019 年 11 月 20 日，http://china.caixin.com/2019-11-20/101485184.html。

② 参见王和岩：《一个省报记者站站长的亿元传奇》，2017 年 10 月 27 日，http://china.caixin.com/2017-10-27/101162247.html。

武威记者站工作，并认为甘肃日报社“选定的武威记者站副站长人选不适宜来武威工作，建议另行考虑”。2013 年 5 月至 2016 年 12 月，甘肃日报社再未派记者接任马顺龙工作，武威记者站工作事实上仍由马顺龙来负责。2012 年 9 月至 2016 年 1 月，马顺龙在负责武威记者站工作期间，未经甘肃日报社批准，私自开设甘肃日报武威办事处银行账户，并利用向被采访单位收取费用的职务便利，将本应上交甘肃日报财务的 133 万元宣传费，归集到甘肃日报武威办事处银行账户。之后，他陆续分两次转至其个人银行卡，用于购买理财产品营利，购买理财产品所获利息归个人使用。[①]

2016 年 1 月，武威警方抓记者事件引发全国舆论关注。2018 年 7 月，火荣贵接受纪律审查和监察调查。2019 年 9 月 26 日，火荣贵以受贿罪、挪用公款罪、滥用职权罪，数罪并罚，被判处有期徒刑 18 年，并处罚金人民币 100 万元。[②]

火荣贵落马后，马顺龙也被查。

案例总结>> 触目惊心的记者站腐败

马顺龙案被列入《新闻记者》杂志评选的“2017 年传媒伦理典型案例”。该杂志对马顺龙案点评如下：

> 财新网的报道指出，在上级要求下，《甘肃日报》等党媒已经全部停止刊登软文。但是，由此案暴露的一些媒体利用记者站进行权力寻租的问题，却不容忽视。记者站是报社从事采访、通联等采编业务的派出机构，它不具备法人资格，也就是说不具备经营的权利。但现实情况却恰恰相反，有一些报刊社的记者站成了其“发行站”、“广告中转站”，甚至记者站人员为了经济利益触犯法律锒铛入狱的事近些年也频频发生。[③]

马顺龙能成为呼风唤雨式的人物，与党媒记者的身份和记者站特殊生态分不开。

1949 年以来，党报的主要职责是宣传党的方针政策，包括下情上达。党报记者到基层采访，被视作党和国家权力的延伸。20 世纪 90 年代实行“事业单位，企业运作”以来，中央和省级媒体广泛设立记者站。为谋求经济效益，发行

---

① 参见贾晨：《利用火荣贵影响力受贿　甘肃日报武威站原站长马顺龙获刑 7 年》，2019 年 11 月 18 日，https://view.inews.qq.com/a/20191118A0AYJ800? tbkt＝J&uid＝100131874526&refer＝wx_hot。

② 火荣贵任武威市委书记期间，因当地发生饱受批评的“抓记者”事件而闻名全国。

③ 年度传媒伦理研究课题组：《2017 年传媒伦理问题研究报告》，《新闻记者》2018 年第1期。

和广告成为媒体驻站记者的主要工作和考核指标。记者站远未实现"采编与经营两分开",相反实行新闻采编业务和经营创收任务的"一肩挑",记者站一手采新闻、一手抓经营,两种业务混同。市场化媒体如此,有经费保障的党媒也如此。相对于失去政府权力属性的市场化媒体,地方政府和领导更青睐党媒。作为《甘肃日报》记者的马顺龙,自然就比其他媒体驻武威的记者牛得多。据财新记者了解,在甘肃当地一些媒体,记者拉广告提成 8%,专刊即软文在 20%~30%。所谓软文,即以地方政府或企业的形象宣传为面目刊登在媒体上的文章,它是广告的变种,常常以"地方之窗"等名目现身。这类文章,往往都需要地方政府或部门给媒体支付几万、十几万的"赞助费",业内俗称"软文"。①

从我国新闻出版主管部门一次通报的情况就可看出,这一问题在记者站表现最为突出。2010 年 10 月,新闻出版总署就中国经济时报社、农民日报社、中国妇女报社、安徽江淮晨报社、中国食品质量报社、《中国经贸》杂志社、环境与发展报社等 7 家报刊社记者站从事有偿新闻、虚假新闻,甚至以负面报道相要挟,对基层单位和群众敲诈勒索等严重违法违规行为进行了查处并通报批评。

中国经济时报社两记者站因违规被注销。2008 年包国强任中国经济时报社湖北记者站站长以来,该站多次出现严重违法违规问题。记者站工作人员以舆论监督为由,索要他人 2 万元。记者站记者和工作人员等以曝光负面新闻为由向某镇政府索要 5 万元宣传费。该记者站还违规从事广告业务,收取企业 8.5 万元广告款。张学标任中国经济时报社新疆记者站站长期间,私自成立"中国经济时报社新疆分社""新疆西部发展研究中心"等单位,并伪造公章从事非法活动。

农民日报社三家记者站负责人严重违法违规被处理。2008 年 8 月,农民日报社驻河北记者站站长李俊奇在河北蔚县发生矿难后,以新闻报道相要挟,索要 20 万元订报款,另将发行款 9 万多元据为己有。2009 年 12 月,法院以受贿罪、贪污罪终审判处李俊奇有期徒刑 16 年。农民日报社驻陕西记者站在站长江彦博的操纵下,以发表负面报道为名,向 13 家单位索取 98.6 万元,涉嫌单位受贿。2009 年 12 月,检察机关对江彦博、农民日报社陕西记者站提起公诉。农民日报社驻云南记者站副站长张仲全利用职务之便,收受基层"好处费"13 万元。张仲全被法院以受贿罪一审判处有期徒刑 10 年。

中国食品质量报社记者私自在地方建立网站并以报道为由要挟企业。

---

① 参见王和岩:《一个省报记者站站长的亿元传奇》,2017 年 10 月 27 日,http://china.caixin.com/2017-10-27/101162247.html。

2009年4月，原在中国食品质量报社福建记者站工作的朱炳生调到报社新闻部任副主任。其间，朱炳生违反规定成立福州共创文化传媒有限公司，注册成立食品安全网上投诉中心、华夏质量安全网上投诉中心等投诉类网站并任网站负责人，对企业食品质量问题进行曝光，并以网站名义向企业发出投诉核实函，要求"企业在三个工作日内回复，并根据处理结果和回复内容决定是否安排特约媒体记者进行调查报道"。2010年5月，中国食品质量报社辞退朱炳生。新闻出版行政部门吊销朱炳生新闻记者证，并将其列入新闻采编不良从业记录，5年内禁止从事新闻采编工作。①

从2011年4月15日至7月25日，新闻出版总署集中开展报刊记者站专项治理"百日行动"，全面清理违规记者站，并对全国所有记者站一律重新进行登记。

新闻出版总署报刊管理司新闻业务处处长农涛在接受人民网采访时坦言，记者站违规问题是报刊管理中的突出问题。② 马顺龙贪腐一案再次说明，记者站腐败顽疾远未根除。

案例分析 记者站管理与不可恕的"新闻寻租"

如魏永征教授所言，新闻单位为了新闻报道业务的需要，向本部所在地之外的地方派驻记者、建立记者站，是常见的做法。③ 为了实现对记者站的有效管理，新闻出版总署曾于2009年发布《报刊记者站管理办法》。2016年12月，国家新闻出版广电总局发布《新闻单位驻地方机构管理办法(试行)》，把管理范围涵盖到报纸、新闻性期刊、通讯社、广播电台、电视台、广播电视台、新闻网站、网络广播电视台以及其他新闻单位。

该办法规定，申请设立驻地方机构的报纸出版单位，仅限于每周出版4期以上的报纸出版单位；申请设立驻地方机构的新闻网站，仅限于中央主要新闻单位所办中央重点新闻网站。新闻单位在同一城市只能设立一个驻地方机构。报业集团、期刊集团或拥有多家子报子刊的新闻单位，应当以集团或者新闻单位名义设立驻地方机构，其属下的新闻单位不能再单独设立驻地方机构。明确要求新闻单位应当确保驻地方机构正常开展工作所需经费，不得向驻地方机构

① 参见璩静、傅夏莉：《中国经济时报社等7家报刊社记者站因违法违规被查处》，2010年10月29日，http://www.xinhuanet.com/zgjx/2010－10/29/c_13581092.htm。

② 参见翟慧慧：《全国报刊记者站专项治理"百日行动"正式启动 记者站违规问题仍是报刊管理中的突出问题》，2011年4月16日，http://media.people.com.cn/GB/40606/14405184.html。

③ 参见魏永征、周丽娜：《新闻传播法教程》(第6版)，中国人民大学出版社2019年版，第270页。

及其人员下达经营创收指标、摊派经营任务、收取管理费等，驻地方机构及其人员不得搞有偿新闻、有偿不闻、新闻敲诈等。

多少年来，新闻界反不正之风、反有偿新闻可谓不遗余力，原先最多只是个违纪问题，如今提高到了刑事问题的程度，因为经济问题而被判刑的采编人员已是不少，以批评报道要挟企业而获刑的，也是频频曝光。权力寻租在新闻界成了半公开的秘密。新闻寻租从传统媒体延伸到网络空间，产生了为祸严重的网络敲诈、有偿删帖等“新品种”。

媒体本为社会公器，新闻界不是“升官发财”的通道。任何情况，媒体都不应该成为谋取私利的工具，这是一条不可突破的底线。① 那么，如何根治新闻界的这种不良现象呢？曹鹏认为，应当建立完善的媒体和记者进入与退出机制，任何从业人员与所服务的新闻单位，只要被查实犯有权力寻租的行为，即予以辞退或关闭的处罚。凡是不能通过内容质量来争取到发行与广告市场份额的报刊，就不必再苟延残喘。搞广告发行的人员也不要想拉大旗作虎皮，同时，身为编辑记者就更别想发这种横财。② 展江教授认为，严格实行采编业务与经营业务的分离，实现新闻专业主义与市场机制的并举，是解决记者站腐败乃至媒体寻租问题的根本办法。③ 著名媒体人胡舒立提出，与全球同行一样，中国媒体正经历从传统媒体到互联网时代的艰难转型。但这种艰难，正凸显了中国新闻界坚持、发展、成长的使命。公信力已成为中国媒体最可依赖的保护，而公信力首先来自报道内容的客观公正。近年来，不少中国媒体官司缠身，麻烦不断。纵然自身报道符合专业标准，尚可能遭遇种种横祸；若自身行为与“不党、不卖、不私、不盲”背道而驰，失去公信力却不以为意，则这个行业将完全失去生存的底线。当今中国新闻人格外需要自尊自强自爱，遵从“自由而负责任的新闻”这一原则是立身之本。新闻媒体身为公器，使命重大，无论现实有多艰难，新闻寻租绝不可恕。④

① 参见徐元直：《向“网络敲诈和有偿删帖”的新闻寻租说“不”》，2015 年 1 月 28 日，http://www.cac.gov.cn/2015-01/28/c_1114167794.htm。

② 参见曹鹏：《权力寻租之记者版》，《广告大观》(媒介版)2007 年第 1 版。

③ 参见展江：《记者站腐败的制度分析》，《青年记者》2007 年第 8 期。

④ 参见胡舒立：《新闻寻租不可恕》，《财新周刊》2013 年第 42 期。

案例 10

媒体腐败与媒体人经济犯罪

案例介绍 >> 媒体人经济犯罪知多少

2019 年 3 月 26 日，记者出身的中宣部原副部长、国家网信办原主任鲁炜因受贿罪一审获刑 14 年并处罚金 300 万元。鲁炜于 2017 年 11 月 21 日被查，是"十九大"后首个落马的正部级官员。2018 年 2 月 13 日，鲁炜被"双开"。发布的通报被不少媒体称为"史上最严厉措辞通报"。通报说，鲁炜"欺骗中央""妄议中央""公器私用""品行恶劣""拉帮结派""作风粗暴、专横跋扈""以权谋私、收钱敛财""以权谋色、毫无廉耻"。媒体注意到，"'四个意识'个个皆无，'六大纪律'项项违反"这种说法也是最先出现在鲁炜身上。2018 年 7 月，鲁炜被提起公诉。2019 年 3 月 26 日，浙江省宁波市中级人民法院一审公开宣判鲁炜受贿案。经法院审理查明，2002 年至 2017 年，鲁炜利用担任新华社党组成员、秘书长、副社长，北京市委常委、宣传部部长、北京市副市长，国家互联网信息办公室主任，国务院新闻办公室副主任，中央网络安全和信息化领导小组办公室主任，中央宣传部副部长等职务上的便利，以及职权、地位形成的便利条件，为有关单位和个人在网络管理、企业经营、职务晋升及工作调动等事项上提供帮助，直接或者通过他人非法收受、索取上述单位和个人给予的财物，共计折合人民币 3200 万余元，其敛财时间可能长达 16 年。[①]

事实上，鲁炜受贿案只是新闻从业者经济犯罪诸多案例中的冰山一角。

2019 年 8 月 16 日，青海省高级人民法院对青海日报原社长张伟受贿案进行二审宣判，维持一审判决，判处张伟有期徒刑 12 年，并处罚金 80 万元。二审审理查明，2014 年至 2017 年，张伟在担任中共青海省委副秘书长、政策研究室主任，青海日报社党组书记、社长期间，利用职务便利，为相关个人和企业在工程承揽、费用结算、子女就业等事宜上提供帮助，或承诺为他人谋取利益，先后

---

① 参见王丽娜、鲁伟:《鲁炜敛财长达 16 年　知情人:他台上台下完全两个样子》,2019 年 3 月 27 日,http://news.ifeng.com/c/7lO74os4QOn。

索取、非法收受个人和单位财物共计 857 万元。[①]

2019 年 4 月 3 日，北京市互联网信息办公室原副主任陈华，因犯贪污罪、受贿罪数罪并罚执行有期徒刑 9 年，并处罚金 60 万元。在贪污罪中判决认定，陈华于 2007 年至 2018 年间，利用担任北京市互联网宣传管理办公室网络新闻管理处副处长、处长，北京市互联网信息办公室网络信息服务管理处处长，北京市互联网信息办公室党组成员、副主任等职务便利，采取返还宣传推广费、虚构公务支出、报销个人费用等方式侵吞、骗取首都互联网协会公款共计人民币322 万余元。在受贿罪中一审判决认定，2004 年至 2010 年间，被告人陈华利用职务便利，为天狮集团有限公司、国家电网有限公司、中国国电集团公司、李某等企业和个人在互联网信息管控等事项上提供帮助。2006 年至 2018 年间，陈华非法收受上述单位和个人给予的财物共计折合人民币 105 余万元。[②]

实际上，媒体人贪腐案件在传媒市场化以来一直时有发生。展江教授从 2017 年开始对媒体人经济犯罪现象持续关注，在《青年记者》杂志发表了一系列案例分析文章。这些文章分析的主角有：广州市委宣传部原部长兼广州日报社社长黎元江，2004 年 9 月 7 日因受贿罪被广州市中级人民法院判处有期徒刑 12 年，并处罚金人民币 10 万元。[③] 2018 年 6 月 22 日，人民日报社企业监管部原主任郑德刚（正厅级）因受贿罪、贪污罪数罪并罚被执行有期徒刑 15 年，并处罚金 160 万元。[④] 2018 年 1 月，内蒙古日报社原党委书记兼社长刘惊海，以贪污罪、受贿罪和挪用公款罪三罪并罚，被判处有期徒刑 18 年。[⑤] 2016 年 5 月，北京人民广播电台前台长汪良因受贿被判三年有期徒刑。[⑥] 2014 年 3 月 18 日，辽宁电视台原台长史联文以 27 项受贿共计近 1200 万元、挪用公款 2 项合 550 万元被判处无期徒刑，成为媒体人因经济犯罪受惩罚最重者之一。[⑦]

---

① 参见郝光华：《青海高院终审青海日报原社长受贿案》，《人民法院报》2019 年 8 月 17 日。

② 参见《北京市网信办原副主任陈华贪污受贿二审获刑 9 年》，2019 年 4 月 10 日，http://cnews.chinadaily.com.cn/a/201904/10/WS5cad9e11a310e7f8b1575b65.html。

③ 参见展江、周书环：《“报业奇才”黎元江：媒体转轨“牺牲品”？——媒体人经济犯罪经典案例评析（四）》，《青年记者》2017 年第 10 期。

④ 参见展江、李婷婷：《从优秀记者到“土地倒爷”的堕落——媒体人经济犯罪经典案例评析（三十六）》，《青年记者》2020 年第 1 期。

⑤ 参见李婷婷、展江：《法学家出身的报社社长的陨落（上）——媒体人经济犯罪经典案例评析（二十九）》，《青年记者》2019 年第 16 期。

⑥ 参见李婷婷、展江：《受贿逾百万元获刑三年的电台台长——媒体人经济犯罪经典案例（十三）》，《青年记者》2018 年第 1 期。

⑦ 参见展江、李婷婷：《台长何以高危？——媒体人经济犯罪经典案例评析（一）》，《青年记者》2017 年第 1 期。

案例总结≫ 媒体人经济犯罪的罪与罚

基于对一些典型案例的观察，我们可以窥见媒体人犯罪的主要手段，除了利用媒体的报道和评论权实施受贿甚至敲诈勒索外，主要是利用手中的人事权、广告发行权、工程建设或设备采购权、影视剧购买权等媒体资源寻租。甚至还出现了媒体人利用土地从事腐败活动的个例。① 一般来说，媒体人从事经济犯罪的手段具有鲜明的媒体特点。

媒体人经济犯罪所涉罪名主要是受贿罪、贪污罪，其次是敲诈勒索罪、挪用公款罪、强迫交易罪、诈骗罪、职务侵权罪、私分国有资产罪、行贿罪。贪污、受贿成为这些媒体人的主要犯罪行为。根据 2016 年 3 月 28 日最高人民法院和最高人民检察院通过的《关于办理贪污贿赂刑事案件适用法律若干问题的解释》，同时考虑数额和情节的新量刑方式正式推出，其中规定：1.贪污或者受贿数额在 3 万元以上不满 20 万元的，应当认定为《刑法》第 383 条第 1 款规定的“数额较大”，依法判处 3 年以下有期徒刑或者拘役，并处罚金；2.贪污或者受贿数额在 20 万元以上不满 300 万元的，应当认定为《刑法》第 383 条第一款规定的“数额巨大”，依法判处 3 年以上 10 年以下有期徒刑，并处罚金或者没收财产。3.贪污或者受贿数额在 300 万元以上的，应当认定为《刑法》第 383 条第一款规定的“数额特别巨大”，依法判处 10 年以上有期徒刑、无期徒刑或者死刑，并处罚金或者没收财产。4.贪污、受贿数额特别巨大，犯罪情节特别严重、社会影响特别恶劣、给国家和人民利益造成特别重大损失的，可以判处死刑。媒体人经济犯罪被判处的刑期从几年、十几年到无期徒刑甚至死刑不等，仅有个别能免于牢狱之灾，但也需进行经济赔偿。

案例分析≫ 媒体腐败的根源与根治

从上述案例和刑法规定可以了解到，尽管媒体人经济犯罪会被处以严厉刑罚，犯罪却依旧层出不穷。媒体市场化以来，面对金钱的诱惑，一些媒体人甘愿铤而走险，加上媒体人对自身职务权利的认知偏差，将手中的“权利”当作“权力”，利用职务之便捞取好处。新闻媒体作为公共权利的代表，其最大的职能就是监督公共权力的行使。如果“公共权利”的代表异化为“公共权力”则同样会

---

① 参见展江、李婷婷：《从优秀记者到“土地倒爷”的堕落——媒体人经济犯罪经典案例评析（三十六）》，《青年记者》2020 年第 1 期。

产生腐败。媒体腐败便是公共权利异化的产物。特别是在媒体担任重要职务的领导,他们拥有一般记者没有的行政渠道,有更多可变现的资本和资源,他们一面与政府部门保持密切的联系,捞取政治资本;一面从市场捞取个人利益,最终形成了权力化的媒介。[①] 正如英国历史学家阿克顿勋爵所说:"权力导致腐败,绝对的权力导致绝对的腐败。"这句话放在媒体人身上亦是如此,虽然是"权利"异化成的"权力"。

新闻媒体担当着监测社会环境的"守门人"角色,是民主化社会正常运行的基本保障,倘若新闻媒体出现腐败变质,必然影响媒体的公信力和客观性、权威性。[②] 本来媒体应是群众的喉舌、社会前行的瞭望塔,其职能是维护社会公平正义和公共利益,但部分媒体人甚至媒体单位为了自身利益,不惜颠倒黑白、夸大歪曲事实,严重损害了公共利益。自律丧之,他律绳之。媒体人如不能防微杜渐,违反职业规范行为可能向违法犯罪行为转变,被动收取好处可能向主动设套明码标价转变,甚至有由个人行为向集体行为演变的可能。要从根本上解决媒体腐败,必须建设合理有效的媒体运作机制。[③]

① 参见吴姗姗:《新闻媒体腐败现象之法律分析》,《江苏社会科学》2017年第6期。

② 参见陈龙、习文:《监督媒体:对新闻媒介"舆论监督"的另一极》,《淮海工学院学报》(人文社会科学版)2003年第1期。

③ 参见陈力丹、陈俊妮:《自律丧失,他律绳之——由记者站站长涉嫌敲诈看问题的演变》,《青年记者》2006年第21期。

第三章 传播与司法

作为社会公正的最后一道防线，司法要靠公开来促公正。媒体报道和公众参与是司法公开的题中之义，但又要防止僭越司法，滑向“媒介(舆论)审判”。本章选取的典型案例，涉及刑事案件侦查阶段信息公开、未决刑事案件的媒体报道等传播法重要问题。

案例 11

李某某案在侦查阶段的信息公开和媒体报道

案例介绍 》 李某某案的媒体报道

一起涉及未成年人的强奸案，全民足足围观了大半年之久，从侦查阶段一直持续到法院审理，时时出热点，天天有新闻。本应当是一起双重不公开的案件，其通过新闻媒体和网络公开的程度却超过了任何一起公开审理的案件。该案件的媒体报道和网络公开，暴露了刑事案件侦查阶段信息公开规则阙如现状，如何在刑事案件报道中厘清个人隐私和未成年人保护、知情权与公共利益的界限成为一个重要问题。[①]

2013 年 2 月 22 日上午 11 时，实名认证为“香港《南华早报》网站编辑”的网友在新浪微博爆料称：“海淀公安分局 21 日晚上以涉嫌轮奸刑事拘留了一名叫作‘李某某’的年轻男子。名字虽然改了，但还是有人认出来他真正是谁。”

这条微博在一天内被转发 4000 多次。被外界认为“充满狗血剧情”的李案

① 参见鞠靖、杨宝璐、陈乐意：《涉及未成年人性侵害案火了半年 谁导演了“全民连续剧”》，《南方周末》2013 年 8 月 29 日。

从此拉开帷幕，其间不断有神秘的“知情人士”爆料，让人怀疑信源来自警方。

“知情人士”第一次出现披露案情，证实嫌疑人之一的李某某为“李双江之子”，曾改名，甚至还指出被害女子十七八岁有误。警方则向媒体证实，“受害人姓杨，并非网友所传的英语教师李某某”，第一次向公众透露了受害者的身份信息。这几乎等于承认了涉案人员的确有李某某。

当晚，包括央视、中国新闻网在内的媒体开始大量报道，大标题打着李某某的姓名，真实照片没作任何处理，尽管《未成年人保护法》对此明令禁止。

随后在“知情人士”爆料下，媒体先后就李家与受害人和解、李某某真实年龄是否超过18岁等进行报道，网络持续发酵。由此引发循环效应：爆料、原文照登、辟谣、原文照登、再爆料……

李家更换律师也成为新闻话题，媒体报道几个律师被“逼走”，将李某某的母亲梦鸽塑造成一个毫不讲理的母亲形象。山东《聊城晚报》在转载新闻时，特地安了一个十分不堪的标题。上海《新民周刊》第35期刊载题为《李某某他妈的舆论战》的封面报道。

6月27日，一家中央新闻网站报道称，李某某“与另外4个男孩在北京一家酒吧内，将一名喝醉酒女孩带到湖北大厦房间，轮流与该女孩发生性关系”。“轮流发生性关系”的措辞引发网友对公权力干预该案的担忧。次日下午，北京警方通过人民网，否认有过“轮流发生性关系”的说法。

双方律师的庭外言论也成为搅动网络舆论的重要因素，对受害人的身份、案发地的酒吧是否组织卖淫、李家是否被敲诈勒索等不断爆料，有律师竟将受害人的妇科检查图片在网上公布。

8月28日上午，李某某等5人涉嫌强奸案（以下简称“李案”）在北京市海淀区法院不公开开庭审理。而在场外的公众，借助媒体报道和网络围观，早已过足了“法官瘾”。因为半年以来，这个涉及未成年人的性侵害案件，几乎每天都在给报纸和网站的娱乐版面贡献话题。有人直言，此案成了全民“连续剧”，媒体、律师，包括司法机关，编剧、参演，样样不落。

媒体尤其是都市类报纸和网站，几乎天天都在报道，有的一直坚持使用李某某真名。

直到2013年11月27日，李某某等五人强奸上诉一案在北京市第一中级人民法院公开宣判。李某某等五人强奸上诉一案二审裁定驳回上诉人的上诉，维持原判：被告人李某某犯强奸罪，判处有期徒刑10年。至此，案件才宣告平息。

案例总结>> 侦查阶段的信息披露和媒体报道乱象

因涉及未成年人犯罪和强奸犯罪受害人保护，李某某案在侦查阶段的信息公开和媒体公开报道引发很大争议。

案发时，犯罪嫌疑人李某某未满 18 岁，但侦查机关首先披露其真实身份，媒体也一直是指名道姓进行报道。后经专家提醒才意识到应当按照《未成年人保护法》规定，媒体报道改称“李某某”，试图让公众不可辨认。但如《南方周末》所言，“现在不管怎么叫，全国人民都知道你说的是谁”，已经谈不上有效的未成年人保护了。①

《未成年人保护法》第 58 条明确规定：对未成年人犯罪案件，新闻报道、影视节目、公开出版物、网络等不得披露该未成年人的姓名、住所、照片、图像以及可能推断出该未成年人的资料。

但《南方周末》记者调查发现，多位基层法官不知道有这条规定，媒体从业者知道该规定的更少。姚建龙、施鹏鹏等法学者认为，基于《未成年人保护法》对未成年人犯罪案件报道的限制，连同《刑事诉讼法》规定的未成年人前科记录和案卷封存制度，该案本有可能隔绝于公众视野，起码不该像现在这么火。著名法学者谢晖教授对媒体的行为感到愤怒，他强烈要求披露未成年嫌犯姓名的电视台向公众道歉，吁请律师起诉该电视台。

《未成年人保护法》第 58 条把以往仅限于判决前对未成年嫌犯身份信息保密的规定，扩展到禁止网络传播。《南方周末》的调查显示，法律条文字面上的进步还未走入现实。尽管各地公安、检察院各有一套办案手册，明确不得泄露未成年嫌犯信息，但还是常有案件在侦查阶段，案情就被媒体详尽披露。

尽管《未成年人保护法》第 58 条接受了“儿童利益最大化”这一国际通行规则，但如果侦查人员或司法人员披露信息了，媒体公开未成年人照片了，该受何种处罚？中国的法律没有给出答案。

案例分析>> 媒体报道如何保护未成年嫌犯的利益

未成年人保护和女性核心隐私保密，其间的道理很浅显，但现实中就是做不到。原因有二：一是法律无牙。二是媒体缺乏有效的自律规范和自律机制。

---

① 参见赵蕾、袁幼林：《少年 L、L 某、L 姓男子　现在不管怎么叫，全国人民都知道你说的是谁》，《南方周末》2013 年 3 月 1 日。

《南方周末》记者对法国、英国、瑞典，以及我国台湾地区、香港特别行政区的相关法律制度进行调查发现，这些国家和地区的共同做法是：只要是未经法院审判的嫌犯，不管成年与否，其隐私都受到法律保护。这一精神体现在宪法和刑事基本法中。为未成年人制定的特别法中，还有对未成年嫌犯隐私权保护的专门条款规定。

如在法国，如果不是出于公共利益的需要，侦查人员一旦泄露嫌疑人的信息，将因为泄露职业秘密而受刑事处罚。案件处于审前阶段时，如果未经利害关系人同意传播嫌犯照片，传播人将被科处10万法郎的罚款。

英国拥有一套惩处藐视法庭的规则体系，媒体对审判前案件的报道受到更多限制。过度暴露罪犯的身份信息、个性特点等，都可能因为影响法庭的公正审判而被控藐视法庭罪。

瑞典则有新闻申诉专员的机制，专员接受公众投诉，并有权对媒体作出处罚。经过新闻申诉专员处理的案例都在网上全部公开，其中没有不当披露未成年人身份信息的个案。

在这些国家和地区，不得披露未成年嫌犯的身份信息，已经成为媒体从业者的职业习惯。报道未成年人犯罪的案件，绝对不能出现任何身份信息，包括可能推测其身份的相关信息，如父母名字、就读学校等，照片一律不用。

李某某案的信息公开和媒体报道让人感到，同样的问题在中国显得尤为复杂，同样的原则也变得难以落实。

在之后《聊城晚报》《新民周刊》因标题低俗被处罚时，陈力丹教授接受《京华时报》采访指出，媒体刊载低俗的新闻标题确该批评、该被管一管。这是媒体的基本功，是职业道德问题，说明这些媒体缺乏基本的职业素养。他认为这种乱象是由媒体竞争造成的，因为“眼球就那么多”，为吸引眼球媒体不顾道德，不顾社会公德，同时也缺少法律素养，在案件报道上没有做到客观、平衡。职业道德问题应该由媒体自身解决，由记协发挥监管作用，纠正的主体应是行业协会，一般由省级或全国记协来管，国家行政机关应该宏观管理，如果连职业道德也管，就会“手伸得太长”。中国媒体在某些案件报道中，比西方媒体还自由，有些新闻非常过分，没有自律来自我约束。“自律不自觉，他律就伸手”，正因为中国的新闻媒体自己不管自己，结果所有事情都由政府部门管。他认为，应由专门的行业协会发挥作用，并设立媒体投诉委员会等社会组织，各个媒体机关内部也应成立常规化的自我监督机构。[①]

李某某案中暴露的律师庭外言论和媒体报道问题，引起了制度的回应。因

---

① 参见商西：《两报刊因李某案标题低俗被罚　专家：媒体需自律》，《京华时报》2014年1月4日。

不当披露案件信息，有律师受到行业处罚。2015年11月1日实施的《刑法修正案(九)》增加了“泄露不应公开的案件信息罪”和“披露、报道不应公开的案件信息罪”，两罪名规范的对象包括司法工作人员、辩护人、诉讼代理人或者其他诉讼参与人，以及法治新闻记者。

案例 12

“上电视认罪”的是非对错

案例介绍 >> “上电视认罪”的大 V 和记者

2013 年以来，从薛蛮子、郭美美到陈永洲、刘伟、王晓璐、沈颢，多位网络名人或记者因涉嫌违法犯罪，在被公安机关采取强制措施后不久，先后被安排“上电视认罪”。

2013 年 8 月 27 日，央视《新闻联播》《朝闻天下》用近 3 分钟时间详细播报网络大 V 薛蛮子（本名薛必群）嫖娼和聚众淫乱情况，还安排卖淫女讲述薛蛮子的特殊性癖好。8 月 29 日，《新闻 1+1》播出《薛蛮子的另一面》。9 月 15 日，央视播出主持人在北京市第一看守所采访薛蛮子的专访。2014 年 4 月 17 日，《朝闻天下》播出 6 分多钟长的访谈《网络大 V 薛蛮子：幡然醒悟　期盼重获新生》，薛蛮子再次表示承认错误，并请求宽大处理。随后，因涉嫌聚众淫乱罪被逮捕关押 7 个多月的薛蛮子获得取保候审。

因网络炫富而意外使中国红十字会声誉扫地的郭美美，先后被 3 次安排上电视现身说法讲述其卖淫、傍大款、赌博等不良行为。2014 年 8 月 4 日零时，新华社、《人民日报》、央视、央广四大国字号媒体微博同时发出对郭美美的揭底报道。报道内容基本一致，文字编排上略有不同。央媒集体行动 2.5 小时后的凌晨 2 时 30 分，中国红十字会官微呼吁人们：这一刻，请忘记郭美美，把有限的精力和资源全部转向灾区。

2013 年 10 月 17 日，广州《新快报》记者陈永洲被长沙警方以“涉嫌损害商业信誉罪”跨省刑事拘留。10 月 23 日，《新快报》叫板警方，在头版刊文呼吁“请放人”，引用曾国藩对联“养活一团春意思，撑起二根穷骨头”，称“敝报虽小，穷骨头，还是有那么两根的”。24 日，该报再次在头版刊文，“再请放人”。该报的举动引发全国上下的强烈关注，国家新闻出版广电总局、中国记协等发声要求维护记者合法权益。

26 日清晨，央视《朝闻天下》播出题为“《新快报》被抓记者承认收钱发失实报道”的新闻。在央视报道中，陈永洲被剃光头，身穿“号服”，戴着手铐，坦承收受人民币 50 万元，撰写对中联重科不利的消息。该消息令原本声援记者的全国舆论反转，记者形象从此开始跌落。27日，《新快报》在头版位置，就记者陈永洲收钱发表失实报道致歉。31日，广东省新闻出版广电局作出查处决定，给予《新快报》记者陈永洲吊销新闻记者证的行政处罚，责成羊城晚报报业集团对《新快报》社进行全面整顿。2014年10月17日，陈永洲以损害商业信誉罪和非国家工作人员受贿罪获刑1年10个月，被追缴犯罪所得3万元。央视当初仅以陈永洲陈述作为单一信源做的报道却认定其收了50万元“黑钱”，至此大大缩水，其报道准确性受到质疑。

之后，南方报业传媒集团下属的21世纪报系总裁沈颢、《财经》杂志记者王晓璐、《南方都市报》深度报道部副主编刘伟等新闻记者均因涉嫌犯罪，在被警方采取强制措施后即被安排对着电视屏幕认罪。“上电视认罪”的做法引起广泛争议。

案例总结 »“上电视认罪”的意图和制度根源

为什么要安排犯罪嫌疑人“上电视认罪”？如此安排有何目的和制度依据？究其原因，这一做法依然是延续过去法制宣传的做法。公安机关侦破案件后，借助报刊、广播电视等党媒宣传，告知公众“抓了坏人”，办案民警继而立功受奖，但客观上会抢在法院作出判决之前造成有罪结论。媒体则以警方为主要信源组织新闻报道，甚至直接采用警方提供的新闻通稿进行“照单全收”式的报道，除“上电视认罪”这一引起争议的典型形式，报刊的法制宣传报道也属于这一类。当年呼格吉勒图被警方认定为强奸杀人案犯之后，《呼和浩特晚报》于1996年4月20日刊发长篇通讯《“四九”女尸案侦破记》，着力塑造警方神勇形象。该案经重审推翻后，相关办案人员受到严肃处理，当初为警方违法办案背书的报社应当承担何种责任呢？无独有偶。1994年8月5日，石家庄西郊发生一起强奸杀人案，随后聂树斌被认定为主凶，《石家庄日报》刊发通讯稿《青纱帐迷案》，绘声绘色地描述：

> 8月11日，郊区公安分局抽调精干警员组成“8·5”专案组，迅速展开侦破工作。专案组综合查访情况判定，一名骑蓝色山地车的男青年很可能就是强奸杀人案的凶犯，其居住地或工作单位距案发地一带不会太远，作案后的侥幸心理和邪恶的欲望可能会促使他再次出现。在指挥员的严密部署下，一张查寻和守候骑蓝色山地车男青年的天网悄悄铺开。
>
> ……
>
> 9月23日下午6时20分，骑蓝色山地车的男青年终于又出现在电化

厂平房宿舍，被守候的侦查员张日强和杜同福当场擒获。经审查，此人叫聂树斌，今年21岁，是鹿泉市综合技术职业学校校办工厂工人，他只承认调戏过妇女，拒不交代其他问题。干警们巧妙运用攻心战术和证据，经过一个星期的突审，这个凶残的犯罪分子终于在9月29日供述了拦路强奸杀人的罪行……

2016年12月2日，最高人民法院第二巡回法庭对聂树斌故意杀人、强奸妇女再审案公开宣判，宣告撤销原审判决，改判聂树斌无罪。冤假错案严重损害了司法公信力，如此背书式的新闻报道则让媒体蒙羞！

2016年“两会”期间，全国政协委员、全国律协副会长朱征夫在接受媒体采访时表示，让犯罪嫌疑人上电视认罪要慎重。他认为，让犯罪嫌疑人在电视上认罪，容易导致“舆论审判”，不利于法院的独立审判，也不利于司法公正。从法律上来说，如果没有证据佐证的话，在电视上认罪是不应该采信的。因为有太多的可能性会导致犯罪嫌疑人违背意愿和违背事实认罪。在法院判决之前，要避免整个社会把他们当作罪犯来对待，否则对他们不公平，万一法院后来判他们无罪呢？让犯罪嫌疑人上电视认罪，是对其进行有罪推定的一种形式。从我观察到的案件情况来看，上电视认罪有违背当事人意愿的情况，也有违背事实的情况。从司法角度看，这影响了无罪推定原则的实施，而且会干扰法官的审判。会使检察机关和审判受到侦查机关的压力，不利于检察院的独立审查起诉和法院的独立审判，不利于犯罪嫌疑人的权利保护和司法公正，也容易导致“舆论审判”。犯罪嫌疑人在电视上认罪，再经过媒体报道、传播，就会误导公众认为嫌疑人就是有罪的。这种情况下，如果证据不能支持，法院依法判无罪的压力就更大了。犯罪嫌疑人在电视上认罪，并不等于真的认罪，更不等于真的有罪。嫌疑人失去人身自由后，在多种情况下，均可能违背其真实意思而上电视认罪。嫌疑人还可能因为不懂法律而误以为自己犯了罪，甚至可能有意替他人顶罪，所以只有认罪没有充分证据佐证，并不能排除合理怀疑。[①]

光明网发文提出，让犯罪嫌疑人上电视认罪现象该彻底退出历史舞台了。该文认为，防止冤假错案，必须杜绝有罪推定现象，根除有罪推定思维。其实，“电视认罪”是曾经一度非常流行的公捕公判大会的延伸和变种，与现代司法理念格格不入。近年来屡屡发生的“上电视认罪”现象恰恰说明当前有罪推定现象并未根除，不仅公捕公判大会没有绝迹，各版本的“电视认罪”现象更有泛滥趋势。在全面推进依法治国的今天，特别是在从“侦查中心主义”向“审判中心

---

① 参见贾世煜：《朱征夫：嫌犯电视里认罪不等于真有罪》，《新京报》2016年3月2日。

主义”回归的法治环境下，必须对“电视认罪”保持警惕。[①]

案例分析 >> “上电视认罪”与“媒介审判”

电视媒体对侦查阶段未决刑事案件进行报道，是行使社会监督职能的体现，有利于满足公众的知情权。但是，如果这种报道表现为让犯罪嫌疑人在电视上认罪或指认他人犯罪，就会僭越司法作出有罪判断，妨碍司法公正，削弱司法权威，对嫌疑人的隐私和人格尊严构成挑战。

未经审判就让嫌犯在电视上痛哭流涕、认罪服法，违背司法改革理念。北京外国语大学展江教授曾一针见血地指出：“全国各大小电视台，都早已开办了‘法制节目’，可是到如今有多少此类节目从《今日说法》变成了《今日说警》，从《法治进行时》变成了《刑警进行时》，从《法治在线》变成了《刑警在线》？如此违反《刑事诉讼法》让犯罪嫌疑人电视‘认罪’，央视难辞其咎。”[②]电视媒体当然有责任，但把板子都打在电视媒体上并不客观全面。

“无罪推定”是现代法治国家刑事司法通行的一项重要原则，是国际公约确认和保护的基本人权，也是联合国在刑事司法领域制定和推行的最低限度标准之一。我国1996年《刑事诉讼法》明确规定“未经人民法院依法判决，对任何人都不得确定有罪”，该规定含有“无罪推定”的精神，但有罪推定的强大传统根深蒂固。我国司法的独立性和对程序正义的遵循尚难尽人意。现实中，往往是公安一抓人，媒体就跟着背书，甚至喊打喊杀，以为站在道德制高点，媒体自身是正义化身。殊不知，忽视程序正义，实体正义也不可能实现。前述冤假错案虽最终被平反，但当初错案的酿成，也有媒体一份“功劳”。

魏永征教授认为，新闻媒介超越司法程序，抢先对涉案人员作出定性、定罪、定刑以及胜诉或败诉等结论，就构成“媒介审判”。“上电视认罪”和“上报纸认罪”都属于“媒介审判”的表现形式，都构成对法院的审判权和犯罪嫌疑人的公民权利的双重侵犯。“媒介审判”损害媒体作为社会公器的形象，是新闻媒体的职能错位，它使得司法独立和新闻自由的天平过分倾斜，有悖于法治精神。

如学者所言，“上电视认罪”是以往政治审判传统的延续，是权力操控下媒体功能的错位，也是法治文明不彰的产物。要解决这个问题，需要加快法治建

---

① 参见陈广江：《嫌犯“电视认罪”该寿终正寝了》，2016年3月3日，https://share.gmw.cn/guancha/2016-03/03/content_19143556.htm。

② ②陈广江：《嫌犯“电视认罪”该寿终正寝了》，2016年3月3日，https://share.gmw.cn/guancha/2016-03/03/content_19143556.htm。

设，需要把干预媒体的公权力关进法治的“笼子”里，把“上电视认罪”还原为一个传媒与司法的专业问题，由法律和伦理来判断和处理。

同时需要重新认识媒体的“权力”问题。媒体可以发挥社会公器作用，监督公权力，揭露丑恶、腐败和罪行，但这种“权力”也可能被用来“寻租”，牟取不当利益。媒体作为监督者应受到监督，严格在法律和道德范围内行为。

如何为电视媒体的侦查阶段刑事案件报道设定合理界限？从国外经验看，媒体报道需要在新闻自由、司法公正和个人权利之间实现平衡。为实现这一目标，应进一步规范电视媒体的喉舌功能，阻却电视媒体和侦查机关之间关系的异化，扩张无罪推定原则的适用，保护当事人隐私和人格尊严，允许受侵害的当事人依照一般人格权条款请求私法救济，并通过建立侦查机关新闻发言人制度，强化媒体自律和相关机构的职业伦理，不断完善电视报道的公正性和适当性。[①]

① 参见鲁贾平:《电视媒体报道侦查阶段刑事案件的合理界限》,《法学》2017年第9期。

案例 13

于欢案中的舆论与司法

案例介绍 »“刺死辱母者”于欢的波折命运

2017 年 3 月 23 日的《南方周末》刊登记者王瑞锋、实习生李倩采写的新闻特稿《刺死辱母者》[1]，讲述了催债人员羞辱于欢母子、出警公安人员未能阻止冲突，导致被侮辱者于欢情急之下挥刀刺死 1 人、刺伤 3 人的案件经过：

> 多名现场人员证实，民警进入接待室后说“要账可以，但是不能动手打人”，随即离开。被告人欲离开但被阻止，摸出了一把刀……
>
> 法院认为，虽然当时被告人的人身自由受限，也遭到侮辱，但对方未有人使用工具，在派出所已出警的情况下，不存在防卫的紧迫性。
>
> 辱骂、抽耳光、鞋子捂嘴，在 11 名催债人长达一小时的凌辱之后，杜志浩脱下裤子，用极端手段污辱苏银霞——当着苏银霞儿子于欢的面。
>
> 匆匆赶来的民警未能阻止这场羞辱。情急之中，22 岁的于欢摸出一把水果刀乱刺，致 4 人受伤。被刺中的杜志浩自行驾车就医，却因失血过多休克死亡。
>
> 血案发生于 2016 年 4 月 14 日，因暴力催债引起。女企业家苏银霞曾向地产公司老板吴学占借款 135 万元，月息 10%。在支付本息 184 万和一套价值 70 万的房产后，仍无法还清欠款。
>
> 近 4 个月后，吴学占因涉黑被聊城警方控制。杜志浩是吴学占涉黑组织成员之一，被刺前涉嫌曾驾车撞死一名 14 岁女学生并逃逸。
>
> 2017 年 2 月 17 日，山东省聊城市中级人民法院一审以故意伤害罪判处于欢无期徒刑。

报道的几个小标题分别为：“还不清的高利贷”“只有死路一条”“不存在防卫的紧迫性”“他要坐监狱也就不会死了”。

该报道见报后的第三天，即 3 月 25 日在《南方周末》微信公众号发出后，引

---

① 参见王瑞锋、李倩：《刺死辱母者》，2017 年 3 月 23 日，https://www.infzm.com/contents/123659/。

发网络舆论热潮，网民一边倒声援被一审判决无期徒刑的于欢，质疑聊城警方行为和法院判决的公正性。

最高人民检察院、最高人民法院和山东省公检法分别作出回应。3 月 26 日，最高人民检察院权威发布称，已派员赴山东阅卷并听取山东省检察机关汇报，正在对案件事实、证据进行全面审查。对于欢的行为是属于正当防卫、防卫过当还是故意伤害，将依法予以审查认定。随后，山东省高级人民法院也宣布已经受理该案二审，将会依法处理。5 月 26 日，山东省人民检察院公布于欢案处警民警调查结果：民警朱秀明等在处警过程当中存在对案发中心现场未能有效控制、对现场双方人员未能分开隔离等处警不够规范问题，但上述行为不构成玩忽职守罪，决定对朱秀明等人不予刑事立案。① 聊城市冠县纪委、监察局对于欢案处警民警进行了立案审查，对相关民警分别予以党内警告、党内严重警告、行政降级、警告、通报批评等处分，对辅警予以辞退。②

2017 年 6 月 23 日，山东省高级人民法院经审理认定，于欢的行为属于制止正在进行的不法侵害，具有防卫性质；其防卫行为造成 1 人死亡、2 人重伤、1 人轻伤的严重后果，明显超过必要限度造成重大损害，构成故意伤害罪，依法应负刑事责任。鉴于于欢的行为属于防卫过当，于欢归案后能够如实供述主要罪行，且被害方有以恶劣手段侮辱于欢之母的严重过错等情节，对于欢依法应当减轻处罚，以故意伤害罪改判于欢有期徒刑 5 年。

案例总结 ≫ 何以成为全民共享的法治公开课

因“辱母”情节、是否属于防卫过当等因素，于欢案引爆了国内舆论，受到社会广泛关注。司法机关对舆论进行了及时回应，把案件的办理过程做成了全民参与的法治“公开课”，促进了司法与舆论的良性互动和沟通，取得了良好社会效果，一改以往舆论借传媒干预司法、僭越司法权威的“媒体审判”“舆论审判”，实现了舆论和司法的双赢。

如《南方周末》社论所概括的，该报报道引爆舆论的当天，即 3 月 25 日深夜，政法系统微信公众号“长安剑”推出文章，强调 3 句话：政法人应当感谢舆论监督，因为阳光是最好的“防腐剂”；在鼎沸舆论面前，事实和法律仍应是司法工

---

① 参见山东省人民检察院：《山东省人民检察院公布于欢案处警民警调查结果》，2017 年 5 月 26 日，http://www.sdjcy.gov.cn/html/2017/qwfb_0526/15592.html。

② 参见《山东聊城冠县纪委对于欢案处警民警作出处分》，2017 年 5 月 27 日，http://www.sohu.com/a/143920712_673573。

作者的“定海神针”;愿关切最终形成力量,让于欢有一个兼具“法理情”的结局。这种充满温度的回应,同样引发了人们的共鸣。3 月 26 日上午,公检法的声音几乎同时刷屏,调查核查全面展开。最高检派员南下山东,对该案事实、证据进行全面审查,对该案警察执法行为进行调查。山东省高院二审合议庭的法官开始全面阅卷,山东省公安厅的核查工作组启动运转。值得一提的是,最高检介入调查个案,在司法实践中并不多见,足见现象级回应的当量。

在于欢案中,我们看到舆论与法治之间的现象级互动。从《南方周末》开始,央媒与地方媒体,传统媒体与新媒体,在众声纷纭中寻找着“最大公约数”。中国法院网《又一堂全民共享的法治“公开课”》感叹说:“如果是在几年前遇到此类事件,在自媒体上骂大街的有,侮辱、威胁法官的有,挑头闹事的有,发狠话的也有……而看今天的评论,绝大多数评论者都态度平和,有理有据,引经据典,具有建设性……人人都在说自己的道理,评别人的不足,而且对法律程序给予了基本的尊重。人们最后把眼光投向了已经受理上诉的山东高院。”

媒体、舆论和司法机关追求的目标是一致的,都是探寻事实真相,追求社会公平正义。但媒体代替不了司法,必需尊重司法与程序正义。具体到于欢案,诸多媒体都注意到了应有的审慎与平衡原则,守住了舆论与司法的分界。正是舆论与司法之间的良性互动,带来了社会言论的正面呈现,彰显了人性关怀和社会舆论的理性力量。人伦与法治的双重共识,就在一次次温和理性讨论中逐渐形成。①

4 月初,最高人民法院常务副院长沈德咏亲赴山东高院调研,强调司法审判不能违背人之常情,依法独立审判与尊重民意并不矛盾,坚决防止一强调独立审判就不考虑人民群众的期望和关切,一强调倾听群众呼声就放弃独立审判的原则和要求。

6 月 25 日,最高人民法院官网刊发沈德咏撰写的《我们应当如何适用正当防卫制度》一文,文章从山东于欢案的审判结果谈起,认为该案的审判无疑是一堂全民共享的法治“公开课”,新闻媒体、专家学者和广大民众参与其中,见仁见智,各抒己见,精彩纷呈。社会各界关注司法机关的个案裁判,关心司法公正,这是法治发展的必然结果,也是法治建设取得明显成效的一种体现。这场讨论的关注焦点多元,涉及情、理、法的方方面面,事关刑事司法的公平正义与民众的司法认同。②

① 参见《南方周末》社论:《舆论与司法良性互动　提升公平正义获得感》,2017 年 3 月 29 日,http://www.legaldaily.com.cn/locality/content/2017-03/29/content_7072388.htm? node=33248。

② 参见沈德咏:《我们应当如何适用正当防卫制度》,《中国检察官》2018 年第 18 期。

山东省高级人民法院院长张甲天在接受记者采访时说，于欢故意伤害案二审审理期间的网络直播，使庭审变成一场全民共享、生动的公开法律课。“于欢故意伤害案二审审理期间，我们利用图文加视频的方式，把证据认定等全程网络直播，先后发布 165 条微博，有 1 亿 7000 万次的点击量。不仅使犯罪得到应得的惩处，公正得到及时伸张，更为重要的是，使庭审变成一场全民共享的、生动的公开法律课，真正实现了法律效果与社会效果的统一。”[①]

魏永征教授对于欢案进行研究后认为，信息的广泛流通和事实真相的充分呈现，不同意见之间的坦诚交锋，以及权威主体的踊跃参与和及时引导，显然是一些最重要的成功因素。[②]

案例分析 >> 社交媒体时代的舆论与司法关系

于欢故意伤害案入选“2017 年度人民法院十大刑事案件”“2017 年推动法治进程十大案件”，还入选最高人民法院指导性案例(指导案例 93 号)，为 4 件侵犯公民人身权利、民主权利罪案件之一。

从法学专业看，该案的主要价值在于提供了判断一种造成危害后果的行为是否具有正当防卫性质、具有正当防卫性质的行为是否过当、对防卫过当行为如何进行处置的指导。最高人民法院对该案明确了 4 个裁判要点：

1.对正在进行的非法限制他人人身自由的行为，应当认定为《刑法》第 20 条第 1 款规定的“不法侵害”，可以进行正当防卫。

2.对非法限制他人人身自由并伴有侮辱、轻微殴打的行为，不应当认定为《刑法》第 20 条第 3 款规定的“严重危及人身安全的暴力犯罪”。

3.判断防卫是否过当，应当综合考虑不法侵害的性质、手段、强度、危害程度，以及防卫行为的性质、时机、手段、强度、所处环境和损害后果等情节。

对非法限制他人人身自由并伴有侮辱、轻微殴打，且并不十分紧迫的不法侵害，进行防卫致人死亡重伤的，应当认定为《刑法》第 20 条第 2 款规定的“明显超过必要限度造成重大损害”。

4.防卫过当案件，如系因被害人实施严重贬损他人人格尊严或者亵渎人伦的不法侵害引发的，量刑时对此应予充分考虑，以确保司法裁判既经得起法律

---

① 《山东高院院长谈于欢案“直播”：庭审成公开法律课》，2018 年 3 月 9 日，https://news.qq.com/a/20180309/025524.htm。

② 参见魏永征：《群体智慧还是群体极化：于欢案中的舆论变化及引导》，《新闻记者》2017 年第 11 期。

检验，也符合社会公平正义观念。

从传媒（舆论）和司法关系的视角，该案成为社会各界思考成为舆论热点的案件如何处理民意和司法关系的样本。魏永征教授的研究发现，从于欢案看，以往将新闻媒介发表的意见等同于舆论的观点已经完全过时，社交媒体（微博、微信）成为社会舆论的主要平台。社交媒体成为公众对公共事务进行舆论监督的重要力量。司法审判要接受舆论监督，当然人民法院还要依法独立审判。舆论对于司法的监督作用主要在于揭示和警醒有关案件存在需要注意的问题，至于如何判决，还是必须由法院依法独立决定。这是舆论监督还是“舆论审判”的基本界限。魏永征教授盘点分析于欢案中司法机关及时应对、众多网友追寻真相、专业媒体导向、专业人士就案论法、主管部门基本未予干预等方面情形后指出，成亿人民群众登上网络平台集体发声，这是人类文明发展史上空前的壮观、具有划时代意义的大事。那么这对现实社会会造成什么影响呢？是群体极化还是群体智慧？他认为，群体智慧不会自动形成。而激发群体智慧形成的条件有：实现知识和信息的共享；保障人们的自由交流和探讨；建立恰当的群体协作秩序和机制；形成协商民主的氛围和环境；等等。对于欢案舆论监督的过程表明，网上极化现象不可避免但并不可怕，而且是可以克服的，也从整体上体现了网络空间群体智慧的作用。其中，信息的广泛流通和事实真相的充分呈现，不同意见之间的坦诚交锋，以及权威主体（包括公共权力部门和专业人士）的踊跃参与和及时引导，显然是一些最重要的成功因素。面对网络时代汹涌的舆论，如何充分发挥群体智慧，避免和克服群体极化，这是网络舆论包括舆论监督效果研究的重要课题，值得包括司法机关在内的各界进一步思考。[①]

---

① 参见魏永征：《群体智慧还是群体极化：于欢案中的舆论变化及引导》，《新闻记者》2017 年第 11 期。

第四章 传播与有害内容

有害内容构成新闻信息传播的边界。基于保障社会正常秩序目的，淫秽色情、暴力凶杀等信息内容应受到禁止。而在网络环境下，未成年人保护也变得越来越重要。

案例 14

"艳照门"的媒体报道和网络传播

案例介绍 >> "艳照门"的传播失控

2008 年 1 月 28 日凌晨，网上极速流传香港艺人陈某和钟某、杨某、张某等诸多女艺人的私密照。香港警方事后查实，陈某曾将手提电脑送往港岛一间计算机公司修理，有人在修理计算机时，从硬盘发现有关照片后，制成两张高清版光盘，在朋友间互相欣赏，最终被发到网上并广为传播。

其间，警方侦破艳照案，指控涉嫌在网上发布不雅照片的男子构成发布淫亵物品罪。2 月 5 日，陈某拍短片向受害人道歉，被公众批评不诚恳。2 月21 日下午，陈某返回香港并在九龙湾展贸中心举行记者会，向公众解释不雅照事件相关事宜。陈某宣读英文声明，承认网络上流传的床上裸露照片多出自他手，向在此事件中受害的女艺人、其家人以及香港市民道歉。他同时宣布，将无限期退出香港娱乐圈。

"艳照门"事件发生后，香港报刊把网上艳照遮盖敏感部位后刊登出来，有的连续两三周在头版刊出，还有杂志把经遮盖的艳照集中起来出版"全记录"，引起港人强烈不满，直至艺人陈某公开承认照片是他所拍，声明拥有版权，这些图片方才从报刊绝迹。

内地各类媒体也争相报道，一方面指责明星私生活不检点；另一方面又乐此不疲地刊载不雅照片，不放过事件的每一个细节，消费艳照当事人的一言一行。有人曾对某省省会的晚报、都市报和晨报3家媒体刊发的“艳照门”事件的新闻做过统计分析，从2月17日至24日的8天时间里，3家媒体共刊发新闻56篇(约42250字)、图片17幅。其中，晚报日均发稿2条、1075字，都市报日均发稿2.75条、2262字，晨报日均发稿4.3条、1943字。这3家媒体对“艳照门”事件的报道兴趣构成国内各类媒体的缩影。①

网络传播更是处于失控状态。众多网友成了“艳照门”事件的传播者，“艳照门”事件一爆发，为数众多的网友便疯狂追寻“艳照门”照片，一度引起网络通信的堵塞。窥私欲引发的网友热情成为该事件的重要制造者。在天涯和百度两大中文平台上，关于“艳照门”的帖子点击率突破2000多万，尽管有专人负责删除这些不雅照片，但传播者毕竟占绝对的多数。香港某报进行的问卷调查发现，多达4成以上香港中小学生曾接触此次涉及的不雅照片，其中近半数是在朋友及同学间互相传阅，更有少数人藏有相关图片。另外，大学生间互相传阅有关淫照更为猖獗，更有大学生错误认为没有看齐所有不雅照片会“被人笑话”。香港教育界人士指出，中小学生能轻易从朋辈中接触大量有关照片，问题十分严重，更可能扭曲学生对偶像及两性相处的价值观，造成道德危机。

为了遏止艳照的网络传播，我国各地警方开始对网络上的图片进行全面清查，并关闭刊登这些照片的网页。2008年2月20日，北京市公安局明确指出，向朋友赠阅“艳照门”图片系违法。如果是通过网络打包传播，且数量在200张以上，赠予人将被追究刑事责任。因传播这些图片，百度被点名批评。

国外媒体在惊呼“淫照让香港红星结束职业生涯”的同时，也对该事件在中国网络上所引起的争论热潮极为关注，这种关注甚至延伸到“中国人如何看待性”等问题的讨论上来。

德国《法兰克福评论报》以《陈某的艳照》为题报道说，自1月底以来，香港的娱乐圈和中国大陆的网络世界因为陈某和他女伴的性爱照片而处于一种“非常状态”。“一些街头小报通过每天刊登事件新的进展细节和图片而增加了三分之一的销售量”，“很多网络服务器因访问量过大甚至崩溃”，“著名的天涯论坛上一篇名为‘是真是假?’的帖子访问量达到2400万”。②

时任香港演艺人协会会长谭咏麟说，这一事件让香港艺人形象大损，并称

① 参见陈瑶：《从艳照门事件透视传播媒体的社会责任》，《今日南国》2010年第4期。

② 《陈冠希艳照门事件有什么社会影响?》，2018年4月13日，https://baijiahao.baidu.com/s? id=1597597288206534500&wfr=spider&for=pc。

这种不良风气将对年轻人造成荼毒。[1]

香港教联会主席黄均瑜指出，媒体持续聚焦于淫照事件，令不少原本兴趣不大的学生好奇心大增，事件对青少年价值观影响越来越大，令人担心。[2]

案例总结>> 网络时代淫秽物品传播的媒体责任

“艳照门”事件造成香港艺人私密照片在网络上爆炸式的传播，进而激起新闻传播和法学界对网络时代传播淫秽物品问题的关注。如 2008 年 2 月 6 日凤凰网发表时评文章，提出陈某丑闻捅到大陆的法律漏洞。有检察官就撰文认为，大陆还没有如香港地区一样建立一类独立的机构来对涉嫌淫秽物品的性质进行认定，对于涉嫌淫秽物品的性质认定往往由各地公安机关自行组织。从严格意义上讲，这样一种做法在司法程序方面是存在一定瑕疵的。[3]

艳照传播失控的主要原因在于网络传播的特点及其所导致的法律责任的分解与模糊。民法学家杨立新教授从人格权法和侵权行为法角度进行观察，认为艳照门事件虽没有酿成重大诉讼，但这件严重侵害人格权的事件给民法引起的思考却非常深刻。“艳照门”事件作为侵权行为，其侵害的客体是什么，应当怎样界定，是一个值得研究的问题。侵害的客体涉及隐私权、肖像权和形象权、名誉权，还涉及人格利益准共有和公众人物保护等问题。侵权责任主体也非常复杂，涉及泄露照片的“奇拿”、网络媒体、陈某、其他网民，但责任追究也需具体区分和进行责任认定。[4]

案例分析>> 淫秽色情内容的传播与限制

“艳照门”事件再次提出了淫秽色情内容的传播与限制问题。商业媒体素来喜欢“羶色腥”，因为性主题有市场，涉性内容更易吸引受众、谋求利益。但人类与生俱来即很脆弱，如果阅读淫秽信息，会导致反社会思想或行动产生，因此国际通例对淫秽内容予以禁止和取缔。同时应该注意到，艺术反映人生，艺术创作者会在媒体中将人生重要的“性”内容进行描述，表达其价值与美学观点。色情作品的艺术价值不应忽视，不能仅因色情内容而禁止有艺术、科学等严肃

---

① 参见《香港娱乐圈经历“艳照门”之劫》，《环球》2008 年第 5 期。

② 参见《传媒激化好奇心　香港 4 成小学生曾接触艺人艳照》，2008 年 2 月 13 日，http://news.sohu.com/20080213/n255132481.shtml。

③ 参见王沛：《“艳照门”考问淫秽物品认定标准》，《检察日报》2008 年 3 月 6 日。

④ 参见杨立新：《“艳照门”事件的人格权和侵权法思考》，《政治与法律》2008 年第 4 期。

价值的作品。因此,世界各国均区分淫秽(obscenity)与色情(pornography),并予以区别对待。

对淫秽和其他色情材料的规范事关言论自由,所以不能一概禁止和取缔。美国法院在案件审理中形成的“米勒准则”成为多数国家判断信息内容是否属于淫秽的标准。该准则包括:(1)对于普通人来说(普通人原则),根据当地的社区标准(社区标准),能证明作品从总体上看会引起对淫欲的兴趣;(2)作品对性行为的描写具有明显的冒犯性,违反了当地州有关法律的特别规定;(3)作品缺乏严肃的文学、艺术、政治或科学价值(严肃的价值)。对不构成淫秽的色情内容,则实行分级制度,保证未成年人受到保护,同时不影响成年人对色情内容享有的言论自由。对网络信息的规范,美国也遵循“米勒准则”确定的淫秽标准,以达到对未成年人的保护。

我国把涉性内容笼统称作“黄色物品”“黄色出版物”,予以禁止。每年都会组织“扫黄打非”,因没有认定标准,往往把含有色情内容的艺术品、科学作品都当作淫秽物品予以取缔。如邓丽君的歌曲也曾被视为黄色歌曲被禁止。我国1997年《刑法》第367条规定:“淫秽物品,是指具体描绘性行为或者露骨宣扬色情的诲淫性的书刊、影片、录像带、录音带、图片及其他淫秽物品。”同时明确两项除外:(1)有关人体生理、医学知识的科学著作不是淫秽物品;(2)包含有色情内容的有艺术价值的文学、艺术作品不视为淫秽物品。该规定明显参照了“米勒准则”。从我国制度看,制作、传播淫秽物品会受到刑事制裁,制作、传播不属于淫秽而只是色情等内容的行为,不是犯罪,只适用行政处罚。

案例 15

儿童邪典视频背后的网络治理问题

案例介绍 >> 未成年人网络保护难题凸显

2017 年 11 月，发表在国外社交网站"Reddit"上的一篇题为《一群变态锁定观看 YouTube 的孩子，我以前为他们工作》的帖子在中文互联网走红，引起了人们对儿童邪典视频的关注。这类视频把儿童熟悉的卡通人物包装成血腥暴力或软色情内容，甚至是虐童的动画或真人小短片。在腾讯视频、爱奇艺、优酷和搜狐视频等视频网络平台上，发现大量类似视频的存在。不仅有国外视频的"搬运"，还有各种仿制拍摄、剪辑、制作、传播的自制视频。短片多以"亲子游戏"为标榜，儿童为拍摄对象，其中含有暴力伤害、色情隐喻等演绎情节，包括随意砍头杀戮、斩四肢、儿童药物注射、儿童随意怀孕并堕胎等内容。这些视频将变态行为合理化、日常化，主人公常常是由儿童喜爱的动画形象扮演，出现频率最高的有蜘蛛侠、米老鼠、小黄人、彩虹小马、海绵宝宝等，加之鲜艳亮丽的颜色和明快高亢的配乐，引发儿童的兴趣甚至使其上瘾。[①]

网络平台上还有一些打着"学习"名义的软件和微信公众号放任不良内容传播。一款名为"作业狗"的学习类 App，在其有社交功能的"遛一遛"版块中，发有"谁想看黄图"的帖子和多张色情图片。还有多位用户发帖称想要寻找对象，并贴上了未成年人的图片和 QQ 号。微信公众号"快作业"中有大肆宣扬升官发财、娶妻纳妾的网游广告。一款名为"当朝宰相"的网络游戏，直接把中小学课文里的经典故事"凿壁偷光"改成了"凿壁偷窥"，植入游戏剧情，并把这一桥段做成视频广告，在多个网络平台投放。[②]

作为伴随着互联网成长的一代人群，未成年人从小就与网络接触，网络游戏、网络直播、短视频等网络产品已成他们的生活必需品。据《2018 年全国未成年人互联网使用情况研究报告》显示，截至 2018 年 7 月 31 日，我国未成年人网

① 参见《算法推荐时代　儿童邪典片的毒性超乎想象》，2018 年 1 月 22 日，http://www.bjnews.com.cn/opinion/2018/01/22/473534.html。

② 参见《触目惊心！30.3%未成年人曾遭遇网络不良信息》，2019 年 4 月 12 日，http://news.sina.com.cn/c/2019-04-12/doc-ihvhiqax2161518.shtml。

民数量达1.69亿人，未成年人的互联网普及率已经达到93.7%。[①] 在网络3.0时代，未成年人受到了网络私人定制服务、无差别的信息传播模式的深刻影响，但也同时受到各种有害信息、错误行为和价值观误导。[②] 在网络带来海量信息的同时，不良内容成为影响未成年人网络安全的主要隐患。《2018年全国未成年人互联网使用情况研究报告》还显示，有15.6%的未成年人表示曾遭遇网络暴力，最常见的是网上讽刺或谩骂、自己或亲友在网上被恶意骚扰、个人信息在网上被公开。30.3%的未成年人曾在上网过程中接触到暴力、赌博、吸毒、色情等违法不良信息。

未成年人的健康成长是民族进步、社会可持续发展的前提，未成年人在网络空间的安全保护已成为社会焦点问题。

案例总结 》 未成年人网络保护密集立法

未成年人网络保护已成为紧迫问题，但我国的相关立法几乎还是一片空白。2019年，我国紧急出台相关法规规章和规范性文件，采取相应的行政管理措施，未成年人保护持续成为互联网治理重点。

2019年，针对未成年人保护问题，网络主管部门在视频、短视频、直播等领域展开一系列治理动作。5月，国家网信办指导全网21家视频和短视频平台上线“青少年防沉迷系统”；10月，统筹指导24家网络直播平台、9家网络视频平台统一上线“青少年模式”，网络防沉迷工作基本覆盖国内主要网络直播和视频平台。[③]

2019年2月14日，国家广播电视总局局务会议审议通过《未成年人节目管理规定》，自2019年4月30日起施行。该规定将未成年人节目管理工作纳入法治化轨道，引导、规范节目创作、制作和传播，切实保障未成年人合法权益，促进未成年人健康成长。该规定规范调整的未成年人节目包括未成年人作为主要参与者或者以未成年人为主要接收对象的广播电视节目和网络视听节目；建立未成年人网络专区，设立法定监护人同意制度、未成年人保护专员制度、休息提示制度、通知删除制度、公众监督举报制度、未成年人节目评估委员会制度、

---

① 参见中国互联网络信息中心：《2018年全国未成年人互联网使用情况研究报告》(2019年3月)，http://files.youth.cn/download/201903/P020190326787104688503.pdf。

② 参见张婧：《构建网络保护体系，守护孩子健康成长——全面构建新时代未成年人网络保护体系研讨会综述》，《中国文化报》2018年8月21日。

③ 参见《透视2019年互联网治理舆情态势》，2020年1月14日，http://yuqing.people.com.cn/n1/2020/0114/c209043-31547945.html。

社会评价制度、年度报告制度等，形成对未成年人节目的立体化、多层次、全方位监管格局；强调社会共治，加强政府监管、社会监督，加大对违法行为打击力度，同时强化节目制作、传播机构内部管理义务和主体责任，积极发挥行业组织作用，加强自律。

8 月，国家网信办发布《儿童个人信息网络保护规定》，自 2019 年 10 月 1 日起施行。该规定是我国首部规定儿童个人信息网络保护的专门立法，其出台和实施顺应了互联网时代对未成年人这一特殊群体保护的需求。该规定明确了儿童的定义，即不满 14 周岁的未成年人。采用属地管辖原则，明确了儿童个人信息网络保护的正当必要、知情同意、目的明确、安全保障、依法利用五大原则。对知情同意原则进一步明确和细化，要求网络运营者收集、使用、转移、披露儿童个人信息的，应当以显著、清晰的方式告知儿童监护人，并应当征得儿童监护人的同意，并要求网络运营者设置专门的儿童个人信息保护规则和用户协议，设立个人信息保护专员或指定专人负责儿童信息保护。该规定特别规定了儿童个人信息删除的问题，也就是我们一直说的被遗忘权制度，对加强儿童信息网络保护具有重大意义。①

2020 年 10 月 17 日，《未成年人保护法》经第十三届全国人民代表大会常委会第二十二次会议修订通过，自 2021 年 6 月 1 日起施行。该法修订后设“网络保护”专章共计 17 条，此外总则、社会保护、司法保护章节中也有相关条款，涵盖了未成年人网络保护的诸多方面，体现问题导向、综合治理、创新继承并重的三大立法特色。总结来看主要包括以下十大制度：一是完善了未成年人网络保护监管体制。二是依法保护未成年人网络权益和上网安全。三是明确规定未成年人网络素养培育和提升。四是高度重视未成年人沉迷网络预防和干预。五是创设可能影响未成年人身心健康信息提示管理制度。六是要求预装上网保护软件并作出选择性规定。七是进一步强化未成年人个人信息保护。八是对未成年人易于沉迷的内容进行重点监管。九是针对网络欺凌问题作出专门规定。十是建立未成年人网络保护投诉举报机制。②

互联网对未成年人日常生活的影响持续强化，一方面为未成年人获取知识、自我表达、娱乐和社交提供了便捷途径，但另一方面也给未成年人的发展带

① 参见《保护儿童个人信息安全——〈儿童个人信息网络保护规定〉八大亮点(上)》，2019 年 9 月 6 日，https://www.thepaper.cn/newsDetail_forward_4357450。

② 参见《未成年人保护法修订：十大制度亮点推动未成年人网络保护进入新阶段》，2020 年 10 月 21 日，http://www.cac.gov.cn/2020-10/21/c_1604847750404918.htm。

来了许多不确定的风险。[①] 未成年人的互联网运用中,主要存在网络侵权、网络暴力、不良信息内容、隐私危害与网络沉迷等问题。2019 年 2 月 5 日,联合国儿童基金会报告称,全球 70.6%的 15～24 岁年轻网民正面临着网络暴力、欺凌和骚扰的威胁。[②] 2019 年 6 月发布的《未成年人涉网刑事案件大数据分析报告》显示,在未成年犯中,沉迷网络的占 85%。同时,未成年人网络消费需求呈现重度化趋势,未成年人或通过自己零花钱或通过父母手机支付,在游戏充值、直播打赏、网上购物等多方面盲目消费。

案例分析≫ 未成年人保护:网络治理的必答题

加强未成年人网络保护迫在眉睫。不夸张地说,保护未成年人已经成为互联网治理的必答题。

欧美等国的未成年人网络保护立法为我国提供了借鉴的经验。美国先后出台了《儿童在线隐私保护法案》《儿童互联网保护法》;欧盟出台了未成年网络安全指导意见;日本制定了《青少年网络规制法》,从法制上来规范和保护青少年网络安全;澳大利亚的《传播服务法(1992)》中对限制未成年人访问那些可能会引起他们不适的互联网内容提出明确规定,并提供举报不良内容的通道。

对于未成年人网络安全保护,我国尚未单独立法,相关条文散见于《宪法》《民法总则》《未成年人保护法》《预防未成年人犯罪法》《网络安全法》等法律之中。实践中,多层、多头的法律体系格局导致法律适用过程中相互冲突的情况时有发生。[③] 2019 年至今围绕未成年人网络保护问题展开的一系列治理动作及相关政策法规的出台,填补了未成年人网络保护法的空白,进一步织密未成年人网络安全保护网,护航未成年人健康成长。[④]

随着互联网不断发展,未成年人网络保护的新问题依然层出不穷,需要我们不断去研究和思考。网络不是洪水猛兽,全面限制或者禁止未成年人使用网络并不是科学应对之法,我们更应该站在儿童的视角、历史的视角和全球的视角来思考未成年人网络保护问题,并且在充分尊重未成年人相关权利的基础上

---

① 参见中国社会科学院国情调查与大数据研究中心:《青少年网络素养教育读本》,社会科学文献出版社 2018 年版,第 128 页。

② 参见《全球七成年轻网民面临网络暴力　联合国儿基会呼吁采取行动》,2019 年 2 月 12 日,http://world.people.com.cn/n1/2019/0212/c1002-30637566.html。

③ 参见吴纪树:《我国未成年人网络安全保护法律规制问题探析》,《行政与法》2019 年第 12 期。

④ 参见谢仕亮:《"网络保护"入法,织密未成年人安全保护网》,《深圳特区报》2019 年 10 月 24 日。

研究相关国家立法政策。[①] 在未成年人群体网络保护过程中，我国当前立法政策的基本思路是：首先要确定未成年人群体的身份，在此基础上强化对其的特殊保护。但在对未成年人的身份进行有效识别的同时，也可能导致未成年人隐私泄露，从而引发更加严重的风险。[②] 如何在身份识别与个人信息保护之间进行平衡是当前立法需要解决的问题。

互联网企业和平台作为内容和服务的提供者，是未成年人网络保护的关键一环。但目前一些直播平台在运营过程中还是容易被流量、“日活”（日活跃用户数）等利益所绑架，部分游戏平台的实名制验证形同虚设，未能发挥保护未成年人网络安全的真正作用。同时，部分家长和学校的网络安全意识匮乏，教育方式单一、固化，对未成年人的网络安全缺乏有效的引导和监督，未能真正履行对未成年人的网络安全教育、管理和保护职责。未成年人的网络保护是全社会的共同责任，为未成年人撑起网络保护伞需要社会各方根据各自的角色参与进来。

---

① 参见于旭坤：《彰显法治力量　强化未成年人网络保护》，《中国信息安全》2019 年第 10 期。

② 参见佟丽华：《未成年人网络保护中的身份确认与隐私保护》，《中国青年社会科学》2019 年第 6 期。

案例 16

影视情节模仿与未成年人保护

案例介绍 >> 模仿《喜羊羊与灰太狼》情节烧伤小伙伴

系列动画片《喜羊羊与灰太狼》通过羊与狼斗智斗勇的故事，宣扬正义战胜邪恶的主题，多次获奖，深受广大儿童的喜爱。但 2013 年 4 月 6 日，江苏省连云港市东海县发生了这样一起事件，三名分别为 10 岁、7 岁和 4 岁的儿童，模仿动画片中的情节做“绑架烤羊”的游戏，10 岁的男孩将 7 岁和 4 岁的兄弟俩用绳子绑到树上后又点燃了树丛下的杂草，最终导致小哥俩被深度烧伤。

受害方起诉索赔时将该动画片制片人广东原创动力文化传播有限公司也列为被告。12 月 18 日上午，东海县人民法院对这起案件进行了一审宣判，判决被告李某的监护人赔偿原告损失 26 万元的 60%即 15.7 万元；第二被告广东原创动力文化传播有限公司赔偿原告损失的 15%即 39252.39 元；原告的监护人自行承担另外 25%的损失责任。①

法院经过审理认为，被告李某的年龄相对原告的年龄略大，认知能力和行为控制能力相对较强，对造成的损害所起的作用相对要大，因此依法判决被告李某的法定监护人赔偿原告兄弟损失的 60%。

法院认为，《喜羊羊与灰太狼》的传播对象主要是未成年人这个特殊群体。在制作传播相关影像制品时，制作发行方除了应遵守《音像制品管理条例》的规定，还应受到未成年人权益保护的相关法律法规的制约，应当主动严格审查、过滤未成年人不宜的情节和画面，并负有提示风险、警戒模仿的注意义务。而在动画片《喜羊羊与灰太狼》中，仍存在暴力情节和画面，对本案未成年人的行为认知产生了不良影响。虽然该片的制作、发行经过了行政许可，但实际造成了损害的客观后果。该后果与被告广东原创动力文化传播有限公司的发行行为存在法律上的因果关系，被告广东原创动力文化传播有限公司未尽应有的注意义务，对损害事实存在过错，应当承担相应侵权责任，判令其承担 15%的损失责

---

① 参见《江苏东海：儿童模仿“喜羊羊”剧情致同伴烧伤案宣判》，2013 年 12 月 18 日，https://tv.chinacourt.org/727.html。

任。此外，两原告的监护人没有尽到相应的监护责任，也应承担相应的责任。[①]

案例总结>>"灰太狼"该不该为被烧伤的小伙伴担责

造成兄弟俩被烧伤的原因是小伙伴玩耍中模仿动画片中灰太狼烤羊肉的情节。因为不当模仿而造成意外伤害和死亡的案例并不鲜见，惨剧的发生让人深思：儿童因为模仿而导致的伤亡是影视作品惹的祸吗？文化创意产业如何在最大程度发挥创意的同时，更好地兼顾并履行社会责任？

该案一审判决引发巨大的争议。支持者认为，动画片和其他影视作品不同，其主要受众是未成年人，本应尽到更大的审慎义务。《未成年人保护法》规定，严禁向未成年人传播暴力等毒害未成年人的音像制品。正如判决所称，制作方"负有提示风险、警示模仿的注意义务，而其在制作发行的涉案影像制品中，仍存在暴力情节和画面，对本案未成年人的行为认知产生了不良影响"，这并非没有道理。反对者则认为，没证据表明烧伤行为受到"暴力"动画片驱使，反对者有如下的理由：一是动画片已经通过了行政审核，为什么还须担责？二是如此判决会不会将影视作品的责任无限扩大，将来出现类似事件，都要担责？三是动画片的画面真的和孩子侵权有因果关系吗？

"媒体与暴力"一直是心理学界和传播学界的一大研究课题。对于还没有是非对错辨别能力的低幼儿童来说，电视动画片对暴力的虚拟式再现会对其产生即时的涵化影响，两者之间具有相关关系。光明网评论员王丹评论道，孩子的世界简单而直接，他们在社会化、身份认同上还没有稳固的模式，认识世界的主要方式就是模仿。动画片中的以恶制恶、以暴制暴，他们"照单全收"后，难保不会"情景再现"于现实社会中，可能还会在模仿的基础上"创造性"地运用自己的方式去攻击别人。[②]

对于国内动画存在暴力、低俗、不文明用语等问题，国内动画界人士认为，目前很多动画内容播出机构对内容把关不够严谨。2013 年 10 月，《喜羊羊与灰太狼》和《熊出没》因涉及暴力、危险情节、不文明语言等因素被责令整改，两部动画片遭到前所未有的惩罚，一时禁播之声四起。央视曾点评"时下国内动画片除了三分之一是《喜羊羊与灰太狼》之外，剩下的三分之二全部是充满了血腥与暴力的动画片，实在不适合小孩子观看"。但实际上，一刀切的禁播和"斩脚

① 参见《儿童模仿动画片烧伤同伴，喜羊羊被判赔偿》，2013 年 12 月 22 日，http://edu.163.com/13/1222/11/9GMPC0UD00294M45.html。

② 参见王丹：《动画不是"儿戏" 暴力失度当治》，《光明日报》2016 年 2 月 18 日。

趾避沙虫”是一个思路，就像因为儿童不应接触血腥暴力色情的内容，所以任何涉及这一类内容的经典电影或名著小说都应被禁一样荒谬。纯粹通过审查无法有效地对动画内容进行筛选，而禁播等同于剥夺少年儿童观看其年龄适当观赏内容动画的权利。有关部门也应借鉴国外有益经验，制定国产动画片内容标准，加快建立动画片分级体制，在未成年人尤其是低幼儿童与潜在有害内容之间筑起“防火墙”。根据动画或影片内容来规定和划分适当观赏年龄，是国际通用并被证明有实际效果的做法。[①] 从引导孩子的行为举止来看，分级是有利的。但采取不同的划分方式会形成不同的分级标准，因此在倡议建立分级制度的同时，应该强调儿童教育、心理方面的专家共同参与到分级标准讨论中去。[②]

2013 年 10 月 12 日，央视动画有限责任公司等十大动画制作机构、中央电视台少儿频道等十大动画播出机构向全行业发出倡议，希望全国同行承诺决不制作播出含有暴力、低俗、危险情节、不文明语言的动画片。此倡议一出，动画界反响强烈。制作方、播出方，以及专家学者们纷纷表示支持倡议。现在这类动画片已经印有警告字句，要求家长注意加强教育引导。对于法律规定要限制和禁止的“渲染暴力”等内容还有待于明确界定。[③]

案例分析>> 未成年人保护的制度完善

影视剧中的内容对于成人的影响是可控的，但对孩子来说，许多血腥、暴力、色情等场面则会对他们产生潜移默化的影响甚至会导致他们盲目效仿，后果很严重。在网络环境下，这类内容对未成年人的影响更不容忽视。

我国一贯重视保护未成年人的身心健康。《出版管理条例》第 26 条规定：“以未成年人为对象的出版物不得含有诱发未成年人模仿违反社会公德的行为和违法犯罪的行为的内容，不得含有恐怖、残酷等妨害未成年人身心健康的内容。”1999 年施行的《预防未成年人犯罪法》将禁止向未成年人传播的内容从出版物推广至广播电视。2019 年以来，我国修订了《未成年人保护法》，着手制定《未成年人网络保护条例》等法规规章，构建完善的未成年人保护法律体系。

尽管影视界一再有人呼吁国产影视剧应该实行分级制，以免让孩子看到荧屏和银幕上的暴力、血腥、色情等镜头，但时至今日，中国电影、电视剧依然没有

---

① 参见《喜羊羊和灰太狼该为烧伤儿童担责吗》，2013 年 12 月 19 日，http://news.ifeng.com/opinion/special/huitailang/。

② 参见《新闻联播批评〈喜羊羊与灰太狼〉暴力粗俗》，2013 年 10 月 14 日，http://politics.people.com.cn/n/2013/1014/c1001-23187966.html。

③ 参见魏永征、周丽娜：《新闻传播法教程》(第 6 版)，中国人民大学出版社 2019 年版，第 87 页。

实行分级制。有些荧屏黄金时段的抗战剧展现的战争场面相当血腥——割喉、射杀、溺亡、飞刀刺心……这些镜头随着电视剧的播出而得以传播，让孩子瞠目结舌，家长如坐针毡。以《喜羊羊与灰太狼》《熊出没》等国产动画为例，曾有媒体报道孩子因模仿其中场景而造成伤害的事件，从而再度引起人们对中国影视剧分级制度的关注。

对未成年人实行媒介方面的保护，2019 年国家广播电视总局制定《未成年人节目管理规定》，明确对未成年人节目实行专门频率、频道、专区，以及特定播放时间保护。

第五章　传播与行政管理

新闻传媒业行政管理在传播法制中居于重要地位。按照建设社会主义法治国家要求，传媒行政管理必须纳入法治轨道，实行依法行政。本章选取的典型案例分别探讨主管部门对电视节目内容的监管、报刊出版许可管理、非时政类报刊出版单位转企改制、新闻网站上市经营、假新闻治理、名人广告代言等重要问题。

案例 17

广电媒体泛娱乐化的行政规制

案例介绍 》 广电总局对电视娱乐节目的限制性规定

2011 年 7 月，国家广电总局专门召开“关于防止部分广播电视节目过度娱乐化座谈会”，要求各地方卫视从 2011 年 7 月起，在 17:00～22:00 黄金时段，娱乐节目每周播出不得超过 3 次。10 月下旬，广电总局下发了《关于进一步加强电视上星综合频道节目管理的意见》，提出从 2012 年 1 月 1 日起，34 个电视上星综合频道要提高新闻类节目播出量，同时对部分类型节目播出实施调控，以防止过度娱乐化和低俗倾向。该文件被媒体称作第一轮“限娱令”。

2013 年 10 月 20 日，广电总局又向各大卫视发布“加强版限娱令”。《关于做好 2014 年电视上星综合频道节目编排和备案工作的通知》要求：(1)优化节目结构，丰富节目类型。扩大电视上星综合频道新闻、经济、文化、科教、生活服务、动画和少儿、纪录片、对农等类型节目的播出比例，总播出时长按周计算不少于 30%。对道德建设类节目、国产纪录片、国产动画或少儿节目的播出时段和时长提出具体要求。(2)坚持自主创新，加强引进管理。各电视上星综合频道每年播出的新引进境外版权模式节目不得超过 1 个，当年不得安排在 19:30～22:00 播出。(3)抵制过度娱乐，防止雷同浪费。每季度总局通过评议会择优选择一档歌唱类选拔节目安排在黄金时段播出，其余不得安排在 19:30～22:30 播出；总局将对电视晚会进行调控，原则上重要节假日期间每日不超过 3 台。2014 年 1 月 1 日起每天任何时段播出的新闻类、道德建设类、歌唱选拔类、晚会类、引进境外版权模式节目需要提前两个月申报备案；每天 19:30～22:00 播出的婚恋交友类、才艺竞秀类、情感故事类、游戏竞技类、综艺娱乐类、访谈脱口秀、真人秀等类型的节目，需按规定履行备案手续。[①]

作为广电行业主管部门的国家广电总局出台"限娱令"，是通过行政手段，对广电媒体内容进行规范和引导，这一规制的目的是优化广播电视节目结构，丰富节目类型，加强引进管理，特别是抵制过度娱乐，防止雷同浪费。

案例总结 >> 学界与业界对"限娱令"的评价

虎嗅网收集整理了国家广电总局历年禁令，从 2000 年至 2012 年，国家广电总局的各类禁令不下 40 道，其中相当比例是对电视娱乐内容进行限制。[②] 如何看待"限娱令"？浙江大学赵瑜教授梳理国家广电总局历年下发政令的管理内容发现，规制重点和政策工具保持了较高的稳定性。其中最为显性的四项内容为：青少年权益保障及动漫产业规划；日趋严格的境外内容引进；广电市场管理，包括广告市场规范和电视剧管理；反低俗化和泛娱乐化。"限娱令"的最大特点是以量化的管理思维和否定式的政令语言，对上星综合频道进行版面管理和节目内容指导，条例细致而极具操作性，管理内容精准，商榷余地极小。《关于进一步加强电视上星综合频道节目管理的意见》摆脱了既往政令原则性和纲领性的语言方式，"精准打击"的管理方式融汇了主管部门对历次"净化荧屏"行动的经验总结，本身希望回归省级卫视新闻宣传为主的功能定位，进一步发挥意识形态教育功能，从而规避过多的综艺节目对新闻宣传能见度的遮蔽。[③]

对"限娱令"的评价，学界和业界有正反两种声音。

正方认为，"限娱令"能给不擅长做娱乐节目的二、三线卫视提供市场机会。"限娱令"作为一项政策措施，是对市场调节失灵下的传媒内容进行规范的重要

① 参见《关于做好 2014 年上星综合频道节目管理的意见》，2013 年 3 月 15 日，https://discover-documentary.com/NewsDetail.aspx? ID=125。

② 参见《广电总局历年禁令史》，2012 年 8 月 3 日，https://www.huxiu.com/article/2321/1.html。

③ 参见赵瑜：《媒体市场化、市场化媒体与国家规制》，《新闻大学》2015 年第 1 期。

手段，对于盲目追求收视率和经济效益而大兴"娱乐"之风起到了及时遏制的作用。

反方则认为，行政手段容易"好心办坏事"，"限娱令"的出台有违市场经济的发展规律，也违于时代的发展潮流，更忽视了国民文化素养对文化环境的影响。政府部门靠"限娱令"难治娱乐节目泛滥的根本问题。"限娱令"限制了观众的选择权利，限制数量不如提高质量，与其限制电视娱乐节目的泛滥，不如多一些措施鼓励做品牌、出精品，让市场优胜劣汰，让人民群众的选择更多。市场选择和行业约束，可能比政府规制更有效果。

案例分析 >> "限娱令"推动广电媒体规制转型

综观历次颁布的"限娱令"，广电主管部门在规制内容和规则制定流程方面保持相对稳定性，该过程中变动最大的是主管部门对媒介市场化和市场化媒体的态度。赵瑜教授认为，我国文化体制改革中难以绕过的媒体性质问题让国家规制常常陷于两难：一方面希望进一步刺激产业快速发展并借此获得国家文化软实力，另一方面却对媒体创新过程中对宣传边界的突破和文化低俗化倾向保持高度警惕。广播电视行业在文化产业中的特殊位置，使得完成上述目标的难度颇大。文化产业本身是一个相对复杂的构成，广播电视行业处于经营性文化产业和公益性文化事业的交融之地。影视制作和娱乐产业无疑属于产业范畴，但是广播电视台本身涉及播控安全，在单位性质上仍属事业单位。事业性质、企业运行在广播电视产业化向纵深方向发展之时产生了微妙的角力，陷入两者悖论无法在合理的政策框架下予以通盘解决的困境。如何在保持产业健康发展的同时提高规制权威性和稳固文化领导权，是媒体主管部门的管理重点，也是难点。[①]

除了实施效果，一道道"限娱令"是否遵循了依法行政原则也成为诟病的方面。学者肖叶飞针对我国广电媒体管理制度存在的问题，提出广电媒体规制转型的路径，以从根本上约束广电媒体泛娱乐化问题。一是建立广播电视双轨制。建立各级广播电视台相对应的公共服务频率或频道，即国家、省、市各级广播电视台建立公共服务频率或频道，一台两制，分类运行，分别监管，即在政府的领导下，前者是政府主导，强化公共利益；后者由市场主导，强化经济利益。二是借鉴台湾地区经验，建立公共服务节目基金。支持教育科技、传统文化、高尚艺术等正外部性的节目，创新节目财源，主要从公共财政和广告费中汲取，同

① 参见赵瑜：《媒体市场化、市场化媒体与国家规制》，《新闻大学》2015 年第 1 期。

时接受商业赞助、捐助以及少量的商业化的运营收入。加大收取频道占用费，频道占用费的多少要与广告费收入成正比例关系，实现以“企业养事业”的目标。消除广播电视的地区差异、城乡差异、群体差异等，消除泛娱乐化和商业化趋势，实现公共服务均等化、规范化。三是加强公共服务审查和评估。建立广播电视评估机构，可以由行政管理部门、各行业的专家、公众等组成评估委员会，建立评估基金和组织，确立评估的目标和程序，就公共政策、覆盖传输、内容供给、效率、公平和满意度等指标展开评估，同时也要加强电视媒体自我评估，建立公共服务保障机制。[①]

① 参见肖叶飞:《泛娱乐化语境下的“限娱令”的学理分析》,《媒体时代》2012 年第 1 期。

案例 18

新闻敲诈的伦理与刑责问题

案例介绍 >> "一张家族报纸的危险生意"[①]

2013 年 12 月 4 日，由于内部管理混乱、多名记者涉嫌新闻敲诈，创刊于 1994 年元月的《中国特产报》(以下简称《特产报》)收到了国家新闻出版广电总局的一纸行政处罚决定书，被正式吊销了报纸的出版许可证。

早在 2013 年 4 月，该报就被国家新闻出版广电总局要求停业整顿。在 2013 年 8 月 26 日报社第二次发出复刊申请前 10 天，又有记者因涉嫌新闻敲诈被事发当地公安机关刑拘，断送了这家报纸复刊的可能性。

这家在 2013 年整顿前总共只有不到 70 名员工的报社，与其说是新闻机构，不如说更像一个家庭作坊式的公关公司。整顿前，一手创办并掌控着这张报纸的女强人刘真是报社社长，女儿崔铭是总编辑兼副社长，丈夫崔世杰则是经济新闻部主任。

新闻从来不是这家报社最重要的产品。创刊之初，《特产报》主要以办特产文化节、认证特产之乡来维持运营。2010 年左右，该报开始通过事业发展中心对外承包专刊版面，并给承包人办理记者证，一家专注特产报道的报纸还出版了《社会与法治》这样的专刊。

除收取每年约 20 万元的承包费，报社对承包人过问甚少。据审计报告，《特产报》有 20 多名持证记者没有工资收入，需要自谋生计。而从国家新闻出版广电总局的调查情况来看，这些所谓的记者更像是"勤劳"的广告销售员，他们随身携带代理广告协议出差，以舆论监督之名换取广告费用。

《特产报》最早被调查，源于该报刘会丽、杨飞、郭焕璋在宁夏数次采访。最终被吊销出版许可证，则是因为记者王铭泽在报社停业整顿时，仍然在外进行新闻敲诈。

2010 年 7 月，《特产报》记者刘会丽、工作人员郭焕璋等人到宁夏回族自治

① 相关内容参见刘星、张宇、成萌：《〈中国特产报〉：一张家族报纸的危险生意》，《中国青年报》2014 年4 月 14 日。

区永宁县某村采访新农村建设，称新建的村庄选址在基本农田保护范围内，随后给该县发去核实函。永宁县称，在与刘会丽一行沟通时，对方提出在《特产报》刊登半个版报道就不再予以曝光。该村所在镇原党委书记请示领导后，为了不把“问题”扩大化、炒作化，指派专人进行了“处理”，支付了 6 万元宣传费，之后在《特产报》上刊登两篇正面宣传报道。

之后，几乎是用相同的手段，2010 年 9 月，刘会丽、郭焕璋等人到宁夏灵武市采访新区建设用地问题，发去核实函后，灵武市委宣传部拿出了 8 万元的宣传费，换来了《特产报》上的一篇正面宣传报道。

2011 年 8 月，郭焕璋、杨飞再次来到灵武市，这次是采访全民创业园用地问题。当地宣传部门称，在答复了相关的采访问题后，杨飞对回复不置可否，而是提出收取 8 万元做一个彩色专版。这次的钱，是稿子涉及的灵武市国土资源局、住房和城乡建设局支付的。

但 2012 年的数次采访导致了事发。年初，被选中的又是永宁县。据郭焕璋本人在笔录中回忆，他在 2011 年采访了宁夏永宁县住建局拖欠工程款的问题：“我基于促进开发商兑现农民工工资进行的采访。”2012 年 1 月 19 日，这篇名为《他们拿着工程款在玩什么猫腻》的稿件发布在东方法制报网站。2 月，郭焕璋又去灵武市崇兴派出所采访。灵武市公安局的书面材料称，郭焕璋在发来采访核实函后，表示可以收费 6 万元，给公安机关刊登正面报道。7 月，郭焕璋又采访了青铜峡市草原征地补偿的问题。在稿件发给相关领导后，青铜峡市委宣传部赴北京协调，最终拦下了该稿件。

密集的采访最终引来了“麻烦”。当年 8 月，宁夏回族自治区新闻出版局将《特产报》自 2010 年以来在宁夏涉嫌新闻敲诈的情况汇总并上报。2013 年 2 月，《特产报》作出书面回应，称系记者个人行为，相关记者已经被解聘，而记者收取的费用都被报社广告代理公司获取，报社并不知情。

2013 年 4 月，国家新闻出版广电总局决定对该报暂缓年度核验，由其主管单位某协会对报社进行停业整顿。当年 9 月，此前声称没有收到钱的《特产报》社，用报社的账户退还了其中的两笔宣传费。

同年 8 月 26 日，停刊整顿 4 个月的《特产报》再次向国家新闻出版广电总局递交复刊申请。就在这份申请书完成之前的 10 天，8 月 16 日，该报记者王铭泽因涉嫌新闻敲诈在陕西省彬县(2018 年改设为县级彬州市)被逮捕。此前他正在采访彬县的粮食补助问题，并以此获得 4 万元正面宣传费。

不巧的是，由于给对方开的发票有问题，当地宣传部查询后发现这是一家正在整顿的报纸。这成为压垮《特产报》的最后一根稻草。

案例总结》《中国特产报》的承包费与赚钱经

据《中国青年报》调查,《特产报》几名事发记者的操作手法,无一例外是先从网上找到举报材料,之后将稿件以核实函的名义发给当地宣传部,在进一步与政府沟通时,提出可以收钱做正面宣传报道,谈成后,记者以自己的名义在报纸上刊发稿件。

《特产报》所从事的"危险生意",其产生壮大源于该报内部混乱的专刊管理制度。该报设有专刊部和事业发展中心,管理专刊的经营、广告,这两个部门的负责人均为黄道军。被查出问题的 4 名记者均属于专刊部。承包专刊的人平时也不在报社,甚至不在北京,与《特产报》主报的员工几乎没有交集,一般主报的记者、编辑都不知道他们在外面做什么。

每年交大约 20 万元,就可以获得正规的记者证、采访函乃至一个专刊主编的头衔,并拥有相关版面的刊登权。你是报社的员工,但报社既不发给你工资,也不对你进行管理,你唯一要做的,就是按时交钱。刘会丽每年需要上交 24 万元,王铭泽每年需要上交 30 万元,其余部分自行支配。

巨额的承包费用,以及形同虚设的内部管理成为新闻敲诈的原动力。

《特产报》最初由中国农学会主管、中国农协会特产协会主办,后由中国科协主管、中国农学会主办。2006 年 10 月,根据行业报体制改革精神,《特产报》作为试点单位,由某协会主管主办。通过承包专刊,间接开发负面新闻赚钱已经成为该报公开的秘密。除去对专刊的管理混乱,《特产报》主报内部也几乎是一个家庭式的管理模式,被国家新闻出版广电总局认为是"家庭办报的代表"。

国家新闻出版广电总局新闻报刊司有关负责人指出,中国特产报社组织机构和人员管理混乱,领导班子主要由退休或者内退人员组成。报社领导班子来自同一家庭。社长和总编辑系母女关系,总编辑的父亲担任该社经济新闻部主任,是典型的家庭办报,内部管理十分混乱。

被吊销出版许可证之后,中国特产报社已经不复存在,员工们各奔东西,危险的生意也无法继续。

案例分析》新闻敲诈的伦理与刑责问题

《中国特产报》被吊销报纸出版许可证后,60 多名工作人员被遣散,35 名涉案记者的记者证被吊销,并列入不良从业记录,其他人员的记者证也被注销。除了追究涉案记者的刑事责任,国家新闻出版广电总局将案件移送纪检监察部门，追究报社负责人和直接责任人的责任。

新闻敲诈者被称为“苍蝇头，老虎身”，让基层苦不堪言。[①] 新闻出版广电总局原副局长邬书林接受采访说，目前我国持新闻记者证的采编人员已有25.8万余人，这支队伍总体素质是好的，但其中一些问题必须引起高度重视，少数记者职业道德缺失、法律意识淡薄，有的突破职业底线甚至是做人的底线，搞有偿新闻甚至新闻敲诈。有些真假记者相互勾结，到基层敲诈勒索，违法手段不断翻新：有时先散布负面消息，然后找上门主动充当“灭火队员”，再索要钱财；有时拿着所谓的“核稿函”直接威胁，提出非法要求；有时候打电话或发传真给基层党政部门一把手，以曝光相要挟，逼迫企业送上门来；有时插手经济纠纷，充当调解人，收取好处费。现在新闻敲诈使舆论监督“污名化”，严重影响媒体正常的舆论监督，严重损害新闻队伍形象，侵蚀新闻媒体权威性和公信力，是新闻事业健康发展的一剂毒药，必须出重拳严厉打击，恢复媒体原本的社会功能。[②]

知名新闻传播学者展江撰文称，在《出版管理条例》中，“利用出版活动谋取其他不正当利益”，就属可“吊销许可证”的行为之一。媒体的淘汰和退出机制，应该循此完善和真正执行。[③]

我国新闻业界存在“有偿新闻”和“有偿不闻”现象，这已是人所共知的事实。有偿新闻有多种多样的表现形式，其产生的原因也是多方面的。有偿新闻严重背离了社会法律与道德。遏止有偿新闻必须运用法律和道德调节两种手段。[④] 利用新闻进行敲诈勒索，不仅违背新闻伦理，更是触犯刑法的犯罪行为。记者如此行为，会被课以刑罚。媒体放任或主动要求记者如此行为，将会被行政主管机关严厉处罚，断送媒体生命。

---

① 参见徐础：《重拳打击新闻敲诈》，《解放军报》2014年4月10日。

② 参见徐础：《打击新闻敲诈　恢复媒体原本的社会功能》，2014年4月10日，http://data.chinaxwcb.com/epaper2014/epaper/d5757/d2b/201404/44063.html。

③ 参见赵新乐：《〈中国特产报〉被吊销许可证　报社由家庭掌管记者涉敲诈》，2014年4月15日，http://media.people.com.cn/n/2014/0415/c40606－24899423.html。

④ 参见邓名瑛：《“有偿新闻”的伦理批判》，《伦理学研究》2005年第6期。

案例 19

非时政类报刊出版单位转企改制

案例介绍 >> 非时政类报刊出版单位要全部转制

2008 年 6 月，时任国家新闻出版总署署长柳斌杰在全国新闻出版局长工作会议上提出，经营性报刊转企改制“三年三步走”，也就是分为国有企事业单位报刊、行业协会社会团体报刊、部委所办报刊，在三年的时间内完成改制。

在 2009 年 8 月 28 日召开的中国报业协会第四次会员代表大会上，柳斌杰介绍了中国报业改革和发展的有关情况，首次透露非时政类报刊出版单位的转制工作将全面启动，计划于 2011 年底前完成非时政类报刊出版单位的转制工作。

按照中央要求，时政类报刊要突出抓好新闻宣传与经营业务两分开，新闻宣传部分重点做好内部三项制度改革，经营部分要转企改制，成为参与市场竞争的主体。非时政类报刊出版单位要全部转制为企业，要按照《公司法》的要求，加强产权制度改革，完善法人治理结构，建立现代企业制度，成为真正的市场主体，参与市场竞争。

柳斌杰指出，目前全国有 1943 种报纸，分属各级党委、中央各部门、行业协会、报业集团、国有大型企业等机构主管。按照中央统一部署，首先全面推进经营性出版社转企改制。在此基础上，尽快制定报刊分类改革的实施意见，启动非时政类报刊出版单位的转制工作，计划于 2011 年底前完成非时政类报刊出版单位的转制工作。①

2009 年 11 月 12 日，作为中央部委主管报刊的中国文化报率先完成整体改制。2010 年，148 家中央部门出版社转企改制完成。2011 年之前有 1251 家非时政类报刊出版单位转制或登记为企业法人。

2011 年 5 月 17 日，中共中央办公厅、国务院办公厅出台《关于深化非时政类报刊出版单位体制改革的意见》，开启了非时政类报刊的转企改制大幕。

按照该《意见》，非时政类报刊单位体制改革，是“落实中央部署、深入推进

① 参见晋雅芬：《非时政类报刊出版单位将全部转制》，《中国新闻出版报》2009 年 9 月 1 日。

文化体制改革、转变报刊出版业发展方式的重要任务，是增强我国报刊传播力和舆论引导力、加快文化发展的迫切要求”。

转企改制的主要原因是：“在市场经济条件下，非时政类报刊出版单位的现行体制制约了报刊出版业发展，存在数量过多、规模过小、资源分散、结构不合理、市场竞争力弱等突出问题，部分单位长期靠行政摊派、买卖报号刊号维持生存，有的成为部门和单位的‘小金库’，助长了不正之风。这种状况极不适应社会主义市场经济深入发展的需要，也不符合社会主义文化大发展大繁荣的要求，迫切需要深化改革。”

转企改制的目标任务是：分期分批按照规范的程序转制，在清产核资的基础上，核销事业编制，注销事业单位法人，进行企业工商登记注册，与在职职工全部签订劳动合同，按照企业办法参加社会保险；整合出版资源，既充分发挥市场在资源配置中的基础性作用，又有效发挥政府在资源配置中的引导作用，培育导向正确、主业突出、实力雄厚、核心竞争力强的大型报刊传媒集团公司，使之成为报刊出版业的骨干文化企业和战略投资者；走内涵式发展道路，形成一批专、精、特、新的现代报刊出版企业；实行严格的报刊出版市场准入机制，从主管主办资质、内容导向、资本来源、资产规模等方面制定具体的市场准入条件，同时建立健全市场退出机制，关停并转一批不符合市场准入条件、不具备报刊出版资质和违规出版以及严重亏损、资不抵债的报刊出版单位，切实提高报刊出版业集中度。

根据非时政类报刊的不同性质和功能，分期分批进行转制。省级、副省级和省会城市党委机关报刊所属的非时政类报刊出版单位，文化、艺术、生活、科普等非时政类报刊出版单位，专业技术性较强的行业性报刊出版单位，隶属于企业法人的报刊出版单位，要先行转制。鼓励和支持其他非时政类报刊出版单位申请先行转制。晚报、都市类和财经类报刊不同于一般非时政类报刊，承担着重要舆论引导职责，按照有利于做大做强主流媒体的要求，中央各部门各单位所属的都市类和财经类报刊，以及省级和副省级及省会城市报刊党刊所属的晚报、都市类和财经类报刊等出版单位，经批准可进行转制。

鼓励和推动以党报党刊所属的非时政类报刊及实力雄厚的行业报刊出版单位为龙头，对本区域本行业的报刊出版资源进行整合，培育形成一批大型综合性或专业性报刊出版传媒集团公司；引导和鼓励非时政类报刊出版企业加入大型报刊出版传媒集团公司。

转制后的非时政类报刊出版单位与主管主办单位之间依然是隶属关系而不是挂靠关系，主管主办单位须切实担负起管导向、管干部、管资产的职责。

严格市场准入，除经批准上市融资外，对社会资本和境外资本进入非时政类报刊出版单位要按照《国务院关于非公有资本进入文化产业的若干决定》的有关规定执行。

非时政类报刊出版单位转制进行工商注册登记时，原报刊名称可继续注册使用。

此次转企改制共涉及全国4000多家非时政类报刊出版单位。①

案例总结》新闻出版业的"分类改革"

随着非时政报刊出版单位体制改革的全面推开，我国新闻出版单位的体制改革涉入深水区。改革的思路就是推进"分类改革"，即把新闻出版单位分为时政类、公益类和非时政类三类。其中，时政类报刊出版单位是指中央级、省级、副省级和省会城市党委机关报刊出版单位，如人民日报社、经济日报社、光明日报社、《求是》杂志社、人民出版社等。时政类报刊出版单位在转企改制时，要严格按照"采编经营两分开"的原则，采编业务部分作为事业法人，经营业务部分转企改制为企业法人，同时，由国家和相关政府部门给时政类报刊较多的拨款来保证其生存和发展所需。公益性报刊出版单位包括单纯依靠自身经营很难生存但又确需发展的，则纳入公共文化服务体系，由国家给予相应的补贴或拨款，如一些纯学术性杂志。非时政类报刊出版单位包括省级、副省级和省会城市党委机关报刊所属的非时政类报刊出版单位，文化、艺术、生活、科普等非时政类报刊出版单位，专业技术性较强的行业性报刊出版单位。对于非时政类报刊出版单位的转企改制可以实行采编经营合一，改制成相对标准的国有文化企业。②

作为具有较强意识形态属性的行业，国家在对新闻出版业改革的进程、思路等方面就更为慎重，在时间上也远远滞后于国有企业。这项旨在推动新闻出版业市场化的改革，和我国大力发展文化产业的时代大背景密不可分。③

知名媒体管理学者郭全中对非时政类报刊转企改制所要解决的主要问题进行了分析，摘录部分如下：

> 其一，出资人问题。《公司法》第四条规定，公司股东依法享有资产收益、参与重大决策和选择管理者等权利。对于非时政类报刊出版单位来

---

① 参见刘声：《非时政类报刊出版单位改革全面提速》，《中国青年报》2011年7月27日。

② 参见郭全中：《非时政类报刊转企改制亟待解决的八大难点》，2013年4月1日，http://media.sohu.com/20130401/n371346404.shtml。

③ 参见郭全中：《非时政类报刊出版单位转企改制研究》，《新闻记者》2012年第5期。

说，一方面，由于其出版内容不同程度地具有意识形态属性，另一方面其资产形式多为国有独资，这两方面的原因导致其出资人的职责需要多部门行使，其出资人职责更难履行，也更难明确。科学明确的出资人制度将在很大程度上决定着传媒单位转企改制的成效。因此，要结合各地实际情况，逐步形成统一、明确的出资人制度。

其二，改制后如何实现党管媒体的问题。任何媒体和企业的关键在于人才，尤其是高级管理人才。因此，只要管好干部就能有效地管好媒体。因此，建议党管好干部等重大问题，而具体事务由专业部门进行管理，以便更好地实现专业化管理。

其三，人员分流安置等问题。转企改制中，人员分流安置等问题是核心问题，一方面牵涉到经济补偿问题，另一方面牵涉到接续社会保险关系问题，而这两个问题的关键又在于标准和资金来源。

其四，主管主办资格问题。转企改制后实行严格的报刊出版市场准入机制，从主管主办资质、内容导向、资本来源、资产规模等方面制定具体的市场准入条件，同时建立健全市场退出机制，关、停、并、转一批不符合市场准入条件、不具备报刊出版资质和违规出版以及严重亏损、资不抵债的报刊出版单位。主管主办单位须切实担负起管导向、管干部、管资产的职责，主管主办单位必须具备出资人管理能力。

其五，刊号资源是否进入企业问题。报刊出版单位的刊号资源作为市场准入的牌照资源，由国家新闻出版行政部门核发给报刊企业使用，目前来看，报刊企业取得的仅是刊号的使用权，而不是刊号的所有权。刊号作为报刊企业的一项极为重要的市场准入资源，对于转企改制之后的报刊企业极其重要。为了促进转企改制之后的报刊企业更好地发展，可尝试把刊号资源进入转企改制之后的企业。[①]

案例分析 >> 传统媒体“断崖式下滑”前完成市场化改造

推进非时政类报刊出版单位转企改制，具有国家大力发展文化产业的时代大背景，客观上确实是赶在传统媒体 2014 年开始“断崖式下滑”之前完成了市场化改造。在新媒体的冲击下，改为企业的非时政类报刊出版单位需要在市场竞争的大海中锻炼出过硬的市场化能力和核心竞争力，否则就会被市场无情淘汰。

---

① 参见郭全中：《非时政类报刊出版改革九大问题研究》，2013 年 4 月 1 日，http://media.sohu.com/20130401/n371345176_2.shtml。

2014年,国家新闻出版总署课题组对非时政类报刊出版单位体制改革的完成情况进行了调研。发现改革政策有待明晰与落实。而在市场化的条件下,纳入转企改制的报刊出版单位在舆论导向、管理方式、主流媒体的壮大等方面都面临着巨大的挑战。要解决以上三个问题,需从坚持正确的导向,提高主流媒体的舆论引导力与感召力着手。对大多数非时政类报刊出版单位而言,改制后的战略规划和具体的经营管理尚不明确。①

非时政类报刊出版单位转企改制就是市场化转型。媒体的市场化是市场在媒体的资源配置以及经营中占有主导地位,引进市场化机制,建立市场退出机制。随着2013年后传统媒体“寒冬”的到来,报纸停刊逐渐变得习以为常,以往由报刊整顿而导致的“行政退出”变为“市场退出”。尽管传统媒体面临困境,但市场化依旧是中国媒体健康发展的重要推动力。在传统媒体转企改制后普遍面临经营困难的情况下,有一种声音是“重回事业体制”,这一方案虽然可以解决一部分媒体的生存问题,但市场化依旧是媒体发展的根本出路。②

---

① 参见国家新闻出版总署课题组:《非时政类报刊出版单位体制改革中的突出问题及其化解》,《求索》2014年第10期。

② 参见宋守山:《中国媒体市场化的路径及反思》,《青年记者》2018年第25期。

案例 20

人民网上市与网络新闻采访权

案例介绍 >> “中国官网第一股”

2012 年 4 月 27 日，被形容为“中国官网第一股”的人民网（股票代码：603000）在上海证券交易所上市。人民网上市创造了两个“第一”：第一家在中国 A 股上市的新闻网站，第一家在 A 股整体上市的媒体企业。

人民网的竞争力来自哪里？时任人民网总裁说，人民网经营有五大优势，分别为：品牌优势、内容优势、受众优势、客户资源优势、资格优势。其中内容优势是指新闻内容生产首次实现打包上市，不同于以往传媒上市公司的资产仅限于广告、发行等可经营性资产，新闻采编业务不允许上市。资格优势是指人民网拥有多项准入门槛较高的互联网相关业务经营资质，其中包括商业网站所不具备的新闻采编权。[①] 招股说明书中说，“人民网具备独立的新闻采编权，已有 148 名专业采编人员取得新闻出版总署核发的记者证。原创的新闻内容是人民网价值链的源头”。其中详列了人民网所获得的 10 项行政许可，声言“这些准入门槛较高的互联网相关业务经营资质，也是该网站的经营优势”。10 项许可证包括：互联网新闻信息服务许可证、电信与信息服务业务经营许可证（ICP 证书）、跨地区增值电信业务经营许可证（移动网）、增值电信业务经营许可证（互联网数据中心业务 IDC/互联网接入服务业务 ISP）、网络文化经营许可证、广播电视节目制作经营许可证，以及包括手机视听节目内容服务在内的信息网络传播视听节目许可证、互联网药品信息服务资格证书、电子公告服务许可、互联网出版许可证。[②]

上市前人民网的主营业务包括网络广告、信息服务、移动增值业务以及技术服务。招股说明书显示，互联网广告业务是人民网的最主要收入来源，占人民网总营收 61.67%。广告客户涉及金融、房地产、食品、家电、通信等多个行业

---

① 参见《人民网总裁廖玒：人民网具备五大核心竞争力》，2012 年 4 月 17 日，https://finance.qq.com/a/20120417/006763.htm。

② 参见《人民网：首次公开发行股票招股说明书》，2012 年 4 月 26 日，http://www.cfi.net.cn/p20120426001454.html。

和领域。2010 年,公司互联网广告业务实现收入 16845.42 万元。2011 年 1～6 月,公司互联网广告业务实现收入 13023.64 万元。

由人民网的主要股东持股比例看,虽然人民日报社一家独大,其他股东所持股票比例不是很高,但人民网最主要的 15 家股东中有中国移动、中国电信、中国联通、中国石化、中国银行等,人民网被网友戏称为“拥有最牛股东的公司”。

人民网的成功上市,实现了国内重点新闻网站上市零的突破,标志着资本市场与文化传媒产业的成功对接,标志着我国网络媒体建设进入了一个新阶段。原南方日报社社长、暨南大学新闻与传播学院院长范以锦认为,人民网的上市将起到积极的带头示范作用,“传媒产业要做大做强,离不开资本运作,以拓展获得资金的多种途径。同时,上市也离不开政府支持,官网抢滩资本市场体现了国家做大做强传媒产业的决心”①。

上市以来,人民网重点发展第三方内容审核业务、数据及舆情业务等新兴业务。人民网 2019 年年报显示,报告期内,人民网实现营业收入 21.50 亿元,较去年同期增长 26.95%;实现归属于上市公司股东的净利润 3.37 亿元,较去年同期增长 57.48%;毛利率水平达 50.76%,同比增长 13.60%。截至 2019 年末,人民网总资产达 46.81 亿元,归属于上市公司股东的净资产为 31.93 亿元。

案例总结 》 重点新闻网站的改制上市

中国人民大学新闻学院王思文博士分析了人民网上市的政策背景。②

从中共十六届四中全会提出“高度重视互联网等新型传媒对社会舆论的影响”③,加强官方新闻网站建设;到 2010 年国新办召开全国重点新闻网站转企改制试点工作座谈会,宣布人民网、新华网等 10 家新闻网站成为转企改制试点单位;再到十七届六中全会上通过的《中央关于深化文化体制改革推动社会主义文化大发展、大繁荣若干重大问题的决定》,明确提出“创新投融资体制,支持国有文化企业面向资本市场融资,支持其吸引社会资本进行股份制改造”④,党中央及国务院希望通过自上而下的改革,通过上市引导相关个体以市场为导向配

① 牛仲逸:《人民网抢滩资本市场 树立传媒产业标杆》,《证券日报》2012 年 4 月 19 日。

② 参见王思文:《以人民网为例浅析官方网站上市的利与弊》,2014 年 3 月 22 日,http://media.people.com.cn/n/2014/0322/c221847-24705486.html。

③ 张向达、李宏:《着力构建良好的社会舆论生态》,《光明日报》2018 年 8 月 17 日。

④ 《中共中央关于深化文化体制改革推动社会主义文化大发展大繁荣若干重大问题的决定》,《人民日报》2011 年 10 月 26 日。

置资源，在竞争中做大做强，扩大舆论影响力的意愿一脉相承。而人民网的上市正是贯彻这一政策意图并承上启下的关键一步。2012年1月，在“推动官网改制及上市，通过资本力量‘做大做强’”的改革思路指导下，包括人民网在内的近50家中央和地方新闻网站加入了改制上市大潮。虽几经曲折，人民网不负众望地率先走到资本市场的大门口，成为官网成功上市的“老大哥”。

以人民网为代表的国家级新闻网站，被称为“国家队”，其上市经营不同于新浪、搜狐等在海外上市的商业门户网站。

据业内人士介绍，目前中国新闻网站的运营管理体制主要有三种：一是完全依附于母媒体，资金来源主要来自中央或地方财政以及母媒体的拨款，网站本身没有自主经营权；二是独立型的公司化运营体制，如千龙网、东方网等；三是“事业单位、企业化经营”体制，这也是当前大多数新闻网站的体制类型。①

2009年10月，全国重点新闻网站转企改制试点工作就已启动。2010年5月，国务院新闻办公室在湖南长沙召开全国重点新闻网站转企改制试点工作座谈会，交流重点新闻网站转企改制工作经验，加快推进重点新闻网站转企改制试点工作。列入转企改制试点的有10家重点新闻网站，分别是人民网、新华网、央视网3家中央重点新闻网站和北京千龙网、上海东方网、天津北方网、湖南华声在线、山东大众网、浙江在线和四川新闻网7家地方重点新闻网站。②

2016年10月28日，新华网(股票代码：603888)正式挂牌上交所，开盘价报27.69元/股，收盘报39.87元，大涨43.99%，无悬念封涨停，并持续到收盘。这意味着，继人民网2012年上市之后，中国第二家“官网”登陆主板市场。

2015年12月25日，东方网正式挂牌新三板。

目前，大众网、千龙网、北方网等多家新闻网站正在谋求上市。

据《大众日报》报道，目前在主板市场尚无一家省属文化企业的山东，已于2015年7月24日专门成立了省属文化企业上市工作协调组，研究加快推进5家省属文化企业上市工作。其中，2015年12月，山东出版集团上市申报材料被中国证监会正式受理；2016年6月，山东省互联网传媒集团上市申报材料已被证监会正式受理；山东广电网络有限公司也在积极推进IPO申报。2017年，山东出版传媒股份有限公司(简称：山东出版，股票代码：601019)在上海证券交易所立板挂牌上市。

---

① 参见《新华网等10家新闻网站将作为首批选定上市对象登陆A股》，2010年5月9日，http://finance.ifeng.com/roll/20100509/2163238.shtml。

② 参见《人民网新华网改制方案获国新办批准》，2010年5月18日，http://finance.ifeng.com/news/industry/20100518/2199311.shtml。

案例分析>> 新闻网站上市的利弊得失

在新华网上市交易的2016年10月28日当天，大众网曾发表一篇深度报道，分析“官网”上市的背后“推手”以及作为官网的新闻网站上市的利弊得失。[①]该报道认为，政府推动重点新闻网站转企改制，政策动因显而易见，即加快新闻网站的市场化进程，巩固国家重点新闻网站占领网络舆论高地的重要地位。“官网”上市背景深厚，身兼政策和经济双重动因。

总体上看，推动新闻网站上市，不仅可以扩大传媒企业发展空间，使其经营范围更广、更深，而且对减轻国家财政补贴也有帮助。重点新闻网站上市后，有利于其国企机制更加灵活，吸引更多优秀人才加入。

实际上，新闻网站上市是利弊兼有。利的方面有：第一，上市后网站可以获得再融资。可以说，网站发展，核心是投入，上市后，网站可以通过收购、增发以及配股，获得迅速扩张，这也是上市最显而易见的好处。第二，通过上市可以完善网站的内部治理机制。筹备上市以及参与资本市场竞争以后，股权结构的合理化，董事会治理的和谐与高效、管理团队的激励机制，包括设备、人才、福利待遇等都将进入一个新的阶段，这一系列关系的合理化、制度化对网站的内部结构将产生积极的影响。第三，上市将大大提升网站的品牌影响力，上市公司本身就有着巨大的广告效应。弊的方面是：新闻网站的核心竞争力问题一时不易得到解决。核心竞争力是一个比较模糊的概念，如果只简单地看财务指标，那么大部分新闻网站都能达标，而新闻网站的核心竞争力究竟是什么？又是通过哪些方面体现出来的？这就是以上市为目标的新闻网站需要从长计议的了。如果没有核心竞争力，即便强行上市，未来的可持续性发展也会成为一个很大的难题。

胡正荣教授在接受《华夏时报》采访时说，从短期看，上市对于新闻网站自身来说是个好事，可以在一定程度上解决它们长期以来机制不够灵活、资金来源单一，生存压力较大的难题。但长期来看，上市后的政府新闻网站将以公共企业的新身份出现，会面临一些新问题。在管理模式上，这些新闻网站即便是上市后，其编辑方针、干部任命还将由党和政府决定，董事会能具有多少发言权不得而知。这些网站对投资者有多大吸引力也要打个问号，因为目前还没看到它们有成熟的盈利点。[②]

---

① 本部分内容参见李兆辉：《“官网”上市的背后“推手”政策与经济是双重动因》，2016年10月28日，http://www.dzwww.com/dldc/wmss/。

② 参见胡钰：《网站国家队预备上市 如何赚钱成问题》，《华夏时报》2010年5月14日。

人民网发布的2019年年度报告明确，人民网未来将瞄准智能化方向，在内容上坚持“一”个主业；以技术和资本双轮驱动，孵化产业、积累数据，形成“两”翼；打造人民视频、党建云、领导留言板“三”大移动端产品；建设内容原创、内容运营、内容风控和内容聚发“四”个层次的内容业务体系。通过“一二三四”格局，实现人民网的政治价值、传播价值、品牌价值、平台价值、资本价值“五大价值”，成为“中国声音最专业的传播者、人民利益最坚强的捍卫者”，成为网络舆论的“定海神针”和“中流砥柱”，进一步提升“四全媒体”时代传播力、引导力、影响力、公信力。人民网的发展目标是不断巩固中央重点新闻网站“龙头”地位，不断强化互联网内容风控“龙头”地位，逐步发展成为内容科技(ConTech)领军企业。[①]

① 参见李乔宇:《人民网2019年度报告:净利同比增长近六成　未来将瞄准智能化方向》,2020年4月17日,http://www.iewzx.com/zixun/kuaixun/2020/0417/50095.html。

案例 21

假新闻及其治理难题

案例介绍 >> 广局七批:15 家媒体涉假

2015 年 9 月,国家新闻出版广电总局公开通报《扬子晚报》等 15 家媒体刊登虚假失实报道的查办情况。这是自 2014 年中宣部等九部门深入开展打击新闻敲诈和假新闻专项行动以来,国家新闻出版广电总局第七次公开通报违法违规案件的查处情况(被新闻业界称作“广局七批”),共有 15 家媒体和 17 名采编人员被处罚和处理。

(一)《扬子晚报》违规案件查处情况

2014 年 12 月 19 日,某网站刊发题为《成都男 20 张火车票送女友　丈母娘一开心聘礼只要 50 万》的报道。2014 年 12 月 21 日,江苏《扬子晚报》未经核实,将上述报道改编,以《男子抢 20 张火车票送女友　岳母大悦聘礼减半》为题刊发。经查,此条消息是某抢票软件企业炮制的虚假新闻。对此,江苏省新闻出版广电局依法对《扬子晚报》作出警告、罚款 1 万元的行政处罚。

(二)《武汉晚报》等违规案件查处情况

“李玉刚在台北出家了”——这则由某微博首发的虚假消息被互联网传播后,2014 年 12 月 2 日,湖北《武汉晚报》《荆州日报》,江西《赣州晚报》,内蒙古《包头晚报》《内蒙古晨报》《北方新报》《红山晚报》未经核实予以转载。对此,新闻出版广电行政部门依法对《武汉晚报》《荆州日报》《赣州晚报》《包头晚报》《内蒙古晨报》《北方新报》《红山晚报》分别作出警告、罚款等行政处罚和处理。

(三)《南方都市报》原记者王星违规案件查处情况[①]

2014 年 12 月,王星在担任《南方都市报》记者期间,在未采访当事人家属、

---

① 总局作出处罚决定后,王星在微博发布“个人声明”回应,承认新闻存在严重问题,但对行政处罚不能认同,并指出他是主动辞职,“被报社劝退”说法不实。有媒体人总结道:“王星一来讲了报道出炉经过,承认做得不够好愿意担责,二来向当事人道歉,三来也说了离开报社的时间和原因,事实并不是编造虚假新闻和被劝退那样,泼脏水的落井下石的都省省吧,一如既往敬重@王星 WX 老师。”财新记者王和岩认为这篇声明十分真诚难得,还有不少媒体记者都对王星供职于南都时的工作态度表达了认可与钦佩,也有人对这篇报道是否应该向记者追责展开讨论,认为新闻失实不等于凭空捏造。参见刺猬公社:《听说王星想跟有关部门聊聊虚假新闻》,2015 年 9 月 29 日,https://chuansongme.com/n/1755737。

单位和医院的情况下，根据河南当地有关传闻，编写了《河南平顶山女官员3个月前自杀　官方至今未通报》一文，在微信公众号“深℃”发布。经查实，该报道关于女官员自杀内容与事实严重不符，导致虚假新闻传播，王星被报社劝退。对此，国家新闻出版广电总局依法将王星列入新闻采编不良从业行为记录，5年内禁止从事新闻采编工作。

（四）华夏网违规案件查处情况

2015年1月9日，《华夏时报》所办华夏网刊发《退休机务副总落马　南航三大重要部门全部沦陷》。经核实，该报道内容与事实严重不符，导致虚假新闻传播。对此，国家新闻出版广电总局依法给予华夏时报社警告、罚款2万的行政处罚；给予王潇雨警告、罚款2000元的行政处罚。

（五）南都网等违规案件查处情况

2015年1月13日，《南方都市报》所办南都网、新闻客户端及法人微博发布《裸女跳河，救人者遭冷遇》的新闻。2015年1月14日，海南《南国都市报》、江苏《靖江日报》、山东《生活日报》未经核实，分别转载了该新闻。经核实，这是一起将不同时间发生在两地的两起事件拼接而成的虚假新闻。对此，新闻出版广电行政部门依法分别对《南方都市报》《南国都市报》《靖江日报》《生活日报》作出警告、罚款等行政处罚，并责令南方都市报社将相关采编人员调离采编岗位。

（六）湖南广播电视台都市频道、《潇湘晨报》违规案件查处情况

2015年6月12日，湖南广播电视台都市频道《都市1时间》栏目播出题为《长沙股民170万四倍融资全仓一股　两跌停赔光跳楼》的新闻。6月13日，《潇湘晨报》未经核实，以《男子22楼坠亡平时爱炒股警方排除他杀嫌疑，知情人称其重仓一只股票亏了170万》为题进行了转载。经核，该报道既没有采访到死者家属，也没有警方的最终结论。湖南广播电视台和《潇湘晨报》在没有充分事实证据，缺乏完整证据支撑的情况下刊播，导致报道失实。对此，湖南省新闻出版广电局责令湖南广播电视台对都市频道总监、相关栏目制片人进行通报批评，对相关采编人员作出调离岗位和全台通报批评的处理；对《潇湘晨报》下达警示通知书，责令该报对相关采编人员、部门主任和值班总编进行批评并进行经济处罚。

案例总结 >> 艰难的新闻打假

虚假新闻是困扰中国新闻界的老问题。新闻出版总署制定了《关于严防虚假新闻报道的若干规定》，从新闻记者采访基本规范、新闻机构内部管理规范、虚假失实报道的防范及处理规则以及相关责任追究等方面提出明确要求。之

前，全国新闻界还部署了为期半年的“杜绝虚假报道、增强社会责任、加强新闻职业道德建设”专项教育活动，“打了一场围剿虚假新闻的全国性战役”。在行政规制和专项整治的双重“严防”下，虚假新闻并未应声绝迹，仍然不时出现，防不胜防。

新闻打假是一项艰难的事业，而虚假新闻也成了新闻传播学界关注的一个重要研究课题。2012 年，中国人民大学新闻学院陈绚教授和笔者曾联合撰文，从学者多未涉及的行政主管部门的行政管理规范和新闻职业规范的内容分析入手，关注政府行政规制和行业自律规范的合法性和有效性，探寻造成虚假新闻久治不愈的制度原因，以期找到制度化解决这一“新闻痼疾”的路径。[①]

新闻出版总署在《关于严防虚假新闻报道的若干规定》(以下简称《若干规定》)中为新闻媒体及记者设定了一系列具体行为规则，如新闻记者报道新闻事件必须坚持实地采访，采用权威渠道消息或者可证实的事实，不得依据未经核实的社会传闻等非第一手材料编发新闻；新闻记者开展批评性报道至少要有两个以上不同的新闻来源，并在认真核实后保存各方相关证据，确保新闻报道真实、客观、准确；新闻分析及评论文章要在事实准确的基础上做到公正评判、正确引导；新闻机构要严格规范新闻采编流程，建立健全稿件刊播的审核制度；新闻机构要规范使用消息来源；新闻机构要建立虚假失实报道的更正制度；新闻机构要建立健全虚假失实报道责任追究制度。如魏永征教授所言，这些规则很多是在新闻传播规律基础上概括的专业性规则，在西方国家的媒体编辑部也是常见的。[②] 但不同的是，在西方国家，这些专业规则和要求是新闻行业共同制定或者媒介机构订立，并成为每一位记者编辑认同和遵守的道德规范，而在中国却是由政府出面来规定的。前者是新闻行业自律规范，靠媒体及其从业人员自觉遵循。而在《若干规定》中，尽管内容是专业性规则，却同时规定了很多行政处罚措施，显然不属于媒体和从业人员自觉遵循的自律规范。

在《若干规定》出台前，新闻出版总署针对“虚假新闻报道”，还出台过《报刊刊载虚假、失实报道处理办法》《关于采取切实措施制止虚假报道的通知》等多项行政规范或行政命令。这些规范性文件制裁措施的强制力不仅来自规范本身的法律效力，还来自我国媒体必须遵守的“体制内”的纪律。《若干规定》中的专业性规则在西方国家体现为新闻媒体的职业道德准则、采编守则等专业规范，但后者建基于媒体的共识和认同，没有强制力，只能依靠媒体及其从业者的自觉遵守。即使违反了，顶多由新闻评议组织予以谴责。因此被称作“无牙的

---

① 参见陈绚、张文祥:《假新闻治理的路径革新》,《国际新闻界》2012 年第 12 期。

② 参见魏永征:《坚守新闻真实性的底线》,《青年记者》2013 年第 28 期。

老虎”。而《若干规定》等规范性文件,兼有专业性规范的“自觉”、政府主管部门处罚的“威慑”和体制内纪律的“管束”,是“有牙的老虎”,其对新闻采编行为的约束是强有力的,规范效果应是立竿见影的。但如前述,《若干规定》出台不久,就相继发生新的虚假新闻事件。到陈绚教授和笔者在2012年发表《假新闻治理的路径革新》一文时,针对同一对象的行政规制持续了10多年,说明依靠行政手段治理,虚假新闻并未得到有效治理,反而是“不断出现”,甚至越来越严重。

在进入向市场经济转轨的社会转型期,各种新闻职业道德问题日益突出之后,开始由中宣部、新闻出版行政主管部门、中华全国新闻工作者协会(以下简称“中国记协”)等来制定职业道德准则,以补新闻业单一行政管理的不足。最早的新闻职业准则是1981年由中宣部新闻局和中央新闻单位共同制定并颁布的《记者守则试行草案》。1987年,中国记协公布了《中国新闻工作者职业道德准则(草案)》。1991年,中国记协正式通过并公布《中国新闻工作者职业道德准则》(以下简称《职业道德准则》),之后又进行了四次修订(1994年、1997年、2009年、2019年),形成现在的文本。1997年,中国记协还发布了《建立新闻工作者接受社会监督制度》的通告,以补《职业道德准则》的不足。

2019年11月7日修订公布的《职业道德准则》在2009年版本基础上更新了“坚持新闻真实性原则”的五个方面要求:(1)通过合法途径和方式获取新闻素材,认真核实新闻信息来源,确保新闻要素及情节准确;(2)根据事实来描述事实,不夸大、不缩小、不歪曲事实,不摆布采访报道对象,禁止虚构或制造新闻,刊播新闻报道要署记者的真名;(3)摘转其他媒体的报道要把好事实关导向关,不刊播违背科学精神、伦理道德、生活常识的内容;(4)刊播了失实报道要勇于承担责任,及时更正致歉,消除不良影响;(5)坚持网上网下“一个标准、一把尺子、一条底线”,统一导向要求、管理要求。内容的改变突出了指导性、实践性、时代性三项原则,对2009年版本进行相应的调整、补充、完善,反映了修订后的《职业道德准则》对新闻专业性的认识得到提高,体现了新闻专业性的要求,但《职业道德准则》的先天不足依然存在,其对防范虚假失实新闻报道的有效性仍需认真考量。[①]

《职业道德准则》是由中国记协制定和修订的唯一一份面向全国新闻工作者的道德规范,制定和修订的过程缺乏公开性和透明度,尤其是缺乏规范所涉各方的广泛参与。和国外一样,中国新闻界和新闻管理者已普遍认识到,伦理

---

① 参见张青:《适应新形势新任务新要求　突出指导性实践性时代性》,《光明日报》2019年12月17日。

道德规范在新闻传播领域尤为重要。但是《职业道德准则》的制定方式、内容还带有较浓的行政命令色彩，使广大新闻从业者认为这是官方强加的规则，而不是大家自己的规则，没有足够的道德权威来规范新闻从业者的日常行为，是"印在纸上的伦理"，而不是"刻在心里的伦理"，《职业道德准则》的规范被虚置，实际起作用的是另一套规范，被学者称之为"潜规则"或"第二规范"。[①] 有偿新闻屡禁不止、虚假新闻久治不愈，困扰国内新闻业的诸多顽疾"病根"就在于行政规制和道德约束的双重失效。

案例分析 >> 假新闻治理的制度革新

依靠一道道行政命令和运动式的专项治理，难以"严防"虚假新闻。非内生的道德规范，也不能遏制新闻造假和新闻失实的主客观因素。要治理虚假新闻，必须在行政法治原则下，对新闻行政管理制度和新闻道德规范进行革新。

（一）政府主管部门要有所管有所不管，从新闻伦理道德发挥作用的领域退出来

全权负责的"全能政府"思维和做法不仅难以治理虚假新闻，还会造成对媒体行为和内容的过度干预，已不适应行政法治、权利保障和传媒发展的要求。即使政府的规定是世界通行的新闻伦理的内容，也不能内化为媒体的职业准则，生成为有效的媒体自律。相反，政府干预与规制还阻碍媒体自律的发育和功能发挥。政府不是全能的主宰者，而是"剩余责任的承受者"。也就是说媒体问题应先由媒体自行处理，再由大众社会性的媒体监督机制督责，而后为政府介入。政府作为传播行业的规则制定者、争议仲裁者和公共服务的提供者，有其特定的职责，即在民间的媒体监督力量薄弱时有义务予以必要的协助。针对媒体违背专业伦理所产生的弊端，政府也应有行政上的防微杜渐机制，通过现有的行政管理手段约束媒体，促使媒体健康发展。此外，亦可由政府出面，促成媒体从业人员完善伦理守则及行为规范，推动媒体自律机制更充分发挥作用。政府还应强化新闻行业协会及相关研究机构的功能，并由政府提供资源，强化对公民的媒介素养教育。[②]

虚假新闻治理的经验教训表明，要承认政府硬规则约束的局限性，降低政府干预的程度，明确政府规制和管理行为的边界，逐渐实现政府管理从权威管理走向共同治理。现有政府管理规范要在行政法治原则下进行清理，实现管理

① 参见周俊：《试析我国现行新闻职业规范》，《国际新闻界》2008年第8期。

② 参见雷跃捷、刘学义：《虚假新闻的治理对策》，《中国广播》2011年第4期。

行为的公平、公正和被管理者权利的司法救济。政府要主动从法律法规等“硬规则”管不了、管不住、管了容易出错、管了得不偿失的领域退出来，交给社会和行业由伦理道德等“软规则”来管。

（二）发挥媒体和行业组织自主性，培育真正有效的新闻伦理规范

政府退出由媒体自律的领域后，不能由“潜规则”来主导媒体行为，而是要在肯定新闻媒体及其从业人员主体性、发挥新闻行业组织自主性的基础上，培育真正有效的新闻伦理规范。事实上，我国已有部分新闻媒体制定了采编行为准则等内部伦理规范，以规范记者编辑职业行为。如广州日报社对外公开《采编行为准则》，成立采编行为准则监察委员会，专门负责受理公众举报、核查和处理工作；南方日报报业传媒集团制定了《采编人员准则》《消息来源使用管理办法》等；长江日报社制定的《采编行为准则》包括保障报道真实与准确、维护报道的公平性、严禁有偿新闻等内容；江西晨报社、重庆晨报社的行为准则还全文见报，以便接受社会监督。尽管这些规范有的是适应政府要求而制定的，但主要还是新闻媒体根据记者编辑的新闻实践，在大家讨论和协商的基础上形成的，这种规则是内生的，不是外压的，因而认同度较高。如前所述，只有新闻从业人员真正自由讨论产生的规范，其才可能被这些人中的绝大多数心服口服地接受，才可能真正作为道德伦理而引导这些人的日常行为。因此，应鼓励我国各类新闻媒体在组织全体记者编辑广泛讨论基础上制定内部行为准则，并推动这些准则切实运行起来，有效指导新闻从业者的行为，并在实践中不断完善。但媒体内部的行为准则带有一些局限性，存在认识差异和水平的高低。如果面对利益与角色冲突，这些伦理规范就会失效。有学者在分析假新闻猖獗的原因时指出，利益追求往往是虚假新闻滋生的实质根源，也可以说是虚假新闻现象背后最重要的主体根源。① 面对利益，不少职业新闻人把自己混同于普通的传播者，对新闻失去了专业热情，没有了专业眼光，淡化了专业分析，减弱了专业把关，甚至让“轰动效应”弄“瞎”了眼睛，麻木了手脚。② 仅仅依靠内部新闻准则来自省、自查、自纠是不够的，要想有效制止违反职业道德甚至侵权的行为，必须发挥社会和行业的作用。除了记者编辑人协会、专业协会，新闻评议会是国际通行的新闻界行业自律的一种机制。组建新闻评议会，通过新闻评议会的运行，不仅能推动新闻伦理规范共识的生成、发展和完善，而且在接受公众投诉、调查媒体新闻道德和责任问题、对媒体行为进行评议中，能使新闻伦理道德动起来、活起来，激励媒体及从业人员讲良心、爱名誉，不需要政府三令五申，不需

① 参见周俊：《试析我国现行新闻职业规范》，《国际新闻界》2008 年第 8 期。

② 参见杨保军：《认清假新闻的真面目》，《新闻记者》2011 年第 2 期。

要记协苦口婆心，甚至不需要法庭判决，虚假新闻等乱象会得到最大程度的治理。

制度重要，制度的运行更重要。作为新闻行业的自律与仲裁机构，新闻评议会是一项行之有效的制度，也是正义实现的有效机制，可补政府部门和行业协会之不足，并与之形成共治(co-regulation)格局，充分调动新闻从业者伦理自主性和内心信念，有效规范媒体及其从业人员的行为。[①]

① 参见张文祥：《政府对广电媒体内容规制的边界》，《青年记者》2012 年第 9 期。

案例 22

名人广告代言的责任与规制

案例介绍 >> 鸿茅药酒广告的名人代言

2018 年初，广东医生谭秦东因一篇质疑鸿茅药酒疗效的网文被内蒙古凉城警方拘捕，继而使“鸿茅药酒事件”成为舆论焦点，鸿茅药酒广告违法问题也被媒体和公众所关注。

据媒体报道，鸿茅药酒广告曾被 25 个省市级食药监部门通报违法，累计违法次数达 2630 次，违法记录延续近 10 年，被暂停销售数十次。据国家市场监督管理总局新闻发言人介绍，鸿茅药酒既不是酒，也不是保健食品，而是拥有“国药准字”批准文号的药品。正是因为这一点，此前有关部门的处罚公告曾表示，鸿茅药酒的宣传广告利用专家、患者为产品疗效作证明，擅自扩大药品功能主治和适应证范围，并含有不科学的药品功效表述、断言和保证行为，不断弱化药品属性、强化保健功能，一定程度上模糊了药品与保健食品的边界，严重欺骗或误导消费者。①

10 年间被通报违法 2630 次的这款“神酒”却神通广大，屡屡在热播影视剧中露脸，被不少老年人奉为“治病强身”的保健神药。一个很重要的原因就是这些年有众多明星为鸿茅药酒广告代言，为其神效背书打包票。这些明星包括陈宝国、张铁林、雷恪生、德德玛、谢芳、黄健翔等。其中影视明星陈宝国为其代言的广告最为观众所熟悉。

明星代言鸿茅药酒的广告语有：“每天两口，把病喝走。”“肾虚腰酸鸿茅酒，每天两口病喝走。”“风湿骨病怎么办，每天早晚喝鸿茅；肾虚尿频怎么办，补肾强身喝鸿茅；脾胃虚寒怎么办，健脾养胃喝鸿茅；气虚血亏怎么办，补气补血喝鸿茅。六十七味药材好，呵护爸妈更周到！一瓶鸿茅酒，天下儿女情。”

自新《广告法》实施后，鸿茅药酒广告取消了明星代言，并推出了新的“把病

① 参见袁勇：《近 10 年违法 2630 次　鸿茅药酒何以如此“执着”》，2018 年 4 月 18 日，www.ce.cn/xwzx/gnsz/gdxw/201804/18/t20180418_28858129.shtml。

喝走”的广告。之后，鸿茅药酒开始改头换面，向热播影视剧低调植入。《北上广依然相信爱情》《中国式关系》《老爸当家》《我的岳父会武术》《我的！体育老师》《老农民》等都市类热播电视剧，都有鸿茅药酒的身影，或接入台词，或道具展现。特别是在电视剧《美好生活》中，鸿茅药酒的植入广告无处不在，绑定主要角色，房间处处有鸿茅。[①]

名人代言的产品广告存在过分夸大、与事实不符等情况早已屡见不鲜。2008年三鹿奶粉曝出三聚氰胺问题后，为三鹿奶粉代言过的倪萍、邓婕等明星受到舆论抨击。2009年曝出消息：侯耀华代言的10个商品广告均违法。中国广告协会公开表示，侯耀华代言的“澳鲨宝”产品在广告中谎称“能根本解决性功能障碍”，涉嫌违法。侯耀华代言的10个广告，分别是天元牌亚克口服液、澳鲨宝胶囊、渭肠益生元、加拿大V6胶囊、角燕G蛋白胶囊、黄金九号、伯爵胶囊、康大夫茶愈胶囊、方舟凯达降压仪、杜仲降压片（贵阳德昌祥药业有限公司）等。中广协法律服务中心主任李方午表示，“广告代言不是演戏”，广告与影视作品有本质的不同，但明星代言已从本职工作转变成了“推销员”身份，应当对自己的言行举止负责。[②] 侯耀华因广告代言与公众的口水仗，将明星代言的关注度推上了顶峰。事件被通报后，侯耀华表示要维权，推卸责任的言论激怒了公众，侯耀华不得不发布公开道歉信，但之后侯耀华依然被职业打假人起诉。[③]

案例总结》 企业为何不惜重金请名人代言

名人广告（Celebrity Advertising）是以影视明星、歌星、体坛名将、社会名人等作为品牌代言人的一种广告表现形式，是一种借势营销策略，即利用名人所具有的优势来推介产品，快速提升产品的知名度，促进产品的销售，实现快速营销的目的。

“没有这些明星，就没有鸿茅药酒。”很多品牌做广告都会选择明星代言，品牌观察研究院副院长郑学勤对中新经纬记者表示，明星代言的作用显而易见，粉丝与偶像的情感交流充分，形成高度的信任关系，能够促成产品的销售。为了以广告拉动销量，鸿茅药酒不惜重金投入。数据显示，2017年鸿茅药酒替代

---

① 参见贺陈慧：《没有这些明星，就没有鸿茅药酒》，2018年4月18日，https://mp.weixin.qq.com/s/p4dx2C7NjxH－pmzKWh_xUg。

② 参见《侯耀华代言10个虚假产品广告》，《三秦都市报》2009年11月2日。

③ 参见贺陈慧：《没有这些明星，就没有鸿茅药酒》，2018年4月18日，https://mp.weixin.qq.com/s/p4dx2C7NjxH－pmzKWh_xUg。

宝洁成为广告额投放最高的企业,同比 2016 年增长 55.9%。2016 年,鸿茅药酒电视广告的投放额是 150 亿元。[①]

"2007 年'中国电视剧之父'陈宝国签约鸿茅,担任鸿茅形象大使至今已有 8 年之久,陈宝国的加盟,使百年鸿茅的品牌形象更加深入人心,为民所爱。随后,民族夜莺德德玛,表演大师雷恪生、谢芳,奥运冠军冼东妹,陕西独角戏鼻祖石国庆纷纷牵手鸿茅,为鸿茅品牌形象宣传造势。"[②]

名人代言广告收钱,企业收获名人效应,但名人代言的广告有假则会误导公众,损害公共利益。每年评选的违法广告,有相当比例是名人代言的。如国家工商总局公布的 2015 年涉嫌违反《广告法》的十大典型案例,就有三条名人代言广告上榜,分别为侯耀华代言的"十大传世名画"广告、李金斗推荐的某"最好的""最贵的""顶级手串"和郑多燕代言的"郑多燕减肥晚餐"。卷入风波的案例还有徐静蕾代言的"江中"猴姑饼干、张国立代言的"初元"营养液、李敏镐代言的"爱尚土豆"、郭德纲代言的"藏秘"排油茶、姚明代言的"汤臣倍健"胶囊、林志颖代言的"爱碧丽"胶原蛋白等。

案例分析 >> 广告代言人的责任及其追究

名人代言广告,除了收钱和为所代言商品或服务作出各种肯定性评价,要不要为所代言的产品或服务质量负责?如果所代言的商品或服务违法或有质量问题,代言人要不要承担责任?

1994 年 10 月 27 日通过的《广告法》是我国广告法领域中的基本法律。由于制定较早,当时名人代言广告现象较少,因此缺乏相关规范。随着市场经济发展,名人代言备受争议,但因该法没有明确规定代言者要对产品负责,即便是名人代言了虚假产品通常也不会承担责任。

2015 年 9 月 1 日起施行的新《广告法》第 2 条第 5 款首先对"广告代言人"进行了界定:"本法所称广告代言人,是指广告主以外的,在广告中以自己的名义或者形象对商品、服务作推荐、证明的自然人、法人或者其他组织。"第 16 条和 18 条分别规定:医疗、药品、医疗器械、保健食品不得利用广告代言人作推荐、证明。新《广告法》实施第一天,上海市工商部门正是依据这一规定,立案查

① 参见贺陈慧:《没有这些明星,就没有鸿茅药酒》,2018 年 4 月 18 日,https://mp.weixin.qq.com/s/p4dx2C7NjxH－pmzKWh_xUg。

② 每日甘肃网:《民族品牌的成功之路——浅析鸿茅药酒的成功运作》,2015 年 1 月 22 日,https://3g.163.com/news/article/AGJDB9KA00014Q4P.html。

处了上海太安堂大药房衡山路店，因该药房内有陈宝国代言的鸿茅药酒广告，以及多款由姚明、唐国强等明星代言的保健品。该案成为新《广告法》实施第一案。

依据新《广告法》，广告代言人在广告中对商品、服务作推荐、证明，应当依据事实，不得为其未使用过的商品或者未接受过的服务作推荐、证明。不得利用不满十周岁的未成年人作为广告代言人。虚假广告造成消费者损害的，广告经营者、广告发布者、广告代言人应当与广告主承担连带责任。对涉及消费者生命健康的商品或服务的虚假广告，广告代言人无条件承担连带赔偿责任。对不涉及消费者生命健康的商品或服务的虚假广告，广告代言人有条件承担连带责任，即在"明知或者应知广告虚假"的情况下承担连带责任。该规定意味着，如果明星代言虚假产品，在代言合同期间，可以被当作连带责任人被起诉；对作虚假广告受到处罚的明星代言人，将被禁止广告代言三年。广告代言人在医疗、药品、医疗器械广告中作推荐、证明，或者在保健食品广告中作推荐、证明，由工商行政部门没收违法所得，并处违法所得一倍以上二倍以下的罚款。

新《广告法》对代言人责任作了详细的规定，这种立法改进应当是借鉴了国外的成熟经验。在美国，名人广告就是"证言广告"和"明示担保"。广告代言人既是商品推荐者也是商品证明人，是产品一定时间内的实际用户或直接受益者，证词要真实无误，否则就予以重罚。在法国，做虚假代言，夸大产品的功效可能会面临牢狱之灾。在日本，代言的产品出问题，明星会声名狼藉，要向社会公开道歉。在韩国，政府通过实施广告预审制来规范电视广告内容的真实性和客观性，基本杜绝了虚假广告与观众见面的机会，也为广告代言人卸掉了沉重的社会责任和法律责任。广告代言人的自律也是保证他们不涉足虚假广告的另一个重要原因。①

2018 年 12 月 7 日，国家市场监管总局发出通知，要求各地从严审查包括药品、医疗器械、保健食品和特殊医学用途配方食品的广告，明确"三品一械"广告不得使用代言人作推荐和证明。该通知针对多年以来，明星为赚取高额代言费，利用公众影响力对于各种产品进行虚假宣传的现状，在"三品一械"领域下达了"禁言令"。该通知是对新《广告法》规定的再次强调。

当然，新《广告法》也暴露了一个新问题：对植入广告缺乏有效监管。如前所述，从 2016 年开始，鸿茅药酒开始了新的广告策略，其通过植入广告频频出现在热播影视剧中，而植入广告目前还处于法律监管的灰色地带。在电视剧画

① 参见《法工委：明星代言虚假食品广告必须负连带责任》，《北京青年报》2009 年 3 月 16 日。

面中，鸿茅药酒常常和食物一起摆在餐桌上。剧中人物不论男女老少经常端起一杯鸿茅药酒一饮而尽。这样的植入广告，既没有药品基本信息，也缺乏忠告语。[①] 如何防止这类广告虚假宣传和误导公众，成了新的广告法和广告伦理问题。

① 参见《别把药当酒喝！鸿茅药酒广告违法 2630 次，谁是它的护身符》，2018 年 4 月 16 日，https://baijiahao.baidu.com/s?id=1597854461692559796&wfr=spider&for=pc。

第六章 传播与人格权

新闻传播活动必须尊重他人的各项人格权。以《民法典》独立成编的“人格权编”和“侵权责任编”为遵循，本章选取的典型案例分别对习惯所称的“新闻侵权”（媒介侵权）中的名誉权、隐私权、肖像权、个人信息保护与“新闻报道、舆论监督”关系作最新剖解。

案例 23

范志毅“赌球”报道引出名誉侵权纠纷

案例介绍 >> 范志毅诉《东方体育日报》侵害名誉权案

2002 年 6 月 16 日，上海的《东方体育日报》刊出题为《中哥战传闻范志毅涉嫌赌球》的报道，该文开篇转载了《体坛周报》的文章，接着对文章中涉及的国脚进行排除式分析后，指明涉嫌球员为范志毅，同时又报道了范志毅本人的否定意见及足协和国家队其他球员的反应，并引用了网友的文章，最后注明将进一步关注这一事件。

该文刊登后，《东方体育日报》于 2002 年 6 月 17 日、6 月 19 日又对该事件进行了连续报道，刊登了对范志毅父亲的采访及范志毅没有赌球的声明。6 月 21 日，《东方体育日报》以《真相大白：范志毅没有涉嫌赌球》为题，为整个事件撰写了编后文章，指出“在社会上包括网络中所流传的所谓范志毅赌球的谎言已不攻自破。本报通过连续报道为范志毅澄清事实真相，洗刷无端罪名的目的已达到”。

2002 年 7 月 4 日，范志毅以《东方体育日报》刊登的《中哥战传闻范志毅涉嫌赌球》一文侵害其名誉权为由，向上海市静安区人民法院提起诉讼，要求《东方体育日报》赔礼道歉并赔偿精神损失费 5 万元。

9 月 18 日上午，上海市静安区人民法院组成的合议庭开庭审理了此案。原被告双方对本案的焦点——《东方体育日报》的报道是否对范志毅构成名誉侵权各执一词。

原告认为，被告以假借“未经核实的消息”为新闻来源，在毫无依据的情况下，公开指明原告系因赌球而消极比赛的球员，其行为完全是不惜牺牲他人的名誉，而公开进行新闻炒作，违背了我国新闻报道三原则“真实、准确、公正”的最基本要求，报道具有违法性，主观上是故意炒作，毫无起码的新闻道德可言，造成对原告名誉的损害。

被告代理律师富敏荣在庭上直呼“好心没好报”，《东方体育日报》从创刊伊始到世界杯结束，再到被原告告上法庭，始终是关心和关注上海出身的球星范志毅的，为其作了大量的正面报道。在“赌球”传闻沸沸扬扬、广大球迷茫然无措的时候，用自己客观、详尽、真实的连续报道，涤荡了视听，澄清了事实，恰恰是为范志毅正了名，提升了其社会形象。故既不存在侵权主观过错，也不存在侵权结果事实。

围绕焦点，原被告双方就新闻规律、新闻的真实性以及名誉损失的评判标准三方面进行了辩论。被告认为，本案涉及的报道应该是一组报道而非一篇报道，在这组报道中，被告运用求证式的报道形式，将“赌球”事件真相澄清，其“出现传闻—调查传闻—澄清传闻”基调十分清楚。如果分裂地看，将会断章取义，违背新闻规律。关于新闻的真实性，被告提出了“客观事实、法律事实、新闻事实”这三个概念，呼吁要尊重新闻规律，新闻事实有别于客观事实和法律事实，被告的报道皆有出处，没有杜撰、造假，而是公正地将双方的观点亮了出来，遵守了新闻真实性的原则。关于名誉损失的评判标准，被告强调，名誉损失应是指社会公众对特定对象评价的降低，而上海市卢湾区公证处的调查公证表明，《东方体育日报》的系列报道并没有让球迷对范志毅产生误解，范志毅的社会评价并没有任何降低，反而形象更佳。

此案历经 5 个月的审理后，上海市静安区人民法院于 2002 年 12 月 18 日作出“不予支持”原告范志毅的诉讼请求的一审判决。法院认为，传媒必须遵守新闻出版法规，刊载新闻报道必须真实、准确、公正，不得刊载虚假、失实报道，更不能侵害他人名誉权。同时，传媒有行使新闻报道自由的舆论监督权。法律既要保护公民的名誉权，又要依法支持新闻单位行使舆论监督权。判断一则新闻报道是否构成名誉侵权，应当综合案件具体情况，按照民事侵权责任构成要件去衡量。

首先，被告主观上不存在过错，行为也不违法。本案原告系中国著名球星，自然是社会公众人物，在此期间关于中国国家队和原告的任何消息，都将引起社会公众和传媒的广泛兴趣和普遍关注。新闻报道由于其时效性的特点，不能苛求其内容完全反映客观事实，原告涉嫌赌球的传闻在被告未作报道前，已在社会中流传，被告正是为了求证这一新闻事实的真实性和客观性，才作出了包括争议报道在内的一系列调查式报道，争议报道中没有对原告进行批评、诽谤，不存在恶意，故其行为也无违法性。

其次，被告的报道并未对原告名誉造成损害后果。细读争议报道，可以看出其内容不是一种肯定的主观判断，是根据新闻传闻做的求证式的报道，且被告经过一系列的报道后，最终又及时地以《真相大白：范志毅没有涉嫌赌球》为题为原告澄清了传闻，给社会公众以真相，端正了视听。被告的系列报道是有机的、连续的，它客观地反映了事件的全部情况，是一组完整的连续报道，就本案的情况而言，不应当将该组报道割裂开来审读。被告的报道并未造成原告社会评价降低的后果，上海市卢湾区公证处的公证书也证明了这一点。[①]

最后，被告的新闻报道是以为社会公众利益进行新闻宣传和舆论监督为目的，应当受到法律保护。关于原告赌球的传言，从表面上看，是涉及原告个人私事或名誉，但原告这一私事或名誉与社会公众关注“世界杯”、关心中国足球相联系时，原告的私事或名誉就不是一般意义的个人之事，而属于社会公共利益的一部分，当然可以成为新闻报道的内容。被告作为新闻媒体，对社会关注的焦点进行调查，行使其报道与舆论监督的权利，以期给社会公众一个明确的说法，并无不当。即使原告认为争议报道点名道姓称其涉嫌赌球有损其名誉，但作为公众人物的原告，对媒体在行使正当舆论监督的过程中可能造成的轻微损害应当予以容忍与理解。[②]

案例总结 >> 体育新闻官司媒体胜诉第一案

该案被称作“体育新闻官司媒体胜诉第一案”，也被认为是我国司法机关首次把“公众人物”的容忍义务写入裁判文书的案件。[③]

《东方体育日报》代理律师富敏荣把本案的法律争议概括为5点。(1)报道：是看一篇报道还是一组报道？(2)赌球：法律真实还是新闻真实？(3)评价：

---

① 参见周必勇编著：《新闻理论案例解析》，南京师范大学出版社2011年版，第62～64页。

② 以上内容综合自上海市静安区人民法院民事判决书(2002)静民一(民)初字第1776号，及相关媒体报道。

③ 参见王进：《体育新闻官司媒体首度胜出　范志毅败诉过程揭秘》，《北京青年报》2002年12月23日。

个人主观感受还是公众评价?(4)证据:抽样调查公证书能否采信?(5)公众人物:人人平等还是容忍义务?

魏永征教授就媒体对该案的报道、讨论进行梳理分析,概括该案的亮点体现在:公民的知情权和媒体开展舆论监督应该受到保护;通过连续报道揭示真相的新闻规律应该得到尊重;公众人物应该正确对待舆论监督。[①]

魏永征教授认为,报道真实新闻是新闻媒介的职责。言辞真实是侵害名誉权抗辩的正当理由。所谓真实,就是新闻或其他传播内容同实际情况相符合。客观事实是不断发展变化的,新闻作为新近发生的事实的报道,也具有即时性和可变性。许多新闻事件的报道不可能是一次完成的。连续报道,体现新闻从整体上追求真实。如果新闻最初报道的事实不够准确,但是连续报道了事件的全过程,那么全部报道便足以涵盖先前的不确报道。所以可以将连续报道作为一个整体作真实抗辩。

针对本案判决书结尾提到的"公众人物",魏永征教授认为,本案被告的四次报道是完整的整体,"公众人物"是附带的,如果不提"公众人物",照样可以下判。如果只有原告是"公众人物"这个条件,被告报纸不是通过连续报道揭示了真相,就未必可以这样判。[②] 因此,范志毅案,并不应该看作通过限制公众人物名誉权而支持新闻舆论监督的典型案例。

民法学者杨立新教授在接受央视《今日说法》采访时说,判断一个行为是不是侵害名誉权应该客观、全面地来看,而不是拿出其中的某一部分看是不是构成侵权,第一篇报道提出个问题,后边进一步地澄清,那么这个报道不应该认为是侵害名誉权的。第一篇报道有点问题,后边都澄清了,这没有诽谤性。这一个报道是连续报道,我们可以把这种报道手法看作一种报道技巧。[③]

案例分析>> 公众人物的名誉权保护与"克减论"

本案判决理由中写上"公众人物对舆论监督可能的损害应予容忍",引起了学界和业界广泛关注。不少学者认为,本案的意义在于:公民的知情权和媒体开展舆论监督应该受到保护;公众人物应该正确对待舆论监督,面对媒体的揭露和监督,其名誉权应当克减。

---

① 参见魏永征:《范志毅名誉权案与"公众人物"》,《青年记者》2014年第28期。

② 参见魏永征、周丽娜:《新闻传播法教程》(第6版),中国人民大学出版社2019年版,第147~148页。

③ 参见《范志毅"赌球"报道引出名誉侵权案》,2003年5月15日,http://news.sina.com.cn/w/2003-05-15/2336127407s.shtml。

杨立新教授在接受央视《今日说法》采访时提出，媒体为满足公众知情权而进行的报道，有的时候可能会给一些公众人物的生活带来影响，那么公众人物在某些方面要容忍。比方说舆论监督中对公众人物的隐私权、肖像权“适当地造成损害”，是法律准许的。就因为有公共利益、公众知情权和公众人物的人格权对抗，为了满足公共利益的需要，为了满足公众知情权的需要，公众人物的权利就作出点牺牲。[①]

魏永征教授对公众人物人格权保护与限制进行深入研究后提出一系列观点。首先，他认为“公众人物”的隐私和名誉不是一码事。我们可以说，公众人物的隐私范围比普通人小；我们可不能说，公众人物的名誉水准比普通人低。现在我们学者很少指出名誉权和隐私权中公众人物概念的不同，有的就笼统谈公众人物人格权保护的限制。在司法实践中，也发生一些混淆现象。这是需要注意的。他注意到，杨立新教授曾明确写道：“涉及公众人物的权利限制的，其实就是隐私权和肖像权，并不包括其他权利，例如名誉权、姓名权、人身自由权、生命权、健康权、身体权等等人格权，都没有限制一说。”魏永征教授认为这是很有见地的。[②]

据魏永征教授考证，我国学术界在20世纪90年代初就介绍了美国诽谤法发展中萨利文案体现的公众人物概念和实际恶意原则。范志毅案由于其本身的影响，以及在判决理由中写上公众人物对舆论监督可能的损害应予容忍，很自然引起了学界的注意。他认为，“公众人物”并非范志毅案判决的核心依据。该概念及相关规则在我国被简化成公众人物人格权“弱化”“限制”，缺乏学理依据，还会造成公民在法律面前的不平等，名誉权被“弱化”保护、接受更多的公众批评的“公众人物”不会是公共官员，而是势必集中在演艺体育学术界的普通“名人”身上，这在名誉保护方面将会产生极大的不公平。[③] 因此，媒体和公众盼望的这个美国法规则引进中国会水土不服，公众人物权益“克减”论可以休矣。[④]

---

① 参见《范志毅“赌球”报道引出名誉侵权案》，2003年5月15日，http://news.sina.com.cn/w/2003-05-15/2336127407s.shtml。

② 参见魏永征：《“公众人物”的隐私和名誉不是一码事》，2007年9月1日，http://yongzhengwei.com/archives/30015。

③ 参见魏永征：《范志毅名誉权案与“公众人物”》，《青年记者》2014年第28期。

④ 参见魏永征、张鸿霞：《考察“公众人物”概念在中国大众媒介诽谤案件中的应用》，原刊《中国传媒报告》2007年第1期，收入魏永征：《法律素养：记者的必修课》，复旦大学出版社2017年版，第39～66页。

案例 24

金山公司诉周鸿祎名誉侵权案

案例介绍 >> 国内“微博侵权第一案”

金山之所以哭着喊着要“兼容”，无非就是想先同居，进来以后就有机会搞小动作了，慢慢地一点一点搞破坏，占 360 的便宜，让用户觉得 360 不稳定、不管用。反正黑灯瞎火地大家也看不明白，谁也不知道到底发生了什么，是非说不清。真要打起来了，先扯着嗓子喊“非礼啦!”，这次果不其然。

我们这次吃亏就吃亏在没先喊，另外 360 多年来一直被做木马的、做流氓软件的、做收费杀毒的围攻，天天被泼粪，而金山一直扛着民族软件的大旗，俨然一副正人君子的模样，所以一打起来，先得了不少同情分。事实上，金山真是道德君子吗?

以上这两段话，是 2010 年 5 月 25 日北京奇虎 360 科技有限公司董事长周鸿祎在其新浪微博上发布的部分内容。该内容发布后，北京金山安全软件有限公司一纸诉状把周鸿祎告到了法院，该案被称为“微博侵权第一案”。

据统计，周鸿祎在 4 个小时内针对金山公司发布了 42 条微博，内容包括金山公司的安全软件金山网盾存在安全漏洞、360 安全卫士与金山网盾的兼容问题等，引发行业的热烈讨论。

5 月 31 日，金山公司以侵犯名誉权为由将周鸿祎诉至北京市海淀区法院，要求周鸿祎撤回相关微博文章，并在其新浪、搜狐、网易、腾讯微博首页发表一份致歉声明，时间为连续 7 天，同时在《证券日报》《法制日报》发表该致歉声明。对于经济损失，金山公司主张周鸿祎要承担股价损失 6 亿元中 2%的赔偿责任，合计 1200 万元。

同日，周鸿祎也宣布:“鉴于金山故意破坏 360 安全卫士，危害数百万用户的电脑完全，我们决定正式起诉金山。”

造成这起微博“口水大战”并引发名誉权诉讼的起因是这两家杀毒软件公司由客户端的不兼容引起的纷争:5 月 21 日，金山公司称当天有大量用户控诉 360 安全卫士恶意卸载金山网盾。360 则解释此举是应对金山公司破坏 360 安全卫士运行、造成360安全卫士拦截木马率急剧下降的行为。

据《IT时代周刊》报道，奇虎360推出360安全卫士后，一直打着免费杀毒的大旗，致使用户基数在短期内迅速增长。奇虎360打破了长期以来国内杀毒市场形成的金山、江民与瑞星三足鼎立之势，攫取了原本收费的杀毒市场利益，当然令既得利益者不满。①

一审法院北京市海淀区法院经审理查明：周鸿祎于2010年5月25日下午3点左右开始，相继在其新浪、搜狐、网易微博发表“揭开金山公司面皮”等数十篇微博，称金山公司曾在微点造毒传毒案件中故意陷害微点恶意作伪证，借机要“岳不群一统江湖”，并使用了“偷鸡摸狗”“搞阴谋”“作伪证”“借刀杀人”“暗地里搞动作”“搞小动作”“黑山”“难道金山非要把自己用户的电脑全都变成肉鸡吗”“至少不会既要当啥子，又要立牌坊”等言辞，还指称金山公司员工道德标准下降极快、排挤老员工葛柯、故意偷袭破坏360软件运行等。

一审法院于2011年3月18日作出判决，认定周鸿祎所发布微博在内容上主观臆断，有失合理公正，导致公众对金山公司社会评价降低，因此认定其所发布的20余篇微博侵犯了金山安全软件有限公司的名誉权。责令周鸿祎停止侵权，并删除相关微博文章；在其新浪微博首页、搜狐微博首页、网易微博首页发表致歉声明，向北京金山安全软件有限公司公开赔礼道歉、消除影响，持续时间为连续7天；赔偿北京金山安全软件有限公司经济损失包括公证费等合理费用共计8万元。② 金山公司、周鸿祎均不服一审判决，提起上诉。

二审法院认为周鸿祎虽然没有做到谨言慎行，但除其第七、八条微博以外，其余微博并不构成对金山公司名誉权的侵犯。

两审法院作出了差别十分巨大的判决：需要删除的微博从20余篇减少到2篇，赔偿额度也由一审判决的8万元减少为5万元。

案例总结 >> 对微博的判断：言论自由平台、舆论监督作用

两审判决何以差异如此巨大？据《中国案例法评论》分析，本案作为“微博侵权”第一案，意义重大，备受关注。案情虽然并不复杂，但要在本案中实现“政治效果、社会效果、法律效果”三个统一却是十分困难的。因为言论自由与名誉权同为我国宪法、法律赋予公民、法人的权利，二者并不存在谁先谁后的问题，

---

① 参见李萧然、王永彬：《周鸿祎微博“调戏”金山　门户网站成意外赢家》，《IT时代周刊》2010年第12期。

② 参见北京市海淀区人民法院(2010)海民初字第19075号民事判决。

在个案衡平的时候也缺乏切实可行、统一量化的标准。此外，名誉权所涉及的是社会评价问题，这本来就是难以认定的主观感受。加之言论自由往往又与公民行使正当的监督权相交叉，因此对于名誉权侵权问题在各国都是比较头疼的问题。具体到本案中，一方面，被告作为一个公众人物、“网络老兵”、微博“大V”，使得其注意义务显然高于普通公民，在发表言论的时候需要“谨言慎行”；但另一方面，原告作为一个法人，其又负担着较多的容忍义务。原告的特殊身份有利于被告，而被告的特殊身份有利于原告，这就使得法院在判定是否存在侵权行为时更加困难。

在本案中，周鸿祎所发布的微博数量众多，内容庞杂而且涉及一些专业术语，但仔细梳理还是可以大致将其微博内容分成两部分：一部分是文字“视觉”冲击力较大的部分，另一部分是周鸿祎“爆料”的内容。第一部分例如“岳不群统一江湖”“偷鸡摸狗”“搞阴谋”“作伪证”“借刀杀人”“既要当那啥，又要立牌坊”等词句。由于名誉权侵权认定的核心要件在于“社会评价”的降低，而在判断是否造成“社会评价”降低的时候我们往往需要站在一个普通人的视角，一个“路人甲”的视角来进行审视。在这样的视角下审视周鸿祎上述微博，会发现其微博内容显而易见的是不恰当的，是有可能构成侵权的。因为作为一般公众，所信奉的逻辑就是“无风不起浪”和“可怜之人必有可恨之处”。这就好比我们在公众场合看到 A 大骂 B，我们并不会真正追根究底地去问到底发生了什么，而是会下意识地同时对 A 和 B 产生负面的社会评价。因此一审法院认为周鸿祎利用微博作为“营销”平台，密集发表针对金山软件不正当、不合理的评价造成了公众对金山公司社会评价降低，所以责令周鸿祎删除所有微博。案件上诉之后，二审法院在判决书中写道：“微博为实现我国宪法所保障的言论自由提供了一个平台。同时微博内容具有随意性，主观色彩浓厚，甚至一些语惊四座的表达方式，都会成为吸引粉丝关注的要素，特别是涉及批评的内容，还往往起到舆论监督的作用。”我们可以看出二审法院是从宪法所保障言论自由的视角而作出的判决，也正是因为如此，一审、二审判决差别如此之大。①

一审判决书在认定周鸿祎的微博言论是否侵权前，对微博的特点首次进行了司法意义上的定性：个人微博的特点是分享自我的感性平台而非追求理性公正的官方媒体，因此相比正式场合的言论，微博上的言论随意性更强，主观色彩更加浓厚，相应对其言论自由的把握尺度也更宽。但一审并未基于言论自由和舆论监督保障而作出判决。

① 参见《北京金山安全软件有限公司与周鸿祎侵犯名誉权纠纷案评析》，《中国案例法评论》2015 年第 2 期。

案例分析 >> "公众人物"注意义务的因人而异与权利"克减"

本案二审判决书说：

> 周鸿祎作为一个"网络老兵"、公众人物，深悉网络传播之快之广，更应谨慎自己的言行。
>
> 周鸿祎是一位公民，但并非普通公民。他在现实社会中是一位重要人物，投射在微博领域也是重要层级，拥有众多的关注者，亦即享有更多话语权，理应承担更多的责任。

如魏永征教授分析，本案体现了审判实践中注意到不同行为人在网络言论注意义务方面的差别，作为"公众人物""重要人物"的周鸿祎本应谨言慎行，为自己言论承担更多责任。如同作为"资深传媒人士"和"大号博主"的黄健翔一样，都"应当特别注意自己的言论"，不损害他人合法权益。[①]

2002年范志毅诉文汇新民联合报业集团(《东方体育日报》)侵害名誉权案中，法官已明确把"公众人物"写入了判决书：

> 即使原告认为争议的报道点名道姓称其涉嫌赌球有损其名誉，但作为公众人物的原告，对媒体在行使正当舆论监督的过程中，可能造成的轻微损害应当予以容忍与理解。

据魏永征教授研究，范志毅案之前，在世纪之交的一些法律文书包括答辩状、判决书中，已出现过"公众人物"的概念。例如，在1999年上海前国企负责人杜春芳名誉权案中，被告《现代家庭》就曾以原告属于"公众人物"作为抗辩理由，未被法庭采纳。2001年北京先后有两起肖像权案件，法院以原告不是公众人物为由判决侵权成立。范志毅案由于其本身的影响，以及在判决理由中写上"公众人物对舆论监督可能的损害应予容忍"，很自然引起了学界的注意。有关公众人物人格权是否应"弱化"和"限制"、中国"引进"萨利文原则是否适合国情等问题的学术讨论延续至今。[②]

本书认同魏永征教授的观点，即萨利文原则引入中国会水土不服，"克减"公众人物的人格权会造成司法不公。金山公司诉周鸿祎案提出公众人物对自己公开言论应当承担更高注意义务，最高法院认为这与侵权法的基本理念相契

---

① 参见魏永征、周丽娜：《新闻传播法教程》(第6版)，中国人民大学出版社2019年版，第138～139页。

② 参见魏永征：《范志毅名誉权案与"公众人物"》，《青年记者》2014年第28期。

合。按照侵权责任法原则，言论侵害人格权案件采取过错责任，而行为人是否存在过错，则取决于他对自己行为可能发生的损害是否应当注意却未予注意。注意义务因人而异，普通人承担一般的注意义务，而专业人士、有较大社会影响的人士，则应该对自己的言论承担更高的注意义务。此处出现的“公众人物”词语，与“克减”论中的“公众人物”词语，理念来源截然不同，应区别看待，避免混淆。[①]

① 参见魏永征：《公众人物权益“克减”论可以休矣》，《新闻记者》2015年第3期。

案例 25

范曾诉郭庆祥案：批评自由与名誉侵权的边界

案例介绍 》 一纸评论惹来 500 万天价索赔

2010 年 5 月 26 日，《文汇报》争鸣栏目刊发知名收藏家郭庆祥的署名文章《艺术家还是要凭作品说话》。文中提到一位当下“经常在电视、报纸上大谈哲学、国学、古典文学、书画艺术的所谓大红大紫的书画名家”。文中写道：“这位名家其实才能平平，他的中国画人物画，不过是连环画的放大。他画来画去的老子、屈原、谢灵运、苏东坡、钟馗、李时珍等几个古人，都有如复印式的东西，人物造型大同小异。他的人物画虽然是写实的，但其中不少连人体比例、结构都有毛病。他的书法是有书无法，不足为式，装腔作势，颇为俗气。他的诗不但韵律平仄有毛病，而且，在内容上，不少是为了自我吹嘘而故作姿态，不足挂齿。”

文中还写到了作者当年收购“这位名家”画作的经历：

> ……展开一看，题材与技法严重雷同，像是一个模子里刻出来的。人物是任伯年的，花鸟是李苦禅的，七拼八凑当作自己的了。二次交货前，我跑到他的画室去看个究竟，出乎意料的是，他将十来张宣纸挂在墙上，以流水操作的方法作画。你猜怎么着？每张纸上先画人头，再添衣服，最后草草收拾一番写款，由他的学生盖章。这哪是画画？分明是在画人民币嘛。所以我认为这个人的作品不值得收藏，他对艺术不真诚，对社会不负责任。他多年来不过是一直在重复自己，谈不上什么创新。[①]

2010 年 9 月，书画家范曾以此文侵害其名誉权为由将郭庆祥、《文汇报》（文汇新民联合报业集团，简称文汇集团）诉至法院，请求法院判令两被告在《文汇报》上向其赔礼道歉，消除影响，恢复名誉；赔偿其精神损失费 500 万元。

2011 年 4 月 22 日，北京市昌平区法院开庭审理范曾状告郭庆祥案。郭庆祥在法庭上称，他撰写的文章《艺术家还是要凭作品说话》是正常的文艺评论，“对事不对人”，只是针对当下书画界存在的问题而发表的评论，并未点名道姓

---

① 郭庆祥：《艺术家还是要凭作品说话》，《文汇报》2010 年 5 月 26 日。

批评范曾，文章没有涉及任何人隐私，也没有诽谤侮辱任何人。证人赵刚出庭证明范曾系“流水线”作画并且其画作的内容和形式都很雷同。

一审法院认为，就本案而言，“郭文”对范曾的诗、画、书法、作画方式及人格分别作出了贬损的评价，如“才能平平”“逞能”“炫才露己”“虚伪”等，造成其社会评价的降低及精神痛苦，郭庆祥的行为已构成对范曾名誉的侵害。郭庆祥称其文章为纯粹的文艺评论的观点，不予采信。虽然《文汇报》对刊载的文章未严格审查，存在一定过失，但其行为尚不足以构成对范曾的名誉侵权，故对于范曾要求文汇集团承担侵权责任的请求，不予支持。①

郭庆祥和文汇集团均不服，提起上诉。2012 年 1 月 5 日，北京一中院作出终审判决：驳回上诉，维持原判；判令郭庆祥向范曾书面道歉，并赔偿精神损害抚慰金 7 万元。判决书中称，原审法院认定“郭文”中带有侮辱他人人格的内容，构成对范曾名誉权的侵害，并据此判令郭庆祥承担相应的民事责任并无不当。认为文汇集团应对作者发表文章内容进行审核，但不宜苛求报刊出版单位把握司法裁判尺度，对文章是否构成名誉侵权进行司法意义上的审查。鉴于没有证据证明文汇集团在对《艺术家还是要凭作品说话》一文审查中存在过错，故其不应承担名誉侵权责任。原审法院对于“文汇集团对刊载的文章未严格审核、存在一定过失”的认定欠妥，但最终认定文汇集团不构成名誉侵权正确。②

郭庆祥代理律师上海新文汇律师事务所富敏荣认为，判决混淆了文艺批评、学术争鸣与名誉侵权的界限，“逞能”“炫才露己”“虚伪”等词有贬损之意，但贬损并不等同于侮辱。没有贬损就没有文艺批评，而文艺批评能够促进文艺的进步。同时，公众人物应当有容忍他人对其作品进行批评的义务。他认为这一判决结果会导致文艺评论者“人人自危”，而不敢再进行正常的文艺批评。③

被告郭庆祥明确表示，不会向范曾作任何形式的道歉：“即使官司输了，我认为也值，因为我要让大众共同了解流水线作画的本质，在全社会大讨论的过程中提高大众的审美，认识到艺术市场中的泡沫。用我个人的 7 万多元损失，让更多人避免了更大的损失，很值。”④

该案庭审结果引起了美术界、文艺批评界、传媒界、法学界等社会各界的强

① 参见北京市昌平法院(2011)昌民初字第 53 号判决书。

② 参见北京市第一中级人民法院(2011)一中民终字第 11152 号民事判决书。

③ 参见《范曾诉郭庆祥名誉侵权案二审维持原判》，2012 年 1 月 6 日，https://www.chinacourt.org/article/detail/2012/01/id/471109.shtml。

④ 李秀卿：《郭庆祥：我不作任何形式的道歉》，2012 年 01 月 11 日，http://news.hexun.com/2012-01-11/137152043.html。

烈反响，有人高喊“文艺批评已死”，有人则疾呼“从此文艺批评可以休矣”，还有人称“流水线打败了文艺批评”。[①] 一审判决后，中国人民大学民商事法律科学研究中心、中国传媒大学政策与法律研究中心和中国政法大学传播法研究中心共同召开“范曾诉《文汇报》及郭庆祥侵害名誉权案”学术研讨会，与会的近20位研讨者均倾向于主张郭庆祥评论文章并不构成侵权，属于正当批评。上海社会科学院新闻研究所、上海市法学会民法研究会在上海主办“文艺批评、学术争鸣和名誉侵权界限”学术研讨会，“范曾诉郭庆祥名誉侵权案”成为与会专家讨论的焦点。一些法学家认为一审判决“郭庆祥向范曾书面道歉，并且赔偿人民币 7 万元”是一个“危险的判决”，因为这将使今后的文艺批评完全封闭化，成为艺术生产各个利益链条的重要环节，使真实的批评更加困难。是否只要对负面事实进行描述，就形成了名誉侵权？是否因为言论使人产生了精神痛苦，就构成了侵权？“鲁迅那时骂过梁实秋、施蛰存、顾颉刚等等，如果按现在这样的背景，那鲁迅还不是被罚得倾家荡产？”原上海新闻学会会长、著名报人丁法章说：“现在的文艺事业，包括新闻事业，歌功颂德太多，逆耳忠言太少。像郭庆祥艺术品收藏家打破成见，敢于撰文，不点名批评范曾对文艺创作的不负责任、不讲质量，这种人、这种文章，太少！”文艺评论家毛时安认为，文艺界的诉讼案大多牵涉到利益问题，而一些所谓名誉侵权案其实反映的是当下社会的“狂躁”心理，“一些艺术批评文章触动的其实是画家的市场利益，而画家其实是想借助司法的力量捍卫市场利益——这很可悲，现在最缺少的就是真正的文艺批评”。针对郭范之争，毛时安认为，范曾“流水线作业”的作品不是艺术，而是商品。从这一角度而言，郭庆祥的那篇文章并非文艺批评文章，而是商品批评。他还认为，范曾在这件事上要有雅量。“范曾也曾经写文章骂黄永玉，把他说得一无是处。可人家黄永玉告他了吗？没有。”魏永征教授也表示，“法院一审所认为的侵权词语‘才能平平’、‘炫才露己’等是针对‘流水线’作画而说的，对此事实法院已‘经审理查明’，故根本谈不上名誉侵权”。郭庆祥对毛时安的观点表示认同：“我的确是一个消费者，对所消费的商品发表了自己的看法，却被厂家告上法庭，在中国大概也是头一回吧。”[②]

---

① 参见楼乘震：《不是我们错了，就是法院错了》，《深圳商报》2011 年 6 月 27 日。

② 丁立、张楠：《专家研讨“范曾诉郭庆祥案”》，《扬子晚报》2011 年 8 月 3 日。

案例总结>> 当文艺批评遭遇名誉侵权

“范曾诉郭庆祥名誉侵权案”之所以引来巨大关注与各方争议，原因在于该案件再次鲜明反映出学术批评与名誉权之间的潜在冲突，把“文艺批评与名誉侵权之间的边界”这一问题推到了舆论前台，引发人们对该问题的思考。有学者认为，文艺评论家对画家提出批评实属正常，但该案的判决结果暴露出法院不仅未能正确适用侵害名誉的构成要件，也没有区分文艺批评与新闻报道的差异，甚至未意识到原告属于公众人物，更不用说从司法政策的角度对可能引发的社会情绪加以把握了。[①] 也有评论家认为，文艺批评以评判者的名义表达具有鲜明个性的批评态度，坚守某种审美立场，对纷繁复杂的文艺现象作出判断和评论，对于规范、引导文学艺术的创作生产，促进文艺的发展繁荣具有重要作用。[②] 法学家张新宝认为，在“基本真实”的基础上，通过批评与反批评，才能实现“争鸣”：“批评需要进行主观判断，本身就会带有情感倾向，这是文艺批评的题中应有之义。”在没有确凿证据证明批评内容构成侵权时，法律应当保障艺术评论所必需的空间，而不是任意干涉。[③]

该案的核心问题是：郭庆祥的文艺评论文章中表达的内容是否侵害了画家范曾的名誉权？侵害名誉权是指加害人通过故意败坏受害人名誉的方式，使其社会评价降低和出现精神损害的侵权行为。按照法律规定，侵害名誉权的具体表现形式可以分为诽谤与侮辱两种。诽谤是指散布虚假事实损害他人名誉的行为；侮辱是指以行为、语言、文字等方式贬低他人人格，毁损他人名誉的行为。诽谤所作用的是人们的认识，侮辱所作用的是人们的情绪。诽谤和侮辱都含有“贬损”的内容，但“贬损”并不是衡量侵害名誉权行为的唯一条件。[④] 本案中，郭庆祥在涉案评论文章中所提到的“流水线”作画方式是否属于捏造事实而构成诽谤，文章中使用的词语“才能平平”“逞能”“炫才露己”“虚伪”等贬损性的词语是否属于侮辱性言辞，成为庭审双方激烈争论的两大焦点问题。

首先，“流水线”作画的方式是否属于虚假事实而构成诽谤？根据媒体的公开报道，被告郭庆祥一方对此举出了大量的人证物证加以证明，其中既有他本人与其他人的目睹，也有来自范曾学生亲手拍摄的作画场景照片与承认

① 参见李响：《从范曾获胜看文艺批评与侵害名誉的冲突》，《求索》2012年第1期。

② 参见廖文：《文艺批评：为人民而担当》，《人民日报》2010年6月25日。

③ 参见李邑兰：《贬损还是批评范曾与郭庆祥之讼》，《南方周末》2011年6月23日。

④ 参见魏永征：《维护意见讨论的充分空间——从范曾诉郭庆祥等侵害名誉权案说起》，《新闻记者》2012年第5期。

老师“流水线”作画的文章，应该说具有非常强的可信度。而原告范曾一方则对此采取了不置可否的态度，只是在庭上反复强调：“这是艺术家独特的创作方式，每一个艺术家都有自己的作画方式。”徐迅认为，我们可以评价某一观点不符合实际或者不准确甚至不真诚，但不能轻易给观点戴上错误或者侵权的帽子。①

其次，被告涉案评论中所用的贬损性词语是否构成侮辱？侮辱人格的言辞，限于那些一无事实、二不讲理，以贬损他人人格为目的的情绪化表达。② 评论的过程其实就是摆事实、讲道理的过程，观点是否正当，应该看其背后支撑观点的事实是否充足。③ 因此，只要针对既定事实展开合理范围的评论，则即使批评者的语言比较激烈、辛辣，也不应该被认定为具有侮辱性。我国学者则更加详尽地指出，如果对有关社会公共利益的事件进行评论，以及就某些学术观点进行争论和批评，只要评论人从维护公共利益出发，善意地表达自己的真实见解，而非故意贬损他人人格的，一般不应认为侵害名誉权。④

只审查言辞本身是不够的，还必须考察言辞在具体语境中的关联性，尤其是与之相关的文章内容的真实性。⑤ 被告文章的主题是批评艺术界存在的浮躁现象，倡导包括范曾在内的艺术家对待艺术要有真诚的态度，任何时候都不能忽视作品的质量。判决书所列举的那些所谓“贬损”词语，都在文章的结尾，是对全文的事实和道理的一个结语。“逞能”“炫才露己”是针对范曾自称“大师”这一类的话而言的，是对“真诚”和“有感而发”的反面而言。“虚伪”一词针对的是范曾一方面高谈人生哲学，另一方面却对待艺术创作不真诚，以“流水线”的方式作画且高价出售的行为而言的。这些文字，既不是针对人格，又是从一定的事实引申出来，与侮辱诽谤实在是风马牛不相及。判决不顾全文意思，摘出三四个字眼，就断言被告“贬损”或“侮辱”了原告的人格，真的不够郑重。⑥

另外，作为一起特殊的侵害名誉案件，本案的特殊之处不仅在于涉及文艺批评，还在于本案的原告属于公众人物。作为一项公认的原则，法律通常要求

---

① 参见党小学：《郭庆祥批评范曾“流水线作画”“才能平平”被判定侵权　当文艺批评遭遇名誉侵权》，《检察日报》2011 年 6 月 29 日。

② 参见魏永征：《把事实和意见分开：名誉权案的重要原则——评点〈新闻记者〉点评假新闻文章引起的名誉权案》，《新闻记者》2011 年第 8 期。

③ 参见周小犊：《是“事实有误”还是“观点不当”——“公正评论”中学者标准与法官标准的冲突》，《新闻知识》2013 年第 2 期。

④ 参见徐爱国编著：《英美侵权行为法》，法律出版社 1999 年版，第 184 页。

⑤ 参见梁治平：《名誉权与言论自由——宣科案中的是非与轻重》，《中国法学》2006 年第 2 期。

⑥ 参见魏永征：《维护意见讨论的充分空间——从范曾诉郭庆祥等侵害名誉权案说起》，《新闻记者》2012 年第 5 期。

公众人物对外界的批评指责声音，承担起较常人而言更大的容忍义务。“公众人物理论”已浸入审判名誉侵权案件的法官裁判思维中——即使在被告未以“公众人物”作为抗辩理由的情况下，也有法院主动运用其理论，增强判决理由的说服力和整个判决的学理性。[①] 从媒体的广泛报道和本人的知名度看，范曾无疑是一位公众人物，容忍负面言论，是必要的和应该的。公众人物运用司法手段维护名誉，再加上高额赔款就成了一种“威慑”。造成的直接结果，对表达者而言就是噤声，就是“寒蝉效应”。面对艺术评论，无论是批评者还是被批评者，尤其是公众人物，都要站在促进艺术发展与进步的基本立场，容忍对方合理的批评，给予艺术评论更大的宽容。

案例分析 >> 批评自由、公众人物与名誉侵权

范曾名誉权案的判决引发学者的争议，反映出我国立法和司法现状存在的一些不足。

首先，本案的争议是由一篇文艺批评引起的，但由于我国并未给文艺批评制定单独的审查标准，所以法院在审理实践中通常都是参照新闻报道，以“事实是否失实”来判断侵权与否。可是，这种将两者一视同仁的做法完全忽视了文艺批评与新闻报道的区别，这样会在一定程度上磨灭社会文艺的活跃氛围。艺术行为的自由评论尺度应该比较多地包容社会公共情绪与是非善恶的判断标准，而非法官职业性思维所执行的从严掌握标准。[②]

其次，在司法实践中，由于缺乏可量度的指标，对名誉侵权的认定有很大的随意性，相关司法解释已经难以适应多元的社会价值观与复杂的社会心理。在由学术评论、艺术批评等引发的名誉权纠纷中，虽然法院将一些具有指导意义的判例运用到司法实践中，但仍没有给出较为清晰的脉络。[③] 名誉侵权的特殊性在于，一般侵权在认定时只需做事实判断，而名誉侵权还涉及价值判断甚至审美判断，而且在对名誉侵权进行认定时，事实判断与价值判断纠结在一起，这是难点所在。在“吴敢诉袁成兰名誉权案”中，袁成兰的批评文章是根据报刊披露的材料撰写而成的，但仍因“缺乏证据证明其真实性”而被认定为名誉侵权。[④] 在“余秋雨诉肖夏林名誉侵权案”中，肖夏林将未经过核实的传言作为发表批评

---

① 参见刘迎霜：《名誉权中“公众人物理论”省思》，《社会科学》2014 年第 6 期。

② 参见陈堂发：《市场化艺术行为的批评尺度——再论范曾诉名誉侵权案》，《新闻记者》2011 年第 9 期。

③ 参见雷丽莉：《范曾名誉权案缘何引发争议》，《青年记者》2013 年第 15 期。

④ 参见江苏省徐州市云龙区法院(1994)云民初字第 127 号民事判决书。

意见的依据，但是法院在裁判文书中写道："受评论性文章时效性等多种因素难以核实的限制，不能据此认定此部分内容是故意凭空捏造、无中生有。"因此，法院认定肖夏林的行为不构成名誉侵权。[①] 由此可见，这两个判决关于事实认定的标准是截然不同的，而司法实践中究竟应以何种标准进行认定是值得思考的问题。

---

① 参见北京市东城区人民法院(2003)东民初字180第7号民事判决书；北京市第二中级人民法院(2003)二中民终字第9452号民事判决书。

案例 26

传媒假事件与媒体娱乐化背后的责任与伦理

案例介绍 >> 杨丽娟诉《南方周末》侵权案

2007 年 4 月 12 日，《南方周末》第 10 版发表了一篇题为《你不会懂得我伤悲——杨丽娟事件观察》的报道，记述了甘肃兰州一位迷上歌星刘德华的女孩杨丽娟未能达到结交刘德华的目的而导致她的父亲在香港跳海自杀的悲剧。

杨丽娟追星这件事被内地和香港的媒体连续追炒多时，俨然成了热点事件。

《南方周末》的这篇报道对杨丽娟追星的前前后后进行了"揭底"式的披露。该稿件的引题为"一片走向萧条的土地　一个走向封闭的家庭"，小标题分别为："死在香港，活在香港""阿干镇，寂静岭""女儿心，海底针""伟大的母亲，穿梭的妻子""世界越来越小，爸爸越来越亲""三箱宝贝，七页遗书"。

文章开头是这样写的：

> 3 月 26 日，杨丽娟的父亲因女儿没能单独见上明星刘德华，跳海自尽。
>
> 当日，刘德华在日记中写道：你不会懂得我伤悲。
>
> 同样，人们似乎也难以懂得杨家的伤悲。
>
> 如果一件事情无法解释，那么一定有你所不知道的事实存在。
>
> 父亲、母亲、女儿，这一家三口，各自经历了怎样的心理轨迹，彼此又在怎样地影响纠缠？
>
> 一个掩藏着脆弱、敏感、绝望和固执的故事。

这篇发表于杨父蹈海悲剧发生半个月后的文章，从写杨丽娟的皮鞋、指甲油、盒饭开始，写到杨丽娟的外公有 7 个孩子；杨丽娟的叔叔怎么因为与哥哥抢女友而杀死他的母亲（杨的祖母）；杨丽娟的妈怎么讲究口红裙子皮鞋，怎么不满意她的"没钱没地位的"丈夫（即杨丽娟的父亲杨某冀），怎么与杨父离婚后"跟过"几个男人到后来又走到了一起；杨丽娟小时候读书怎么帮人抄作业，怎么给老师写“情书”而辍学。如此种种，洋洋万言。[①]

2008年3月10日，杨丽娟和母亲一起状告《南方周末》，认为该篇报道侵犯了杨父、杨母及杨丽娟的名誉权，3起案件共索赔30万元精神损失费，并要求《南方周末》恢复名誉、消除影响、赔礼道歉。

一审败诉后，杨丽娟提出上诉。广州市中级人民法院二审此案后认为，杨丽娟追星事件被众多媒体争相报道，成为公众广泛关注的社会事件。杨丽娟及其父母多次主动联系、接受众多媒体采访，均属“自愿型公众人物”，自然派生出公众知情权。《南方周末》发表涉讼文章的目的是揭示追星事件的成因，引导公众对追星事件有真实的了解和客观认识，自然涉及杨丽娟及其父母的社会背景、社会关系、成长经历，相关隐私是揭示追星事件悲剧性和反常态的关联要素。涉讼文章表面看确实涉及杨丽娟一家人的个人隐私，但这一隐私与社会公众关注的社会事件相联系时，自然成为公众利益的一部分。法院认为，《南方周末》作为新闻媒体对这一社会关注的焦点进行调查，行使报道与舆论监督的权利，并无违反法律规定。因此，涉讼文章即使披露了杨丽娟一家的个人隐私，对于可能的轻微损害，杨丽娟也应当予以容忍。法院还认为，涉讼文章已删除了可能对杨丽娟的父亲造成严重影响的敏感素材，也没有过度渲染杨父的个人隐私。涉讼文章没有使用污辱性言辞刻意丑化、贬损杨父，亦未掺杂对杨父人品、道德等的负面评述，故《南方周末》客观上也不存在以侮辱、诽谤方式侵害杨父名誉的违法事实。[②] 广州市中级人民法院二审宣判杨丽娟败诉。

案例总结 >> 知情权的聚光灯何以照耀杨丽娟这样的“公众人物”？

杨丽娟诉《南方周末》名誉侵权引起的争议涉及多方面的法律和伦理问题。

二审法院确认，涉讼文章涉及杨丽娟一家人的个人隐私，但因“与社会公众关注的社会事件相联系”，而“自然成为公众利益的一部分”。法院认为，新闻媒体调查报道“杨丽娟追星”，是“行使报道与舆论监督的权利，并无违反法律规定”；对媒体造成的个人隐私“可能的轻微损害”，杨丽娟也应当予以容忍。法院还指出，杨丽娟及其父母为“自愿型公众人物”，“自然派生出公众知情权”。

魏永征教授对此提出质疑：知情权应当用在哪里？杨丽娟他们“自愿”成为“公众人物”吗？他在对知情权的起源和发展进行梳理后提出，知情权是公民的

① 魏永征教授对《南方周末》这家公认的中国“精英报纸”，竟然登出这样的无聊文字感到吃惊，并就此写了一篇文章进行分析。参见魏永征：《知情权的聚光灯如何照耀杨丽娟?》，《国际新闻界》2009年第11期。

② 参见杨大正：《疯狂粉丝杨丽娟告南方周末侵名誉权终审败诉》，《南方日报》2009年9月22日。

一项宪法权利，我国最权威的阐述知情权的官方文件是党的十七大报告，确认"保障人民的知情权、参与权、表达权、监督权"[①]。可见知情权是民众的一项民主权利、政治权利，其首要对象是社会的公共事务，是国家和世界的大事，其目的是保证人民当家作主。另外知情权也包括与民众切身利益相关的各种事项，例如消费者对于商品和服务的信息享有知情权。但是说到公民权利，总是一个严肃的问题，"知情权"不应当滥用到那些生活琐事上去。至于"自愿型的公众人物"(voluntary public figures)，这可能是在我国法律文书中第一次使用。这个概念来自美国，又称"有限公众人物"(public figures for limited purposes)。但是用在这里还是不大对头。自愿公众人物的条件是必须自愿在重要的公共争议中扮演一定的角色，这种公共争议是足以影响普通大众或至少影响很大一部分人群的问题，并且争议已经存在。杨丽娟追星够得上吗？杨丽娟多次接触记者、接受采访，虽然看起来是自愿的，背后则是媒体的策划和推波助澜。是传媒把杨丽娟一家推到社会的聚光灯前，成为所谓"公众人物"，私事都带上"公众利益"成了"知情权"的对象，媒体的行为还被法院认为是行使所谓的"舆论监督的权利"。广州中院的判决把一篇无聊文章赋予满足"公众知情权"和"舆论监督"的正当性，不仅是理论上的错误，而且有可能助长如今日益受到批评的新闻炒作、"新闻娱乐化"的现象。[②]

杜骏飞教授认为，杨丽娟的悲剧在处心积虑的新闻策划下，被传媒充分商业化了，在记者们抢策划、抢专访、抢报道的同时，它们并未承担起自己应担负的社会责任。假报道、"新闻策划"、诽谤、侵犯隐私、以无节制的报道满足熏心的利欲，媒体在以对新闻自由的滥用来谋杀新闻本身。享受报道的自由绝非是损害专业伦理的理由。新闻业有报道的权利，但是有法理常识的人都知道：所有的权利都伴随着相应的义务，所以新闻记者必须向自己的良知、向受众、向媒体组织、向同业者负责，而最为重要的则是向社会负责。[③]

案例分析 >> 传媒假事件与媒体娱乐化

杨丽娟追星事件是个什么样的新闻？何以值得传媒事无巨细地跟踪报道其中每一个细节，并进行持续关注？

陈力丹教授对各路媒体的相关报道和评论进行分析后认为，杨丽娟事件

① 胡锦涛：《高举中国特色社会主义伟大旗帜　为夺取全面建设小康社会新胜利而奋斗——在中国共产党第十七次全国代表大会上的报告》，《人民日报》2007年10月25日。

② 参见魏永征：《知情权的聚光灯如何照耀杨丽娟？》，http://yongzhengwei.com/archives/31108。

③ 参见杜骏飞：《大众传媒的瓦釜时代》，《南方周末》2007年5月10日。

中，传媒偏离了“记录者”的角色定位，某种程度上成为新闻事实的推动者和参与者。在传媒的推动下，作为报道的事实不再是自然发生的，而成为传媒自导、自报的“假事件”。这时报道的这个“事实”，其本质是传媒公关活动的一部分。这类“新闻”具有以下五个方面的基本特征：第一，消息来源与报道者重合；第二，新闻背后存在隐藏的动机；第三，导演事件；第四，事件媒介化；第五，暧昧的真实。《兰州晨报》等媒体对“杨丽娟疯狂追星”的系列报道，呈现出“传媒假事件”的典型特征。最早报道“杨丽娟疯狂追星”的《兰州晨报》以帮杨丽娟“圆梦”的名义，刊登杨父给刘德华的请愿书，呼吁全国传媒关注，又联合“星迷网”发起“健康追星”大型调查活动，也有炒作嫌疑。随着报道深入，在《兰州晨报》的呼吁下，其他地方的主要传媒，甚至中央电视台也来到兰州采访杨及其父母，表示愿意为她与刘德华见面牵线搭桥。这些貌似好心的帮助，实则把“杨丽娟疯狂追星事件”推向一条畸形发展的道路。传媒盲目炒作新闻价值有限的事实给社会带来不良影响，传媒在追逐报道热点时忘记了传媒的社会责任。[①] 如《人民日报》就该事件发表的时评所说：“众多传媒热衷于报道这件事的每一个细节，和每个当事人的‘控诉’，却唯独忘了自己。事实上，将杨父最终推下大海的，可能有几只兴奋的手掌，其中一双用力最猛的，正是那些口水四溢的娱记和他们背后渴望吸引眼球、推高发行量的传媒老总。”[②]

杨丽娟追星案在媒体上“甚嚣尘上”，从传播伦理的视角看，这算得上是当代新闻的一件大事。为杨丽娟追星而提供衣食住行、提供炒作舞台、唯恐其不走极端的媒体，实则是做出一种违反职业伦理的行为。

“媒体伤害了社会的道德底线”，浙江大学新闻与传播学系教授李岩认为，部分媒体从猎奇角度报道杨丽娟事件，反映了新闻传播对娱乐化的认同，这种认同正应了美国学者波兹曼“娱乐至死”的话。“不能否认，社会心理的确有对这种眼球刺激的期待，但是也有对高品质精神产品的需求。媒体低估了受众的需求，或者是降低了自己的需求。这样做也意味着媒体在损害自己的形象。”编辑记者作为公共信息的守门员，有责任负责新闻的可信性、平衡性、客观性。如果新闻报道上出现了信息的不平衡性，新闻媒体应有的范式——诚实和准确就会遭到破坏。编辑记者如果为了迎合去制造新闻，去左右新闻当事人，这样的新闻模式运营下，新闻便不再是历史的忠实记录者或旁观者，更不是信息的邮递员。[③]

---

① 参见陈力丹、刘宁洁：《传媒，你没有责任吗？——疯狂追星的传媒责任分析》，《新闻与写作》2007 年第 5 期。

② 李泓冰：《谁害死了追星女之父？》，《人民日报》2007 年 3 月 30 日。

③ 参见李晓玲：《从“杨丽娟事件”看媒体的责任》，《传媒观察》2007 年第 5 期。

案例 27

“网络暴力第一案”中的人格权保护问题

案例介绍 >> 人肉搜索牵出“网络暴力第一案”

北京市民王某由于“婚外情”等原因夫妻失和，致妻子姜某于 2007 年 12 月 29 日愤而自杀。姜某生前在网络上注册了名为“北飞的候鸟”的个人博客，以日记形式记载了自杀前两个月的“心路”，将丈夫与东某的合影贴在博客中，认为二人有不正当的两性关系，自己的婚姻很失败。姜某的日记中显示出了丈夫王某的姓名、工作单位地址等信息。

姜某在 2007 年 12 月 27 日第一次试图自杀前，将自己博客的密码告诉一名网友，并委托该网友在 12 小时后打开博客。姜某的网友将博客密码告诉了姜某的姐姐姜某红，后者将姜某的博客打开。

2008 年 1 月 11 日，为“祭奠姜某、为姜某讨回公道”，姜某的大学同学张某奕注册了非经营性网站“北飞的候鸟”，刊登了包括张某奕在内的姜某的亲属朋友撰写的多篇文章，披露王某“婚外情”和个人信息，引发众多网民发起对王某的“人肉搜索”，使王某的姓名、工作单位、家庭住址等详细个人信息被披露。部分网民在大旗网等网站上对王某进行谩骂、人身攻击，还有部分网民到王某家庭住处进行骚扰，在门口刷写、张贴“逼死贤妻”“血债血偿”等标语。

北京凌云公司开办经营的大旗网对姜某的亲属朋友及心理专家进行调查走访后编写文章，在大旗网上刊登了《从 24 楼跳下自杀的 MM 最后的日记》专题网页。文中使用了王某、姜某和第三者的真实姓名，并将姜某的照片、王某与第三者的合影照片、网民在姜某自杀地点悼念的照片、网民到王家门口进行骚扰及刷写标语的照片粘贴在网页上。

这些行为给王某及家人的生活、工作、名誉造成了严重影响：恐吓邮件不断；网上被通缉、追杀；经常遭到围攻、谩骂、威胁；王某工作单位被骚扰，他被单位辞退，其他单位也因之不敢聘用；父母住宅多次被人骚扰，门口两侧贴满恐吓标语……

2008 年 3 月 18 日，王某向北京市朝阳区人民法院起诉张某奕（“北飞的候鸟”网站管理员）、北京凌云互动信息技术有限公司（大旗网）、海南天涯在线网络科技有限公司(天涯社区),提出三项诉讼请求:(1)判令三被告停止侵害、恢复名誉、消除影响、赔礼道歉;(2)判令三被告共同赔偿原告工资损失7.5万元、精神损害抚慰金6万元;(3)由被告承担诉讼费用、公证费用。

庭审中,姜某的大学同学张某奕表示,"北飞的候鸟"网站是姜某的亲属、朋友为纪念姜某而建,相关文章符合事实,对事件及人物进行陈述和评价是法律赋予公民的权利。王某所获社会评价与其对婚姻不忠的不道德行为相适应,与网站中刊登的文章无因果关系。

北京凌云公司表示,专题中有不同立场的陈述,也有法律、心理干预等角度上的评论,是客观公正的。该网站表示因未接到过王某的投诉,因此未对有关内容进行处理。

海南天涯公司表示,天涯社区上的信息全部由上网用户发布,且该公司已在王某起诉前及时删除了《大家好,我是姜某的姐姐》一帖及相关回复,已履行了监管义务,不存在过错,不应承担侵权法律责任。

2008年12月,法院判决张某奕和北京凌云公司构成对王某隐私权和名誉权的侵犯,判令上述两被告删除相关文章及照片,在网站首页刊登道歉函,并分别赔偿王某精神损害抚慰金5000元和3000元,加上公证费,王某总计获赔9367元。海南天涯公司因在合理期限内及时删除了相关内容,履行了监管义务,鉴于互联网具有广泛、迅速、即时、随意、互动等传播特点,这种事后删除行为符合相关规定,不构成侵权。判决同时谴责了婚外情行为。法院还向工业和信息化部发出司法建议函,建议后者保持对"人肉搜索"等互联网新生事物的关注,加强引导,以净化网络环境。[①]

案例总结 >> "人肉搜索"何以侵犯隐私权和名誉权?

由于涉及网络言论自由和侵权界限、隐私权的界定以及如何看待"人肉搜索"等新问题,这起案件引发了广泛关注。媒体将此案件称为"网络暴力第一案"或者是"人肉搜索第一案"。该案入选2008年十大典型案例。该案还推动了2009年12月26日《侵权责任法》第36条关于网络侵权责任规定的出台。[②]

法院的判决让不少网民疑惑:明明是王某做了坏事,网民来"主持正义",何

---

① 以上内容参考何春中:《"网络暴力第一案":法院并不全盘否定"人肉搜索"》,《中国青年报》2008年12月22日;《中国"网络暴力第一案"开审　网友当庭哭声一片》,《法制日报》2008年4月18日。

② 参见京都律师的博客:《"网络暴力第一案"——王某诉张乐奕等名誉权纠纷案》,最后访问日期2020年5月6日,http://blog.sina.com.cn/s/blog_51dd87c101019at9.html。

以侵害了王某的隐私权和名誉权?

一审法院对此进行了阐释,认为隐私权一般指自然人享有的对自己的个人秘密和个人私生活进行支配并排除他人干涉的一种人格权。采取披露、宣扬等方式,侵入他人隐私领域、侵害私人活动的行为,就是侵害隐私权的行为。同时,公民的个人感情生活,包括婚外男女关系问题,均属个人隐私范畴。据主审法官介绍,本案中,张某奕基于与姜某的同学关系,知晓了王某存在“婚外情”的事实。张某奕在姜某死亡后,不仅将此事实在“北飞的候鸟”网站上进行披露,还将该网站与其他网站相链接,扩大了该事实在互联网上的传播范围,使不特定的社会公众得以知晓。因此,张某奕的行为构成对王某隐私权的侵害。张某奕在网络中披露王某“婚外情”和个人信息的行为,应属预知后果的有意为之。王某的“婚外情”、姓名、工作单位等信息被披露,成为网民知晓其真实身份的依据之一,引发了众多网民的批评性言论及不满情绪,乃至形成了爆发和蔓延之势。因此,张某奕在披露王某对婚姻不忠行为的同时,披露王某的姓名、工作单位名称、家庭住址等个人信息,亦构成了对王某隐私权的侵害。名誉是指社会对特定民事主体品德、才能以及其他素质客观、综合的评价。名誉权是指民事主体就自身属性和价值所获得的社会评价和自我评价享有的保有和维护的一种人格权。张某奕披露王某的上述隐私内容后,引发众多网民使用“人肉搜索”的网络搜索模式,搜寻与王某及其家人有关的任何信息,并逐步演变成对王某进行密集的、长时间的、指名道姓的谩骂,甚至发生了网民到王某及其父母住所张贴、刷写侮辱性标语等极端行为。法院据此认为,张某奕的披露行为对王某的影响已经从网络发展到现实生活中,不仅严重干扰了王某的正常生活,而且使王某的社会评价明显降低。这种侵害结果的发生与张某奕的披露行为之间存在直接的因果关系,因此,应当认定张某奕以披露王某隐私的方式造成了对王某名誉权的侵害。[①]

魏永征教授认为,该案也是一件本是私人事件由于人为原因演变为假公共事件的案件。引起该案的事件是经个人实施的网络传播,经过大量转发,使私人事件貌似具有公共形式。原告作为受害人私德有亏,但其行为仍无关乎“公共利益”,其隐私仍应受到保护。虽然原告的婚外情在道德上值得批评,但这并非公众干预其个人生活的合法理由。公民的个人感情生活包括婚外男女关系均属个人隐私,无论是个人通过互联网披露还是媒体的公开报道,都应当注意

---

① 参见何春中:《“网络暴力第一案”:法院并不全盘否定“人肉搜索”》,《中国青年报》2008 年 12 月 22 日。

个人隐私的保护。[①]

案例分析 >> “人肉搜索”与网络暴力

在该案中，借助“人肉搜索”实施网络暴力的行为引起不小争议。何为“人肉搜索”？人肉搜索简称“人肉”，是一种以互联网为媒介，部分基于人工方式对搜索引擎所提供信息逐个辨别真伪，部分又基于通过匿名知情人提供数据的方式去搜集关于特定的人或者事的信息，以查找人物身份或者事件真相的“群众运动”。“人肉”在造就网络爆红现象的同时也会带来负面影响，如人身攻击等。原朝阳区法院民一庭庭长陈晓东在接受中国青年报记者采访时称：“法院不是全盘否定‘人肉搜索’，法院只是不支持侵犯他人合法权益的‘人肉搜索’。”“网络暴力第一案”并不全盘否定“人肉搜索”，但对网络暴力却应当是完全说“不”！[②]

网络暴力是随着互联网的发展产生的。网络暴力常被网民称为“戴着面具的人性之恶”，人性的阴暗一面之所以会通过网络被无限放大，其中有着深层次的原因：一是群体极化中的理性缺失；二是匿名保护背后的情绪释放；三是媒体与活跃网民的推波助澜。在此种背景下，如果个人言语的宣泄成本低廉，而且不需为非理性的情绪负责任，网络空间将充满戾气，每个人都有可能成为下一个被实施暴力的对象。[③] 网络暴力，大多是非理性的情绪攻击。对施暴者来说，这可能是一种对现实不满的情绪发泄，这种情绪发泄容易引起情感共振，形成情绪传染。

中国人民大学新闻学院匡文波教授认为，“网络舆论暴力”的现实存在，反映了目前我国网络道德与法治建设相对滞后。对于监管部门来说，面对网络舆论，应该主动应对，提高管理的科学性。同时，要制定明确的制度、规则，运用技术手段，保证信息的“非暴力性”。作为网民，也要学会正确对待自己内心的“痛”，化解自己的压力，稳定自己的情绪。

据记者梳理发现，“人肉搜索”第一案发生以来，“人肉搜索”发挥的作用不可小觑，酿成的悲剧也并不鲜见。2008 年 5 月，网上流传的一段视频中有一名女子用轻蔑的口气大谈对“5·12”汶川地震和灾区受灾群众的看法，脏话连篇。

---

① 参见魏永征、周丽娜：《新闻传播法教程》(第 6 版)，中国人民大学出版社 2019 年版，第 165 页。

② 参见何春中：《“网络暴力第一案”：法院并不全盘否定“人肉搜索”》，《中国青年报》2008 年 12 月 22 日。

③ 参见张力、袁梦泽：《网络暴力——虚拟空间中的无形利刃》，《人民日报》2019 年 11 月 12 日。

随后，有网友发帖称得知该女子的详细信息，包括身份证号、家庭成员、具体地址、QQ密码以及家人的电话。随后警方将女子拘留。2013年12月，高中生琪琪（化名）到某服装店购物。不久，琪琪购物时的监控截图被该服装店店主发到微博上，并称图中女孩是小偷。同日，琪琪所在学校、家庭住址均被曝光。之后，琪琪跳河身亡。这起事件造成的结果是法院以侮辱罪判处服装店店主有期徒刑一年。2018年8月，孙某霸占某女乘客高铁列车座位，在女乘客上车后，继续"霸座"，并拒绝与乘务人员沟通，称"无法起身，不能归还座位"。虽然巧言躲过了乘务员和乘警的惩处，却没有躲过"人肉搜索"的讨伐，其个人信息迅速被翻了个底朝天，种种劣迹被公之于众。舆论压力下，孙某公开道歉，铁路部门宣布将其纳入失信名单，180天内限乘所有火车席别……[①]

"人肉搜索"一定程度上发挥了网络舆论监督的作用，但也因挖掘公民个人信息，侵害公民隐私、名誉等人格权而造成有害后果。2020年3月1日起施行的《网络信息内容生态治理规定》已明确，网络信息内容服务使用者和生产者、平台不得开展网络暴力、人肉搜索、深度伪造、流量造假、操纵账号等违法活动。

① 参见韩丹东、刘金波：《网信办发布新规禁止"人肉搜索"等违法活动》，《法制日报》2020年1月6日。

案例 28

网络购买机票的个人信息泄露与隐私权纠纷

案例介绍 >> 订票人没留个人信息却收到了航班取消信息

2014 年 10 月 11 日，庞某鹏委托鲁某通过北京趣拿信息技术有限公司（以下简称“趣拿公司”）下辖网站“去哪儿”网平台（www.qunar.com）订购了中国东方航空股份有限公司（以下简称“东航”）机票一张，所选机票代理商为长沙星旅票务代理公司（以下简称“星旅公司”）。“去哪儿”网订单详情页面显示该订单登记的乘机人信息为庞某鹏及其身份证号，联系人信息、报销信息均为鲁某及其尾号××58 的手机号。2014 年 10 月 13 日，庞某鹏尾号为××49 的手机号收到来源不明号码发来的短信，称由于机械故障，其所预订航班已经取消。该号码来源不明，且未向鲁某发送类似短信。鲁某拨打东航客服电话进行核实，客服人员确认该次航班正常，并提示庞某鹏收到的短信应属诈骗短信。10 月 14 日，东航客服电话向庞某鹏手机号码发送通知短信，告知该航班时刻调整。当晚19:43，鲁某再次拨打东航客服电话确认航班时刻，被告知该航班已取消。

航空公司和网络购票平台是从哪里获取庞某鹏电话信息的？庭审中，鲁某证明其代庞某鹏购买机票并沟通后续事宜，购买机票时未留存庞某鹏手机号。东航称庞某鹏可能为东航常旅客，故东航掌握庞某鹏此前留存的号码。庞某鹏诉至法院，主张趣拿公司和东航泄露的隐私信息包括其姓名、尾号为××49 的手机号及其行程安排（包括起落时间、地点、航班信息），要求趣拿公司和东航承担连带责任。

庭审中，趣拿公司辩称，涉案航班的机票系从星旅公司购买，“去哪儿”网仅为网络交易平台，趣拿公司在本次机票订单中未接触庞某鹏手机号码，且趣拿公司已向鲁某发送谨防诈骗短信，尽到了提示义务。庞某鹏没有证据证明其个人信息是东航公司或趣拿公司泄露，因而趣拿公司不存在侵犯隐私权的行为。

东航公司辩称，其通过中航信提供订票系统服务，订票信息不存储于东航公司系统中，星旅公司向东航公司购买涉案航班的机票时仅留存尾号为 1280 的手机号。庞某鹏没有证据证明其个人信息是东航公司或趣拿公司泄露，因而东航公司不存在侵犯隐私权的行为。

2016 年 1 月 20 日，北京市海淀区法院作出一审判决，驳回庞某鹏的全部诉讼请求。后庞某鹏向北京市第一中级人民法院提起上诉。2017 年 3 月 27 日，北京市一中院作出(2017)京 01 民终 509 号民事判决：(1)撤销北京市海淀区人民法院(2015)海民初字第 10634 号民事判决；(2)北京趣拿信息技术有限公司于本判决生效后十日内在其官方网站首页以公告形式向庞某鹏赔礼道歉，赔礼道歉公告的持续时间为连续三天；(3)中国东方航空股份有限公司于本判决生效后十日内在其官方网站首页以公告形式向庞某鹏赔礼道歉，赔礼道歉公告的持续时间为连续三天；(4)驳回庞某鹏的其他诉讼请求。

东航公司不服二审判决，向北京市高级人民法院提出再审申请。北京市高院经审查认为，二审法院认为本案涉及的姓名、电话号码及行程安排等事项可以通过隐私权纠纷寻求救济，符合法律规定，并无不当。二审法院综合考虑本案的实际情况和相关证据，认定东航公司存在泄露庞某鹏隐私信息的高度可能，认定事实并无不当。东航公司应当承担侵犯隐私权的相应侵权责任。二审判决认定事实清楚，适用法律正确，处理并无不当。2017 年 11 月 29 日，北京市高院裁定，驳回中国东方航空股份有限公司的再审申请。

案例总结 >> 网络购买机票的个人信息收集与泄露

本案是最高人民法院发布的第一批十大涉互联网典型案例之一。

该案是由网络购票引发的涉及航空公司、网络购票平台侵犯公民隐私权的纠纷，各方当事人立场鲜明，涉及的焦点问题具有代表性和典型性。公民的姓名、电话号码及行程安排等事项属于个人信息。在大数据时代，信息的收集和匹配成本越来越低，原来单个的、孤立的、可以公示的个人信息一旦被收集、提取和综合，就完全可以与特定的个人相匹配，从而形成某一特定个人详细准确的整体信息。此时，这些全方位、系统性的整体信息，就不再是单个的可以任意公示的个人信息，这些整体信息一旦被泄露扩散，任何人都将没有自己的私人空间，个人的隐私将遭受威胁。因此，基于合理事由掌握上述整体信息的组织或个人应积极地、谨慎地采取有效措施防止信息泄露。任何人未经权利人的允许，都不得扩散和不当利用能够指向特定个人的整体信息，而整体信息也因包含了隐私而整体上成为隐私信息，可以通过隐私权纠纷而寻求救济。

本案中，庞某鹏被泄露的信息包括姓名、手机号、行程安排等，其行程安排无疑属于私人活动信息，应该属于隐私信息，可以通过本案的隐私权纠纷主张救济。从收集证据的资金、技术等成本上看，作为普通人的庞某鹏根本不具备对东航、趣拿公司内部数据信息管理是否存在漏洞等情况进行举证证明的能力。因此，客观上，法律不能也不应要求庞某鹏证明必定是东航或趣拿公司泄露了其隐私信息。东航和趣拿公司均未证明涉案信息泄露归因于他人，或黑客攻击，抑或是庞某鹏本人。法院在排除其他泄露隐私信息可能性的前提下，结合证据认定上述两公司存在过错。东航和趣拿公司作为各自行业的知名企业，一方面因其经营性质掌握了大量的个人信息，另一方面亦有相应的能力保护好消费者的个人信息免受泄露，这既是其社会责任，也是其应尽的法律义务。本案泄露事件的发生，是由于航空公司、网络购票平台疏于防范导致的结果，因而可以认定其具有过错，应承担侵权责任。

法院的审理对个人信息保护以及隐私权侵权的认定进行了充分论证，兼顾了隐私权保护及信息传播的平衡。

案例分析≫ 大数据时代的隐私与个人信息保护

本案的关注点在于个人信息保护以及隐私权侵权的认定。首先是对隐私的认定。魏永征教授认为隐私就是指个人与社会公共生活无关的而不愿为他人知悉或者受他人干扰的私人事项。这个定义包含两层意思：一是与社会公共生活无关的私事，即所谓“私”，与社会公共生活有关或者有损于社会公共生活的，即使完全是个人行为，如秘密进行的犯罪行为，当然不是什么私事；二是本人不愿为他人知悉或者受他人干扰，即所谓“隐”，如果本人自愿公开或自愿接受他人访问，原来的隐私就转化为非隐私。隐私权就是个人有依照法律规定保护自己的隐私不受侵害的权利，也包括两个方面：一方面是对于自己与社会公共生活无关的私人事项，有权要求他人不打听、不搜集、不传播，也有权要求新闻媒介不报道、不评论；另一方面是对于自己与社会公共生活无关的私生活，有权要求他人不得任意干扰、侵入、窥探。国际社会对保护隐私权早已形成共识，许多国家都制定法律保护隐私权。近几十年来，对隐私权的保护又从消极的“不被了解的权利”发展到积极的“自己的信息自己控制的权利”。在我国法律中，诸如住宅、家庭、婚姻、通讯自由和通讯秘密等那些公认属于隐私权范畴的事项，一贯是予以保护的。[①] 因此，在本案中，庞某鹏被泄露的信息包括姓名、手机号、行程安排等，都属于隐私，是需要加以保护的个人信息。

其次是对侵权责任的认定，一般侵权责任的构成要件是指构成一般侵权责任所必须具备的条件，它包括行为、过错、损害事实和因果关系四个构成要件。

① 参见魏永征：《隐私权保护的新突破》，2001 年 7 月 10 日，http://yongzhengwei.com/archives/30010。

本案中，东航和趣拿公司否认己方是侵权主体，并认为庞某鹏应当承担举证责任。事实上，个人很难证明是两个公司泄露了个人隐私。其原因有三：第一，证明信息泄露可能需要具备一定的技术知识或条件，而作为个人的原告通常不具备。第二，原、被告实质上存在地位不对等。个人信息泄露引发的侵权纠纷案件中，原告均为自然人，而被告通常是具有优势地位的企业。在这样的不对等关系下，原告的取证受到了极大的限制。第三，现行法下，个人无从了解个人信息的收集、使用和保护状况。因而，在本案中，对于侵害隐私权事实的证明，法院认为，根据《最高人民法院关于适用〈中华人民共和国民事诉讼法〉的解释》第108条之规定，对负有举证证明责任的当事人提供的证据，人民法院经审查并结合相关事实，确信待证事实的存在具有高度可能性的，应当认定该事实存在。在庞某鹏案中，法院认为“客观上，法律不能也不应要求庞某鹏确凿地证明必定是东航或趣拿公司泄露了其隐私信息”。在原告证明了其是通过“去哪儿”网购买了东航的机票时，可认定东航和“去哪儿”网有能力和条件将庞某鹏的姓名、手机号和行程信息匹配，而他人将此等信息进行匹配的可能性是非常低的。在东航和“去哪儿”网未举证证明信息泄露具有其他原因的情况下，法院进而认定东航和“去哪儿”网存在泄露庞某鹏隐私信息的高度可能性，也即原告完成了对事实举证的义务。

对于过错，在侵权责任要件中，过错属于主观要件，但是行为人的主观状态，即他的想法、意图、心理、目的，旁人是无从得知的，只能从客观的可以感知的行为人的言行来判断。比如过失，是行为人违背了对于损害的某种注意义务，应该注意而未予注意，具体说，就是应该预见自己某种行为可能发生损害后果，但未能预见（疏忽）或轻信可以避免（懈怠），造成了某种损害，所以必须承担一定责任。行为人的注意义务，通常是一个合理人即普通人都应该认识到的损害可能性。如果普通人都能够注意到而行为人却没有注意到，就意味有过错。至于专业人士对于其专业范围内可能发生的损害，则负有更高的注意义务。[①]在庞某鹏案中，法院认为东航和“去哪儿”网在被媒体多次报道涉嫌泄露乘客隐私后，即应知晓其在信息安全管理方面存在漏洞，但是该两家公司却并未举证证明其在媒体报道后迅速采取了专门的、有针对性的有效措施，以加强其信息安全保护。因此，认定东航和“去哪儿”网具有过错。[②]

---

① 参见魏永征：《新闻侵权的归责原则和举证责任》，2014年3月15日，http://yongzhengwei.com/archives/32939。

② 参见王文祥：《个人信息泄露引发的侵权案件举证责任——以庞理鹏诉东航案为例》，2018年8月21日，https://baijiahao.baidu.com/s? id=1609401066961166575&wfr=spider&for=pc。

案例 29

徐某玉悲剧背后的电信诈骗和个人信息保护

案例介绍 》 山东临沂准大学生徐某玉被电信诈骗案

2016 年 8 月，山东省临沂市准大学生徐某玉遭遇电信诈骗事件引起了社会的广泛关注，这起悲剧的发生也成为社会各界关注的焦点。

山东临沂女孩徐某玉，2016 年参加高考，并以 568 分的成绩被南京邮电大学录取。8 月 19 日，打到徐某玉家里的一个电话让她欣喜不已。原来，由于家庭困难，她向教育部门申请了助学金，这个来电通知她马上就可以领到这笔助学金。不料，这是一个诈骗电话，8 月 21 日，徐某玉因被骗走了上大学的费用 9900 元，伤心欲绝，最终导致心脏骤停不幸离世。

8 月 24 日，大众网首发报道《临沂准大学生 9900 元学费被骗光　郁结于心离世》，揭出徐某玉悲剧故事。25 日，《北京青年报》报道山东新生遭电信诈骗后猝死，涉案号码曾实名登记。26 日，《新京报》披露，诈骗徐某玉骗子的账号已查明，同时报道了山东省临沂市另一名家境贫寒的考生也遇到了类似的电信诈骗，该男生也因承受不了沉重的压力，于当日夜间不幸离开了人世。

徐某玉悲剧经媒体报道后，引起社会对电信诈骗犯罪的强烈谴责。公安部随即发 A 级通缉令，通缉徐某玉案在逃疑犯。经全国上下共同努力，临沂市徐某玉电信诈骗案成功告破，犯罪嫌疑人陈文辉、郑贤聪、熊超等 7 人均被抓获或投案自首。

这伙犯罪嫌疑人是用从杜天禹处购得的考生个人信息，冒充教育部门诈骗徐某玉的。杜天禹所出售的考生个人信息是从哪里来的呢？经查明，2016 年 4 月初，被告人杜天禹使用“WEBLOGIC”反序列化漏洞工具，通过植入木马程序的方式，非法侵入山东省 2016 年普通高等学校招生考试信息平台网站，取得该网站管理权，非法获取 2016 年山东省高考考生个人信息 64 万余条，并对外出售。其中，杜天禹通过腾讯 QQ、支付宝向陈文辉出售上述信息 10 万余条，获利 14100 元。

杜天禹案由山东省临沂市罗庄区人民法院一审，法院认为，被告人杜天禹违反国家有关规定，非法获取公民个人信息 64 万余条，出售公民个人信息10 万余条，其行为已构成侵犯公民个人信息罪。被告人杜天禹作为从事信息技术的专业人员，应当知道维护信息网络安全和保护公民个人信息的重要性，却利用技术专长，非法侵入高等学校招生考试信息平台的网站，窃取考生个人信息并出卖牟利，严重危害网络安全，对他人的人身财产安全造成重大隐患。据此，法院以侵犯公民个人信息罪判处被告人杜天禹有期徒刑6年，并处罚金人民币6万元。①

2015年11月至2016年8月，被告人陈文辉、黄进春、陈宝生、郑金锋、熊超、郑贤聪、陈福地等人交叉结伙，通过网络购买学生信息和公民购房信息，分别在江西省九江市和新余市、广西壮族自治区钦州市、海南省海口市等地租赁房屋作为诈骗场所，分别冒充教育局、财政局、房产局的工作人员，以发放贫困学生助学金、购房补贴为名，将高考学生作为主要诈骗对象，拨打诈骗电话2.3万余次，骗取他人钱款共计56万余元，并造成被害人徐某玉死亡。

陈文辉等案由山东省临沂市中级人民法院一审，山东省高级人民法院二审。法院认为，被告人陈文辉等人以非法占有为目的，结成电信诈骗犯罪团伙，冒充国家机关工作人员，虚构事实，拨打电话骗取他人钱款，其行为均构成诈骗罪。陈文辉还以非法方法获取公民个人信息，其行为又构成侵犯公民个人信息罪。陈文辉在江西省九江市、新余市的诈骗犯罪中起组织、指挥作用，系主犯。陈文辉冒充国家机关工作人员，骗取在校学生钱款，并造成被害人徐某玉死亡，酌情从重处罚。据此，法院以诈骗罪、侵犯公民个人信息罪判处被告人陈文辉无期徒刑，剥夺政治权利终身，并处没收个人全部财产；以诈骗罪判处被告人郑金锋、黄进春等人15年至3年不等有期徒刑。②

案例总结 >> 侵犯公民个人信息是电信诈骗犯罪的源头

2019年11月，最高人民法院发布了电信网络诈骗犯罪10个典型案例，与徐某玉悲剧有关的陈文辉等7人诈骗、侵犯公民个人信息案和杜天禹侵犯公民个人信息案均列其中。由此可见，徐某玉案凸显电信诈骗犯罪为害之深，公民个人信息保护之重要程度！

侵犯公民个人信息犯罪被称为网络犯罪的“百罪之源”，由此滋生了电信网

① 参见《杜天禹侵犯公民个人信息案》，2019年11月19日，https://www.chinacourt.org/article/detail/2019/11/id/4644088.shtml。

② 参见《陈文辉等7人诈骗、侵犯公民个人信息案》，2019年11月19日，https://www.chinacourt.org/index.php/article/detail/2019/11/id/4644078.shtml。

络诈骗、敲诈勒索、绑架等一系列犯罪，社会危害十分严重，确有打击必要。杜天禹案系被害人徐某玉被诈骗案的关联案件，被告人杜天禹窃取并出售公民个人信息的行为，给被告人陈文辉精准实施诈骗犯罪得以骗取徐某玉等人钱财提供了便利条件，杜天禹应当对其出售公民个人信息行为所造成的恶劣社会影响承担相应的责任。[①]

电信网络诈骗类案件近年高发、多发，严重侵害人民群众的财产安全和合法权益，破坏社会诚信，影响社会和谐稳定。徐某玉案再次引发社会对打击电信网络诈骗犯罪案件问题的广泛关注。

为加大打击惩处力度，2016 年 12 月，最高人民法院、最高人民检察院、公安部（以下简称“两高一部”）共同制定出台了《关于办理电信网络诈骗等刑事案件适用法律若干问题的意见》（以下简称《意见》），明确对诈骗造成被害人自杀、死亡或者精神失常等严重后果的，冒充司法机关等国家机关工作人员实施诈骗的，组织、指挥电信网络诈骗犯罪团伙的，诈骗在校学生财物的，要酌情从重处罚。本案是适用《意见》审理的第一例大要案，在罪责刑相适应原则的前提下，对被告人陈文辉顶格判处，充分体现了对电信网络诈骗犯罪分子依法从严惩处的精神。

该案的审理结果也引起了一些讨论。浙江大学光华法学院互联网法律研究中心主任高艳东认为，判决是在法律规定的量刑范围之内，考虑到致使被害人死亡等情节，酌情从重处罚，适用了最高法定刑。一直以来，对电信诈骗都按照普通诈骗处罚，量刑并不重，“两高一部”出台的司法解释，为加大电信诈骗的处罚力度提供了法律依据。徐某玉案具有标杆意义，顶格量刑向社会传递了一个强烈信号，即未来对电信诈骗的处罚力度，将比传统的诈骗类犯罪、财产犯罪处罚更重。此案表达了从严打击电信网络犯罪、整肃互联网秩序的国家决心。[②]

2018 年，徐某玉被电信诈骗案入选“2017 年推动法治进程十大案件”，并进入最高法工作报告。

---

① 参见《杜天禹侵犯公民个人信息案》，2019 年 11 月 19 日，https://www.chinacourt.org/article/detail/2019/11/id/4644088.shtml。

② 参见程姝雯、刘嫚：《顶格量刑！徐某玉案主犯被判处无期徒刑，释放了什么信号？》，《南方都市报》2017 年 7 月 19 日。

案例分析》 个人信息保护的法律制度

杜天禹、陈文辉等侵犯公民信息案件并不是个例。据不完全统计，2014～2018年，侵犯公民个人信息的案件数量呈现不断增长的态势，即2014年14件、2015年35件、2016年407件、2017年1348件、2018年2434件。[①] 由此可见，侵犯公民个人信息的犯罪行为呈高发态势，对公民信息保护刻不容缓。在高度信息化的当下，构建个人信息保护的法律秩序已成为各国面临的急切问题。

要保护公民个人信息，首先要明确什么是个人信息。从司法实践中来看，经人民法院审理认定的公民个人信息主要有手机号码、身份证号码、姓名、淘宝支付宝信息、电子邮箱信息、社交网络注册号等，以上的公民个人信息与司法解释中关于公民个人信息的解释相吻合。为了加强公民个人信息保护，《刑法修正案(九)》第253条规定了侵犯公民个人信息罪："违反国家有关规定，向他人出售或者提供公民个人信息，情节严重的，处三年以下有期徒刑或者拘役，并处或者单处罚金；情节特别严重的，处三年以上七年以下有期徒刑，并处罚金。""违反国家有关规定，将在履行职责或者提供服务过程中获得的公民个人信息，出售或者提供给他人的，依照前款的规定从重处罚。""窃取或者以其他方法非法获取公民个人信息的，依照第一款的规定处罚。单位犯前三款罪的，对单位判处罚金，并对其直接负责的主管人员和其他直接责任人员，依照各该款的规定处罚。"

除了刑法规范，《民法典》在现行法律规定的基础上，对于隐私权和个人信息保护作出了专门规定。在《民法典》人格权编第六章"隐私权和个人信息保护"中，不仅对于隐私、个人信息以及个人信息的处理等基本概念作出了清晰的界定，同时明确了禁止实施的侵害隐私权的行为类型，处理个人信息应遵循的原则与合法性要件、个人信息的合理使用，还对隐私权和个人信息保护的关系问题作出了规定。《民法典》没有规定个人信息权，而是使用了"个人信息保护"的表述。[②] 2020年10月15日，《个人信息保护法(草案)》首次亮相，该法将在《民法典》等法律基础上，聚焦个人信息保护突出问题，落实个人信息保护责任。[③] 2021年8月20日，第十三届全国人大常委会第三十次会议审议通过《个

---

① 游希杰:《侵犯公民个人信息罪研究》,《法制博览》2020年第4期。

② 参见程啸:《我国民法典对隐私权和个人信息的保护》,2020年7月30日,https://www.chinacourt.org/article/detail/2020/07/id/5383094.shtml。

③ 参见朱宁宁:《个人信息保护法草案首次亮相》,《法治日报》2020年10月15日。

人信息保护法》,11 月 1 日起施行。

通常情况下,信息泄露的源头往往是相关部门的“内部人士”。那么这些“内部人士”究竟是谁?对这些毫无职业操守的“内部人士”,究竟该怎样打他们的板子?在诚信遭遇严峻挑战的当下,相关的职能部门,以及已经积累了庞大用户群的电信基础运营商和虚拟运营商,应该义不容辞地履行自己的监管职责和社会责任。只有堵上个人信息泄露和非法使用的口子,徐某玉被电信诈骗等恶性事件才不会再次发生。

案例 30

肖像的合理使用与商业使用

案例介绍 》《精品购物指南》封面用刘翔跨栏照引发纠纷

2004 年 10 月 21 日，北京《精品购物指南》2004 年第 80 期（总第 1003 期）使用运动员刘翔跨栏的比赛照片作为封面，卓越公司于同日将该期专刊的全部内容上传到精品网和精品购物指南网，作为网络电子版。11 月，刘翔起诉至一审法院，认为精品报社（《精品购物指南》报社）、卓越公司和中友公司的行为共同侵犯其肖像权，请求法院判令精品报社、卓越公司、中友公司赔偿经济损失共计 125 万元。

精品报社辩称：该报社出版的千期专刊是一期对 2004 年度重大事件回顾性的专刊。第 28 届奥运会中国军团赢得了骄人成绩，取得了历史性突破，其中最具代表性的事件与人物无疑是夺得男子 110 米栏冠军的田径运动员刘翔，刘翔冲刺飞跃的经典镜头更是这一举国盛事的象征。用人物形象作封面，是《精品购物指南》创刊 12 年以来形成的一种报道特色。基于千期专刊的特定主题“影响 2004”，在对全年重大事件作回述时，报社决定用刘翔这位在奥运会跨栏比赛中创造奇迹和历史的运动员决赛时的冲刺镜头作为当期的人物封面，并在当期封面形象的上方用醒目的金字打上“影响 2004”刊主题。刘翔是公众人物，对于刘翔肖像的使用具有阻却违法性，报社使用刘翔肖像属于正常的新闻报道行为，属于对公众人物肖像的合理使用。报社将刘翔肖像作为封面与中友公司的广告没有关系，中友公司的广告行为是一个连续的广告行为；而且具有广告边框，有常识的读者都可以辨识。广告的画像中没有刘翔的肖像，刘翔的肖像与中友公司的广告是两个彼此分裂、彼此独立的画面，报社正当报道的行为不构成侵权，不同意刘翔的诉讼请求。

2004 年 12 月 21 日，海淀法院一审认为，法律许可媒体在进行特定意义事件相关的报道中合理使用其肖像，精品报社、卓越公司对刘翔相关事件进行回顾性报道并使用刘翔在公共领域中肖像的行为，不构成侵权。

2005 年 12 月 16 日，北京市第一中级人民法院对刘翔诉《精品购物指南》一案作出终审判决，推翻一审判决，判决《精品购物指南》侵犯刘翔肖像权的侵权行为成立，须于30日内登报道歉，并赔偿刘翔精神损害抚慰金2万元人民币。[①]

案例总结》》封面照片是做广告，还是新闻报道使用？

本案争议焦点在于《精品购物指南》封面使用刘翔肖像是否构成侵权。两审判决结果何以有如此巨大差别？

一审法院认为，《精品购物指南》封面内容是正常的新闻报道，属于回顾性报道，因此使用刘翔的照片不构成侵权。但二审法院经过仔细比对发现：《精品购物指南》封面使用的刘翔图片并非新闻图片，而是经过处理的图片。在刘翔奥运夺冠照片下面加上了《精品购物指南》承揽的一则购物节广告，广告与照片本身并无明确区分。

千期专刊内容中虽然有关于刘翔奥运夺金的信息，但千期专刊封面使用的刘翔肖像，其背景、衣着、跨栏均有较大改动，而且头部紧连文字“影响2004”。可见封面刊载的刘翔肖像并不是完全为了报道刘翔奥运夺金这一事件，故不属于单纯的新闻报道，不能因此当然排除刘翔肖像与购物节广告的关联性。

《精品购物指南》辩称，刘翔肖像并不是该广告的组成部分，该广告自身内容与刘翔肖像没有联系，不存在上诉人所称的“利用刘翔肖像做广告”。但就千期专刊封面的整体视觉效果而言：购物节广告虽为浅蓝色背景，但其周边背景为红色，与刘翔肖像背景红旗为同色，确有“刘翔与广告背景相同”之感觉；购物节广告紧接跨栏两竖杆，且竖杆本身为蓝色，确有“广告悬挂在跨栏下”之感觉；刘翔跨栏形象的背景由赛场改为红旗，现场的半截跨栏改为艺术化的整个跨栏，突出了刘翔肖像本身，而同时却弱化了新闻效果。被突出的刘翔肖像本身的跨栏动作，与跨栏直接相连的宣传“购物节”的广告相结合，已有“刘翔跨向购物节”之感觉，再加上“精品购物指南”文字本身的呼应，足以令人产生“刘翔为中友公司购物节做广告”之误解。故上诉人所称“刘翔肖像与购物节广告之间具有广告性质的关联性”，虽为主观想象，但并非毫无根据。

在千期专刊封面上，虽然不存在“利用刘翔肖像做广告”，但就封面的整体设计所反映出的整体视觉效果而言，确实足以令公众产生“刘翔在为中友公司做广告”之误解，且此种误解源自精品报社在对载有刘翔肖像的图片进行修改时，去除了一些能够反应当时新闻信息的背景环境，特别是将比赛现场的半截跨栏改为整体艺术跨栏，并将跨栏两竖杆与购物节广告对称直接相接，而且广

---

① 参见《刘翔诉〈精品购物指南〉一案终审宣判　刘翔胜诉》，2005年12月15日，http://www.chinanews.com/news/2005/2005-12-15/8/665617.shtml。

告背景与跨栏两竖杆颜色相近，故此种误解具有一定的合理根据，而并非无合理根据的单纯的主观想象。所以，千期专刊封面上的刘翔肖像与购物节广告之间，虽然不具有直接的广告关系，但具有一定的广告性。[①]

案例分析 》 肖像合理使用与商业使用的界限

一件并不复杂的案件，两审法院作出了完全相反的判决，其中的焦点问题是肖像权保护和限制的规则。

二审法院对肖像及其保护阐述如下：

> 肖像为人格要素之一，是个人正常形象的客观反映。肖像之所以受保护，在于保障个人正常的客观形象不受外来的不良影响和歪曲，从而确保人格的圆满无缺、不受侵害。因此，对肖像的侵害，即体现为人格受侵害；而对人格的侵害，就其侵害后果而言，通常分为两种：一为使人格缺失，例如使个人身体受损或者使个人的社会评价降低；二为使人格商业化，即使人格等同于金钱，从而导致人格价值受贬损。
>
> 依据《民法通则》第一百条，可知在未经他人同意的情况下，以营利为目的使用其肖像，即构成侵犯肖像权。而所谓"以营利为目的的使用肖像"，是指对他人肖像进行具有商业性质的使用，以谋取经济利益，进而给其人格带来商业化的负面影响，例如司法解释规定的利用肖像做商标、广告，装饰橱窗等。[②]

肖像权，是公民对于自己肖像享有的专有权，即再现、使用并排斥他人侵害的权利。根据原《民法通则》第 100 条规定，构成非法使用他人肖像的要件，一是未经本人同意，二是以营利为目的。在司法实践中，确认有没有营利目的，往往成为认定是否侵害肖像权的关键问题。在新闻报道中使用他人的肖像，是国际公认的对肖像的合理使用，可以无须征得肖像权人的同意。

《民法典》第 1018 条删除了《民法通则》关于"以营利为目的侵害他人肖像权"的构成要件，确认肖像权的积极权能包括依法制作、使用、公开或者许可他人使用肖像，侵害肖像权的行为包括丑化、污损或利用信息技术手段伪造肖像等，以及未经肖像权人同意制作、使用、公开其肖像。同时考虑到现实生活中肖

---

① 参见《刘翔诉〈精品购物指南〉案终审法院判决书》，2005 年 12 月 15 日，http://sports.sina.com.cn/o/2005-12-15/ba1937928.shtml。

② 参见《刘翔诉〈精品购物指南〉案终审法院判决书》，2005 年 12 月 15 日，http://sports.sina.com.cn/o/2005-12-15/ba1937928.shtml。

像的制作、使用、公开行为甚为普及，要求行为人无论在何种情况下均需取得肖像权人的同意将极大地增加社会成本，《民法典》第1020条增设了肖像权的合理使用规范，明确了可以不经肖像权人同意而实施的行为。其中，"为实施新闻报道，不可避免地制作、使用、公开肖像权人的肖像"就属于合理使用肖像权的一种情形。

使用具有新闻价值的人物的肖像，使用参加具有报道价值活动的人的肖像，为行使正当舆论监督而使用他人肖像等，都属于新闻报道中使用他人肖像。但广告使用不属于合理使用。有的媒体封面肖像属于新闻人物，看起来具有新闻性，但是在处理上背离了新闻报道的规则，这样也不能属于合理使用。①

引起法学界、新闻界、体育界极大关注的刘翔诉《精品购物指南》案，就是这种情形。北京一中院的二审判决，给新闻业以及新闻从业者留下了宝贵的启示：一是新闻报道中可以不经肖像权人的同意而使用肖像权人的肖像，但该肖像必须是新闻报道的有机组成部分，是为新闻报道服务的。二是即使在新闻报道中可不经肖像权人的同意而使用该肖像权人的肖像，也应注意避免侵犯该肖像权人的隐私权。如果有可能会涉及该肖像权人的隐私权，仍然必须取得肖像权人的同意。三是如果新闻图片不是新闻报道中的一部分，而是用作一般文章的插图，尤其用作具有一定商业利益的宣传性文章的插图，应当遵循谨慎性原则。这一类文章虽不是广告，但会产生一定的商业利益，容易被人误认为文字性广告。为避免陷入侵犯肖像权的纠纷，使用人物肖像照片时，应当取得肖像权人的同意。②

---

① 参见魏永征、周丽娜：《新闻传播法教程》(第6版)，中国人民大学出版社2019年版，第177页。

② 参见沈天水：《新闻报道中的肖像权问题——从刘翔诉〈精品购物指南〉侵犯肖像权案的终审判决谈起》，《新闻记者》2006年第1期。

案例31

“葛优躺”表情包背后的权利之争

案例介绍 >> 真人表情包涉及肖像权保护

我国知名演员葛优曾在电视剧《我爱我家》中扮演纪春生(二混子),角色特点为懒惰耍赖、骗吃骗喝。该角色在剧中将身体完全瘫在沙发上的放松形象被称为“葛优躺”,成为2016年网络热词。

2016年7月25日,旅游信息服务网站艺龙网在其新浪官方微博号“艺龙旅行网”中发布了“葛优躺”的配图微博,以图片配台词的形式,在每张图片中添加台词字幕,通过介绍“葛优躺”,带入与网站业务相关的酒店预订。

2016年8月1日,演员葛优申请公证,证实7月25日“艺龙旅行网”微博号发布如下内容:“不经历周一的崩溃,怎知道周五的可贵。为了应对人艰不拆的周一,小艺爆出葛优躺独家教学,即学即躺,包教包会!”该微博共使用葛优7幅图片共18次。第一张为葛优个人身着西服给其他企业代言的照片,所配文字内容为“如何用一招学葛优躺出人生新高度”,并有嘴部文字“一般人我不告诉他”,其余6张均为剧照。最后几张图配有大床、浴室等酒店背景,微博后附“订酒店用艺龙”的文字,并附二维码和艺龙网标识。该微博被转发4次,评论4次,点赞11次。[①] 葛优认为,艺龙网擅自加工和使用其肖像图片,具有明显的商业属性,极易使众多浏览者及消费者误认为其为艺龙网代言人,或与该网站存在某种合作关系,使其本人蒙受外界诸多误解,侵犯了其肖像权。遂将该公司诉至法院,请求判令艺龙网公开赔礼道歉,赔偿经济损失40万元和维权合理开支1万元。

8月18日,艺龙网公司删除上述微博。12月7日,艺龙网未经过葛优审核同意自行在其微博发布致歉信,内容为:“真诚向人民艺术家葛优先生致歉。葛优老师是喜剧界瑰宝,给当代人塑造了太多形象,让小编铭记于心。小编微博使用过葛优躺图片,给葛优老师造成困扰,在此诚挚道歉。招来官司实非小编所愿,实属对葛优老师的个人崇拜犹如滔滔江水连绵不绝,一发不可收拾。小

① 参见北京市第一中级人民法院(2018)京01民终97号民事判决书。

编以后一定严格控制自己的情绪，将对葛优老师的崇拜之情放在心里不再炫耀。”该致歉微博转发 24 次，评论 197 次，点赞 58 次。葛优认为该致歉信中艺龙网公司承认了侵权事实，但就此作出的致歉实为再次利用其进行商业宣传，部分内容和语气调侃成分过重，其表达并未对葛优起到正向的抚慰作用。[①]

一审法院经审理支持了原告葛优的诉讼，认为涉案微博侵犯了葛优的肖像权，艺龙网公司应当承担法律责任，判令艺龙网公司在其运营的微博账号公开发布致歉声明并赔偿葛优经济损失及维权合理支出共 75000 元。判决后，艺龙网公司不服，诉至北京一中院。该公司认为，一审法院不应判决其在微博中赔礼道歉，且赔偿数额过高。2018 年 2 月，北京一中院判决驳回上诉，维持原判。[②] 葛优与艺龙网信息技术（北京）有限公司肖像权纠纷案结案。

案例总结 >> 真人表情包背后的演员肖像和角色形象关系

“葛优躺”表情包侵权一案是近年来网络表情包侵权案件中的典型案例，其反映出的法律问题值得关注。真人表情包属于网络时代肖像表现的新形式，不论是动态的、静态的，还是通过处理截图、照片而制成的，甚至出现了漫画、雕刻等多种新颖形式来表现人物形象。各式各样的真人表情包不仅成为广大网民的交流工具，更易成为商家宣传获利的工具，真人表情包涉及的肖像权问题也就愈发复杂，侵权纠纷时有发生。

从法律层面看，本案引发的权利之争涉及演员角色形象与演员本人形象的法律关系问题。焦点问题在于角色形象的肖像权保护问题，即演员饰演角色的形象是否构成肖像内容。

肖像权是以自然人在自己的肖像上所体现的人格利益为内容的民事权利，《民法典》第 1018 条规定自然人享有肖像权。作为一项具体的人格权，它直接关乎自然人的人格尊严，自然人对自己肖像依法享有支配、使用并排除他人侵害的权利。当某一形象能够充分反映出个人的体貌特征，公民通过该形象直接能够与该个人建立“一一对应”的关系时，该形象所体现的尊严以及价值就是该自然人肖像权所蕴含的人格利益。法律之所以保护肖像权，是因为肖像中所体现的精神和财产的利益与人格密不可分。[③] 演员明星等公众人物因其自身的公

---

① 参见王宏丞：《使用“葛优躺”表情包侵犯肖像权》，2018 年 8 月 8 日，http://ip.people.com.cn/n1/2018/0808/c179663-30216250.html。

② 参见刘雅璠、王梓茜：《“葛优躺”引发肖像权诉讼　自行道歉不予免责》，2018 年 2 月 23 日，http://bj1zy.chinacourt.gov.cn/article/detail/2018/03/id/3216362.shtml。

③ 参见宿迟、梅松：《文化创意知识产权典型案例评析》，法律出版社 2016 年版，第 156 页。

共性和特定性，其肖像同时具有一定的商业价值。知名形象所具有的商业价值与权利人本身具有的特质或者其付出的劳动密切相关，正因如此，法律应当认可来自个人投资和努力而演绎出的形象所具有的商业上的价值。① 当公众人物的形象被他人擅自使用时，不仅仅侵犯肖像权上承载的人格尊严，也侵犯了权利人自己使用或者许可他人使用的财产上之利益。

角色的要求以演员本人的形象为基础。演员的形象可以被装饰，但不能被消灭。② 角色形象作为肖像保护的例外，主要在于角色形象与表演者的真实肖像是否可以产生关联，因此在以往的司法实践中，角色形象是否受肖像权法律保护应视不同情况而定。如果演员塑造的角色是经过特殊造型化处理的虚构人物，即角色形象与演员本人的真实相貌差异巨大的特型演员，非经特别说明一般人无法通过该形象辨认出是该演员，则该形象不能成为演员肖像权的客体。如果影视演员为了角色需要而塑造的人物形象与演员本人真实形象并无较大差别或者存在较大差别，但经过演员长期的演绎和宣传已为人所熟知，网民根据影视形象一眼就能够辨别出该演员的真实形象与身份，则该角色形象所产生的商业利益应当纳入演员肖像权的范畴予以保护。判定行为是否侵犯肖像权的关键是判断涉嫌侵权的形象与权利人的形象在近似程度上是否足以引起公众的误认，这种判断不应仅以对比观察作为唯一的判断方法，而应当采取第一印象为主、对比观察为辅的判断标准。即一般人初次见到涉嫌侵权的形象后仅凭第一感觉就能够辨认出是权利人的形象，或经过对比之后发现二者的近似程度极高甚至完全相同，则可认为该形象构成对他人肖像权的侵犯。③

在本案中，"葛优躺"造型并没有经过特殊造型设计，与葛优本人的形象相似度极高，虽确已形成特有的网络称谓和文化内涵，但一般社会公众看到该造型时除了想到剧目和角色，也不可避免地与葛优本人相联系。④ 遵循上文所说的"一一对应"原则具备可辨识性，该表现形象亦构成原告的肖像内容。

案例分析>> 表情包保护的法律空白与肖像权制度完善

本案件的权利之争从一方面显示了我国立法实践的不足。在《民法典》颁行前，我国对肖像权缺乏具体的判断和认定标准，对自然人肖像权的法律保护

---

① 参见高翼飞：《角色形象成为演员肖像权的客体考量》，《人民司法》2013 年第 16 期。

② 参见史浩敏：《几种特殊肖像的法律保护探讨》，《政法学刊》1992 年第 1 期。

③ 参见高翼飞：《角色形象成为演员肖像权的客体考量》，《人民司法》2013 年第 16 期。

④ 参见北京市海淀区人民法院(2016)京 0108 民初 39764 号民事判决书。

总体上为具体人格权加著作权保护模式。[①] 对肖像权并未形成独立完备的法律保护体系，在总体性法律中涉及肖像权的司法解释多为“受法律保护”等抽象性说法，并且对于丑化、玷污等实际对肖像权造成侵害的具体情形并没有清晰界定，对本案涉及的角色形象的肖像权归属问题也没有明确的立法规定。

面对互联网新语境，公民享有的人身权利更需要予以进一步明确与宣示。可行的方法可能是，通过立法将角色形象接纳为明确受法律保护的客体，或者通过司法解释形式指导司法实践。[②] 演员作为公众人物是表情包传播中最易受到侵权的群体之一，因其肖像权、名誉权等人格权利具有极高的商业价值而易成为不法分子的营利工具。公众人物的权利让渡应在法律保护的范围内进行，歪曲、丑化公众人物形象制作表情包的行为显然超出了公众人物肖像的合理适用范围而应受到惩治，这些法律空白在流量文化愈发盛行的当下迫切需要进一步填补，以防止规避法律的侵权行为发生。

“葛优躺”表情包风波也彰显了目前网络空间存在的问题：网民权利保护意识整体不高，网络传播行为中依据法治思维进行价值判断与价值选择的风气并未达到理想水平。公众人物对公共事务或公共舆论的影响值得民众对其行为和品格表示更多的关注。[③] 演员等公众人物同样是享有人格权利的自然人，而网民大众却倾向于将他们受到评价、调侃甚至恶搞作为其成为公众人物的应有“牺牲”。名人明星表情包占据表情包市场很大一部分，其中不乏随意使用，内容含有丑化、侮辱意味的情况。尽管满足侵权构成要件，但因为这类侵权现象太过普遍且因情节轻微而未被追究法律责任。加之，“只要不诉讼就不违法”的错误认识已成常态化，使得很多侵权行为并未受到及时制止与惩罚，这就更难以使大众意识到其侵权性质。同时，为了赚取“眼球营销”的利益，一些企业抱有“反正删了就不用赔偿”“道歉了就不用承担责任”的侥幸心理而随意使用表情包，这些置法律和社会责任于不顾的行为给表情包侵权认定带来了挑战。

滥用真人表情包，可能会吃官司，这是法治社会的题中之义。[④] 一旦作出超越法律界限的行为就要承担法律后果。葛优积极维权的行为警示商家不得擅自利用他人肖像权牟利，制作使用表情包之前要谨慎权衡言行的合法性，以不侵犯他人合法权益为前提。依据《民法典》第 1018 条第 1 款及第 1019 条第 1 款，肖像权的积极权能包括依法制作、使用、公开或者许可他人使用肖像，侵害

① 参见罗斌：《传播侵权研究》，国家图书馆出版社 2018 年版，第 358 页。
② 参见冯晓青：《法律该如何保护“孙悟空”的权益》，《人民法院报》2013 年 7 月 3 日。
③ 参见邵国松：《网络传播法导论》，中国人民大学出版社 2017 年版，第 143 页。
④ 参见谢军：《表情包也要有“法治脸”》，《人民日报》2018 年 3 月 2 日。

肖像权的行为包括丑化、污损或利用信息技术手段伪造肖像等，以及未经肖像权人同意制作、使用、公开其肖像，除非符合第1020条增设的肖像权合理使用规范，可以不经肖像权人同意。表6-1提供了14个媒体侵权经典案例。

表6-1　14个媒体侵权经典案例一览

序号	时间	案例名称	涉及法律问题及意义
1	1988	杜融诉《民主与法制》记者沈涯夫、牟春霖刑事诽谤案	新中国历史上第一起新闻官司，开创了公民运用法律方式寻求对自身名誉权保护的先例，开创了新中国记者因撰写文章而受到刑事惩罚的先例
2	1996	樊祥达诉张弘、富敏、上海电视台《上海人在东京》电视剧改编案	本案判决厘清了“改编”“修改”“歪曲”“篡改”等行为的边界，同时也界定了《著作权法》意义上的“忠实于原著”与改编者对于创作新作品时的自由度等相关问题
3	1996	深圳市福田区人民法院诉《民主与法制》案	本案充分展现了公权力与媒体冲突，新闻记者的舆论监督与公权机关的权益如何获得平衡是值得思考和研究的问题
4	1998	刘兴中诉《工人日报》、黄迅超、汪博天案	“中国新闻官司抗诉第一案”，本案在舆论监督纠纷中堪称经典，因为一审法院将报道此案的一家媒体告上法庭，司法机关罕见地成为原告
5	1999	陆俊诉《羊城体育报》案	本案真正的价值在于法律对“新闻源”问题的判断，同时也是一场“尘封”的媒体冤案
6	1999	《花轿泪》《巴黎泪》作者及译者侵权案	我国关于自传体文学类翻译作品侵权责任纠纷第一案，也是新中国成立以来法院受理的第一例“不告作者告译者”，后追加原作者为共同被告的名誉权案件
7	2001	陈佩斯、朱时茂诉春节联欢晚会小品著作权案	本案最大的意义在于法院明确界定了春节联欢晚会和晚会中具体节目的法律性质，具体节目的创作者亦享有单独行使著作权的权利
8	2002	范志毅诉《东方体育日报》案	该案是我国司法机关首次把“公众人物”的容忍义务写入裁判文书的案件。在公众人物概念和实际恶意原则尚未被官方正式采纳的情况下，本案合议庭的探索弥足珍贵
9	2003	张铁林诉周璇、《成都商报》案	区分新闻爆料人失实还是媒体报道失实第一案，将言论主体的言论内容是否真实与媒体的报道是否真实区别开，并将媒体的责任与言论主体的责任区别开来，这是法院探索的一种新思路

续表

序号	时间	案例名称	涉及法律问题及意义
10	2005	中国电影集团公司、湖北省文化厅诉文汇新民联合报业集团、吴柯蓝案	本案是报道新闻发布会引发的官司，最大的价值与其说是保护了媒体如实报道公共场合言论的权利，毋宁说保护了公民仗义执言的评论权利
11	2009	谢晋遗孀诉宋祖德、刘信达案	本案作为新媒体时代博客名誉侵权的典型案例，对网络言论自由的限度以及博客名誉侵权的法律责任提出了新的思考和指引
12	2010	《新快报》诉《新闻记者》案	本案系不多见的“媒体诉媒体”的案件，本案的价值在于：怎样面对新闻的真实性，怎样看待有意的新闻造假和无意的虚假新闻；媒体既是舆论监督的工具，也是舆论监督的对象，因此要接受同业监督；新闻报道与新闻评论的要求有何不同，侵权的边界又该如何厘定
13	2011	范曾诉郭庆祥、《文汇报》案	本案主要向我们提出了以下几个值得关注和思考的问题：应该如何评价一个艺术家的创作作品？艺术评论和恶意诽谤之间的界限是什么？媒体应当如何刊发评论文章，应当尽怎样的注意义务？文艺批评的尺度如何厘定？作为公众人物的艺术家是否应当容忍他人对于自己作品的评价与批评？事实陈述与观点表达的界限在哪里？
14	2012	李莉诉微梦创科案	该案的特殊性在于管辖地和被告。本案当时系根据江西高院出台的《关于网络侵权纠纷案件适用法律若干问题的指导意见（试行）》的规定将网络终端连接地作为侵权结果发生地

资料来源：由国内著名媒体律师富敏荣先生提供。

第七章　传播与著作权

著作权与新闻传播活动有密不可分的关系。本章选取的典型案例，涉及传媒业与互联网产业的版权利益冲突、“洗稿”的是与非、影视作品的“实质相似”与著作权侵权认定、网络图片霸权与“碰瓷式”维权、网站版面的著作权保护等新问题。对2021年6月1日起施行的新《著作权法》中与传媒有关的新规定也作了解读。

案例32

传统媒体与网络媒体的版权之争

案例介绍》 未经授权转载4篇新闻稿件判赔10万元

2018年10月8日，今日头条所属北京字节跳动科技有限公司（简称“字节跳动公司”）上诉江苏省现代快报传媒有限公司（简称“现代快报公司”）、江苏省现代快报传媒有限公司无锡分公司（简称“现代快报无锡分公司”）等著作权权属、侵权纠纷一案被江苏省高级人民法院予以驳回，维持原判。江苏省高院作出的终审判决显示，根据一审判决，字节跳动未经授权转载《现代快报》4篇稿件，被判赔偿经济损失10万元及相关合理费用1.01万元。

判决书公布后，新闻业界普遍认为，这是一起传统媒体版权保护的“划时代的标志性事件”，将载入新闻史。2019年1月21日，中国报业协会向最高法呈送《关于将现代快报诉今日头条一案作为指导性案例的建议》。有学者认为此案之所以被作为指导性案例呈送，并不只是因其在业内外的巨大影响，更因其直指传统媒体版权维护过程中的几大痛点：维权成本高、维权赔付低、维权周期长。此案获赔10万元，希望能为同类型案件审理提供借鉴。[①] 4月22日，最高人民法院公布2018年中国法院十大知识产权案件和50件典型知识产权案例。本案入选50件典型知识产权案例。[②]

《现代快报》是江苏凤凰出版传媒集团出版的报刊，是一份主打南京地区新闻的区域型都市报。2015年6月5日起，《现代快报》陆续报道了记者署名的《落叶归根，9旬老太恢复中国国籍》（以下简称《9旬老太》）等6篇原创文章。在未获得《现代快报》授权的情况下，今日头条即予以转载。现代快报公司最初试图通过协商解决，但今日头条置之不理。同年9月，现代快报公司以侵权为由将字节跳动公司起诉至无锡市中级人民法院。

无锡中院受理后，字节跳动公司提出管辖权异议，被无锡中院裁定驳回。字节跳动公司不服裁定，向江苏省高院提出上诉，仍被驳回。无锡中院于2016年12月23日开庭审理，2017年7月28日判定字节跳动公司侵权事实成立。字节跳动不服判决，向江苏省高院提起上诉。江苏省高院于2018年6月12日开庭审理。庭上，字节跳动表示愿意调解，但现代快报公司明确拒绝，表示一定要在法律的框架下宣判，“希望以此判例，推动媒体知识产权保护，哪怕是前进一小步”。10月8日，江苏省高院作出终审判决，驳回字节跳动上诉，维持一审判决。[③]

案例总结 >> 今日头条是“只提供链接的新闻搬运工”吗？

本案在审判中的争议焦点都主要围绕三个方面展开，分别为：

（一）涉案6篇文章是否构成著作权意义上的作品？

《现代快报》诉今日头条一案中，最大的争议之一就是新闻作品的著作权认定，判定涉案6篇文章是否属于《著作权法》意义上的作品。字节跳动公司认为除《9旬老太》一文外，其余均篇幅短小，仅以平铺直叙的方式载明事实经过，且刊登在新闻栏目里，故属于不受《著作权法》保护的时事新闻。

我国《著作权法》第5条第2款规定“本法不适用于时事新闻”，将时事新闻排除在版权法保护范围之外。现代快报公司则认为这6篇文章均由记者采访、撰写并经编辑后发表在《现代快报》上，无证据显示其内容与他人已有作品相同

---

① 参见郑春平：《如何化解维权痛点——从现代快报版权保护事件谈起》，《青年记者》2019年第16期。

② 参见《最高人民法院办公厅关于印发2018年中国法院十大知识产权案件和50件典型知识产权案例的通知》，2019年4月30日，http://www.nipso.cn/onews.asp? id=46522。

③ 参见《历时三年，现代快报诉今日头条案艰难胜诉》，《中国报业》2019年第3期。

或实质性相似，亦无其他证据表明存在其他作者，故涉案6篇文章系从无到有的独立创作，符合作品的要件要求。

法院认为，涉案6篇文章属于著作权法意义上的作品。著作权法所称"作品"，是指文学、艺术和科学领域内具有独创性并能以某种有形形式复制的智力成果。独创性要求外在表达的智力成果是从无到有独立创作出来或以他人已有作品为基础进行再创作，而由此产生的成果与原作品之间存在着可以被客观识别的、并非太过细微的差异。一审法院认为，时事新闻是指通过大众传播媒介传播的单纯事实消息，对新闻事件的简短描述因不满足独创性的要求故不构成作品。涉案6篇文章虽是对客观事实的描述，但其文字表达中不仅包含单纯事实消息，还含有文艺创作手法创作的新闻评论，该表达属于作者的独创性智力劳动，故并非时事新闻。

(二)《现代快报》是否对涉案文章享有著作权?

媒体单位是不是本案适格原告？一般情况下只有著作权人才是适格原告，有关新闻作品的著作权归属涉及职务作品、法人作品等概念。在实务中新闻工作者的作品权利归属并不明确，且与著作权规定存在诸多矛盾。

字节跳动公司认为，现代快报公司非本案适格原告，现有证据不能证明现代快报公司对涉案文章享有著作权。现代快报公司认为，其与文章署名记者已签订《职务作品创作合同》，载明其为现代快报公司聘用记者，受《现代快报》指派，接受公司领导与指示，在江苏省无锡地区负责新闻采编等工作，其创作的新闻作品是为完成现代快报公司工作任务，创作稿件与工作性质相关，是代表公司意志的新闻作品，属于职务作品，其著作权归现代快报公司共同享有。

法院认为，现代快报公司、现代快报无锡分公司系本案适格原告。现代快报公司、现代快报无锡分公司是与本案有直接利害关系的公民、法人和其他组织。本案中，涉案作品均有署名，在无相反证据的情况下，应认定在作品上署名的人为作者。涉案6篇文章作者签约的《职务作品创作合同》中明确其作为现代快报公司聘用的记者，所创作的作品系完成工作任务的职务作品，著作权属于现代快报公司、现代快报无锡分公司，故现代快报公司、现代快报无锡分公司作为现代快报公司的依法设立并领取经营执照的分支机构，属于民事诉讼法规定的可作为原告的其他组织。

(三)今日头条提供涉案6篇文章是否构成侵权?

字节跳动公司认为《9旬老太》等文章分别是由《成都商报》和汉网用户上传，今日头条仅作为网络服务提供者提供网络信息存储空间，且已尽到合理审查义务，不具有过错，故不应承担侵权责任。对于《为能多见见孙子　失去独子的老两口起诉儿媳要探望权》案(以下简称《为能多见见孙子》)其余4篇文章，字节跳动公司主张其仅提供链接服务，已获相关网站的授权，不存在侵权故意，符合《信息网络传播权保护条例》第23条的规定，不应承担赔偿责任。现代快报公司称涉案作品系字节跳动公司自行提供的主张，缺乏事实和法律依据，不予支持。

法院在判决中对今日头条只提供链接的新闻搬运工的辩称予以否认。法院认为，该2篇文章显示于今日头条客户端时，左上角都标明了具体的上传用户名称，结合相应的证明文件的后台记录，能够证明涉案作品系第三方头条号上传，字节跳动公司提供的是信息存储空间服务。在本案中，没有证据证明字节跳动公司知道或有合理的理由应当知道涉案作品侵权，也没有证据证明其改变了涉案作品并从中获利，故在字节跳动公司及时删除涉案作品的情况下，其不应对涉案作品的传播行为承担赔偿责任。

而对于《为能多见见孙子》等其余4篇文章，法院认为字节跳动公司未经许可，在其经营的今日头条客户端上使用了涉案作品，使公众可以在其个人选定的时间和地点获得涉案作品，侵害了现代快报公司、现代快报无锡分公司享有的信息网络传播权，应当对其侵权行为承担相应的法律责任。现有证据不足以证明字节跳动公司仅提供链接服务。首先，字节跳动公司现有举证只能证明其与第三方网站存在以链接方式进行作品传播的协议，并不能进一步证明其对涉案4篇文章确实仅提供链接服务，而未将涉案文章复制其服务器中；其次，本案缺乏证据证明用户阅读今日头条客户端中的涉案作品时存在跳转或链接到第三方网站的情形；最后，无证据证明现代快报公司、现代快报无锡分公司对涉案作品许可他人转授权使用。故对字节跳动科技公司关于其仅提供链接服务的主张不予采纳。

案例分析 >> 版权产业与互联网产业的版权利益冲突与平衡

《现代快报》诉今日头条案实质上是传统媒体与以新闻聚合分发平台为代表的网络媒体之间的版权之争。《现代快报》的胜诉意味着传统媒体版权维护迈出了一大步，同时也提出了作为版权产业的传统媒体与互联网产业之间的版权利益冲突和平衡的世界难题。

首先是对新闻作品著作权的再认定。对于报纸、电视和广播等传统媒体及其开办的新媒体而言，新闻产品是最重要的核心产品，也是重要的版权资产。自1986年以来，我国已有多部法律法规对新闻作品版权作出规定说明。2015年4月，国家版权局制定了《关于网络转载版权秩序的通知》，在原有法律法规基础上进一步明确了媒体具有独创性劳动的消息、通讯、特写等新闻作品受法律保护。但是,由于部分涉及著作权保护的概念和标准界定相对模糊,引发了很多争议,例如“时事新闻”。此次《现代快报》诉今日头条案例中,关于新闻作品著作权认定的最大争议就是这一关键词。根据我国《著作权法》第 5 条第 2 款规定,时事新闻是指通过报纸、期刊、电台、电视台等传播媒介报道的单纯事实消息。因此,不受法律保护。

在本案中,法院认为时事新闻是指通过大众传播媒介传播的单纯事实消息,对新闻事件的简短描述因不满足独创性的要求故不构成作品。而涉案文章均属于著作权法意义上的作品,《现代快报》的涉案文章属于作者的独创性智力劳动,故并非时事新闻。因此,该案中对时事新闻与新闻作品的界定,推动了时事新闻著作权保护制度的进一步完善。

其次,对新闻作品著作权侵权作出惩罚性赔偿。4 篇新闻稿件赔偿 10 万元的惩罚性判决,额度之高,打破了之前维权所得较低的惯例,让艰难维权的传统媒体备感振奋。不少人认为,对新闻作品著作权侵权的惩罚性赔偿,可以最大限度保障传统媒体的利益,不仅为新闻作品的创作和传播创造了一个良好的环境,也为传统媒体的转型、新旧媒体的融合与竞争营造了一个公平的氛围。

最后,应对知识产权类案件审理“周期长”难题。对这起案件的审理起决定性作用的,是江苏省高级人民法院二审维持了一审判决,对无锡中院的审理予以了充分认定。字节跳动公司认为,涉案 4 篇文章系该公司从其他合作方获得授权而链接,因此不构成侵权。法院一审则认为,字节跳动公司现有证据不足以证明今日头条仅提供了链接服务。即使其仅提供了链接服务,也不能完全免责。法院判决书中明确显示,字节跳动公司对涉案 4 篇文章提供了链接服务,因其未经权利人许可,亦侵犯了现代快报公司、现代快报无锡分公司涉案作品的信息网络传播权。

《现代快报》诉今日头条案并非个例,在媒体融合时代,新旧媒体的版权之争日益激烈,仅靠传统媒体一己之力难以维权。尽管《现代快报》在诉讼中获胜是传统媒体维权的里程碑事件,但要真正化解新旧媒体版权争议,还需制度上的建设。

2020 年 11 月 11 日,第十三届全国人大常委会第二十三次会议表决通过关于修改《著作权法》的决定。修改后的《著作权法》回应了 10 年来发生巨变的社会需要,将自 2021 年 6 月 1 日起施行。其中与新闻传媒有关的修改有:(1)明定媒体工作人员职务作品的著作权归属。第 18 条第 2 项明确将报社、期刊社、通讯社、广播电台、电视台的工作人员创作的职务作品界定为特殊的职务作品,即作品的撰写者享有署名权以及单位给予的奖励,其他著作权法上的权利,包括发表权、修改权及财产权等均属于单位所有。(2)大幅提高侵权法定赔偿额上限，法定赔偿上限从 50 万元提升到 500 万元，明确规定惩罚性赔偿及法定赔偿的下限，让包括传统媒体在内的权利人的维权不再“得不偿失”。(3)修改“时事新闻”为“单纯事实消息”，不受著作权法保护的不再是笼统的时事新闻，让新闻作品的保护不再尴尬。(4)适应传播技术发展，修改作品类型。“电影作品和以类似摄制电影的方法创作的作品”改为“视听作品”，“法律、行政法规规定的其他作品”改为“符合作品特征的其他智力成果”，容纳更多传统电影作品无法容纳的新作品类型，并把封闭式的作品类型变成了开放式概念，以适应时代发展产生的新作品类型。(5)延长摄影作品保护期限，赋予广播组织信息网络传播权。修订后的《著作权法》将摄影作品与文字作品、美术作品作同样的处理，原则上保护期限为作者终生及其死后 50 年。修改后的《著作权法》第 47 条增加了广播组织禁止他人未经许可通过信息网络传播的权利，有利于广播组织增强控制节目传播的能力，更好地打击侵权行为。[①]

---

① 参见姚欢庆：《新著作权法的这些修改，关乎媒体从业人员的作品权益》，2020 年 11 月 16 日，http://piaofang.maoyan.com/feed/news/155228。

案例 33

《甘柴劣火》与“洗稿”之辩*

案例介绍 》》《甘柴劣火》引起“洗稿”争议

2016～2019 年，财新网在其付费新闻网站发布多篇有关甘肃武威抓记者事件的报道。2019 年 1 月 11 日，财新网发布《甘肃武威原“火书记”被双开，曾制造抓记者事件》报道，当天稍晚时候，前媒体人黄志杰在其主理的自媒体公众号“呦呦鹿鸣”发布题为《甘柴劣火》的长文对“火书记”事件进行报道，其中多处使用了财新网付费报道的内容。该文刷屏朋友圈，获得了“10 万＋”的点击量。

财新网报道主要作者、调查记者王和岩当即在朋友圈发帖提出强烈不满。她在朋友圈转发该文，并对该文质疑和声讨：“自媒体时代就可以不采访不花成本，躺吃别的媒体的报道了吗？”“作为爆款文章可以根本不用采访，不花任何成本，不冒任何风险，利用付费阅读壁垒，就可以攒吧攒吧炮制出爆款来。”财新传媒主编凌华薇表示：“此文当然不是洗稿，而是涉嫌赤裸裸的抄袭和侵权。”“呦呦鹿鸣”博主黄志杰发布声明，辩称其文章并没有抄袭，而是有 18 个不同信源，包括 1988 年 4 月 1 日《中国青年报》关于武威领导压制新闻的报道。此事当即成为网络关注热点，看法各有不同，集中的指责是认为《甘柴劣火》是“洗稿”的代表作。

当日下午，公众号“呦呦鹿鸣”发布题为《社会在崩塌——关于财新网记者攻击呦呦鹿鸣一事的说明》进行回应。黄志杰针对质疑回应其一万多字的《甘柴劣火》一文是由“呦呦鹿鸣”独创，“呦呦鹿鸣”也是一个真正的原创公众号，认为财新不能垄断对新闻事实的传播，“不能把新闻事实当成生意”。

魏永征教授引用 1 月 14 日《新京报》刊登的“学界和业界大拿”发表的代表性意见。有人认为，“呦呦鹿鸣”拿着财新网付出巨大成本获得的事实，自己重

* 2019 年 7 月 23 日，国内著名新闻传播法学者魏永征教授应邀在山东大学威海校区“修辞与传播”研究生暑期学校，向文化传播学院、翻译学院师生讲授“洗稿——自媒体和专业媒体的博弈”主题讲座，本文主要内容来自魏永征教授的讲授内容。全文参见魏永征：《魏永征教授讲授“洗稿”与自媒体》，2019 年 7 月 30 日，http://yongzhengwei.com/archives/33800。

新叙事，要是不违规、不侵权，很多人都能干。公众号写好了，是可以用作商业用途的。以一个可能的商业活动，去伤害别人的商业行为，这是问题的核心。财新网在调查事实的过程中前后付出了巨大成本，如果这样的内容都可以随意引用，那谁为严肃媒体的调查买单？但也有人认为，本文基于甘肃事件的丰富、延展和再架构，立意媒体和官场的持续冲突，这种多方的信息重组加工，是一种智力创作。

魏永征教授还举出学者张志安教授的看法：财新网此文属于付费阅读，不宜擅转。《甘柴烈火》一文有一定原创价值，但不够规范。是否“洗稿”，既看改写动机，也要看其商业诉求，从“呦呦鹿鸣”的定位和以往文章的价值看，有一定的公共传播功能，不宜直接下结论。

此事经财新网投诉，腾讯微信撤销了《甘柴劣火》的原创标识和赞赏功能。这场风波随即告一段落。

案例总结>>“洗稿”的是与非

何为“洗稿”？“洗稿”构成对他人作品的抄袭和侵权吗？魏永征教授对“洗稿”进行了讲解。他说，“洗稿”并非法律术语，是新闻业界的专门术语，就是以更换一定的表达方式（句式、词汇、结构等）来将他人（一件或多件）新闻作品的内容（事实或观点）变成自己作品的行为。更换表达方式如更换同义词、调整语词结构、转换语序、增删非关键词语、变动段落等，而与他人作品的主题、观点以及总体内容则高度相似。洗稿是一种紧贴著作权法底线的行为，因为版权保护只及于表达而不及于思想，行为人企图以变换表达方式来规避侵权行为。洗稿不能简单等同于构成侵权的抄袭，但也不是引用他人作品即合理使用，引用必须遵循一定的规范。

《甘柴劣火》是如何对财新网的报道进行“洗稿”的呢？微信公众号“小强传播”将《甘柴劣火》一文提交万方系统进行监测，得出 11.19%相似度的结论。自媒体“山寨发布会”采取“信息块”比对方式，对《甘柴劣火》一文的八个小节逐一比对发现，前五小节主要出自财新的报道，第六小节是作者的个人感受和十年砍柴的博客，第七小节全部是对《中国青年报》31 年前报道的回顾，第八小节主要是收尾工作，其中发生在近期的密集情节集中于前五小节，引起争议的也基本全部在这五小节。据介绍，这种“信息块”比对方式，能够识别出转换字词、多文摘抄、颠倒次序、叙论杂糅等“洗稿”手段。[①]

媒体从业者、新闻传播学者等社会各方都加入对《甘柴劣火》一文的版权论争之中。

有资深媒体人明确指出《甘柴劣火》存在“洗稿”手法，认为其对引用材料的使用“不是无损的完整标注，而是打碎，零散布局”，是不够诚实的，并不能以此而免责。[②]《中国青年报》天津记者站站长张国提出，拿着别的媒体付出巨大成本获得的事实重新叙事，不能算作原创，哪怕是发表在个人公众号上，也算抄袭。[③] 上观新闻记者尤莼洁点出了《甘柴劣火》的问题所在：一是文章存在大量引用不规范的现象；二是虽然文章的叙事顺序和结构有所不同，但其核心部分仍和财新网的稿件有重合。[④] 但《甘柴劣火》也不乏其支持者。上海大邦律师事务所丁金坤律师认为，《甘柴劣火》“独成一体，自有版权”，其是否侵权还需要具体分析。[⑤] 北京圣运律师事务所王有银主任认为，《甘柴劣火》引用的基本是事实报道，并标明了出处和作者信息，符合《著作权法》关于“合理使用”的规定。[⑥] 新浪网、凤凰网及部分自媒体平台就“《甘柴劣火》是洗稿吗”进行的调查显示，半数以上的被调查者认为其“没有‘洗稿’”“不是抄袭”。[⑦]

1月16日，《羊城晚报》发表评论文章《〈甘柴劣火〉“洗稿”争议与媒体著作权的实现》认为，“正规媒体不仅对新闻报道拥有著作权，并且在移动互联网时代，这一‘著作权’理应有新的意涵和侧重，那就是更加体现为是具象的‘财产权’的实现，而不仅仅是‘署名权’‘保护作品完整权’等抽象的‘人身权’。具体来说，对于以流量变现作为营利模式的自媒体而言，但凡引用了某一媒体的独家信息，那就应该分成、就应该付费。那种以‘出于公共利益引用新闻’为由头，要求传统媒体给自媒体免费劳动的谬论，可以休矣”。1月15日《法治周末》

---

① 参见李晓蕾、徐晶琳、罗语嘉：《抄袭还是洗稿？我们把〈甘柴劣火〉和财新原文仔细对比了一下》，2019年1月15日，https://new.qq.com/omn/20190115/20190115A0AKV4.html。

② 参见北大新媒体：《是洗稿还是整合素材传播，新媒体时代的传播规律在改变着什么？》，2019年1月18日，https://www.163.com/dy/article/E5PPP7NJ0511CV7D.html。

③ 参见蔡浩爽、薛星星等：《甘柴劣火刷屏之后》，2019年1月13日，https://baijiahao.baidu.com/s?id=1622532450760854634&wfr=spider&for=pc。

④ 参见夏德元、燕志华、尤莼洁：《洗稿：抄袭侵权还是新闻文本的创新——“甘柴劣火”侵权风波引发的对话与思考》，《传媒评论》2019年第2期。

⑤ 参见丁金坤：《关于〈甘柴劣火〉一文版权纠纷的法律分析》，2019年1月12日，https://dingjinkun.blog.caixin.com/archives/196550。

⑥ 参见传媒评论：《〈甘柴劣火〉再次引发“洗稿”争论：边界何在？》，2019年1月25日，https://www.sohu.com/a/291417819_644338。

⑦ 参见邹韧、邱治淼：《“洗稿”等于抄袭吗？谁在侵犯我的版权》，2018年8月3日，https://www.sohu.com/a/244957413_100075353。

3版刊发了文章《"洗稿":法律不保护思想,但保护表达》,提到"洗稿"者虽然不合规范,甚至违法,但是也不能无视其版权。"《甘柴劣火》一文,以小说笔法勾勒新闻报道,迎合市场,其有侵犯版权问题,固然需承担法律责任,但是其被读者接受,传播作品,亦是事实。"①

确实,与之前那些"洗稿"事件中一边倒地讨伐"洗稿"行为不同的是,更多网民声音似乎倾向于支持"呦呦鹿鸣"这次的"洗稿"行为。这是因为,一方面,虽然《甘柴劣火》一文的核心新闻事实大部分来自包括财新网、《中国青年报》这样的专业传统媒体,但其写作手法上有创新,甚至是开创了一种更适应微信朋友圈阅读的新式文体。另一方面,财新网本身是国内唯一一家付费媒体,此事也暴露了具有公共性的新闻被产品化甚至商品化是否完全合理的问题。②

南京大学新闻传播学院杜骏飞教授认为,《甘柴劣火》不能算是一篇合格的新闻稿,但其关怀社会正义,是有良知、有笔力的"准新闻评论",在这一立场上,讨论《甘柴劣火》"洗稿"与否已不那么重要。从上述争议不难看出,各界对《甘柴劣火》是否"洗稿"未能形成共识,但普遍认为其存在创作和引用上的不够规范问题。

其实,近两年来,随着自媒体的快速发展,自媒体"洗稿"之争时有发生,是否构成侵权,业界高度关注。2018年新年伊始,自媒体人六神磊磊与周冲就曾因"洗稿"在网络上互怼,后来周冲表示会整顿团队,以后发现涉嫌"洗稿"的稿件,立即删除。整合新闻报道到底算不算"洗稿"?自媒体的新闻报道中能不能引用、如何引用他人内容?如何确立自媒体行业规则?这些都是亟待解决的问题。③

案例分析 >> "洗稿"和版权保护的表达/思想两分法

魏永征教授在讲座中介绍,版权保护只及于表达而不及于思想的原则是国际版权公约规定的基本原则。版权保护的客体应该是作品,即文学、艺术、科学领域内具有独创性并能以某种有形形式复制的智力成果。思想不属于有形形式,不能成为版权保护对象。事实是客观存在的现象,不是作品,所以事实也不

① 参见传媒评论:《〈甘柴劣火〉再次引发"洗稿"争论:边界何在?》,2019年1月25日,https://www.sohu.com/a/291417819_644338。

② 参见王芊霓:《〈甘柴劣火〉争议:新闻作家,这是新工种的诞生?》,2019年1月14日,https://baijiahao.baidu.com/s?id=1622617491372185826&wfr=spider&for=pc。

③ 参见窦新颖:《〈甘柴劣火〉引发"洗稿"之争》,2019年1月18日,http://ip.people.com.cn/n1/2019/0118/c179663-30575931.html。

是版权保护的对象。

魏永征教授以琼瑶指控于正所写剧本《宫锁连城》抄袭其作品《梅花烙》和霍炬诉微信公众号“差评”两个案件为例，说明判断是否构成侵权的依据。在琼瑶诉于正案中，法院认为剧本《宫锁连城》与《梅花烙》整体情节具有创作来源关系，在整体上构成“实质性相似”，判定侵权成立。而在霍炬诉“差评”案中，原告指被告发布的文章与自己作品存在18处情节相似，但法院认定，这些情节本来就是网上流传的主人公真实经历，属公知素材。两篇文章就这些情节所采用的表达方式不同，个别语句相同也达不到实质相似程度，因此驳回原告的诉求。

如何划定“洗稿”与抄袭侵权的界限，魏永征教授引用《新闻作品“洗稿”行为的审视与规范——以“〈甘柴烈火〉事件”为例》一文中关于区分“表达偷换型洗稿”和“思想偷换型洗稿”的论述，指前者有版权法规制空间，后者则宜由职业伦理约束。而对于表达偷换型洗稿是否构成抄袭侵权，魏永征教授提出可以从变换表达的程度、信源媒体的数量、文稿主题的创意以及发表时间的差距等多方面进行综合评定。

但魏永征教授指出，虽然事实不是版权保护对象，但正如很多人指出那样，新闻媒体和记者获得新闻事实是要付出劳力、技能、金钱等成本的，所以新闻事实在国际上被认为是“准财产”(quasi-property)。美国法院曾有判决，媒体在通讯社发布或报纸出版的若干小时之内未经允许而盗用它们报道的新闻事实，构成不正当竞争行为。我国《反不正当竞争法》也有经营者应当遵循自愿、平等、公平、诚信的原则等规定。因此，国家版权局、网信办等部门在2018年和2019年的“剑网”专项行动中，均将自媒体“洗稿”行为列为整治项目之一。

“《甘柴劣火》事件”展现了自媒体和主流新闻媒体在内容生产过程中的冲突，尤其是利益冲突。[①]《新闻记者》杂志把《甘柴劣火》引发的“洗稿”讨论列为“2019年十大传媒伦理问题”之一，并作出如下点评：

> 由于“洗稿”是以变换表达方式来规避侵权的行为，很难从法律层面进行惩处。因此，以写作为业的传媒人对“洗稿”同仇敌忾，不难理解。围绕《甘柴劣火》的讨论，对达成“洗稿”标准共识，规范平台媒体管理制度，加强传媒伦理的约束力无疑有积极意义。
>
> 但是，对于《甘柴劣火》这一案例，许多讨论者也注意到版权保护与鼓励有价值的内容生产的平衡问题，他们特别指出，由于自媒体没有新闻采访与发布权，“呦呦鹿鸣”等选择整合新闻的操作方式展开具有公共价值的

① 参见彭桂兵、陈煜帆：《新闻作品“洗稿”行为的审视与规范——以“〈甘柴劣火〉事件”为例》，《新闻记者》2019年第8期。

讨论，不宜苛责。

在自媒体大行其道的今天，如何鼓励优质内容的生产，规范言论的合理表达，推动公共信息的传播，亟待研究。中国人民大学新闻学院王思文、陈绚的意见值得重视：要给予合理使用制度以适当的司法解释，首先要为权利主体创造公平公正的竞争环境，讨论“呦呦鹿鸣”是采用了“洗稿”方式还是其本为独创性综述实际上并没有太大的意义，毕竟其对开启民智还是有好处的。在中国目前的著作权保护制度下，更需要讨论的可能是该如何给合理使用制度一个较好的使用环境，以更好地实现社会利益的平衡。①

如学者彭桂兵所论，“洗稿”的版权纷争其实质性是新旧媒体之间的利益分配问题，是围绕新闻作品的价值变现的矛盾。伴随县域媒体的最后一轮融合，媒介融合向纵深方向拓展，传统媒体融合转型变得越来越困难，版权成为传统媒体挽救颓势的“救命稻草”和战略性资源。

如何调整新旧媒体之间的利益之争，避免类似的争议？在宾夕法尼亚大学攻读博士学位的原《南方周末》记者方可成建议争论的双方可以借鉴电商的“引流”模式：“财新的付费内容是一种商品，‘呦呦鹿鸣’的文章中可以对其进行分销推广。具体的操作方式是，双方可以在商量之后达成协议，财新授权‘呦呦鹿鸣’使用付费墙后的部分内容，而‘呦呦鹿鸣’则在引用时清晰注明，‘这几段来自财新独家的付费内容，如果想要阅读更多类似精彩内容，请点击此处跳转订阅。’对于从‘呦呦鹿鸣’那里过来的订户，财新可以给予‘呦呦鹿鸣’一定比例的返现。这样，‘呦呦鹿鸣’也就会更积极地引导读者订阅财新。”②

---

① 年度传媒伦理研究课题组：《2019 年传媒伦理问题研究报告》，《新闻记者》2020 年第 1 期。

② 传媒评论：《〈甘柴劣火〉再次引发“洗稿”争论：边界何在？》，2019 年 1 月 25 日，https://www.sohu.com/a/291417819_644338。

案例 34
影视作品的“实质相似”与著作权侵权认定

案例介绍 》《最后的骑兵》侵了《高原骑兵连》的著作权吗？

根据同一历史题材创作的作品，其中题材主线、整体线索脉络相似，会不会构成著作权侵权？列入最高人民法院知识产权指导性案例(81 号)的张某燕诉雷某和、赵某、山东爱书人音像图书有限公司著作权侵权纠纷案就涉及这样的争议。

在济南工作的张某燕于 1999 年 12 月开始改编创作《高原骑兵连》剧本，2000 年 8 月根据该剧本筹拍 20 集电视连续剧《高原骑兵连》(以下将该剧本及其电视剧简称“张剧”)，2000 年 12 月该剧摄制完成，张某燕系该剧著作权人。在兰州工作的雷某和作为《高原骑兵连》的名誉制片人参与了该剧的摄制。之后，雷某和作为第一编剧和制片人、在广州工作的赵某作为第二编剧，拍摄了电视剧《最后的骑兵》(以下将该电视剧及其剧本简称“雷剧”)。2009 年 7 月 1 日，张某燕从山东爱书人音像图书有限公司购得《最后的骑兵》DVD 光盘，发现与“张剧”有很多雷同之处，主要人物关系、故事情节及其他方面相同或近似，认为“雷剧”对“张剧”剧本及电视剧构成侵权。故请求法院判令被告停止侵权，雷某和在《齐鲁晚报》上公开发表致歉声明并赔偿张某燕剧本稿酬损失、剧本出版发行及改编费损失共计 80 万元。

雷某和则称，其创作的“雷剧”系改编自师永刚的小说《天苍茫》。赵某称，其是在看过《天苍茫》及雷某和根据《天苍茫》改编的剧本后重新创作“雷剧”，并未抄袭“张剧”。

二审法院山东省高院认为，获得法律保护的只有作品的文字表达，“公有领域的素材，或在表达上缺乏独创性，不应为张某燕所专有”，未认定“雷剧”对“张剧”的改编与抄袭。

原告张某燕不服二审法院判决，向最高人民法院提出再审请求。

案例总结 》著作权保护表达而非思想

原告张某燕主张，“雷剧”和“张剧”的题材相同，均反映骑兵部队生活，故事主线也一致，两剧故事情节有78处存在相同、相似点，两剧题材主线相同，两剧都通过紧扣“英雄末路、骑兵绝唱”这一主题情景描述了“最后的骑兵”在撤编前后发生的故事。人物设置与人物关系相同、相似，该剧中除了受制于篇幅原因没有设置三角恋爱关系，但是设置了与原告相同的官兵上下关系、军民关系等。所以认为“雷剧”系对“张剧”的改编和抄袭。

法院认为，本案的焦点是“雷剧”的剧本及电视剧是否侵害“张剧”的剧本及电视剧的著作权。“张剧”“雷剧”，以及《骑马挎枪走天涯》《天苍茫》，均系以20世纪80年代中期精简整编中骑兵部队撤（缩）编为主线展开的军旅、历史题材作品。短篇小说《骑马挎枪走天涯》发表于《解放军文艺》1996年第12期（总第512期）；长篇小说《天苍茫》于2001年4月由解放军文艺出版社出版发行；“张剧”于2004年5月17日至5月21日由中央电视台第八套节目在上午时段以每天四集的速度播出；“雷剧”于2004年5月19日至29日由中央电视台第一套节目在晚上黄金时段以每天两集的速度播出。

《骑马挎枪走天涯》通过对骑兵连被撤销前后连长、指导员和一匹神骏战马的描写，叙述了骑兵在历史上的辉煌、骑兵连被撤销、骑兵连官兵特别是骑兵连长对骑兵和战马的痴迷。《天苍茫》是讲述中国军队最后一支骑兵连充满传奇与神秘历史的书，书中展示草原与骑兵的生活，如马与人的情感、最后一匹野马的基因价值，以及研究马语的老人、神秘的预言者，最后的野马在香港赛马场胜出的传奇故事。“雷剧”中确实有多个故事情节内容与《骑马挎枪走天涯》和《天苍茫》有相似之处。

判断作品是否构成侵权，应当从被诉侵权作品的作者是否“接触”过要求保护的权利人作品、被诉侵权作品与权利人的作品之间是否构成“实质相似”两个方面进行判断。本案各方当事人对雷某和接触“张剧”剧本及电视剧并无争议，本案的核心问题在于两部作品是否构成实质相似。我国著作权法所保护的是作品中作者具有独创性的表达，即思想或情感的表现形式，不包括作品中所反映的思想或情感本身。这里指的思想，包括对物质存在、客观事实、人类情感、思维方法的认识，是被描述、被表现的对象，属于主观范畴。思想者借助物质媒介，将构思诉诸形式表现出来，将意象转化为形象、将抽象转化为具体、将主观转化为客观、将无形转化为有形为他人感知的过程即为创作，创作形成的有独创性的表达属于受著作权法保护的作品。著作权法保护的表达不仅指文字、色彩、线条等符号的最终形式，当作品的内容被用于体现作者的思想、情感时，内容也属于受著作权法保护的表达，但创意、素材或公有领域的信息、创作形式、必要场景或表达唯一或有限则被排除在著作权法的保护范围之外。必要场景，指选择某一类主题进行创作时，不可避免而必须采取某些事件、角色、布局、场景，这种表现特定主题不可或缺的表达方式不受著作权法保护；表达唯一或有限，指一种思想只有唯一一种或有限的表达形式，这些表达视为思想，也不给予著作权保护。在判断"雷剧"与"张剧"是否构成实质相似时，应比较两部作品中对于思想和情感的表达，看两部作品表达中作者的取舍、选择、安排、设计是否相同或相似，而不是离开表达看思想、情感、创意、对象等其他方面。

案例分析 >> 判断著作权侵权的"实质相似"标准

结合原告张某燕的主张，最高人民法院从以下几个方面进行分析判断：

关于张某燕提出"雷剧"与"张剧"题材主线相同的主张。首先，通过对"雷剧"与《骑马挎枪走天涯》比对，两作品都通过紧扣"英雄末路、骑兵绝唱"这一主题和情境描述了"最后的骑兵"在撤编前后发生的故事，可以认定"雷剧"题材主线及整体线索脉络来自《骑马挎枪走天涯》。其次，通过对"张剧""雷剧"，以及《骑马挎枪走天涯》《天苍茫》的比对可以看出，四部作品均系以 20 世纪 80 年代中期精简整编中骑兵部队撤（缩）编为主线展开的军旅历史题材作品，是社会的共同财富，不能为个别人所垄断，故四部作品的作者都有权以自己的方式对此类题材加以利用并创作作品。因此，即便"雷剧"与"张剧"题材主线存在一定的相似性，因题材主线不受著作权法保护，不能认定"雷剧"侵害"张剧"剧本及电视剧的著作权，且"雷剧"的题材主线系来自最早发表的《骑马挎枪走天涯》，张某燕关于"雷剧"的题材主线抄袭自"张剧"构成侵权的再审主张不能成立，本院不予支持。

关于张某燕提出"雷剧"与"张剧"人物设置与人物关系相同、相似的主张。鉴于"张剧""雷剧"，以及《骑马挎枪走天涯》《天苍茫》均系以特定历史时期骑兵部队撤（缩）编为主线展开的军旅题材作品，除了《骑马挎枪走天涯》受短篇小说篇幅的限制，没有三角恋爱关系或军民关系外，其他三部作品中都包含三角恋爱关系、官兵上下关系、军民关系等人物设置和人物关系，这样的表现方式属于军旅题材作品不可避免地采取的必要场景，因表达方式有限，不应受著作权法保护。张某燕关于"雷剧"的人物设置、人物关系抄袭自"张剧"构成侵权的主张不成立，本院不予支持。

关于张某燕提出"雷剧"与"张剧"语言表达及故事情节相同、相似的主张。从语言表达看，如"雷剧"中"做个自由的'牧马人'"与"张剧"中"做个牧马人"语言表达基本相同，但该语言表达属于特定语境下的惯常用语，非独创性表达。从故事情节看，用于体现作者的思想与情感的故事情节属于表达的范畴，具有独创性的故事情节应受著作权法保护，但是，故事情节中仅部分元素相同、相似并不能当然得出故事情节相同、相似的结论。本院认为,“雷剧”与“张剧”除故事情节完全不同的部分外,其相同、相似的部分多属于公有领域素材或缺乏独创性的素材,有的仅为故事情节中的部分元素相同,但情节所展开的具体内容和表达的意义并不相同。二审法院认定“雷剧”与“张剧”六处相同、相似的故事情节,其中老部下关系、临时指定马匹等在《天苍茫》中也有相似的情节内容,其他部分虽在情节设计方面存在相同、相似之处,但有的仅为情节表达中部分元素的相同、相似,情节内容相同、相似的部分少且微不足道。整体而言,“雷剧”与“张剧”具体情节展开不同、描写的侧重点不同、主人公性格不同、结尾不同,“雷剧”与“张剧”相同、相似的故事情节在“雷剧”中所占比例极低,且在整个故事情节中处于次要位置,不构成“雷剧”中的主要部分,不会导致读者和观众对两部作品产生相同、相似的欣赏体验,不能得出两部作品实质相似的结论。

因此,“雷剧”与“张剧”属于《最高人民法院关于审理著作权民事纠纷案件适用法律若干问题的解释》第 15 条规定由不同作者就同一题材创作的作品,两剧都有独创性,各自享有独立著作权。一审、二审法院认定“雷剧”不构成侵害“张剧”剧本和电视剧的著作权并无不当。

该案例被列入最高法院指导性案例,公布的裁判要点如下:

1.根据同一历史题材创作的作品中的题材主线、整体线索脉络,是社会共同财富,属于思想范畴,不能为个别人垄断,任何人都有权对此类题材加以利用并创作作品。

2.判断作品是否构成侵权,应当从被诉侵权作品作者是否接触过权利人作品、被诉侵权作品与权利人作品之间是否构成实质相似等方面进行。在判断是否构成实质相似时,应比较作者在作品表达中的取舍、选择、安排、设计等是否相同或相似,不应从思想、情感、创意、对象等方面进行比较。

3.按照著作权法保护作品的规定,人民法院应保护作者具有独创性的表达,即思想或情感的表现形式。对创意、素材、公有领域信息、创作形式、必要场景,以及具有唯一性或有限性的表达形式,则不予保护。[①]

在琼瑶诉于正侵权案中,法官认定于正《宫锁连城》构成与琼瑶《梅花烙》的实质性相似,侵害了琼瑶的著作权,被判公开道歉,并停止传播,五出品方被告共计赔偿琼瑶女士 500 万元。该案判决书用 5 万字篇幅阐述了著作权侵权的认定标准。主审法官宋鱼水、冯刚、张玲玲对琼瑶诉于正案的审理思路进行梳理总结,以专著详细阐述文艺作品侵权判定的司法标准。在文字作品改编影视

① 参见华税税务争议组:《最高人民法院 1—24 批指导性案例汇总(共 139 例)法宝汇编》,2020 年 7 月 29 日,https://www.163.com/dy/article/FILSG30205397CD0.html。

作品的现象日益普遍的当下，未经授权的非法演绎、改编影视作品的情形日渐增多，对以非法演绎方式侵犯文字作品著作权的相关法律问题展开探讨及梳理，成为著作权法律理论及司法实践研究的重要课题。[①]

① 参见宋鱼水、冯刚、张玲玲：《文艺作品侵权判定的司法标准：琼瑶诉于正案的审理思路》，北京大学出版社 2018 年版。

案例 35

视觉中国的“黑洞”照片版权风波

案例介绍 >> “黑洞”照片揭开版权“黑洞”

2019 年 4 月 10 日 21 时，人类史上首幅关于“黑洞”的照片问世，该图片是由一家名为 Event Horizon Telescope Collaboration(EHTC)的组织利用 Event Horizon Telescope 装置（一种由多个射电天文台和射电望远镜组成的装置）探测外太空信号并通过计算机处理形成的。EHTC 官方声明：“只要标注图片来源‘EHT Collaboration’，任何人都可以自由使用黑洞照片，与商业或非商业用途无关。”

“黑洞”照片一经公布瞬间全网刷屏。很快，有网民在视觉中国①网站上看到一张印有“视觉中国”水印的“黑洞”图片，并附说明“如用于商业用途，请致电或联系客服代表”，由此引发舆论强烈质疑。有网友随后发现，国旗、国徽在视觉中国图片库中同样被标注“版权所有：1995～2019 ©视觉中国”，其中国徽素材还标注了使用价格。

4 月 11 日 15 时 5 分，共青团中央官方微博点名“视觉中国影像”微博，对其提出质疑：“国旗、国徽的版权也是贵公司的？”随后，南京苏宁、南孚电池、360 清理大师、茅台、海尔等企业官方账号也纷纷在该条微博评论中贴出本企业在视觉中国网站上的标注照片，或质疑或调侃视觉中国对其相关图片版权的授权情况。

15 时 51 分，视觉中国官方微博“视觉中国影像”发表声明，称通过法新社获取了“黑洞”照片授权，该图片授权并非独家，其他媒体和图片机构也获得了授权等。在此前媒体采访中，视觉中国向记者表示拥有版权，媒体报道使用需要

---

① 视觉中国全称为视觉（中国）文化发展股份有限公司，成立于 2000 年，创立之初名为“photocome”，是一家国际知名的以“视觉内容”生产、传播和版权交易为核心的互联网科技文创公司，2014 年在深圳 A 股上市。视觉中国整合全球优质版权内容资源，基于大数据、人工智能技术，通过互联网版权交易平台提供亿级的高质量、专业性的图片、视频及音乐素材；视觉中国战略投资摄影师社区和设计师社区，以“互联网＋视觉内容＋行业”的战略，将业务延伸至旅游、教育领域，打造以视觉内容与营销增值服务为核心的多业务板块高度协同发展的互联网科技文创集团。参见百度百科“视觉中国”词条，https://baike.baidu.com/item/%E8%A7%86%E8%A7%89%E4%B8%AD%E5%9B%BD。

先购买。相关消息传开，视觉中国的图片版权问题迅速发酵。①

18时26分，视觉中国就国旗国徽、图片事件公开致歉。随后其官网无法打开。

12日2时左右，天津网信办公众号“网信天津”发文称，11日晚，已针对视觉中国传播违法有害信息的情况约谈相关负责人，责令网站立即停止违法违规行为，全面彻底整改。视觉中国随即再次发布致歉信，称公司已采取措施对不合规图片全部下线处理，并根据相关法律法规自愿关闭网站开展整改。

欧洲南方天文台（ESO）回应媒体称，视觉中国的版权主张不合法，ESO从未也不能将他们的图片版权转让给任何其他个人或组织，且视觉中国从未就“黑洞”图片联系过ESO。

12日10时3分，国家版权局发布消息称，近日，“黑洞”图片版权问题引发关注。国家版权局重视图片版权保护，依法维护著作权人合法权益。各图片公司要健全版权管理机制，规范版权运营，合法合理维权，不得滥用权利。国家版权局将把图片版权保护纳入即将开展的“剑网2019”专项行动，进一步规范图片市场版权秩序。

16时8分，天津网信办发布消息，称已成立工作督导组进驻视觉中国网站，就存量信息、日志留存、信息审核、信息安全管理、值班巡查、应急处置、技术保障等方面进行督导检查，对相关问题隐患提出具体整改意见并指导督促公司整改，对失职工作人员提出处理意见，确保整改工作落地见效，不走过场。②

4月18日晚，视觉中国发布公告称被天津网信办罚款30万元，网站恢复服务时间待定。

继视觉中国关闭网站开展整改之后，国内其他两大图片代理商“全景网络”与“IC东方”的官网也相继无法打开。

“黑洞照片门”风波并未就此停息，多家媒体的跟进报道使舆论持续升温。据裁判文书收录网站Openlaw的数据显示，与“视觉中国”关键词有关的法律诉讼，2018年全年共有2968起，2017年达5676起，这两年平均每天视觉中国就有15.6起官司要打。《北京青年报》记者查询发现，视觉中国旗下的汉华易美和华盖创意涉及的裁判文书数量均超4000件。仅2018年，上述两家企业裁判文书总量就达3348件，比2017年的1831件增长了82.85%。在超过八成的案件

① 参见李楠：《深击|被共青团点名　视觉中国陷入“黑洞”》，2019年4月12日，https://tech.sina.com.cn/i/2019-04-12/doc-ihvhiqax1946959.shtml。

② 参见界面Vnews：《视觉中国“黑洞”版权事件全回顾》，2019年4月12日，https://www.jiemian.com/video/AGQCNwhiB2UBPVVn.html。

中，两家公司是作为原告提起诉讼的，案由以侵害作品信息网络传播权纠纷和著作权权属、侵权纠纷为主，占比超过八成。据《北京青年报》不完全统计，过去5年中，其官司近万件。[①] 更令人惊讶的是，视觉中国作为原告一审胜诉率92%。在2017～2018年8273个案件中，只有30.2%的一审案件进入了判决程序，近7成以裁定收尾，去除管辖权这类和侵权内容无关的裁定，有4689个案件以撤诉收尾，占一审总数的66.4%。撤诉意味着和解、赔偿，或签订长期合作协议。

公开资料显示，视觉中国盈利模式中有一项为“为内容生态中的生产者与使用者提供全方位的版权交易和增值服务”。另据视觉中国财报数据显示，2018年前三季度视觉中国“视觉内容与服务”板块收入占上市公司总收入81.81%，实现营业收入5.7亿元，该业务实现净利润2.3亿元，同比增长43.74%。这些数据也揭开了视觉中国真正的盈利模式。[②]

4月22日，在最高人民法院“2019年知识产权宣传周活动”新闻发布会上，最高人民法院民三庭副庭长林广海就“视觉中国黑洞照片版权事件”作出回应：“对于照片作品维权法律问题，最高法认为，应当坚持法治原则，该保护的坚决保护，不该保护的坚决不予保护。坚持严格保护知识产权，但对不享有版权的照片虚构版权进行牟利的违法行为坚决不予保护，情节严重的依法应当予以惩罚。”[③]

案例总结>> 版权讹诈、“碰瓷式”维权与网络图片霸权

“黑洞”照片版权揭出了视觉中国“碰瓷式维权”的“黑洞”。视觉中国自以为“高明”的“抢版权”犯了众怒，其借版权保护之名“建议”签订“买图协议”的“商业模式”遭遇网友、媒体和相关企业齐声讨伐。[④] 诸如“自媒体苦视觉中国久矣”“多少自媒体活在视觉中国的恐惧中”等报道标题背后反映的是舆论对“滥用图片版权”的集体声讨。央视评论呼吁要严惩视觉中国，切掉知识产权市场的毒瘤。《人民日报》评论认为：避免版权保护陷入“黑洞”，与提倡版权付费一

---

① 参见张鑫等：《天津网信办连夜约谈负责人　网站暂时关闭整改　视觉中国如何陷入版权“黑洞”?》，《北京青年报》2019年4月13日。

② 参见张鑫等：《天津网信办连夜约谈负责人　网站暂时关闭整改　视觉中国如何陷入版权“黑洞”?》，《北京青年报》2019年4月13日。

③ 《最高法：针对视觉中国版权问题，应坚持法治原则》，2019年4月23日，sohu.com/a/309779627_114731。

④ 参见张丰：《黑洞图片背后的“版权黑洞”》，《中国中小企业》2019年第5期。

样重要。新华社评论称：保护版权是社会共识，但不能为了利益滥用版权，以版权之名，图利益之实。①

视觉中国之所以遭受社会公众的口诛笔伐，主要因为其在运营过程中存在两大法律问题：一是以维权之名侵犯他人的著作权，在未经原作者同意的情况下冒充著作权人进行讹诈，将已经开放版权或自己未获得版权的作品“据为己有”；二是采用“碰瓷式”的手段进行维权，以侵犯著作权为由的高价索赔。这种要求签订包年合同，动辄要求大额侵权赔偿的做法，让自媒体如履薄冰，不敢轻易配图。②

第一个问题正是“黑洞”照片事件的导火索。虽然“黑洞”照片究竟能不能成为著作权法意义上的作品还存在争议，但该照片拍摄者已公开声明允许他人使用，视觉中国却将处于“公地”的作品划归私有，甚至还将处于国家公权范畴的国旗国徽图案纳入私囊，当然令人怀疑其宣称拥有版权的大量作品权利归属的真实性。③

我国著作权法采用自动保护主义，作者在形成图片作品后自动获取著作权，但在保护图片版权的实践中显然出了一定漏洞。比如司法判决曾经在认定图片版权归属时以是否打上水印为证据，但添加水印这一简单的修改照片行为并不能认为是付出思想与感情的具体表达。这一点得到了最高人民法院的确认，即不能片面和简单地将当事人自行标注的时间作为判断图片权利归属的证据，应严格审查该图片首次发表时间。④ 视觉中国无疑是抓住我国在这方面的司法保护弱点，企图通过钻法律空子来获取经济利益。这种没有征得原作者的同意就以自己的名义对作品使用者进行授权并收取使用费的行为，偏离了《著作权法》的立法本意。

视觉中国的“碰瓷式”过度维权行为又被媒体和公众称为“钓鱼式维权”，甚至学者认为已构成了“版权蟑螂”的行为特质。⑤ 根据我国法院近年来的判决，以视觉中国为代表的网络图片公司的维权行动可谓屡战屡胜，只要进入诉讼阶

---

① 参见温静：《关于视觉中国引发的“图片版权事件”，三大央媒怎么看?》，2019 年 4 月 14 日，https://www.163.com/dy/article/ECOQPTB005148MKI.html。

② 参见王瑛：《版权保护健康生态构建和维护策略——以视觉中国为例》，《青年记者》2019 年第 29 期。

③ 参见丛立先：《打击知识产权领域“流氓”行为》，《经济日报》2019 年 4 月 15 日。

④ 参见《最高法谈视觉中国事件：不能仅以水印认定照片权属》，2019 年 4 月 22 日，https://baijiahao.baidu.com/s? id=1631501921888635805&wfr=spider&for=pc。

⑤ 参见刘彤：《“版权蟑螂”式维权：“视觉中国”系列网络事件反思》，《传媒》2019 年第 23 期。

段，其诉求基本能得到法院的认可与支持。在大量的版权纠纷案例中，[①][②]

事实上，视觉中国的不良行为只是同类网络图片公司维权案例中的一例，舆论和新闻传媒借此次事件集中表达了对网络图片公司霸权行为的不满与愤怒。网络图片公司为何能打着版权保护的旗号，通过践踏版权的行径屡屡获利，除了熟稔我国网络图片司法保护的弱点外，还存在多方面原因。例如，网络图片市场缺乏规范性、市场管理难度大，而网络时代个体创作者大量存在，维权能力弱、成本高等问题增加了版权保护的难度。更为重要的是，网络图片数量庞大、著作权归属模糊，难以确定真实来源与版权，这给网络图片公司"钓鱼式维权"提供了空间。同时，利用"鹰眼追踪"等技术定期自动比对网络图片侵权状态以挖掘潜在客户，可更为方便地将版权保护作为"赚钱敛财"的工具。据视觉中国 2017 年年报显示，"鹰眼"系统上线后，公司通过"鹰眼"发现的潜在客户数量增长超 84%，新增的年度协议客户数量增长超 54%。[③]

人们聚焦一张图片的使用，不是要退回到不顾知识产权的盗版、山寨，而是为了凝聚共识、推动相关制度与规则的完善，是为了更好地保护知识产权。[④] 如何以本次"黑洞照片侵权事件"为契机，找到网络用户与图片公司之间的利益平衡点，终结网络图片霸权行为，是值得思考的一项重要课题。

案例分析 >> "黑洞"照片风波带来的版权保护挑战与契机

"黑洞"照片版权风波，显示出知识产权保护涉及的复杂利益纠葛和国内版权治理所面临的挑战，也提供了一次提高中国互联网媒体版权意识、重构版权保护的契机。

"黑洞"照片风波充分暴露了现有著作权制度的缺陷，著作权法已经对数字环境下人们获取信息的自由产生了阻碍，造成了信息自由与版权保护的冲突。[⑤] 在全民都是"著作权人"的时代，我国《著作权法》对网络侵权虽有相应的司法解释，但缺少对网络著作权侵权行为的专门性法律，对于摄影作品的相关定义和

① 图片公司起诉只是手段，结果在某种程度上变成了恫吓式半强制交易。图片公司打着保护知识产权的旗号，将图片版权视为霸权，动辄以诉讼相威胁寻求商业合作，大型商业公司尚能承受用图成本，但对于传统新闻与出版机构而言则形成了沉重负担。

② 参见徐峰：《从"黑洞照片侵权事件"反思我国网络图片的著作权合理使用规则》，《现代出版》2019 年第 5 期。

③ 参见 36 氪：《视觉中国 2018 年报不再提及核心竞争力"鹰眼"》，2019 年 5 月 5 日，https://baijiahao.baidu.com/s? id=1632656807740270479&wfr=spider&for=pc。

④ 参见何鼎鼎：《以规则意识保护知识产权》，《人民日报》2019 年 4 月 18 日。

⑤ 参见郑万青：《数字化条件下的版权与信息自由权》，《中国出版》2007 年第 9 期。

保护也多是针对传统著作权环境，对互联网环境下摄影作品著作权保护的相关解释有所欠缺，需要进一步细化和调整以适应全网共享的要求。要终结网络图片霸权，需要对当前合理使用规则进行合理重构，扩张合理使用的范围与空间，打破封闭式立法模式的局限。

移动互联网的发展使著作权与民众的生活更加息息相关，如何推进立法的完善和保护体系的建立，需要全社会的觉醒和努力。企业、自媒体“先授权，后使用”习惯的培养对于网络著作权环境的良性发展至关重要。同时需要增强公众“减少转载，重视原创”的意识，如果无意间使用了具有版权争议的图片，应第一时间删除图片链接，并明确该图片的真实来源与传播范围，防止企业利用公众的法律盲点进行恶意索赔。同时，在唤醒权利人的维权意识的同时需要唤醒权利者的公共责任意识。避免应对机制被恶意投诉利用，实施投诉分层提高其精准性、高效性，让“知识产权流氓”无处碰瓷。当投诉者本身背负污点或负面清单，以信用为基础的投诉分层，自然不失公允而客观。[①]

此次“黑洞照片侵权事件”引起了国家版权局重视，把图片版权保护纳入“剑网 2019”专项行动。除此之外应建立相应的预警机制、考核机制与动态监督机制，将此类行动从专项整治转变为日常监管，创造更加和谐的著作权环境。2019 年 4 月 14 日，人民网倡导全国的主流媒体在图片采编、使用与版权交易等方面形成联动机制，建立合作联盟，这一倡议给更多传统媒体新思路。[②] 各机构媒体应避免单打独斗、各自为政，应抱团发展合作联动，建立几个具有规范效应的大型网络图片交易平台，或依托原有平台合纵连横，建设相对统一、规模大的图片版权交易平台，做大机构媒体网络新闻图片交易市场。[③]

正如《人民日报》评论所指出的：当保护知识产权逐渐成共识，大家的争论不是需不需要保护，而是如何保护；不是图片能不能收费，而在于如何收费，尊重著作权，并不意味着要纵容不合规的经营方式。我们有理由相信，那张动用全球 8 座射电望远镜、抓住一年中 10 天观测窗口的“黑洞”图片因历史第一而“价值连城”，而由此引发的知识产权大讨论与产权保护意识的提升，同样将产生不菲的社会价值。[④]

---

① 参见吴学安：《叫板知识产权“碰瓷维权”体现出“权利觉醒”》，《民主与法制时报》2019 年 4 月 16 日。

② 参见《人民网倡议：净化版权市场 主流媒体要有担当》，2019 年 4 月 14 日，http://politics.people.com.cn/n1/2019/0414/c1001-31028820.html。

③ 参见陈安庆、刘阳：《融媒体环境下图片版权保护和经营研究》，《媒体融合新观察》2019 年第 5 期。

④ 参见何鼎鼎：《以规则意识保护知识产权》，《人民日报》2019 年 4 月 18 日。

案例 36

网站版面的抄袭与著作权保护

案例介绍 >> 抄袭网站版面被认定为侵权

2005 年成立的南京尚居装饰工程有限公司(以下简称“尚居公司”)历经 12 年的发展,已成为在南京及周边地区具有较高专业化、规模化、品牌化和产业化的装饰企业。2017 年,尚居公司发现同为装饰企业的南京飞日强装饰工程有限公司(以下简称“飞日强公司”)经营的网站从色彩、文字、图片、编排体例等方面抄袭了尚居公司网站的主要内容。此外,飞日强公司还将尚居公司的荣誉作为自己的荣誉广而告之,尚居公司认为飞日强公司的行为构成虚假宣传。尚居公司向南京铁路运输法院提起诉讼,请求法院判令飞日强公司立即删除侵犯尚居公司著作权及构成不正当竞争的网页内容,在《扬子晚报》上刊登致歉说明并赔偿经济损失(含维权合理费用)333249 元。

被告飞日强公司辩称,原告涉案网站的独创性不高,不足以构成著作权法意义上的作品,请求法院驳回原告诉讼请求。

法院经审理查明,被告网站多处编排设计与原告网站存在相同或相似之处。首先,被告网站首页的页面布局,其公司标志显示位置和联系电话与原告基本一致,网页中部亦在相同位置使用与原告相同的图片及宣传文字,图片及文字在页面中的排列方式与原告内容完全相同。主页部分的主题设置,其基本模块及下拉菜单内容与原告网站基本一致,仅将“品牌动态”变更为“最新活动”,主页背景图使用位置及文字描述与原告构成相同。其次,通过点击各主题进行浏览,被告网页呈现内容的方式及相应内容的编排位置均与原告网站相应版块构成相同或近似,部分网页内容包括文字、图片使用方式及排列位置、次序与原告完全一致。最后,被告在资质荣誉部分使用的“2013 年中国家居网络总评网年度人物”“365 家居宝十佳网络客服”“2009 长三角风尚设计装饰企业”等荣誉照片与原告亦完全相同。

2017 年 9 月 18 日,南京铁路运输法院作出(2017)苏 8602 民初 564 号民事判决:被告南京飞日强公司立即删除其网站侵害原告南京尚居公司著作权及构成虚假宣传的网页内容;被告赔偿原告经济损失(含合理费用)共计人民币22万元。[①]

案例总结》 网站版面设计的保护路径

本案例是最高人民法院发布的第一批十大涉互联网典型案例之一。

对该案的典型意义,最高人民法院论述如下:

随着"互联网+"模式的普及发展,越来越多的企业意识到依托电子平台或互联网宣传吸引优质资源和消费群体的重要性,而网站如同企业的电子名片,是企业向消费者传递服务信息及品质的高效途径,消费者可以足不出户地通过浏览网站来了解企业的业务特色、服务理念及信誉信息等。随之而来的是,企业网站被竞争对手"抄袭"现象也层出不穷。网站抄袭行为会使权利人通过网站布局、文案所呈现的独特视觉感受淡化,误导消费者,损害网站运营企业的经济利益。但如何对网站进行法律保护,网站是否构成著作权法意义上的作品,法律并无明确规定,这给司法实践造成了一定困扰。

本案裁判认为,网站通过撰写源代码将文字、图片、声音等组合成多媒体并通过计算机输出设备进行展示,当网站版面的素材选取、表现形式及内容编排等达到一定独创性要求,网站整体可作为汇编作品进行保护。网站设计者通过创作构思将多种元素信息进行整合与排列,以营造丰富的视觉体验,网站版面设计过程本身亦是一种劳动创造,其特异性体现在对多媒体信息的选择与编排上。精心挑选的内容、素材经过编排整合形成的网站版面表现形式符合汇编作品的概念与特征。著作权是为了保护在文学、艺术、科学领域作出了创造性劳动的人的利益,当网站设计达到一定独创性要求,应当依著作权法对权利人的合法权益进行保护。被告公司网站与原告网站高度近似的部分属于原告独创性的对内容进行选择、整理与编排的部分,故被告网站侵犯了原告的著作权。

另外,经营者在市场交易中,应遵循自愿、平等、公平、诚实信用的原则,遵守公认的商业道德。经营者不得利用广告或者其他方法,对商品与服务质量、制作成分、性能、提供者等作引人误解的虚假宣传。网站页面能够起到一定区分和识别市场主体的作用,被告在其网站上擅自使用与原告相同的宣传用语、专属荣誉等,显然与实际情况不符。本案原、被告均属装饰企业,业务范围高度近似、注册地均在江苏省南京市,潜在顾客群存在交叉,两者存在竞争关系。被

① 参见《南京尚居装饰工程有限公司诉南京飞日强装饰工程有限公司著作权侵权、虚假宣传纠纷案》,2018年8月16日,https://www.chinacourt.org/article/detail/2018/08/id/3459642.shtml。

告上述行为实质破坏了正常的市场经营秩序，使得消费者对被告企业真实经营规模、信誉产生误解，本质上构成虚假宣传、不正当竞争，侵害了原告正常的商业利益。①

案例分析 >> 作为汇编作品的网站版面设计保护

网络时代，机关、企事业单位甚至个人纷纷设置网站。独特的网站版面设计成为文化创意产品，也构成企业的电子名片，其价值为人所认同。与之相应，网站版面抄袭行为会侵害网站设计者及其他权利人的权益，阻碍创新、创造。因此，尽管著作权法对网站页面的作品性质及其保护尚无规定，但网站版面保护的社会意义已很明显。

本案主要涉及两大法理：一是汇编作品的认定及其著作权保护，二是反不正当竞争的认定。原告尚居公司的网站构成汇编作品，认识汇编作品首先需要认识作品和著作权。著作权是为了保护在文学、艺术、科学领域作出了创造性劳动的人的权利，具体针对的智力劳动成果指的是作品。我国《著作权法实施条例》第 2 条规定："著作权所称作品，指文学、艺术和科学领域内，具有独创性并能以某种有形形式复制的智力创作成果。"根据《著作权法》第 15 条规定，汇编作品是汇编若干作品、作品的片段或者不构成作品的数据或者其他材料，对其内容的选择或者编排体现独创性的作品，其著作权由汇编人享有，但行使著作权时，不得侵犯原作品的著作权。不同于一般的原创作品，汇编作品是对已有的作品、作品片段或者不构成作品的数据材料进行的选择和编排。将各个相互独立的元素，通过汇编人独具个性的选择和编排，使这些元素紧密联系，形成独特、系统的整体效果，这种体现汇编人智力劳动效果的选择与编排即为汇编作品的独创性之所在，而这独创性是汇编作品成为著作权意义上作品的本质特征。

对于汇编作品而言，并不是所有对其内容的复制或抄袭均构成侵权，判断是否构成侵权的主要依据是复制或抄袭的内容是否为作品的独创部分。网站本身具有开放性、传播性的特征，仅需在浏览器中输入网址便可对网站内容进行浏览，因此公众对网站内容的获取十分便利。原告网站上线时间为 2015 年 12 月，被告网站的制作时间为 2016 年 7 月。对比双方的网站，二者在网站主页的版面设计、页面布局、主题设置以及各主题项下的内容编排位置与内容

① 参见孙航：《最高人民法院发布第一批涉互联网典型案例》，2018 年 8 月 16 日，https://www.chinacourt.org/article/detail/2018/08/id/3459515.shtml。

的表现形式均高度近似。被告公司网站与原告公司网站高度近似的部分属于原告对内容的选择、整理与编排有独创性的部分,故被告侵犯了原告的著作权。[①]

① 参见徐一:《网站版面设计的著作权保护案例评析》,2018 年 11 月 29 日,http://dy.163.com/v2/article/detail/E1Q8TPGP051187VR.html。

第八章　传播的新型法律问题

在网络和数字技术推动下，信息传播格局发生巨变，传播法的疆域不断向前延伸。本章选取的典型案例涉及数字电视服务的捆绑收费与反垄断、自媒体创业与网络虚拟财产保护、微信公众号名称与知识产权保护等新型传播法问题。

案例 37

数字电视服务捆绑收费与反垄断审查

案例介绍 >> 陕西广电网络收取数字电视费被用户起诉

2012 年 5 月 10 日，陕西省咸阳市工商部门职工吴某秦前往陕西广电网络传媒(集团)股份有限公司(以下简称“广电网络”)缴纳数字电视基本收视维护费时得知，该项费用由每月 25 元调至 30 元，吴某秦遂缴纳 2012 年 5 月 10 日至 8 月 9 日的数字电视基本收视维护费 90 元，其中数字电视基本收视维护费 75 元、数字电视节目费 15 元。然后，吴某秦通过广电网络客户服务中心(服务电话 96766)咨询，广电网络节目升级增加了不同的收费节目，有不同的套餐，其中最低套餐基本收视费每年 360 元，用户每次最少应缴纳 3 个月费用。吴某秦了解到，数字电视节目应由用户自由选择，自愿订购。他认为，广电网络属于公用企业，在数字电视市场内具有支配地位，其收取数字电视节目费的行为剥夺了自己的自主选择权，构成搭售。广电网络的行为违反了《中华人民共和国反垄断法》(以下简称《反垄断法》)第 17 条第 1 款第 5 项关于“禁止具有市场支配地位的经营者从事没有正当理由搭售商品，或者在交易时附加其他不合理的交易条件的滥用市场支配地位行为”之规定，侵害其合法权益，故诉至法院。

广电网络是经陕西省政府批准，陕西境内唯一合法经营有线电视传输业务的经营者和唯一电视节目集中播控者。广电网络认为其向选择收看基本收视节目之外的消费者收取费用，符合《反垄断法》的规定；广电网络鼓励用户选择有线电视套餐，但并未滥用市场支配地位，强行规定用户在基本收视业务之外必须消费的服务项目，用户有自主选择权；广电网络虽然推出了一系列满足用户进行个性化选择的电视套餐，但从没有进行强制搭售的行为，保证了绝大多数群众收看更多电视节目的选择权利。故请求驳回原告要求确认广电网络增加节目并收取费用无效的请求。

2013 年 1 月 5 日，陕西省西安市中级人民法院作出(2012)西民四初字第 438 号民事判决：(1)确认陕西广电网络传媒(集团)股份有限公司 2012 年 5 月 10 日收取原告吴某秦数字电视节目费 15 元的行为无效；(2)陕西广电网络传媒(集团)股份有限公司于本判决生效之日起 10 日内返还吴某秦 15 元。

陕西广电网络不服提起上诉。二审中，广电网络认为在陕西省境内享有相关市场竞争关系的数字电视服务提供商至少应当有三家，即中国电信、中国移动和广电网络。所以，广电网络根本不是一审法院所认定的占有支配地位的数字电视服务商，认为一审判决认定事实错误。此外，其认为广电网络的行为符合搭售的惯例，属于合法的搭售。

陕西省高级人民法院认为广电网络对吴某秦的销售行为，并不构成《反垄断法》所禁止的搭售行为，其上诉理由部分成立，上诉请求二审法院予以支持，并于 2013 年 9 月 12 日作出(2013)陕民三终字第 38 号民事判决：(1)撤销一审判决；(2)驳回吴某秦的诉讼请求。

吴某秦不服二审判决，向最高人民法院提出再审申请。再审中，吴某秦认为二审判决适用法律错误，审判组织组成不合法，故请求撤销二审判决，维持一审判决。广电网络提交了其 2016 年网站收费套餐截图、关于印发《2016 年大众业务实施办法(试行)的通知》、2016 年部分客户收费发票。广电网络认为二审程序合法有效，合议庭组成人员依法参加了整个庭审程序。请求依法驳回吴某秦再审申请，维持二审判决。最高人民法院于 2016 年 5 月 31 日作出(2016)最高法民再 98 号民事判决：(1)撤销二审判决；(2)维持一审判决。

案例总结 >> 数字电视收视费和付费节目捆绑交易构成搭售

该案例被列入最高人民法院(以下简称“最高法”)指导案例 79 号。裁判要点包括：

1.作为特定区域内唯一合法经营有线电视传输业务的经营者及电视节目集

中播控者，在市场准入、市场份额、经营地位、经营规模等各要素上均具有优势，可以认定该经营者占有市场支配地位。

2.经营者利用市场支配地位，将数字电视基本收视维护费和数字电视付费节目费捆绑在一起向消费者收取，侵害了消费者的消费选择权，不利于其他服务提供者进入数字电视服务市场。经营者即使存在两项服务分别收费的例外情形，也不足以否认其构成《反垄断法》所禁止的搭售。

本案的争议焦点主要在于：诉争行为是否违反了《反垄断法》第 17 条第 1 款第 5 项之规定，即禁止具有市场支配地位的经营者没有正当理由搭售商品或者在交易时附加其他不合理的交易条件。最高法认为广电网络在市场准入、市场份额、经营地位、经营规模等各要素上均具有优势，占有支配地位。关于广电网络在向吴某秦提供服务时是否构成搭售的问题，根据前述基本事实，可以认定广电网络实际上是将数字电视基本收视节目和数字电视付费节目捆绑在一起向吴某秦销售，并没有告知吴某秦是否可以单独选购数字电视基本收视服务的服务项目。最高法认为数字电视基本收视维护费和数字电视付费节目费属于两项单独的服务。广电网络利用其市场支配地位，将两项费用一起收取，违反了《反垄断法》第 17 条第 1 款第 5 项之规定。

“广电网络的行为是否构成搭售”这一点是二审法院与一审、再审法院观点不一致的地方。一审法院认为，广电网络未向吴某秦告知其选择权，而直接要求吴某秦同时缴纳数字电视基本收视维护费和数字电视节目费，实际上是将上述两项服务进行捆绑销售，违反了吴某秦的意愿，构成搭售。二审法院则认为，吴某秦在缴费的时候，选择权客观上是存在的，只要消费者选择权存在，就不应判定反垄断意义上的搭售行为构成，即便广电网络未将该选择权告知吴某秦，侵害的是吴某秦的消费者知情权，应适用消费者权益保护方面的法律，而不应适用《反垄断法》。最高法认为，广电网络的举证不足以否定将数字电视基本收视维护费和数字电视节目费绑定在一起收费的做法，即不能证明消费者选择权的存在，所以维持本案的一审判决。

案例分析≫ 反垄断法首次介入数字电视服务市场

本案经历了三级法院三年多的审理，几经波折，最终尘埃落定，并成为最高人民法院 2017 年 3 月 9 日公布的第 16 批指导性案例之一。其意义在于：一方面通过对《反垄断法》第 17 条第 5 项的研究、论证和释用，对判定“搭售”的思路和标准进行了探索和明确，给司法实务界办理此类案件提供了较为明确的标准；另一方面，通过明确“搭售”行为的认定界限，为在相关市场占垄断地位的市场主体提供了较为明确的判例指导，有利于规范相关市场秩序，促进良性竞争。

本案中，广电网络违反的是《反垄断法》第17条第1款第5项之规定：禁止具有市场支配地位的经营者没有正当理由搭售商品或者在交易时附加其他不合理的交易条件。此条例由两个关键部分组成：一是具有市场支配地位的经营者，二是没有正当理由搭售商品。

首先，司法实践中对于市场支配地位的分析方法有三种标准，即市场行为、市场效果及市场结构。我国采用了多种考量因素的判定标准。《反垄断法》第17条第2款规定："本法所称市场支配地位，是指经营者在相关市场内有能够控制商品价格、数量或者其他交易条件，或者能够阻碍、影响其他经营者进入相关市场能力的市场地位。"具体到本案，和新闻出版、广播电视等传媒业实行国有体制一致，有线电视传输服务市场实行省级专营。省级广电网络是一省境内唯一合法经营有线电视传输业务的经营者和唯一的电视节目集中播控者，其在有线电视传输服务市场上处于垄断地位。

其次，关于搭售，一般认为构成搭售的条件包括：销售的商品或服务与搭售的商品或服务应是独立可分的，两者分别销售不影响价值；消费者是否有选择权，即消费者拒绝购买搭售的商品或服务就无法得到其想要的商品或服务；搭售行为没有正当的理由等。在本案中，最高法根据这三个条件确认了广电网络的搭售行为。即便符合了搭售的要件，但只要具有正当性，该搭售行为也不必然被认定成滥用市场支配地位的行为。对于正当性的问题，三级法院在判决书中均作了一定程度的论述，最高法院还对可能的正当情形专门作了列举，最高法院的判决书原文为："在原审诉讼及本院诉讼中，广电网络未证明将两项服务一起提供符合提供数字电视服务的交易习惯；同时，如将数字电视基本收视维护费和数字电视付费节目费分别收取，现亦无证据证明会损害该两种服务的性能和使用价值；广电网络更未对前述行为说明其正当理由……"根据最高法院判决原文可以获知，在满足下列条件的时候，搭售行为可能不违反《反垄断法》第17条第5项的规定：第一，将两个（及以上）可以单独收费的服务/商品一起提供符合交易习惯；第二，将两个（及以上）可以单独收费的服务/商品分开销售，是否会损害该两项服务的性能和使用价值；第三，将两个可以单独收费的服务/商品一起提供是否有其他方面的正当理由。一般而言，搭售行为若想获得《反垄断法》的豁免，最好还是三个条件都满足更加稳妥，也就是说，要证明搭售行为属于相关市场多年形成的交易习惯、证明把销售商品和搭售商品分开销售会损害性能和使用价值，与此同时，向法院说明搭售的其他正当理由，并提供足够的证据进行支撑。[①]

把数字电视节目服务收费纳入反垄断审查，有利于规范广电传媒经营行为，并开辟了传播法研究的新领域。

① 参见程芳、王广巍：《反垄断法意义上搭售行为的判定思路及标准——评吴小秦诉陕西广电网络传媒(集团)股份有限公司捆绑交易纠纷案》，2017年4月12日，http://www.zhonglun.com/Content/2017/04-12/1848415626.html。

案例 38

微信公众号“重要意见”的虚拟财产纠纷

案例介绍 >> 微信公众号财产“分割”第一案

2016 年 1 月，被告赵某硕与原告尹某珊、袁某珊、张某在一次微信群聊中萌生了共同设立一个微信公众号的念头。商议之后，原、被告四人就注册、运营微信公众号等事宜达成一致意见，口头约定以被告名义申请注册名为“重要意见”的微信公众号，四人共同使用、管理和运营与公众号相关的微博、邮箱、银行卡等，公众号经营所得按照各自所写文章及引入广告数量等每季度分配一次。2016 年 1 月 31 日，尹某珊作为撰稿人在其微信公众号的开篇文章中写道：“这个公众号不是我一个人的，至少是四个人的……我们四个人就是赵总裁、袁美丽、天才张和我。”被告与原告多次在该公众号上分别或合署名发表文章。该公众号运营仅一年，即获取近 10 万高质量、高消费力粉丝，并与众多品牌展开广告合作。原、被告按约定分配了 2016 年 12 月之前已经回款的部分经营所得。该公众号的收入主要包括广告文案、商品导购等两部分。

随着公众号经营发展，四人对分配方式产生了分歧。矛盾发生后，被告擅自更改公众号、微博、邮箱和银行卡密码，并扣留公众号收入款，致使原告方无法分得公众号的运营款项。被告删除了公众号中的合体文以及以原、被告四人名字分别命名的栏目，以掩盖公众号由四人合伙经营的事实。原告认为被告的违约行为导致公众号无法正常运营，给原告方造成了经济损失，遂将被告赵某硕诉至法院，请求分割该公众号共同运营期间的收益。

2019 年 2 月 18 日，上海市静安区人民法院开庭公开审理该案。一审法院认为，微信公众号虽在出资种类、经营方式、收入结构等方面存在特殊，但各当事人协商建立涉案公众号，以撰写文章等劳务方式出资，共同运营、共享收益，符合合伙特征，成立个人合伙关系。涉案公众号有自己的标识、栏目架构及运营理念，有别于运营平台及其他网络用户，具有独立性、可支配性及商业盈利价值，属于网络虚拟财产。

在案件审理期间，原告三人更改诉讼请求，表示若法院认定成立合伙关系则同意解除合伙关系，涉案微信公众号由赵某硕继续运营，要求被告补偿三人各100万元，并分割该微信公众号的经营所得。

案件审理中经原告申请，一审法院委托上海立信资产评估有限公司对涉案"重要意见"微信公众号的价值进行评估，认为涉案微信公众号使用权在价值分析基准日2017年7月13日的市场价值为400万元。

一审法院认为，微信公众号与一般资产不同，其价值除取决于客观因素外，一定程度上还依赖于运营方投入的智力和劳动成本，综合考虑涉案微信公众号的概况和发展历程，以及涉诉后曾停更、粉丝数量变化等综合因素，遂以340万元为基础，酌定被告向原告各支付折价补偿款85万元，同时，依照各方确认的先前已分配部分的分配比例，支付合作期间稿酬、分红及平台收入等。[①]

一审判决后，被告不服提起上诉。被告主张涉案微信公众号归其所有，认为原告仅为涉案公众号的固定撰稿人，各方并未签订书面合伙协议，也没有证据证明成立口头合伙关系。即便成立合伙关系，涉案公众号因违反《微信公众号平台服务协议》关于不得发布广告的规定，其本身无合法商业价值，亦无须支付折价补偿。既有收益应按各自贡献度合理分配，被告认为其系唯一脱产运营公众号者，贡献较大，应至少分得70%。

上海市二中院审理认为，被告与原告协商筹备设立涉案微信公众号，具备个人合伙的实质要件，成立口头合伙关系。关于公众号价值，涉案公众号运营的独立性、支配性、价值性符合虚拟财产法律属性，属于虚拟财产。《微信公众平台服务协议》就不得发布扰乱微信公众平台正常运营的广告信息的规定，系腾讯公司就公众号平台运营的管理规范，并未禁止公众号发布合法商业广告信息，不影响公众号的虚拟财产法律属性。关于分配规则，各方在业务联络、供稿方面的投入已通过招商费、稿费形式予以体现，即业务联络、供稿较多者相应获得较高的前期分配收入，被告赵某硕无权以此为由再要求就后期剩余财产部分获得分配比例上的优势。二审法院据此驳回上诉，维持原判。[②]

该案是全国首例因微信公众号合伙人"散伙"引发的资产分配纠纷案。

案例总结 >> 网络虚拟财产的法律地位与属性

作为全国首例微信公众号"分割"案，该案对自媒体人颇为关心的多人合作运营公众号如何界定合伙关系、微信公众号财产收益分割等问题给出了答案，是司法对微信公众号这种网络虚拟财产出手保护的第一案，具有重要意义。

---

① 参见上海市静安区人民法院(2018)沪0106民初17926号民事判决书。

② 参见上海市第二中级人民法院(2019)沪02民终7631号民事判决书。

网络虚拟财产是随着互联网的蓬勃发展而涌现的一种新的概括性权利。在网络环境下，模拟现实环境中的财产形态，具有独立价值和可独占性的财产利益。[①] 虚拟财产不仅是依附于虚拟世界，以数字化形式存在且能为人力所支配，兼具竞争性、永久性、互联性和用户可使其增值性的信息资源，其更重要的是外在表现形态。[②] 广义的虚拟财产包含的范畴除了虚拟社区、电子邮件、在线游戏、实时通信工具中的账号、有关的积分之外还包括虚拟货币、物品、配置等。[③] 网络虚拟财产的特征之一就是"新"，在网络时代不同阶段会以不同形式表现出来，其"新"特征导致既有法律规则难以完全适用。

《民法总则》将数据、网络虚拟财产纳入了保护的范畴，开启了对虚拟财产立法保护的序幕。《民法典》第127条延续了该规定。虽然虚拟财产的法律地位已得到认可，但关于虚拟财产的法律属性及价值评估等方面一直存在较大争议，由此在使用、交易、迁移过程中可能会产生相应的纠纷。

本案中，被告与原告以微信公众号作为新型盈利模式的载体，其合作方式是否构成合伙关系，涉案微信公众号的属性怎样认定，是本案的主要争议焦点。

虚拟财产因其凝结着经营者独特的经营方式，加之资金和精力的持续投入，虽然没有实物的形态，却同样有不可忽视的商业价值。微信公众号作为一种新型的电子商务模式，已不再是简单的通过流量渠道直接提供产品或服务获取费用，而是作为与用户沟通互动的桥梁，为品牌与用户之间构建深度联系的平台，具有较大价值，虚拟财产纠纷案中的难点之一就是如何确定这种价值。

原告方认为涉案微信公众号有众多粉丝，是有较大价值的财产；被告则认为涉案微信公众号是免费申请的，其本身依托于微信平台，不具有商业属性。

一审法院认为涉案微信公众号是具有独立性、支配性、价值性的网络虚拟财产。首先，微信公众号是个人或企业在微信公众平台上申请的应用账号。设立之初，微信公众号仅是一数据代号，后因设置微信号名称，确立账号主体，其具有区别于其他网络资源或现实财产的独立性。本案中"重要意见"微信公众号有自己的标识，有自己的栏目架构以及运营理念、文化，既区别于网络运营商提供的运行环境、微信公众平台提供的运营平台，也与其他网络用户的资源相区别，具有独立性。其次，微信公众号虽然存在于网络空间中，具有虚拟性，但可通过对账号设置密码来控制微信公众号的运营，防止他人对公众号上的资料

---

① 参见林旭霞：《虚拟财产权研究》，法律出版社2010年版，第110页。

② 参见梅夏英、许可：《虚拟财产继承的理论与立法问题》，《法学家》2013年第6期。

③ 参见曾建萍：《网络虚拟财产权的法律属性及消费者权益保护》，《商业经济研究》2016年第22期。

进行修改、增删，具有支配性，本案中的微信公众号也是如此。最后，从微信公众号的运营来看，原告方与被告在涉案微信公众号运营中投入大量的时间、精力，有一定的劳动价值。从微信公众号的经营方式来看，通过发布引人关注的内容，吸引了一定数量的粉丝关注而具有了传播力、影响力，进而为广告商带来购买力和宣传力，有广告投放价值。从微信公众号的盈利模式来看，随着微信公众平台功能的深入开发，微信公众号不再局限于单一承载、发布信息的传统自媒体形式，其功能得以不断拓展，逐步发展成为一种新型的电子商务模式，即通过发表软文或撰写好物笔记宣传商品，获取广告收入、导流收入，或通过小程序商店直接提供产品或服务获取费用，集多种盈利模式于一体，有商业盈利价值。①

从目前情况来看，虚拟财产保护更多有赖于处理具体相关案件的法官而非立法者，需要法官对立法意图正确理解，认真厘清案件中的法律关系，对案件中涉及的虚拟财产给出法律上的合理解释，并最终稳妥进行保护。此案判决开了对微信公众号等“网络虚拟财产”给予“正名”与法律保护的先河，不失为一个范例。更难能可贵的是，法官还结合了微信公众号需要不断运营更新的实际情况，不是简单对涉案公众号进行保全封存，而是允许在诉讼中继续运营，并且在价值分割时没有照搬鉴定机构的结论，而是考虑到案件诉讼对公众号吸引力的不利影响，及其带来的价值下降等现实因素，对公众号估值进行适度下调，使之更加切合实际。②

案例分析》 自媒体人创业与网络虚拟财产保护

伴随互联网用户数量的持续增加，网络虚拟财产不再是只在游戏世界里通用的货币，已经完全和个人财产挂钩，本身便是个人财产的一部分。③ 我国立法在网络虚拟财产领域十分滞后，网络虚拟财产的保护存在缺失。在《民法总则》颁行前，我国调整网络虚拟财产的法律法规几乎空白，一般参照《物权法》以及《民法通则》等法律法规处理网络虚拟财产纠纷案件，并未对网络虚拟财产的性质以及法律地位等相关问题进行明确规定，更未涉足网络虚拟财产的保护问题。④ 这一定程度上导致司法人员在处理虚拟财产纠纷时束手无策，司法机关

---

① 参见上海市静安区人民法院(2018)沪0106民初17926号民事判决书。

② 参见杜晓：《法律属性存在争议　法律关系亟须厘清　专家建议加固虚拟财产“防火墙”》，《法制日报》2020年1月8日。

③ 参见马韬循：《虚拟财务的物权法保护研究》，《法制与社会》2018年第12期。

④ 参见王浴勋：《警惕网络虚拟财产维权陷入法律“真空地带”》，《人民论坛》2017年第17期。

在审理案件的过程中只能运用法理来进行推理，审理的难度系数较高。同时法官拥有较大的裁量权，“同案不同罚”的情况随处可见，影响着权利人权益的实现。对网络交易平台缺乏监管也是纠纷发生的重要原因之一，对网络虚拟财产的重要性认识不足的问题仍然存在。

保护公众生命财产安全是法治社会最起码的底线，这种保护还要与时俱进。[①] 财产法应是一个开放的制度体系，它不仅应该将具体财产逻辑的现实纳入固有的传统财产制度，还应该寻求对新型财产的法律保护。[②] 网络虚拟财产的法律地位已经得到确认，现在面临的是对网络虚拟财产进行保护的问题。要弥补保护缺失的现状需要从立法上健全网络虚拟财产保护的法律体系，同时在司法上完善和规范网络虚拟财产的保障和管理体系。

网络虚拟财产的保护，需要立法先行。《民法典》确立了网络虚拟财产的民事权利地位，实际上将网络虚拟财产保护的问题赋予单行法完成。因此，对网络虚拟财产采取单行法的形式立法，对其权利的保护予以立法保障尤为重要。首例微信公众号“分割”案同样对相关法律法规提出了要求，即明确界定“虚拟财产”拥有者的各项合法权益，通过顶层设计更好保护公民的“网络虚拟财产”，只有这样才能更好保护公民的合法财产，维护社会公平正义。

在当前网络环境下，网络虚拟财产交易通常是自发自主的，缺乏有效规范的网络交易平台与手段，造成相关纠纷频频发生。因此建立营造一个完善的网络虚拟财产交易制度和环境，让网络虚拟财产的交易在一个规范干净的网络环境中进行，是当下之要务。[③] 针对当前普遍存在的网络虚拟财产价值评估难题和举证困难的问题，可以借鉴物质财产价值评估的有益经验，将虚拟财产委托第三方机构进行价值评估。在虚拟财产纠纷的举证问题上，要遵循民事纠纷“谁主张、谁举证”的基本原则，同时应当从虚拟财产纠纷的特殊性出发，对于网络用户无法提供的证据材料，应由网络服务商予以提供。[④]

---

① 参见戴先任:《首次对微信公众号利益纠纷作出判决具有破冰意义》,《中国审计报》2019 年 12 月 9 日。

② 参见吴汉东:《财产权客体制度论——以无形财产权客体为主要研究对象》,《法商研究》2000 年第 4 期。

③ 参见黄重理:《网络虚拟财产的性质与保护》,《智库时代》2019 年第 1 期。

④ 参见张永坚、雍春华:《如何保护网络虚拟财产》,《人民论坛》2019 年第 6 期。

案例 39

知名微信公众号的名称保护

案例介绍 >> “为你读诗”读出了纠纷

2013 年 6 月，尚客圈（北京）文化传播有限公司（以下简称“尚客圈公司”）联合北京青年报社等发起“为你读诗”公益诗歌艺术活动，同时尚客圈公司创建微信公众号“为你读诗”，李彦宏、杨元庆、张国立、姜昆、郎朗等 20 位各行业人士为联合发起人，每天以配乐加朗读的形式推送一期读诗作品，希望以读诗为开端，传播诗歌文化。公众号上线约 1 年中，“为你读诗”便累计了 60 万订阅用户，播出 900 多期节目，累计传播逾 4 亿次，覆盖美国、加拿大、丹麦、德国、荷兰等 40 多个国家和地区，诸多国际政要、影视明星等都曾献声于此。因参与诗歌朗诵者的名人效应，自 2013 年 7 月至 2014 年 9 月，新华网、网易读书频道、光明网、《北京青年报》、《人民日报》（海外版）、新浪网、中国新闻网等媒体和网站对参与朗诵诗歌者的朗诵活动以及微信公众号“为你读诗”进行了报道。截至本案起诉，微信公众号“为你读诗”的关注者数量显示已达 136 万余人，热门作品显示日均阅读和点播量超 10 万次。微信公众号“为你读诗”中作品在腾讯视频栏目下显示累积播放量超过 1 亿次。

然而树大招风，“为你读诗”有了仿冒者。2014 年 9 月 16 日，首善（北京）音乐创意有限公司在苹果应用商店推出“为你读诗”App，其于 2015 年 6 月 23 日更名为为你读诗（北京）科技有限公司（以下简称“为你读诗公司”）。2015 年 1 月 1 日，首善（北京）文化产业有限公司（以下简称“首善公司”）创建名为“为你读诗官方客户端”的微信公众号。“为你读诗”App 的功能包括诗歌朗诵录制、配音、上传分享及收听他人的诗歌朗诵作品。“为你读诗官方客户端”的微信公众号主要用于发布相关信息。

2015 年 8 月初，为你读诗公司抢先向北京朝阳法院提起诉讼，认为尚客圈公司发表的维权声明，属于恶意诋毁的不正当竞争行为。8 月 21 日，尚客圈公司也向朝阳法院提起诉讼，诉称为你读诗公司及首善公司侵权。

12 月初，朝阳法院对这两起诉讼先后作出一审判决，首先驳回为你读诗公司有关诉尚客圈公司不正当竞争的所有诉讼请求，随后作出（2015）朝民（知）初字第 46540 号民事判决:(1)被告为你读诗公司立即停止在其涉案手机软件名称上使用“为你读诗”字样;(2)被告为你读诗公司立即停止在其企业名称中使用“为你读诗”字样;(3)被告首善公司立即停止在其涉案微信公众号名称中使用“为你读诗”字样;(4)被告为你读诗公司、首善公司于本判决生效之日起七日内连带赔偿原告尚客圈公司损失人民币 20 万元整;(5)驳回原告尚客圈公司其他诉讼请求。一审宣判后,为你读诗公司和首善公司提出上诉。北京知识产权法院作出(2016)京 73 民终 75 号民事判决:驳回上诉,维持原判。[①]

案例总结>> 使用他人公众号名称构成不正当竞争

本案是最高人民法院发布的第一批十大涉互联网典型案例之一。

本案生效判决认定,微信公众号“为你读诗”在“为你读诗”App 推出前已达到知名程度,从而构成知名商品,而“为你读诗”四个字也已构成知名商品的特有名称。因此,“为你读诗”App 的所有者为你读诗公司已构成不正当竞争行为。

本案的焦点问题涉及知名微信公众号名称的不正当竞争保护,由于移动互联网络具有受众范围广、传播速度快等特点,故其产业经营特点、竞争方式有别于传统产业。对于涉互联网不正当竞争纠纷案件的处理,既要准确理解、适用法律,也要充分了解特定产业的特点。对于互联网环境下的竞争纠纷,要结合网络本身所具有的特点,充分考量互联网软件产品或服务的模式创新以及市场主体的劳动付出,通过司法裁判,促进和规范市场竞争秩序。

法院生效判决认为:首先,为你读诗公司、首善公司与尚客圈公司具有竞争关系。为你读诗公司、首善公司与尚客圈公司提供的服务都是以移动客户端如手机为载体,服务对象都是移动平台用户,服务内容都是与诗歌有关的主题,故为你读诗公司和首善公司与尚客圈公司提供的是类似的服务,构成竞争关系,应受反不正当竞争法的调整。其次,尚客圈公司的微信公众号“为你读诗”构成知名服务特有的名称。根据查明的事实可以认定,在被控侵权行为发生时,尚客圈公司的“为你读诗”微信公众号服务在我国已具有一定的市场知名度,属于相关公众所知悉的服务。最后,为你读诗公司和首善公司的被诉行为构成不正当竞争。根据相关法律规定,所述混淆或误认是指发生混淆或者误认的可能

---

① 参见曾鼐:《“为你读诗”公众号胜诉　专家热议新媒体版权》,2015 年 12 月 12 日,http://www.chinanews.com/cul/2015/12-12/7668114.shtml;《尚客圈(北京)文化传播有限公司诉为你读诗(北京)科技有限公司、首善(北京)文化产业有限公司擅自使用知名服务特有名称纠纷案》,2018 年 8 月 16 日,https://www.chinacourt.org/article/detail/2018/08/id/3459634.shtml。

性，而不需要实际发生混淆或误认，且不以实际发生损害后果为前提。“为你读诗”App 和“为你读诗”微信公众号的名称完全相同，二者均是以移动客户端如手机为载体，且“为你读诗”微信公众号提供的核心服务为朗诵诗歌供订阅者收听，可完全被“为你读诗”App 提供的服务所涵盖，上述情形使得相关公众在接受“为你读诗”App、“为你读诗官方客户端”微信公众号的服务时，容易认为该服务系由尚客圈公司提供，从而产生混淆或误认。①

尚客圈公司胜诉后，专家热议新媒体时代知识产权保护的重要性。“为你读诗”微信公众号创始人潘杰客表示，“胜诉当然高兴，但更是个警醒”。他说，“为你读诗”的发起宗旨，是为诗歌爱好者打造一个平台，也是想倡导一种诗意的生活方式。他说，希望有更多的人能致力于诗歌的传播，很欢迎有竞争，但坚决拒绝剽窃。“现在中国的诗歌热，超乎意料”，中国诗歌学会会长黄怒波指出，一个文化品牌做成功，有正常模仿现象可以支持，但侵权是很恶劣的方式，是对劳动者的不尊重。在网络环境中，新媒体人要有知识产权意识，“为你读诗”等这些引领向上的新的传播模式，应该受到保护，创作者也要学会自保。②

案例分析 >> 知识产权保护：自媒体创业者的必修课

本案所涉及的法律问题主要是自媒体的知识产权保护。

根据《反不正当竞争法》第 2 条第 3 款的规定，经营者是指从事商品经营或者营利性服务的法人、其他经济组织和个人。该法第 2 条第 2 款规定，不正当竞争是指经营者违反该法规定，损害其他经营者的合法权益，扰乱社会经济秩序的行为。根据《反不正当竞争法》第 5 条第 2 项的规定，经营者不得擅自使用知名服务特有的名称，或者使用与知名服务近似的名称，造成和他人的知名服务相混淆，使购买者误认为是该知名服务。虽然尚客圈公司是以“不正当竞争”为由提起诉讼，也赢得了官司，但赢了官司关键还在于原告的“为你读诗”知名度和影响力较高，被认定为知名商品特有名称，而非所主张的“为你读诗属于商品/服务的通用名称”，因而适用了《反不正当竞争法》的相关规定，否则，可能无法适用《反不正当竞争法》的规定。正如一审判决书中所说：在市场经济环境下，经营者的竞争行为必须受《反不正当竞争法》的规制，应当遵循诚实信用原则，遵守公认的商业道德。对于市场中的知名商品特有名称，经营者不得擅自

① 参见《尚客圈（北京）文化传播有限公司诉为你读诗（北京）科技有限公司、首善（北京）文化产业有限公司擅自使用知名服务特有名称纠纷案》，2018 年 8 月 16 日，https://www.chinacourt.org/article/detail/2018/08/id/3459634.shtml。

② 参见曾鼐：《“为你读诗”公众号胜诉　专家热议新媒体版权》，2015 年 12 月 12 日，http://www.chinanews.com/cul/2015/12-12/7668114.shtml。

使用，否则将构成不正当竞争行为。但对于未构成“知名商品特有名称”的自媒体，则难以得到《反不正当竞争法》的保护。

本案例提醒，自媒体应当增强知识产权保护意识。首先，要及时申请商标注册。保护自媒体名称的最有效方式是及时、恰当地申请商标注册。一方面，一旦获得商标注册，自媒体对该名称就获得了商标专用权；另一方面，根据《商标法》第56条，注册商标的专用权以核准注册的商标和核定使用的商品为限，意味着任何第三方未经许可不得在相同、类似的商品或者服务上使用与该商标相同或者近似的标志。换句话说，一旦自媒体就某个名称获得了商标注册，就获得了在相关商品或者服务上垄断使用这一名称的权利，而不像名称保护那样还受地域限制。其次，名称构成作品的、可诉诸版权保护的通知-删除程序。《信息网络传播权保护条例》规定了版权法上的通知-删除程序。对于网络服务提供者而言，免于承担版权侵权责任的一个前提就是遵守该程序；对于版权权利人而言，可以借助这一程序阻止他人未经授权通过信息网络传播其版权作品。因此，对于他人擅自复制、抄袭、传播其作品的行为，微信公众号等自媒体可以向所属平台发出侵权通知，所属平台在接到版权权利人符合要求的通知后，必须及时删除被控侵权内容。最后，借助平台打击盗版。网络平台在知识产权保护方面日益发挥着重要作用。比如，《2015微信知识产权保护白皮书》揭示了微信在保护自媒体知识产权方面所进行的努力。在通知-删除程序的落实上，微信公众平台提供了统一的侵权投诉入口，方便对微信公众号、微信个人号的知识产权侵权行为进行投诉。微信公众号原创声明功能，对于通过原创检测的文章，系统会自动为其添加“原创”标识，版权权利人可以设置“禁止转载”或者“允许转载”，在后一种情况下，在他人转载时系统会自动注明文章来源；原创声明功能可以适用于文字作品以及漫画、摄影等图片作品。

基于各类网络平台产生的自媒体，经过多次迭代，终于在移动互联网时代迎来黄金时期，其知识产权价值不断得到彰显，使得自媒体的知识产权(IP)保护愈加重要。微信公众号“为你读诗”反不正当竞争一案表明自媒体创业者知识产权保护意识的觉醒，但也从另一个侧面说明人们的IP意识是不够的，IP的价值不仅仅在于版权作品，而且在于商标、专利等其他类型的知识产权。一个繁荣、稳健的自媒体市场需要完善的知识产权保护环境支撑，这需要权利人、平台、法院、执法机构、社会等各种力量共同发挥作用，权利人自身的知识产权保护意识尤其需要加强。在IP为王的时代，如何守住、捍卫IP这个核心，是自媒体创业者的必修课。①

① 参见曹建峰：《从“为你读诗”反不正当竞争一案谈自媒体的知识产权保护》，2016年6月6日，https://mp.weixin.qq.com/s/dPZ46d0WQJwO4NL8airAew。

下编

传播伦理

第九章　传播与道德

法与伦理道德同为新闻传播活动遵循的规范系统。本书借鉴展江教授"把伦理和道德分开"的思路和区分标准，明确媒体职业道德专指媒体从业者和媒体机构均应遵循的"道德诫命"，包括体现普遍性的社会公德和体现特殊性的专业标准（专业规范）。本章选取典型案例，分别对新闻造假与传媒假事件、报纸差错、媒体炒作、标题党、新闻虚构、新媒体内容把关、自媒体流量收割、搜索引擎的社会责任、竞价排名广告的治理、公关公司的"有偿删帖"、媒体公器私用、记者与采访对象关系、媒体差错更正等传播道德问题进行讨论。

案例 40

新闻造假与传播道德

案例介绍 >> 屡见不鲜的"策划新闻"

2007 年 7 月 8 日，北京电视台生活频道"透明度"栏目播出报道《纸做的包子》。该栏目编导訾北佳通过暗访，发现在朝阳区东四环附近的早点铺中出售用废纸箱和肥猪肉做馅的小笼包，引起舆论哗然。北京工商、食品安全部门和警方全力核查，最后发现该报道系该栏目炮制的假新闻。真相是：编导訾北佳为了完成任务，以"喂狗"为由，要求卫某等人将浸泡后的纸箱板剁碎掺入肉馅，制作了 20 余个"纸馅包子"。与此同时，訾北佳秘拍了卫某等人制作"纸馅包子"的过程。在节目后期制作中，訾北佳采用剪辑画面、虚假配音等方法，编辑制作了电视专题片《纸做的包子》播出带。訾北佳被公诉后，法院认定，訾捏造事实编制虚假新闻，并隐瞒事实真相，使虚假节目得以播出，造成恶劣影响，构成损害商品声誉罪。法院据此作出有罪判决，判后訾北佳没有上诉。[①]

“纸馅包子”式的策划新闻案例还有多例。

最有名的就是“茶水发炎”和“茶水二次发炎”事件。2007年“3·15”之际，杭州的媒体策划了一个选题：用茶水代替尿液，检验医院的服务态度和医疗水准。当时，在媒体暗访的10家医院中，有6家都检测出茶水“发炎”，5家开出消炎药，一度被称为“茶水发炎”事件。针对媒体刊发的调查结果，全国近百家“三级甲等医院”自发进行了可重复结果的检测。48小时内，就提供了检测数据：136份报告中有127份证实茶水的确“有可能发炎”。事后，中国记协网络中心发表了《从“茶水发炎”报道反思新闻策划》一文，从行业协会角度提出“新闻策划不能无中生有”。没想到5年后，“茶水发炎”新闻再次登场：2012年7月，央视记者在暗访“男科门诊”时，使用康师傅绿茶饮料替代尿液送检。几家男科医院的尿检报告结果显示，“尿液”中有大量“霉菌和杂菌”。节目在7月29日央视《焦点访谈》栏目播出后引发关注，被称为“茶水二次发炎”事件。[②]

2014年12月初，一段网络视频受到不少人关注，四川西充县某村8岁男孩坤坤(化名)被查出通过母婴传染感染了艾滋病毒，包括男孩爷爷在内的200多个村民写“联名信”，要求驱逐坤坤。消息甫出，就上了各大新闻网站的热搜榜之首，网友谴责村民冷血，缺乏常识，甚至引来联合国驻华某组织的关注。后经媒体调查证实，200多个村民写联名信驱逐艾滋男童乃是一起“新闻策划”。坤坤的爷爷罗某说，12月7日，有两名自称是“成都记者”的人找到他，罗某向两人提及希望坤坤能获得收养的意愿，“他们说能帮我想办法让坤坤得到外界关注，达成心愿”。这两名“成都记者”建议村里召开村民代表会议，写联名信，一致要求让坤坤离开村庄，随后上演“联名信”的闹剧。[③]

案例总结>> 遵循新闻规律的策划与无良策划

在新闻实务工作中，常常需要根据新闻选题进行谋划，名曰“新闻策划”。但以上提到的案例却混淆了“新闻策划”和“策划新闻”的边界，滑进了新闻造假或制造“传媒假事件”的窠臼。

“新闻策划”和“策划新闻”有何不同？知名学者赵振宇认为，“新闻策划”讲

① 参见《纸馅包子虚假新闻事件》，2013年4月19日，http://media.sohu.com/20130419/n373279939.shtml。

② 参见赵振宇：《新闻报道中的不良策划为何屡禁不止?》，2017年9月25日，http://views.ce.cn/view/ent/201709/25/t20170925_26288966.shtml。

③ 参见年度传媒伦理研究课题组：《2014年十大传媒伦理问题研究报告》，《新闻记者》2015年第2期。

究的是科学合理的报道思路和手段，而“策划新闻”则是无中生有地杜撰或“导演”。随着新媒体的迅猛发展和媒体间竞争的加剧，不少媒体加强了记者参与式的报道策划，以期争取更多受众支持。但这种策划活动渐渐背离了新闻报道的基本规律和社会公道的基本要求。茶水两次“发炎”事件和“纸馅包子”事件就是“策划新闻”的实例，属于无良策划。

赵振宇教授说，我们提倡记者到基层、到一线、到新闻发生的地方采访报道，但是，这一切都应遵循新闻规律和社会准则，不可越雷池一步。2011 年 3 月 25 日，中央电视台“新闻 1+1”播出“当慈善遭遇‘无良’策划”的节目，说的是网络推手“金泉少侠”打着“救助小女孩”的名义，要她的母亲跪行两小时以募捐，遭到广泛非议。白岩松在节目中说：“这是对公众的一个巨大刺激，让信任危机更加恶化!”这些年的“小女孩为中暑摔倒路人打阳伞”“脚崴了您能扶我过马路吗”“将手表或钞票故意丢失来考验路人的道德良知”等案例都属于这类坏例子。

新闻报道策划是新闻传播的主体遵循事物发展和新闻传播的基本规律，围绕一定的目标，对已占有的信息进行科学的分析和研究，着眼现实、发掘已知、预测未来，制定和实施相应的政策和策略，以求最佳效果的创造性的策划活动。在参与式报道策划中，要特别注意明确目的，选准参与方式；客观公正，防止片面性；尊重客观规律，切忌越俎代庖；注意安全，保护自己。基于当前不良策划禁而不止的现状，特别要求中国记协和管理部门加强对媒体和记者的专业思想和技能培训，所有媒体要按新闻规律办事提高判断识别能力，不能为走偏道的同行添油加醋，要努力增强媒体的公信力。①

案例分析 >> 新闻造假与“传媒假事件”

被称作“无良策划”的“策划新闻”基本属于新闻造假。真实是新闻的生命。但现实中不断有记者造假，甚至还有媒体造假的情况。展江教授在 2007 年的一次演讲中，从“纸馅包子”谈到中国媒体现状时披露了一件令人震惊的事：某报社在申报新闻奖的时候，重新做了一个版面，先是获得了省新闻一等奖，然后又申报了中国新闻奖，拿到了三等奖，让成立 50 多年的报社实现了零的突破。但中国新闻奖刚刚公布，就有人把真实的版面和后来伪造的版面发到网上，把新闻造假的底儿捅破了。

---

① 参见赵振宇：《新闻报道中的不良策划为何屡禁不止?》，2017 年 9 月 25 日，http://views.ce.cn/view/ent/201709/25/t20170925_26288966.shtml。

为了获奖而造假，并非只是孤例。

为什么媒体要造假呢？展江教授认为，中国媒体已走向市场自负盈亏，但媒体一些正常维护公共利益的、维护公平正义的功能被遏制了，营利的功能得到助长。正向功能得不到发挥，不正当营利的行为得不到制止，媒体腐败日趋严重，媒介伦理趋于失效。①

“纸馅包子”事件属于假新闻，但“驱逐艾滋男童”却是客观发生的事件，只是该事件是人为策划发生的。《新闻记者》杂志在《2014 年十大传媒伦理问题研究报告》中指出，这是一起有违媒体道德的策划新闻，属于“传媒假事件”，还不同于虚假新闻。②

陈力丹教授曾专门对“传媒假事件”进行研究。他认为，“驱逐艾滋男童”这类报道策划背离媒体作为客观观察者的职业身份，以“高尚”的借口谋求记者及媒体的私利，同时以建构的社会真实混淆视听，属于伤害媒体公信力的不当行为。

在媒体策划的“传媒假事件”中，新闻媒体既是新闻事件的发起人、当事人，又是新闻事件的报道者、传播者，传媒兼具消息来源和报道者的双重角色。但是，消息来源和报道者的分离应该是新闻传播活动的常态，这种重合是传媒的角色错位。“传媒假事件”虽不同于假新闻，但其具有多方面的负面影响。首先，身份重合现象会违反新闻客观公正原则。公正意味着不偏袒，报道的发表对记者或者消息来源没有任何隐藏的利益。当消息来源与报道者重合时，传媒既是运动员又当裁判员，此时消息来源和报道者有着同一的利益，即使传媒宣称自己“代表公众的利益”，但其消息来源的角色使人不可避免地产生传媒谋取自身利益的印象。而且，作为消息来源的传媒在对新闻进行筛选和报道时，一般只会突出有利于本传媒的信息，并通过大量的系列报道，营造与客观环境相差更大的拟态环境。其次，隐藏的动机可能产生社会危害。大众传媒及其记者是“观察者”——他们描述别人所定义的议题、别人所提出的问题、别人所提供的答案、别人所采取的行动、别人所遇到的冲突。即使传媒由于特殊原因不得不介入到要报道的事件中，传媒首先要把自己看作一个普通组织，不能利用该事件和得天独厚的传播资源，有目的地为本传媒谋取利益。最后，“传媒假事件”建构的不是真实世界。从新闻报道的角度来看，传媒不能预先设计和建构供本传媒报道的社会真实；从公共关系的角度来看，传媒作为一个社会组织需要树立和完善传媒的形象。但是，我国传媒的采编部门一定程度上

① 参见展江：《从纸包子事件看中国的媒体现状》，《南方都市报》2007 年 9 月 11 日。

② 相关分析可参见本书案例 29《杨丽娟追星及其与媒体的恩怨纠纷》。

代替了公关部门的职责，因而实际操作中有意无意地混淆了这两个角色。传媒的采编部门建构社会真实时为了公关的需要预设了一些脚本，控制着社会真实的状态。[①]

无论是策划假新闻还是“传媒假事件”，都属于恣意策划，背弃了新闻原则。策划新闻，当休矣！

① 参见陈力丹、周俊：《传媒假事件：自编自导自演自报的“新闻”》，《学习时报》2006年9月18日。

案例 41

新闻报道差错背后的新闻理念与工作作风问题

案例介绍>> 哑巴说：这新被子好暖和！

刊载在 2017 年 1 月 10 日《内江晚报》上的这则新闻报道，让网友们笑喷了。这则“神新闻”题为《箭道街社区——盖新被穿新衣　31 户困难居民温暖过冬》，导语写道：

> “这新被子好暖和，晚上盖着一定很舒服！”日前，市中区三八街 46 号居民赵全贵从社区网格员手中接过被子后满意地说。

而紧接着的正文第一段介绍：

> 据了解，今年 62 岁的赵全贵是一名哑巴，一直未成家，生活比较困难。前不久，市中区城东街道箭道街社区网格员入户走访时，发现赵全贵床上的被子有点单薄，网格员看在眼里，记在心上。

截至 18 日中午 14 时，内江新闻网已经将该稿件删除，但通过关键词搜索，仍能看到索引内容，导语和正文内容与版面照片中的完全相同。

《内江晚报》总编室一名工作人员证实：“这事我们已经进行内部整改了，由于工作失误，编辑上责任心不强，现在正在整顿。”他说，当事记者和编辑将面临处罚，对于舆论关切的回应，将由报社统一处理。

1 月 18 日晚，内江市委宣传部官方微博发表内江晚报社的“致歉声明”，表示由于记者、编辑责任心缺失，把关不严，导致出现“哑巴说话”细节失实，在读者中造成了不良影响。报社对此高度重视，按照制度对相关责任人员进行了严肃处理，并将引以为戒，举一反三，加强能力建设。[1]

案例总结>> 是稿件有误还是新闻造假？

刊登“哑巴说话”报道的报纸版面被网友拍照传到网络，引发热议。中国青

---

① 以上内容参见铁瑾、周建鹏、赵志远：《送温暖能让哑巴开口说话？报社：工作失误正在整改》，2017 年 1 月 18 日，http://news.sohu.com/20170118/n479033942.shtml。

年网评论道：哑巴群众也能开口说话，到底是稿件有误还是新闻造假？

在接受《新京报》记者采访时，《内江晚报》所属的内江日报社办公室一名工作人员表示，刊发这样的报道是把关不严，但该报道并非假新闻。针对质疑，这位工作人员回应称，据她了解，出现这个问题是记者写"某某说"习惯了，没有注意到写作中的不妥，加之后面的采编流程也把关不严，导致采编事故。"记者可能是通过手语或者文字等方式和聋哑人沟通的，具体是什么方式我不太清楚，但经过报社调查，确实是和聋哑人沟通过，不是假新闻。"

上述工作人员告诉《新京报》记者，事发后内江日报社已对当事编辑、记者进行了通报批评。同时召开了党组会、采编会和职工大会，以此为契机，在全报社进行了作风整顿。[①]

《新京报》评论认为，在表扬性报道内容把关上，存在系统性的粗心。反正说好话，错了，不过是少一个锦上添花，不像批评性报道，马虎半分，就有可能惹大麻烦。于是，编造、出错、违背常识，类似的笑话并非孤例。[②]

案例分析>> 表扬性报道也不能让"哑巴说话"

"哑巴说话"这样的假新闻登出来，媒体的专业水平和公信力受到了社会质疑。真实是新闻的生命，没有了真实，不管说得多么夸张，那只能让民众产生反感。

表扬式报道出错说明这类宣传性稿件并未遵循新闻的真实性要求，而是形成了"八股"套路，即开头总是一句感激的话，哪怕是哑巴，也得让其开口说话，故而作者便不考虑有无常识性错误了。近些年来，注水新闻不时出现，尤其是那些表扬类的新闻，不注重真实性，损害了媒体的权威性，也暴露了某些记者及媒体职业素养偏低的问题。"哑巴群众开口说话"，堂而皇之出现在地市级晚报，其间折射出的新闻理念和工作作风偏差值得反思。

从报道的社会整体效果来看，"表扬性报道"同样需保证真实权威。"表扬性报道"马马虎虎，同样贻害无穷，严重消解社会信任。要避免和杜绝类似的笑话发生，不是处理几名当事人就可以做到的。只有彻底扭转报道心理才是治本之策。坚守真实、客观的原则，媒体应摘掉表扬、批评的有色眼镜，选择新闻、报

---

① 参见韩雪枫《送温暖让聋哑人说话？官方：把关不严　非假新闻》，2017 年 1 月 18 日，http://m.haiwainet.cn/middle/3541083/2017/0118/content_30666074_1.html。

② 参见朱玉：《因为是表扬稿，就能让"哑巴说话"?》，2017 年 1 月 18 日，https://www.sohu.com/a/124624896_253468。

道新闻一视同仁，都是自己的出品，代表着自己的报格，同样都要严肃对待，表扬稿也不能让“哑巴说话”。[①]

《新闻记者》杂志把“哑巴开口说话”报道写入了《2017年传媒伦理问题研究报告》，对该事件点评如下：

> 传媒业中有两句行话，一句叫“无错不成报”，另一句叫“差错无小事”。两句话貌似对立的涵义，表达了内容编校的高难度，以及差错后果的放大效应。也许这只是记者编辑的无心之失，却让这篇本来应该读者不多的报道在网上引发热议。这似乎也说明，随着一批批优秀的记者编辑离职，留下的也因为传统媒体影响力式微，缺少了以前的激情和责任感。[②]

① 参见朱玉：《因为是表扬性报道，就能让“哑巴说话”?》，2017年1月18日，https://news.qq.com/a/20170118/027670.htm。

② 年度传媒伦理研究课题组：《2017年传媒伦理问题研究报告》，《新闻记者》2018年第1期。

案例 42

新媒体环境下的报纸差错审视

案例介绍 》“贪污和受贿部”与“奥马巴”

2015 年 11 月，国内媒体连出“奇葩”差错——

11 月 12 日，《三亚日报》一则报道文内竟然出现“贪污和受贿部”字样，引起网民热议。① 该报道说：“据了解，全市村级组织活动场所建设主要由贪污和受贿部牵头，市委组织部多次召开会议，部署工作，推进建设。”

13 日，三亚日报社微信公众号发致歉信，全文如下：

> 11 月 12 日，《三亚日报》四版新闻《三亚下拨 3000 万元建 19 个村级活动场所》部分文字出现严重失误，造成不良的社会影响。对此，我们深感痛心，深表歉意。我们将深刻吸取教训，严查问题原因，严肃处理相关人员，严格责任落实，切实改进与加强编辑流程，提高办报水平，确保新闻出版质量安全。感谢广大读者的监督批评和理解支持！

更让人不可思议的差错接着出现了——

2015 年 11 月 30 日在出席气候变化巴黎大会期间，国家主席习近平和各国领导人深入交换意见，美国总统奥巴马也在其中。就是这样一条消息，国内多家媒体的标题写成了“习近平会见美国总统奥马巴”。一时间，“‘奥马巴’和‘奥巴马’，傻傻分不清”的调侃声在网络上形成铺天盖地之势。②

美国时任总统是奥巴马，但是因为新华社 11 月 30 日 19 点 38 分播发的通稿标题将“奥巴马”错写为“奥马巴”，所以一批“手快”的门户网站被新华社这个“通稿”给坑苦，奥巴马变成了“奥马巴”生生地出现在中国网、中国政府网、财新网等多家央网和门户网站页面。

更让人感到不可思议的是，尽管随后在当日 20 点 25 分，新华社发了改稿

---

① 参见《〈三亚日报〉就“错写贪污和受贿部”道歉》，2015 年 11 月 13 日，http://www.mnw.cn/news/china/1031103.html。

② 参见《多家报纸对误登“奥马巴”责任人进行处罚》，2015 年 12 月 8 日，http://media.people.com.cn/n/2015/1208/c192374-27901751.html。

通知，对错误进行了更正，而第二天出版的报纸上，至少有《烟台晚报》《银川晚报》《东南快报》《青年时报》《今日早报》《巴渝都市报》等多家报纸集体“中招”，任由“奥马巴”见报。[①]

《三亚日报》出错的第二天，《南方都市报》佛山读本05版发生一起差错，把佛山市委书记刘悦伦“致辞”错写成“辞职”，“众创”写成“重创”，之后报纸公开致歉。

案例总结 >> 传统纸媒为何集体“被绊倒”？

新华社出错，众媒体错跟。尽管问题的根源出在新华社通稿上，可一家媒体编辑看花了眼还可以理解，多家媒体齐刷刷“被绊倒”，就显得有些尴尬了。特别是一向以严肃、严谨为特征的纸质媒体为什么就没有发现标题中如此明显的人名错误？媒体的三审三校制度哪里去了？

《中国新闻出版广电报》记者采访了几家出错的报纸负责人。《烟台晚报》总编辑赵铎表示，出现这样的技术性差错，确实“没有想到”。他说，虽然根源来自通稿，但犯下这样的错误，报纸自身无论如何也说不过去。相关责任人已经深刻认识到问题所在，报社也按照规定进行了相应的处分和处罚。《银川晚报》负责人也表示，错了就是错了，没有任何可以解释的理由。报社将以此为戒，要求编校各环节严格把关，做好本职工作。

中国社会科学院新闻与传播研究所新闻学研究室主任、传媒发展研究中心主任黄楚新在接受记者采访时表示：“编辑过于相信，甚至迷信国家通讯社的权威，再加上相关责任人责任感的缺失，才导致这种低端错误的出现。”当然也与当前报业所处的大生态环境有一定关系。报纸的频频出错折射出报业转型中媒体人的集体焦虑感。作为报纸主要经济支柱的广告业务持续下滑，报社生存压力加大，纸媒的骨干人才也在不断流失……多种原因造成了在职媒体人的焦虑与迷茫，导致处理问题不够冷静。

赵铎表示，纸媒确实面临着多种困难，在职人员难免也会有浮躁的情绪，但这些都不应该成为报纸公信力受损害的理由。

我国报刊出版实行“三审三校”制。如果严格执行这一把关制度，是可以避免常规的错误，保证报纸的编校质量的。在大多数受众心里，尽管报纸风光不如从前，但公信力依旧无可替代。频频犯错，实在不是一个好苗头。华中师范

---

① 参见何禾：《众多媒体集体中招“奥马巴”的冷思考》，2015年12月9日，http://news.sina.com.cn/o/2015-12-09/doc-ifxmisxu6328470.shtml。

大学新闻传播学院院长江作苏教授认为，传统媒体在新的传播形态下本就处于劣势，如果任由这种错误频繁出现，报纸的公信力与权威性将受到更大伤害。①

案例分析≫ 如何对待新媒体环境下的报纸差错

随着我国新媒体的快速发展，传统媒体面临较大经营压力，采编工作也出现了一些新情况，部分国内媒体包括重量级新闻单位差错频现，引发业内和读者对报纸差错的关注。新媒体环境下，报纸出现差错的原因有多种：报纸（采编人员）发稿一味求快；采用不规范的网络用语；电脑写稿大量复制粘贴；便捷的拼音输入法（同音不同字或近音不同字）；直接采用网友评论和发言；年轻采编人员爱用网络体写作。②

解放军报社殷飞撰文总结了三种报纸差错的形式：一是最出不得的差错——政治性差错，主要指新闻报道出现可能产生不良政治影响的差错，如前几年某报在美国前总统克林顿访华之际，在一篇稿件中将“克林顿访华”写成了“克林顿反华”，这是打字误码和校对疏忽造成的重大政治性差错；二是影响报纸声誉的差错——事实性差错，真实性是新闻的生命，新闻报道主要借助新闻事实说话，事实方面的差错，有的看起来无关紧要，但这些问题不解决，就会影响新闻报道的真实性，从而损害报纸的声誉，因此必须引起重视；三是最丢面子的差错——知识性差错，是指因知识缺陷而产生的差错。报纸差错的产生，涉及采、编、校、检、印各个环节，因此，每个办报人员应切实增强政治意识和责任意识，严格把关，尽量避免和减少差错。③

知名媒体人曹林认为，媒体的文字差错，似乎从来没有像今天这样错得这么离谱、奇葩，错得这么低级和不可思议，错得这么丢人和让人心惊肉跳。无差错不报纸，媒体文字差错从不稀奇，报刊也有一定的容错率，可最近媒体所表现出的连环奇葩差错，超出了正常的容错空间，也绝不是个案上的荒唐，它见证着媒体人在广告发行受冲击的危机之下的漫不经心、心不在焉，见证着新旧权力转移的媒体大变局下部分媒体人缺乏新闻定力后的自弃心态，见证着传统媒体在人员流动下的失序、焦虑、失落和失败者情绪。出现这些低级差错不是偶然的，首先暴露出当下媒体出现的人才断层危机，尤其是传统的、负责任检校编辑

---

① 参见《多家报纸对误登“奥马巴”责任人进行处罚》，2015年12月8日，http://media.people.com.cn/n/2015/1208/c192374-27901751.html。

② 参见邵建伟：《新媒体环境下报纸差错新特点》，《中国记者》2016年第1期。

③ 参见殷飞：《警惕报纸三大差错》，2016年3月25日，http://www.qnjz.com/index.php? m=content&c=index&a=show&catid=70&id=23589&jdfwkey=dzmld。

的缺失,使媒体失去一批严格的文字把关人,失去一道严格的把关程序。一个个奇葩错误,就是把关程序不严造成的。大学新闻教育对新闻编辑课的不重视,造成了媒体编校人才的断层。编辑课根本不教学生如何检校堵差错,迷恋新媒体的花里胡哨,迷恋兜售那些新潮的理论和概念,而没有通过新闻教育让学生打好传统的基本功。①

南风窗杂志社原社长、复旦大学新闻学院教授窦锋昌认为,长期在媒体工作,差错是难以百分之百避免的,但连续出错,如此密集,如此集中,还是要引起同行们的高度注意。这些差错的出现除了和具体的当事人有关之外,也和当前的报业大环境有一定关联。报业营收能力下降,身在报业之中的人收入或者持平或者有下降,周边同事不断有人离开或者酝酿离开。如此氛围之下,一部分从业者的心思就没有原来那么淡定和专注了,投入到写稿和检校中的注意力下降了,差错发生的概率自然就加大。还有一些从业人员边看手机边打字,注意力被微信和QQ占去了不少,一心几用,看不出差错。从报社的角度来说,要正视"人心思变"的客观现实,报业这个行业整体上对人才的吸引力不再像过去那么大,"人来人往"已经是一个新常态,在"人来人往"的过程中,差错出现的概率比以往要大得多,要有针对性地完善采编流程,要对员工的思想状态有深入的了解。从个人的角度来说,如果真的有了想走的念头,那就干脆点,不要犹犹豫豫,因为这样会害人害己。对报社来说,当然是个很大的损害。对自己来说,犯了这么一个行业瞩目的错误,再找下家也就增加了难度。②

---

① 参见曹林:《连环奇葩错误见证媒体弥漫的失败情绪》,2015年12月8日,http://caolin1123.blogchina.com/2860122.html。

② 参见窦锋昌:《对待报纸差错,不能上纲上线批评,也不能无原则地去谅解》,2015年11月14日,https://www.jzwcom.com/jzw/8f/11942.html。

案例 43

“窗口叙事”与标题规范：网络时代的“标题党”问题

案例介绍 >> 标题何以成为“标题党”？

媒体人都知道，拟标题是新闻基本功。做一个好的新闻标题，能为稿件增色，甚至有画龙点睛之神效，让一篇平淡的新闻稿凭空有了吸引力。但“标题党”就另当别论了。耸人听闻式的新闻标题在当下媒体普遍存在。这种具有误导性的、耸人听闻的标题，如果用网络自身的语言来表述，即“标题党”，其表现就是“标题严重夸张，内容通常与标题完全无关或联系不大”。①

“标题党”的误导和欺骗性，使其基本上成为一个相当负面的词语，例如网易曾专门制作过“标题党的穷途末路”专题，并提出要“打倒标题党”的口号。但遗憾的是，网易新闻自身也被当作“标题党”的典型受到批评。2015 年 10 月 12 日一篇名为《别人的标题 vs 网易的标题》掀起了热议。人们根据该文中对原标题和网易标题对比的例子，纷纷声讨网易。10 月 17 日《人民日报总编室：党报的标题，被网易改成了啥？》 文称网易是有意无意“消费”央媒的“标题党”，《人民日报》深受其害。该文揭露了网易修改标题的五大“伎俩”，将网易的标题归为断章取义、避重就轻、低俗暗示、偷梁换柱和无中生有五大类。②

“标题党”现象还入选《新闻记者》杂志评选的“2015 年十大传媒伦理问题”。具体情况如下：

> 10 月 10 日，一篇题为《别人的标题 vs 网易的标题》的文章被网络媒体大量转载，批评矛头直指网易新闻，经过对比，罗列了网易新闻与新华网、新浪网、中国新闻网、解放军网、凤凰网等对同一篇文章的不同标题处理，例如解放军网一篇文章题为《你休你的假，我蹲我的点》，讲述北海舰队某训练基地于司令员，让原本准备推迟休假以完成接待任务的士兵按时回家

① “标题党”之“党”最初是对一群制作和传播耸人听闻之网站标题的网友的称呼，但更广泛的理解是对具有“标题党”之表现形式的标题的统称。转引自王辰瑶、金亮：《网络新闻“标题党”的现状与叙述策略》，《新闻记者》2013 年第 2 期。

② 参见《人民日报总编室：党的标题，被网易改成了啥？》，2015 年 10 月 17 日，http://opinion.m4.cn/2015－10/1289367.shtml。

> 的事情，但网易的标题却为《部队为让领导吃饭更可口　推迟炊事员休假》。
>
> 10月16日，人民日报总编室官方公号“一撇一捺”上发表原创文章：《党报的标题，被网易改成了啥?》，用一个个具体案例诠释了“有人说，世界上有两张《人民日报》，一张是正常的，一张是经过网易‘翻译’过的”。同日，《人民日报》(海外版)的文章《“标题党”也该被禁赛》，再次提及“一家被网友立作‘标题党’典型的门户网站”在饱受批评后，仍将“标题党新闻”置于首页显著位置，遭网友“打脸”。文章提出，以“标题党”麻醉、欺骗读者，攫取利益的媒体是否也该被禁赛、被惩罚呢?[①]

2016年12月5日，北京市网信办对网上“标题党”乱象开展执法检查，向新浪、搜狐、网易、凤凰焦点等下达行政执法检查通知书。

在首都互联网协会新闻评议专业委员2016年度第十一次会议上，北京市网信办网管处副处长徐磊梳理了北京属地重要商业网站存在的六个“标题党”乱象:“正题歪做　违反正确导向”“侮辱调侃　突破道德底线”“无中生有　违背真实原则”“断章取义　歪曲炒作报道”“夸大事实　引发社会恐慌”“格调低俗　败坏社会风俗”。

对于以上六种乱象，徐磊用事例介绍了网络新闻标题制作中存在的问题。

属于“侮辱调侃　突破道德底线”的:2016年4月21日，网易财经发布自行采编报道《上海冠生园董事长被猴子弄死》，以调侃甚至戏谑的口吻叙述这一悲惨的意外事故，消费了遇难者，同时也误导了受众对事实的认知。

属于“无中生有　违背真实原则”的:2016年6月2日，搜狐网在转载《法制晚报》报道《西城区北京第二实验小学白云路分校多名学生同天流鼻血请假》时，将标题改为《北京西城多名小学生同天流鼻血　白细胞计数不正常》。原文中未提及白细胞的内容，网络编辑在推荐文章时擅自添加无中生有内容，引发读者误解。

还有一个例子:2016年7月28日，凤凰科技在转载新华网《我国公布建设网络强国的时间表和路线图》报道时，将标题改为《中国将成为网络强国:2050年世界无敌》。徐磊分析说，新华网原报道并未有“世界无敌”等相关表述。凤凰网擅自篡改标题，以夸大的方式吸引眼球，无中生有。[②]

---

① 年度传媒伦理研究课题组:《2015年十大传媒伦理问题研究报告》，《新闻记者》2016年第2期。

② 以上内容参见张昊:《无中生有　歪曲事实　法律面前“标题党”须止步》，《法制日报》2016年12月30日。

案例总结》》活跃的“标题党”与自媒体“生意”

进入移动社交媒体时代，“标题党”现象早已不限于门户网站，在各类移动自媒体中更为普遍。“速看，马上停播！”“内部资料，多少钱都买不到！”“名人离世，原因让人震惊！”……在微信群、搜索引擎以及各类信息平台上，时不时就会遇到这类标题夸张的文章链接，而点击进入后，文章内容往往名不副实，有所夸大，甚至一些文章内容为骗人的虚假信息。

新京报记者随机抽样收集了30条标题用词夸张，并在微信群、朋友圈流传的公众号文章。发现这些文章中，有22条内容夸大、5条谣言、3条文不对题。记者穿透多个运营“标题党”文章的公司股权发现，不少公众号的实控人名下有多家小微公司，每个公司旗下均有不同的公众号，这些公众号互相推送，通过多级跳转互相增加点击量，最终通过发布广告、软文或导流至自己名下的充值小说站获利。根据“腾讯网络安全与犯罪研究基地”发布的文章，目前依然沿用这些套路在网络上散播“标题党”内容的人，主要是通过违法广告获取流量从而变现。

“标题党”不仅是媒体业务问题，还被做成了“生意”。只是这是一个靠吸引网民眼球，打包出售受众注意力的“生意”。自媒体靠夸张、惊悚的标题，从低俗暗示到养生谣言，用夸张和不实标题引诱网民点击。

新京报记者发现，这些文章往往只是吸引粉丝的手段，公众号吸引流量，为的是变现。在记者随机选取的10个发布“标题党”文章的公众号中，有9个公众号存在变现痕迹，变现方式包括“接文案推广”“微信自带广告”“书城充值导流”等。多种变现方式中，“接广告主文案推广”是这类公众号最直接的变现形式。值得注意的是，这类广告主花钱推广的文章本身往往也是“标题党”，因此读者很难将其与微信公众号底端注明“推广”字样的广告区分开来。

究竟什么样的内容才属于“标题党”，目前并没有严格的界定。

“‘标题党’之所以活跃，就是因为它确实有用。有时低俗内容确实能够带来流量，但有被审核‘毙掉’的风险，相对来讲，只是把标题取得吸引人一些，能够通过审核，还能吸引点击量，何乐而不为？”一名新媒体从业者告诉新京报记者，“在法规‘鞭长莫及’的情况下，各个平台的监管策略就成为了‘标题党’们拿捏尺度的关键”。

微信团队对新京报记者表示，目前“标题党”大概分为恐吓煽动、侮辱谩骂、两性低俗、虚假夸大、摘要夸大、文不对题几类，其中恐吓煽动类文章往往会起危害公众安全、有惊悚或极端内容、引起社会恐慌的标题，如“紧急，全是毒！你家也有!”而虚假夸大类文章则会故意使用夸大误导字眼,实际内容与标题无关。“根据微信公众平台运营规范,此类违规文章一旦被发现,将进行文章删除及账号封禁等处罚。对于被判定为标题党的文章,我们也会通过替换标题等方式提醒读者,以减少困扰。”①

案例分析 网络时代的“窗口叙事”与标题规范

在网络时代,标题的重要性更加凸显,这与受众注意力的稀缺和网络传播的特点有关。人们的时间和阅读方式日趋碎片化,“窗口叙事”成为主要方式。“窗口叙事”是指由线性叙事的纸媒转换成电脑窗口和移动窗口的空间叙事,是新闻语言的空间转换,要求新闻语言准确、简洁。其意义在于拓展了物理空间和故事空间叙事。这种拓展对新闻及新闻语言造成了冲击。标题精彩、短小精悍已经成为碎片化内容必须具备的样貌。但是,为了追求炫目的标题,很多媒体从业者忽视甚至无视标题与内容的实际贴合程度,不知不觉沦为“标题党”中的一员。②

应当说,在“窗口叙事”要求新闻话语简洁明晰的背景下,门户商业网站在转载新闻重拟标题时从语言入手,迎合受众本无可厚非。凭借故事性和细节性吸引人,是当下媒体叙事的特点。但是,网站的一些标题为了适合窗口和移动阅读,只挑原文的细枝末节说,未抓主题,偏离了原轨道。由于再现、建构了一些引发争议的话题,一些网站遭到声讨。当然,如前所述,“标题党”乱象更突出的是各类移动自媒体,如何明确并遵守表达规范,成为一个很重要的问题。

就“标题党”的问题,《新闻记者》杂志发表的《2015年传媒伦理问题研究报告》指出:

> “标题党”是一种新闻失范现象早已是共识,它的误导和欺骗性背离了新闻的真实性原则;而在转载过程中,肆意篡改其他媒体的标题,也是对原创媒体及作者著作权的一种侵害。但反讽的是,“标题党”并未消亡,而是愈演愈烈。正如有学者指出的,“标题党”的真正危害在于“这种方式具有

① 本部分内容参见罗亦丹、巢子怡:《速看、紧急、震惊……谁在制造朋友圈“标题党”文章?》,《新京报》2019年7月12日。

② 参见王祎颜:《探析窗口叙事下网易标题的新闻话语及提升策略》,2016年8月29日,2016http://media.people.com.cn/n1/2016/0829/c406899-28674374.html。

难以戒除的特点，容易在整个新闻生产中形成‘劣币驱逐良币’的恶性循环”。①

按照我国的网络新闻管理制度，非新闻单位设立的商业网站等网络新闻信息服务提供者不得自采新闻，只能经批准转载新闻单位发布的新闻。以往对所转载新闻的标题没做要求，导致门户网站常常把新闻原标题改得面目全非。2017 年颁行的《互联网新闻信息服务管理规定》明确要求互联网新闻信息服务提供者转载的新闻信息要“注明新闻信息来源、原作者、原标题、编辑真实姓名等，不得歪曲、篡改标题原意和新闻信息内容，并保证新闻信息来源可追溯”。这条规范性要求对治理网络空间的新闻“标题党”现象发挥了积极作用。但“标题党”治理仅仅依靠政府行政监管是远远不够的，还需要各类网络平台的自律和网络用户的参与。

① 年度传媒理论研究课题组：《2015 年十大传媒伦理问题研究报告》，《新闻记者》2016 年第 2 期。

案例 44

轰动一时的“眼睛塞纸”与媒体的炒作之责

案例介绍 »“眼睛塞纸”:荒唐事炒成热新闻

2019 年 11 月 11 日,河南省广播电视台都市频道播出报道《7 岁女童眼里取出几十张纸片?知道真相所有人都愤怒了》:

> 河南省禹州市二年级女孩小花在学校遭到同学欺负,两名小男生按住她,另外一名小男生往她眼睛里塞纸片。从 9 月 29 日至今,小花眼睛里会时不时冒出一些小纸片,一个多月的时间,小纸片竟至少有几十片!

这样一起恶性校园霸凌事件引起人们的愤怒,全国媒体纷纷转发并跟进报道。涉事学校校长在接受都市频道电话采访时说:“七八岁的小孩他们也没有啥恶意,就是说小孩们在一块就是玩闹。”该校长的言论被认为是推卸责任,引发更大一波舆情,该事件登上微博热搜。

《新京报》题为《7 岁女孩眼睛被塞纸片,岂能把校园欺凌当“闹着玩”?》的评论义正词严地指出,作为校长,对学校里面发生“欺凌事件”,显然负有不可推卸的责任,起码也应承担主动调解、教育、疏导的义务。那句完全没痛感、只有轻佻的“没有恶意”“玩闹”,更像是模糊应负的责任。①

《人民日报》官方微博则语重心长地点到,“这只是玩闹”“没有啥恶意”……校长越轻描淡写,越反衬出推卸责任。校园欺凌并非忽然生成,如果熟视无睹,不掐掉欺凌苗头,如果明明看到了欺凌还无动于衷,刻意为其开脱,就是催化欺凌。防校园欺凌,眼里容不得沙子,也容不得纸片!②

12 日,禹州市教育体育局通过禹州市委宣传部官方微博“@禹州发布”通报《关于禹州市磨街大涧学校意外事件调查处理结果》。通报称,在确定女孩眼睛没有异常情况的基础上,经几方协商一致,各自按照应当承担的责任签订了赔

---

① 参见喻辛:《7 岁女孩眼睛被塞纸片,岂能把校园欺凌当“闹着玩”》,《新京报》2019 年 11 月 12 日。

② 参见《人民微评:防校园欺凌,眼里容不得沙子》,2019 年 11 月 13 日,https://rmh.pdnews.cn/Pc/ArtInfoApi/article? id=9233411。

偿协议。

禹州市教育体育局及时在线的回应,本已令舆情降温。但13日,女童家长的最新爆料,却又再添事件“愤怒值”。女童家长当天接受澎湃新闻采访称,从事发到现在,从小花眼睛里每次取出来的纸片,多的达47张,少的是1张。“近几天,小花害怕看到陌生人,眼角以及太阳穴附近出现不适状况。”“家人很担心小花会不会因为眼睛被塞纸片留下其他后遗症。”“到目前为止,只有塞纸片男孩的爷爷向他们道歉,其他家属至今未曾露面。”[①]

14日凌晨,“@禹州发布”进行二次通报,表示禹州市政府已成立由分管副市长任组长的联合调查组,对事件进行全面深入调查,调查结果将及时向社会公布。

18日,持续跟踪该案的澎湃新闻刊文《女童眼内被塞纸片涉事男孩疑被“赶出”学校只能转校》,作为事件另一方的男童家属首次发声,也带来了新的观察视角。报道中,涉事男孩小刚的爷爷表示,事发后,小刚被“赶出”学校,只能转校。对于男孩家长的说法,当地教育部门表态含糊,说要等调查结果出来再处理。[②]

25日,男童家属再次通过澎湃新闻发声,对眼睛“塞纸片”这一核心争议提出质疑。这篇题为《“女童眼睛被塞几十片纸”疑云:无法用科学解释的“恶作剧”》的报道说,当时接诊的禹州市人民医院副主任医师杨国禹说,当时检查,小花眼睛确实有些红,但没发现纸片,“开了些眼药,病人就回去了”。杨国禹认为,如果眼睛被塞纸,“一翻眼就暴露了”,“理论上是不可能(塞几十张纸片),医生也放不了那么多”。男童的爷爷也质疑:“两家医院都没检查出纸片,为何总是回家就取出纸片?”“据小刚讲,是拿纸往女童眼睛上‘蹭了蹭’”,并表示,愿意用自己的眼睛做实验,看到底能不能往眼睛里塞纸片。希望还原事实真相,恢复名誉。澎湃新闻采访多位眼科专家,他们都认为:眼睛里塞几十张小纸片,不可能,违背科学!女童母亲也承认,这件事“无法用科学解释”。[③]

---

① 参见《一文读懂女童眼睛被塞纸片:多名涉事家长未道歉 政府成立调查组》,2019年11月14日,https://new.qq.com/omn/TWF20191/TWF2019111400008700.html。

② 参见段彦超:《女童眼内被塞纸片涉事男孩疑被“赶出”学校,调查组仍在查》,2019年11月19日,https://www.thepaper.cn/newsDetail_forward_4992287。

③ 参见《“女童眼睛被塞几十片纸”疑云:无法用科学解释的“恶作剧”》,2019年11月14日,https://baijiahao.baidu.com/s? id=1651146525582075939&wfr=spider&for=pc。

案例总结 >> 胡说八道当成真　媒体公信被透支

校园霸凌是一个值得引起社会关注的问题，但如果没有女童眼睛被塞几十张小纸片这一惊悚情节，放大公众对此次事件恶劣性的观感，戳中舆论对校园霸凌问题无法容忍的情绪，"小花被欺凌事件"未必会被媒体报道，更不可能引起全国媒体的重视，当然也无法掀起巨大的舆论风暴。当有疑处而不疑，未必是记者缺乏常识，更可能是抱着搞个大新闻的炒作之心。如此荒唐的事情，全国一大批媒体并不质疑，而是竞相转发、跟进，发表了一篇篇义正词严的评论，也值得深入反思。这种网络共享的方式，似乎免除了其他媒体的核查责任。就像美国记者奥弗霍尔泽所说："一旦一则新闻出笼，似乎与之相关的所有新闻都是真实的，报道被一家媒体所决定——被一家报纸或电视台的叙述所决定……部分原因是新闻机构已经被联合在一起，部分原因是电子媒体的报道方式，我们都在一个槽里进食。"①

可以看出，受众对社会痛点的敏感情绪极易被媒体利用和绑架，被"挑起情绪"的受众往往来不及理性思考原始事件本身的合理性、科学性，就已经被大众议题带入了假定性语境中，肆意宣泄情绪。反观此次女童眼睛被塞纸片事件，"无法用科学解释"的"反常"，本应在事件初期就是大众警觉的议题之一，但在舆情演化过程中却被公共舆论选择性忽视。②

近年来，这种始发报道调查不全面、双方发声权重的不对等、表达不客观的"非理性"现象，致使许多新闻事件的真相与媒体最初的报道方向背道而驰，形成了一幕幕令人大跌眼镜的"新闻反转剧"。争眼球、抢资源的热闹背后，是媒体发展步入歧途的可悲现实。无论媒介形态如何改变，真实性原则永远是新闻业安身立命的根本原则之一，而反转新闻则违背了新闻真实性这一根本原则。一个反转新闻的关注度越高，对媒体行业公信力的透支就越大。

案例分析 >> 新闻炒作的后患与责任

轰动一时的"眼睛塞纸"事件，反映了商业化的新闻媒体存在明显的调查能力不足和把关不严问题，同时还普遍乐于追逐反常事件，热衷新闻炒作。

---

① 转引自年度传媒伦理研究课题组：《2019 年传媒伦理研究报告》，《新闻记者》2020 年第 1 期。

② 参见《从禹州女童眼睛被塞纸片事件看信息供给对舆论议题的影响》，2019 年 12 月 19 日，http://it.szonline.net/hot/20191219/20191245420.html。

法国著名社会学家布尔迪厄说过，新闻炒作的第一个目的，也就是最直接的目的是“引起轰动”，最终目的是获得最大限度的利润。[①] 胡正荣教授指出，从宏观层面来看，经营创收并不是媒体应该承担的唯一使命，与媒体维护公共利益的社会责任相比，经营获利甚至应该处于次要的位置。媒体的炒作从一定程度上来说是因利益驱动而作为的，这就是它常常产生消极后果的最重要的原因。[②]

新闻炒作以公众信任为前提，又以牺牲公众信任为代价，这就如同工业社会初期以牺牲资源为代价换取的经济繁荣，后患无穷。传媒市场最大的卖点并非公众注意力，而是媒体的公信力。[③] 新闻炒作违背新闻真实性原则，导致伦理道德失范，带来的后果也是严重的。过度的新闻炒作，使媒体的公信力和权威度下降，进而导致信任危机。有学者认为，相对于新闻策划，从传播者的角色定位到信息的选择、开掘，再到受众的接受效果，新闻炒作都存在一系列本质性的价值缺失，新闻炒作说到底是一种根本违背新闻规律与专业精神的行为。[④] 因此，建立媒介问责制、引入第三方评测、加强行业自律对净化媒体发展环境，提升媒体的公信力和影响力至关重要。[⑤] 同时，公众应提升媒介素养，对新闻报道做科学、理性判断，加强对新闻媒体的监督和批评，来防止过度新闻炒作的发生。

① 转引自贺洋：《互联网时代商业新闻炒作的几点思考》，《商》2016年第16期。

② 参见胡正荣：《媒体炒作与维护公共利益的“游戏规则”》，《电影艺术》2004年第3期。

③ 参见郭赫男：《“注意力经济”时代下的媒体炒作》，《新闻界》2004年第3期。

④ 参见陈庆江：《试论新闻炒作的三重价值缺失》，《新闻界》2009年第1期。

⑤ 参见彭剑：《怎样遏制文娱新闻炒作》，《中国记者》2004年第7期。

案例 45

新闻“合理想象”的边界与伦理

案例介绍 》》《中国青年报》报道：死难者“惊喜地”“跳了起来”

2013 年 7 月 9 日，《中国青年报》的《法治 · 社会》刊登由记者庄庆鸿采写的新闻特稿《花谢旧金山》，追忆韩亚航空坠机事故遇难的两名女孩。这篇文章在互联网上激起轩然大波，引来如潮批评。批评源自记者写了这样一段话——

> 如果她们在世，知道×省委组织部部长××在关注她俩，王×佳也许会惊喜地睁大了眼睛，笑眯眯的，而叶×圆也许不敢相信地跳了起来。

读到这里，很多读者会好奇××部长对逝世女生作出了什么关心。记者顺势给出了答案：

> 部长在微博上发了两个哭脸图形，写了一句话：“悼念在韩亚航空客机失事中遇难的两位女学生！”

7 月 9 日当天，《花谢旧金山》就引来网上一片批评。批评较早、言辞颇激烈的是网友“僧伽密多”。该网友用红框标出文中的那两段文字（后来被媒体简称为“跳了起来”），予以斥责，将此视为典型马屁式文体的传承。推动这轮批评浪潮的是复旦大学新闻学院教授陆晔，当天她在自己的微博上发声：“非常震惊……这不仅是基本的新闻伦理问题，更是基本做人底线问题。”

对这个段落，《中国青年报》通过官方微博账号公开道歉，承认“行文确实不妥”，声明“中青报已删除电子报里的这一段，并诚恳接受所有的批评”。从中青在线网上看到的《中国青年报》电子版确实已无这一段内容。[①]

作者庄庆鸿的同事曹林也公开表态“读来确实让人不舒服”。应该说，《中国青年报》官方微博的表态，说明《中国青年报》是一家有着优秀传统和纠错能力的媒体，这一点让人尊敬。

庄庆鸿在微博上辩解称，自己用了“也许”这个词，他还认为“小姑娘知道能有比父母知名的大人关注自己”，应该都会挺高兴。

① 参见庄庆鸿：《花谢旧金山》，《中国青年报》2013 年 7 月 9 日。

案例总结 》 报道逝者不可乱煽情

《花谢旧金山》中的不当文字，引发了关于新闻伦理道德和专业精神问题的批评。事件从网民自发声讨新闻伦理问题，发展成为媒体人踊跃参与的关于新闻专业精神的大讨论。

曹林（网名"中青报曹林"）在微博上表示："本报今天报道中的一段话引起争议……读来确让人不舒服，记者应克制自己想象与修辞，用朴素常情去写作。"其在后面的评论中表示："错了就错了，虽然并非故意和本意，但说句我可能不太该说的话，应该对读者说声对不起。"作为中青报的一员，曹林在这件事上并没有"护犊子"，而是用他一贯的理性表明了态度，并且表示："惭愧汗颜，首先是我们值得反思。"[①]

搜狐、凤凰网评论、新京报微博快评等相继参与议论。随后，《新京报》《潇湘晨报》《华西都市报》《晶报》《重庆时报》等纷纷在报纸上刊发评论，《报道逝者须远离"媚权化煽情"》《虚假的真相是我们心底的魔鬼》《反思"合理想象"，需提倡平等的价值观》《新闻版"纵做鬼，也幸福"尤其令人心寒》《想象也要坚守"人"的底线》等文章相继出现。[②]

其中《新京报》评论说，女孩命殒，已属不幸。而愈发不幸的是，她们还"被幸福"了。这篇逝者报道，凭空臆想出"受到官员关注，遇难女孩极度欢欣"的场景，在公众"为逝者悼"的肃穆氛围中，它触发社会反感，引起舆论诟病，也在情理之中。首先，官员也是常人，在微博上悼念死者，对逝者而言，或是种告慰，但无关殊荣。在引争议的段落，却虚造出遇难者受宠若惊的情节，这跟"纵做鬼，也幸福"简直如出一辙。既给人语含谄媚的感觉，又颇显轻佻，失却了对死者的起码敬畏。其次，也背离了新闻伦理，这段话纯属虚构，是"不合理想象"，更何况"睁大眼睛笑眯眯"也有违常识。报道逝者，应远离"媚权化煽情"，只有以真实性托底，兼备人文情愫，才能孕育出"有温度的文字"，收获公信力。[③]

也有论者认为，如果一个媒体总是不能摆脱多年来所惯常的语言逻辑和叙述方式，就会被读者所厌弃。一篇文章如果"涉嫌"对某些官方机构或官员进行粉饰或是正面宣传，会被读者视为"无良"。2008 年 6 月 6 日，某报副刊发表王某（某省作协副主席）为悼念汶川大地震遇难同胞所作的"词二首"，其中包含

---

① 刘绩辉：《一篇报道何以引来如潮批评》，《青年记者》2013 年第 22 期。

② 参见刘绩辉：《一篇报道何以引来如潮批评》，《青年记者》2013 年第 22 期。

③ 参见佘宗明：《报道逝者须远离"媚权化煽情"》，《新京报》2013 年 7 月 10 日。

“十三亿人共一哭，纵做鬼，也幸福。……左军叔，右警姑，民族大爱，亲历死也足”等诗句，被读者认为逻辑扭曲、不尊重死者，为了歌颂抗震救灾过程中涌现出的英雄事迹而罔顾生命，是一种很没有节操的行为。无论是文学作品还是新闻报道，都应该遵循事实、符合逻辑、观照人性。尤其是面对生死的时候，应该明确人的生命重于一切，而不是表达“纵做鬼，也幸福”的混乱逻辑，让读者笑话。①

案例分析 >> 新闻“合理想象”不合理

凭想象填补故事空白，存在巨大的表达风险。针对《中国青年报》这篇报道写作方面存在的缺失，作者庄庆鸿通过微博回应称：“用了也许，我也拜读了两位逝者姑娘的全部微博，她们是普通而可爱的女孩，所以就提了这么一句。”②喻国明教授认为，报道中可以引用逝者微博当中的话，但不能超出她微博的内容去“合理想象”“合理延伸”。引用的时候，也不能断章取义。新浪微博实名认证为中青报记者的“叶铁桥”说，连合理想象都不是，只能算不合理想象，绝对属硬伤。③

传媒人彭晓芸则批评这种“以自己之心去为逝去的生命发言”的写作手法：“本身就很违背专业主义……当人们要表达一种价值上的强烈倾向时，或许可以替自己假设，即自己愿意拿生命去换某种至高无上的神圣的价值，但记者能否替他人排列生命的价值序列，并无视死亡给家属带来的痛苦？”④

记者“合理想象”造成报道有“硬伤”的情况并不鲜见。2013 年 4 月，《南方周末》刊出《与自己的战争》，报道复旦研究生林森浩毒杀室友案，报道试图从“人性”角度去解释此案为什么会发生。但是报道刊出后，一些传媒学者及读者认为报道掺杂了颇多记者的想象。传媒法学者魏永征认为，《南方周末》关于林作案过程的描述，正如作者所言，“犹如侦探小说”：如何“踩点”，如何“找借口”“暂时离开”，如何“潜入实验室”，如何“打开储物柜取得试剂”，读来形象生动、曲折惊险。那么，作者是从何得知的呢？“假作真时，真亦假。”这些由于过于具

---

① 参见《花谢旧金山，新闻本应朴素常情》，2013 年 7 月 10 日，http://theory.rmlt.com.cn/2013/0710/87778.shtml。

② 丁蓉：《中青报追忆韩亚空难女孩引争议被斥献媚领导》，《潇湘晨报》2013 年 7 月 10 日。

③ 参见丁蓉：《反思“合理想象”，需提倡平等的价值观》，《潇湘晨报》2013 年 7 月 10 日。

④ 《从〈花谢旧金山〉报道看当下媒体新闻报道“谗权媚俗”化》，2013 年 7 月 25 日，http://blog.sina.com.cn/s/blog_805720870101gfiw.html。

体而带有明显想象和编造痕迹的文字足以使人动摇对整篇文章真实基础的信赖。[①]

《新闻记者》杂志社把《花谢旧金山》报道选入"2013 年十大传媒伦理问题"并点评认为,"合理想象"不合理,是早在 20 世纪 50 年代初,中国新闻界就获得一致认同的专业规范。但是在长篇特稿备受欢迎的今天,如何避免掺杂了"想象性"的描述,的确是值得重视的话题。"现场化"是新闻报道尤其是特稿写作中常见的技巧,这种技巧能使本不在场的记者在报道中营造出身临其境的"真实感"。但是,请注意,真实感不是真实本身。这样做有时不仅会伤害新闻真实,甚至会让警觉的读者怀疑记者的诚实。[②]

① 上海市新闻道德委员会"2013 年十大传媒伦理问题研究"课题组:《2013 年十大传媒伦理问题研究报告》,《新闻记者》2014 年第 3 期。

② 参见上海市新闻道德委员会"2013 年十大传媒伦理问题研究"课题组:《2013 年十大传媒伦理问题研究报告》,《新闻记者》2014 年第 3 期。

案例 46

字词“改读音”与新媒体的内容把关

案例介绍 >> 部分字词“改读音”事件及其反转

2019 年 2 月 19 日，公众号“普通话水平测试”发表的《注意！这些字词的拼音被改了！》一文刷屏社交网络，文中举了一大串读音改变的例子。比如“一骑红尘妃子笑”中的“骑（jì）”现读“qí”；“远上寒山石径斜”中的“斜（xiá）”现读“xié”；“粳米”的“粳”原来读“jīng”，但现在要读“gěng”；说（shuì）服变成了说（shuō）服；荨（qián）麻疹变成了荨（xún）麻疹……

这篇文章迅速登上微博热搜，网友纷纷惊呼“上了个假学！”“当时好不容易纠正过来的读音，现在因为大部分人读不对就改了？”“这事还有少数服从多数的？”随后，该文章得到多家媒体的转发。其中，中央人民广播电台官方微博发布了一条标题为“‘乡音无改鬓毛衰（shuai）’我懵了，你呢？”的微博，并配上修改过读音的字词图片，参与到该“新闻”的转发扩散当中。

但随后这则“新闻”发生了反转，被澎湃新闻证实是一条假新闻。在接受澎湃专访时，《咬文嚼字》主编黄安靖表示，这则假新闻中的大部分内容来自国家语委 2016 年 6 月 6 日发布的《〈普通话异读词审音表（修订稿）〉征求意见稿》，而该《征求意见稿》至今尚未正式发布。今后正式发布的审音表应该不完全和《征求意见稿》一样，“也许网友担心的‘读音改动’根本就不会出现在正式发布的《审音表》中，有什么好担心的呢？”①

同日，教育部有关部门回应称，修改后的审音表尚未通过审议，目前还应以原读音为准。

案例总结 >> 假新闻的频发与专业媒体的“中招”

“部分字词改读音”入选《新闻记者》杂志评选的“2019 年虚假新闻”。

---

① 参见杨宝宝：《这些字拼音改了？〈咬文嚼字〉主编：别紧张，还没定呢》，2019 年 2 月 19 日，https://mp.weixin.qq.com/s/L4oO6Gq5QiNqNsDt_EexRA。

该杂志发表的《2019 年虚假新闻研究报告》指出，这则“新闻”本身并非蓄意捏造，汉字读音修订也确有其事，作为自媒体的“原创者”只是未能对新闻本身的发布时间、尚在征求意见等细节进行更详尽的解释与限定，而这本来也并非自媒体的职责，而对于以中央人民广播电台为代表的专业媒体，则应该恪守专业的采编规范，但他们不仅未能尽到核查责任，反而容许自媒体炒冷饭的“旧闻”借助其公信力变身为“新闻”，忘记了对事实的求证永远应该是新闻工作的根本原则。[①] 因此，专业媒体的新媒体平台需要在做好内容的把关之外，也要对其参与转发的行为进行反思和把关。

无独有偶，2019 年 5 月，央视网、《中国妇女报》等专业媒体几乎在同一时间推送、发布了“孙小果等 9 人恶势力犯罪集团被逮捕”的消息，该消息后被证实为假新闻。昆明市盘龙区检察院辟谣说，该院审查逮捕的“孙某等 9 人涉恶案件”中的“孙某”并非孙小果！

央视网随后发布的道歉声明称，在转载“孙小果等 9 人恶势力犯罪集团被逮捕”的新闻时，未经仔细核实，造成信息失实。

随着新闻发布门槛的大大降低，越来越多的自媒体和公民个人参与新闻信息的生产与传播，在极大丰富新闻信息的同时，也加剧了新闻传播环境的复杂化。假新闻频频出现，扰乱了新闻信息生态。在人人可以发声、人人可以成为记者的媒体环境下，专业媒体的重要性进一步凸显，专业媒体机构应对海量的信息进行仔细筛选与核实，承担起“把关人”的职责，以净化新闻信息环境，树立权威形象，成为信息标杆。但在众多的假新闻事件中，专业媒体缺位的现象时有发生，很多时候专业媒体不仅没有承担起信息核查的职责，反而频频中招，成了假新闻传播的推波助澜者。这一现象非常值得反思。

案例分析 >> 专业媒体新媒体平台的立身之本

“部分字词改读音”事件折射出我国主流媒体的新媒体平台把关不牢的弊端。主流媒体以真实、准确报道为原则，具有较为完备的内容审核把关机制，理应承担报道真相、不传播假象（假新闻）的责任。主流媒体的新媒体平台也要主动承担起社会责任，报道真实新闻。

新媒体平台对时效性的追求，往往会使信息核查与把关环节不断弱化，导致虚假新闻、反转新闻频发，而专业媒体在信息核查过程中的缺位，无疑进一步放大了假新闻的二次传播范围。主流媒体在新闻生产过程中缺失了把关人审

---

① 参见年度虚假新闻研究报告课题组：《2019 年虚假新闻研究报告》，《新闻记者》2020 年第 1 期。

核，就相当于失去了新闻传播中“耳目喉舌”的地位。媒体对来源不明的信息不加核实就进行报道，增加了反转新闻产生的概率，由失实报道引发的相关舆论不仅对社会公众造成了错误的引导，还削弱了媒体的话语权和公信力。[①]

一些自媒体捕风捉影、不认清事实就发表评论的做法，不符合专业媒体的采编规范，专业媒体的新媒体平台不能自降标准。越是这个时候，传统媒体越不能在纷乱复杂的网络舆论场中被浮躁的新媒体所裹挟，而应该充分发挥自身的专业优势，起到去伪存真、一锤定音的作用。进入自媒体时代，舆论生态比过去更复杂、更微妙，因此更需要媒体尤其是主流媒体起到“定海神针”之效。在一些网友随手转发网帖时，媒体人应该多一分警惕；在一些微信公众号急着“蹭热点”时，专业媒体不应盲从，而应尽最大的努力做到专业、客观、权威，网络舆论场的“风浪”越大，媒体的价值越能凸显。[②]

各类新媒体平台的出现改变了既往信息生产与传播的方式，导致传统媒体与新媒体影响力的此消彼长。传统主流媒体积极拥抱新媒体，推进媒体融合，不能丢弃媒体的“把关人”责任。一定程度上说，传统媒体的新媒体平台更应强化内容把关，在纷繁复杂的网络信息内容生态中，以专业、权威、真实、准确的信息供应，赢得受众的认可和信赖。这应当成为传统媒体网络转型成功的立身之本。

① 参见吴灏鑫、牛伟：《重新认识主流媒体在新媒体平台的“把关”角色》，《新闻与写作》2018 年第 6 期。

② 参见易艳刚：《跟着假新闻跑的传统媒体失职了》，《青年记者》2016 年第 7 期。

案例 47

新媒体的低俗文章推送与“新把关人”问题

案例介绍 》 消费林志玲结婚的低俗文章

2019 年 6 月 6 日，林志玲在微博公开宣布与日本男团“放浪兄弟”的成员 Akira 结婚。消息一出，网络热度飙升，微博一度宕机，“林志玲结婚”登上热搜。

6 月 8 日 18 点左右，新浪财经推送了自媒体“商业锐眼评论”的一篇文章《为什么说林志玲结婚是一次失败的 IPO》，手机推送消息页面显示一段文字：“林志玲结婚了。一个凭借着一副嗲声奶腔让无数亚洲男人幻想且下体肿胀的 44 岁女人，终于结婚了。且不说她老公看起来有一点猥琐，仅从名不见经传上考虑成本和收益，林志玲的这个婚姻绝对是一次失败的 IPO。”

IPO 是英语“Initial Public Offering”的首字母缩写，翻译成中文的意思是首次公开募股，通俗点讲就是一家公司的股票开始上市。该文将林志玲比喻成一个创业项目，她的婚姻代表项目上市，她没有在项目估值的最顶峰（与郭台铭相恋）完成 IPO，而是“继续待价而沽”，找了一个名不见经传的人，所以“这个婚姻绝对是一次失败的 IPO”，是一种失策。该文章内容低俗不堪，引起网友的声讨。此文发出后就秒删，不过，还是抵挡不住网友的眼疾手快，截屏下来的文章，确实一言一语都充满了铜臭味。

当天 22 点多，新浪财经发布致歉声明，同时清退了自媒体“商业锐眼评论”在新浪平台的账号。在致歉声明中，新浪财经 6 月 8 日在微博平台表示：“今日 18 点左右，我们向用户错误推送了自媒体文章《为什么说林志玲结婚是一次失败的 IPO》，给新浪财经的各位用户造成困扰，尤其给林志玲女士造成极大伤害，在此诚挚致歉。我们决定将推送文章的编辑负责人，以及负责审核的编辑予以开除和劝退处理。这篇文章及其公号已经从新浪网及自媒体平台删除，并且永久拒绝其入驻。我们将深刻反省，并采取措施杜绝类似情况再次发生。”

案例总结 》 两个新媒体的道歉与反思

网络新媒体时代，“蹭热点”是提高网络传播流量的常见手段，每一件热点事件都可能成为自媒体和营销号炒作、博关注、赚流量的工具，点进林志玲结婚相关话题，会发现有拿林志玲年龄制造话题的，也有攻击男方外貌，拉言承旭来制造噱头的。总之，这场本“雨女无瓜”[①]的事件又给了自媒体和营销号秀下限的“机会”，新浪财经就是其中之一。

但自媒体狂欢的同时，也伴随着各种风险和漏洞，低俗文章的推送凸显“新把关人”问题：新媒体环境下，新的把关主体大量出现，他们决定了把关的内容、对象、关系、机制和效果。这些新的“把关主体”大多没有接受过专业教育，甚至是否有基本的媒介素养也存在疑问。本案例中新浪财经发布的道歉信，第一版本就语句不通，意思完全弄反了。

无独有偶。2019 年 8 月 12 日，腾讯视频发送一则“山东省应急厅消息：台风利奇马已致全省人死亡，7 人失踪”的骇人听闻的消息，成为网络笑料。随后，反应过来的腾讯视频发布“向山东网友真诚致歉”的声明：“在刚刚推送的一则关于山东汛情的消息中，因编辑失误造成文案中遇难人数的缺失，对此我们发现后立即进行了更正。对于产生的不良影响，我们向广大网友表示诚挚的歉意。在日后的发布工作中，我们一定严加审核，杜绝此类错误的再次发生。”

以上内容是网络新媒体中“新把关人”闹出的低级推送失误。在浮出水面被人发现的这些失误之外，还有更多看不到的、对优质内容毫无理由的拦截。[②]

自媒体人乔志峰在《当“林志玲结婚”遭遇“下半身思考”》一文中写道：“不管某蒙还是‘下半身肿胀’者，都是眼光毒辣、洞穿人性弱点的千年狐狸。他们知道那些无聊的看客需要什么，他们深知恶俗乃至无耻的市场有多大。作为平台，为了流量和利益，也对‘下半身思考’趋之若鹜、如获至宝。而网络平台和自媒体江湖，断然不该成为无耻无畏者和冒险家的江湖。”

网络平台“随手记·社区”上一名为“孙明展真理财”的用户点评道：“林志玲的婚讯，新浪算是出了大‘风头’。先是热搜引起微博宕机，后来又推送某自媒体语言粗俗的文章，把女性婚姻变成了‘公司经营上市’。不过，这一次新浪算是反应迅速，挽回了一点面子。但是自媒体时代，审核不严的情况一定还会不时发生的；公众现在对物化女性的‘恶臭’文章也是零容忍了，这是好事。”[③]

知名 IT 博主陈永东微博发文：“几位新浪财经的编辑因为林志玲结婚这事

---

① “雨女无瓜”，网络流行词，“与你无关”的谐音，意思为与你无关。出自电视剧《巴啦啦小魔仙》，剧中游乐王子说话带点口音，说话发音都被网友弄成了谐音梗。入选“2019 年度十大网络用语”。参见百度百科“雨女无瓜”词条。

② 参见年度传媒伦理研究课题组：《2019 年传媒伦理研究报告》，《新闻记者》2020 年第 1 期。

③ 参见《志玲女神结婚，却被称为一次失败的 IPO?》，2019 年 6 月 11 日，https://bbs.feidee.com/thread-2629459-1-1.html。

丢工作了。观其文章，确实恶俗。新媒体时代，也不能口无遮拦，不顾底线。”

新闻传播学者张志安教授转发该微博并表示：“经常看到一些自媒体文章，立场偏激、用语低俗，哗众取宠、故作声势，对当事人、机构名誉刻意诋毁或伤害……这些问题，都需要警醒。新浪财经这次编发的评论，导致编辑和编辑负责人被劝退，就是教训之一。作为自媒体，不要信口开河，即便没有机构开除你，也会有监管方封禁你。”

Techweb 编辑说：“在几乎全网都在给林志玲送上祝福的时候，偶尔也会有人为了吸引眼球恶意解读消息，走上特立独行的道路，炒作自己，失去作为自媒体最基本的良心和底线，这样的行为应该得到抵制和处罚。”[①]

案例分析 >> 新媒体时代的表达秩序和内容把关

自媒体的广泛普及，突出了社会个体的话语权和表达的自主性，拉近了人与人、人与社会之间的距离。但在自媒体繁荣现象的背后，却是表达秩序杂乱无章，信息内容好坏参半。由于自媒体多为个人媒体，个人充当了意见领袖的角色，使得自媒体缺乏传统媒体那样权威的内容把关，不少自媒体混淆了个体与公共的界限，把发布信息等同于闲聊说笑或情感发泄。[②] 部分自媒体平台利用大众的猎奇心理，标注吸引公众注意力的虚假标题，使用粗鄙低俗语言，传播低级趣味的内容，一系列自媒体低俗化现象凸显了“新把关人”的问题。

吴飞教授认为，新媒体时代，受众主动参与信息生产、传播活动的热情提高，把关情况面临着巨大挑战，人工编辑与人工智能的结合，将会成为未来新闻传播内容把关的主要形态。[③] 有人提出，媒体融合时代，媒体人被赋予全新“把关人”形象和担负着多种职能的新角色，“把关人”是新闻和信息的解读分析者，也是“公共新闻”的推动者，现今媒体的把关功能应强化，而非有些人所认为的让受众“自我把关”或者弱化把关。[④] 也有学者从信息过载态势下编辑把关人功能重塑方面进行探讨，认为融媒时代的新闻业承担着文化信息的传播交流功能，因而编辑必然面临信息过载所带来的问题，特别是机制滞后、传播形式受限、自媒体普及等原因导致编辑的把关人功能不断弱化。针对这一困境，必须通过信息结构化再生产与社会舆论价值缔造，以及个性化、精准的信息推送，推

① 参见《林志玲结婚是一次失败的 IPO？新浪财经错误推送文章惹众怒》，2019 年 6 月 9 日，https://blog.csdn.net/techweb/article/details/91473757。

② 参见常燕民：《自媒体传播的乱象与规避》，《新闻爱好者》2015 年第 8 期。

③ 参见吴飞：《新媒体时代更需要“把关人”》，《中国记者》2016 年第 11 期。

④ 参见张甜：《对新媒体时代“把关人”理论的新思考》，《新闻实践》2007 年第 11 期。

进用户有效聚合等方式与公众形成良性的舆论传播互动及共生，消解过载信息对新闻业的冲击，重塑编辑把关人在融媒时代的权威性。[1]

网络环境下如何避免自媒体把关人"失职"造成的信息缺陷及其消极社会影响，需要重建把关人机制。宋全成教授认为，应构建媒介人（或自媒体用户）自我约束的道德自律与法律他律机制，同时，尝试建立自媒体的媒介人社会组织，并通过媒介人的社会组织，提高自媒体媒介人的媒介素养，从而达到自觉净化自媒体和网络媒体相关内容的目标。另外，强化自媒体或网络行业自律公约的功能，政府进行间接管控，在自媒体的媒介人、媒介人社会组织、媒介行业和政府部门四个层面，从自律和他律两种机制上建立有中国特色的自媒体传播把关人制度，形成对自媒体、网络媒体的综合管控有效机制，促进自媒体和网络媒体的健康发展。[2]

① 参见高维峰：《信息过载态势下编辑把关人功能的重塑》，《中国编辑》2020 年第 1 期。

② 参见宋全成：《论自媒体的特征、挑战及其综合管制问题》，《南京社会科学》2015 年第 3 期。

案例 48

水氢发动机“神话”报道与记者责任

案例介绍 ≫ 汽车“加水即可行驶”与“市委书记点赞”

2019 年 5 月 23 日，中共南阳市委机关报《南阳日报》头版发表消息《水氢发动机在南阳下线，市委书记点赞！》，报道称：“水氢发动机在我市正式下线啦，这意味着车载水可以实时制取氢气，车辆只需加水即可行驶。5 月 22 日上午，市委书记张文深到氢能源汽车项目现场办公时，为氢能源汽车项目取得的最新成果点赞。市委副书记、市长霍好胜参加现场办公。”①

报道一出，舆论哗然。不加油不充电，汽车加水就能行驶？这样神奇的功能遭到了外界大量质疑。②

5 月 24 日，南阳市工信局相关负责人回复《新京报》记者称，目前该项目仍处于研发人员的验证阶段，并未正式生产，也未经过工信等相关部门的验收。“此事系记者报道信息不准确，目前已要求涉事集团负责人庞青年写情况说明。”③

央视财经记者就此事采访了专家，专家表示，氢气的制取是当前燃料电池汽车产业的基础，也是面临的一大难点。虽然不能直接断定是骗局，但至少存在两大疑点：一是如何实现低成本电解水制氢；二是如何将制氢过程车载完成。中国汽车流通协会汽车市场研究分会秘书长崔东树也表示，如果简单地用催化剂制氢的话，应该是目前科学没有完成攻克的课题。

5 月 25 日，央视财经记者探访车间，采访过程中，青年汽车集团水氢项目技术负责人特别强调，这台水氢车，加水就可以走，但绝不是说只加水，就可以走。原来所谓的水氢汽车，除了加水，关键还要加一种神秘材料制成的催化剂。据青年汽车集团董事长庞青年介绍，这种催化剂还是可以循环使用的，也是降低

---

① 陈琰炜：《水氢发动机在南阳下线，市委书记点赞！》，《南阳日报》2019 年 5 月 23 日。

② 参见赵孟、彭渝等《南阳“神车”一夜爆红，诺贝尔都欠它一个奖》，2019 年 5 月 24 日，https://www.sohu.com/a/316255980_617374。

③ 参见雷燕超、康佳等：《南阳工信局回应水氢发动机：尚未认证验收，消息发布有误》，《新京报》2019 年 5 月 24 日。

水解制氢汽车使用成本的关键之一。青年汽车集团水氢项目技术负责人说，虽然成分不能公开，但成本目前为止肯定比油高。其目前为止比油要贵 3～5 倍。[①]

11 月 18 日，央视财经的后续报道发现，因“水氢发动机”而出名的青年汽车集团有限公司董事长庞青年一手打造的杭州青年汽车有限公司在 10 月正式完成破产程序，近日宣告破产。至此，“汽车加水就能跑”的闹剧收场。报道说，除了与南阳市政府正在进行的 83.16 亿元的合作外，10 余年间，青年汽车集团还与济南、连云港、六盘水、鄂尔多斯、杭州萧山、石嘴山、海宁、泰安等 8 个地方政府合作，但很多合作项目都陷入中断，一些还卷入纠纷。报道提出，项目疑点重重，为何在各地畅行无阻？水解制氢汽车，在专家那里认为技术还没过关，在技术成熟的发达国家还没进入实用阶段，涉事企业问题多多，公司创始人多次被列入失信人执行名单，这一个个让人瞠目结舌的前提条件，都不能阻止以水氢燃料为名目的项目在一些地方纵横驰骋。这里面的种种不可思议之处，希望有关部门能够查清楚，还大众一个明白，还市场一个清白。

案例总结》 领导活动报道出问题，是记者的责任？

对水氢发动机引起的争议，南阳市工信局领导回应称，此事系记者报道信息不准确。那么，是报道说“加水就能行驶”表述不准确，还是说市委书记点赞有假？从央视财经的报道看，与《南阳日报》报道同时，南阳电视台的新闻画面确实显示南阳市委书记在赞叹“very good!”

领导活动报道是地方党媒新闻报道的重要部分，是地方政府进行正面宣传，树立良好的领导与政府形象的重要途径。但在日常领导活动报道中，新闻价值与宣传价值经常无法取得良性协调，新闻价值让位于宣传价值的现象时有发生。

如央广财经评论员王冠所言，这次争议，根本上源于地方领导决策的争议性，而非记者报道的准确性。“地方主政者对产业升级、对制造业高质量发展的一种渴望，在这种心态之下引入的项目，是不是真的经得起推敲，是要打问号的。”[②]

---

① 参见《1 公斤水跑 1 公里？庞青年回应“水氢车”质疑！央视财经记者探访车间，信息量超大的……》，2019 年 9 月 25 日，https://mp.weixin.qq.com/s/cntFQomQV-NLMrgKAN-m0Q。

② 参见《央视财经评论丨“水氢汽车”引围观！技术突破还是“庞”氏骗局？》，2019 年 5 月 26 日，https://mp.weixin.qq.com/s/Grm5HUuEozVQCEGUwdoIlg。

澎湃新闻评论指出，记者有责任吗？当然有责任。在地方党报上，如此语气笃定、如此情绪激昂地断言“车辆加水就能跑”，显然是不慎重、不严谨的。然而，若完全把责任甩给记者，未免有欠公平公正。熟悉政情的人知道，这则报道，与其说是一则科技新闻，不如说是一则领导活动的制式报道。记者是在报道市委书记活动时提及的“车辆加水就能跑”，而非自行挖掘报道。

《新闻记者》杂志把该事件列为虚假新闻。该杂志发表的《2019 年虚假新闻研究报告》一文指出，责任恐怕不只在记者本身，更值得关注的是地方政府在其中微妙的角色。更可能的情况是让记者背了地方复杂政商关系的锅，如此境况下产生的虚假新闻同样值得认真思考和研究。①

案例分析 >> 领导活动报道不应违反新闻真实性原则

按照我国新闻体制，地方党报既是党和政府的喉舌，也应当是人民的喉舌，要努力做到党性和人民性的统一。因此在做好领导活动报道的时候，除了记录领导干部的言行，更应当按照新闻价值标准和新闻传播规律来选择和判断所报道的事实，确保所报道内容的真实、准确、全面，决不能丧失判断力，即使领导说错或做错了，也“忠实”地记下来、报出去。

有学者提出，在中国社会转型期，市场化生存的党报在从事新闻生产时，同时受到宣传逻辑、新闻逻辑和市场逻辑的制约。在市场和宣传的双重压力下，党报在竞争中有可能被边缘化。仅从三种逻辑的保障机制来看，作为市场化生存的党报，最有可能牺牲的无疑是新闻逻辑。新闻成为一种手段，或为宣传所用，或为市场谋利所用，恰恰很少为了满足公众知情权。地方党报面对市场与宣传的双重压力时，应该坚守来之不易的公信力资源，恪守新闻真实性原则，尽量按照新闻专业主义的要求以协调三者之间的关系。起码应当做到对领导言论和活动的事实选择，不违背新闻的真实性原则。

① 参见年度虚假新闻研究报告课题组：《2019 年虚假新闻研究报告》，《新闻记者》2020 年第 1 期。

案例 49

“寒门状元之死”与自媒体煽情虚假文章

案例介绍 》 虚假故事熬出的煽情“毒鸡汤”

2019 年 1 月 29 日晚，微信公众号“才华有限青年”发布一篇题为《一个出身寒门的状元之死》的文章，迅速收获“10 万＋”的阅读量。该文章讲述了一位出身贫寒却努力上进的高考“状元”，坚持道德原则却在生活中屡屡受挫，最终因病早逝的故事。文章使用纪实的笔法，并在文末声明为了保护隐私，隐去了主人公真实的学校、姓名等。①

该文章一经发布就引起社会广泛关注，并迅速形成热点话题。“家境与努力哪个更重要？”“这个社会究竟有无公平可言？”一系列相关讨论如潮水般涌来，负面情绪与消极言论在网络上蔓延。

随后，该文被质疑“造假杜撰”。“侠客岛”微博评论说：“你的焦虑倒成了他人的生意经。这种虚假故事熬出的‘毒鸡汤’营销是不是情感欺诈？”

1 月 30 日，该文章被证明内容不实，并被微信屏蔽，原因为“此内容违反《即时通信工具公众信息服务发展管理暂行规定》”。“才华有限青年”公众号的账号主体发布声明解释：该文章属于非虚构写作并不是新闻报道，为了保护寒门状元的隐私权，他们对部分内容进行了模糊处理，故事背景和核心事件都绝对真实。可这一说法无法再次博得网友们的信任，关于分析“寒门状元之死”中逻辑错误、细节错误、价值观错误的文章层出不穷，网络信息的可靠性再次受到质疑。②

《新京报》发现，运营公众号“才华有限青年”主体公司为霍尔果斯爆炸糖影视传媒有限公司，法定代表人兼执行董事为马凌（即咪蒙）。此公司由北京十月初五影视传媒有限公司 100％控股，咪蒙持股 66.67％，为大股东。咪蒙的关联企业共 7 家，其中担任法定代表人 7 家，控股企业 5 家。“咪蒙”微信公众号发布的《你的胸，我的胸》《我有个春梦，你跟我做吗》《嫖娼简史》三篇文章违规无

---

① 参见年度虚假新闻研究课题组：《2019 年虚假新闻研究报告》，《新闻记者》2020 年第 1 期。

② 参见段馨蕊：《“寒门状元之死”霸屏背后的传播心理分析》，《视听》2019 年第 4 期。

法查看，随后账号被微信封禁，为期一个月。①

2月1日，咪蒙团队发布道歉信。2月21日，“咪蒙”微信公众号显示，该账号已注销。随后，多个自媒体平台也陆续宣布，永久关闭“咪蒙”“才华有限青年”账号。

案例总结》 自媒体的内容虚构与流量收割

自媒体内容问题可谓屡见不鲜，微信公众号“才华有限青年”的文章《一个出身寒门的状元之死》将这一问题推向了风口浪尖，导致知名自媒体公司“咪蒙”的传奇戛然而止。如何规范自媒体内容生产、避免煽情主义带来的危害，成为迫切需要解决的问题。

中国政法大学传播法研究中心副主任朱巍认为，这篇文章之所以引起争议，是公众认为其打着真实性的旗号，实际却疑点重重，并且存在诱导公众、侵害用户知情权、损害公共利益的情况。“这篇文章总体感觉就是为打动而打动读者，并且忽略了国家的助学政策，大学贫困生有相应的补助、助学金等，而文章通篇没有提及这些政策，是存在严重问题的。”②

媒体人叶伟民认为：“非虚构写作肯定、一定、必须、只能遵守零妥协的‘真实原则’，任何一个细节都不能虚构。在真实性的标准上，它和新闻报道并无二致。非虚构写作被偷梁换柱，甚至被高举为‘虚构’的豁免牌，‘焦虑贩卖机’们正是吃准了受众的认知不对等，浑水摸鱼大肆收割流量。什么时候蹭坏了，是无所谓的，总有新词换招牌。这年头，谁还纯情坚贞做百年老店呢？”③

《检察日报》发表评论称：“人们进行自媒体创作要有底线原则，不能任性，不能我行我素，不能为所欲为，这是起码的常识。眼下的自媒体现状，可谓乱象丛生，产生的负面作用日益明显。包括咪蒙团队在内的不少自媒体团队、自媒体经营者、自媒体创作者，为了追逐经济利益，为了引人眼球，为了骗取流量，为了追求‘10万+’，往往利用自媒体平台的算法，一味迎合部分网民群体的口味、想法，打着非虚构写作的旗号，发布虚假内容，制造网络谣言，甚至贩卖社会焦

---

① 参见杨砺：《微信屏蔽咪蒙系〈寒门状元之死〉 此前被封禁一个月》，《新京报》2019年1月30日。

② 参见《“寒门状元之死”多处存疑 专家：损害公共利益需治理》，2019年1月30日，http://www.bjnews.com.cn/news/2019/01/30/544170.html。

③ 参见叶伟民：《“状元之死”也是非虚构？那可能是非虚构被黑得最惨的一次》，2019年1月31日，https://www.thepaper.cn/newsDetail_forward_2933607。

虑，贩卖'毒鸡汤'。这严重误导了人们的价值观和思想观念，在社会上产生了极其恶劣的影响。"①

《光明日报》媒体评论员樊成提出："某种程度上讲，咪蒙骤然而起的发达与山崩般的没落，暗合自媒体的发展规律，也暴露出了种种问题。我们批评咪蒙，反对她的价值观和主张，是坚持去伪存真的立场，用事实导向代替情绪导向。任何事物的发展，都需要经历一个从蛮荒到规范的过程，当下的自媒体，即处在这样的过渡期。当我们在探讨咪蒙倒掉的话题时，不该仅仅局限于一个公众号的生死，不该过分在意对个人的喜欢与讨厌，而是放眼全局、面向未来，构想如何打造一个积极、健康、充满建设性的自媒体环境。要相信，自媒体的未来是光明的、大有可为的，因为这是时代的趋势，也是大众的需要。"②

案例分析 >> 咪蒙的倒掉与自媒体传播伦理

随着互联网的普及发展，自媒体应运而生。与传统媒体比较，自媒体拥有许多优点。但自媒体在带给我们便利的同时，也导致了诸多的媒介伦理问题的产生。

近年来，微信公众号发展迅速，其价值大、粉丝活跃度高、访问流量庞大的特点，使得营销效果也更为突显。为了获得高关注度，加上自媒体把关不严和国家对自媒体的相关立法还不完善，一些自媒体"变了味"，起了"歪心思"，导致谣言无处不在，信息垃圾丛生，搞得网络空间乌烟瘴气。"寒门状元之死"就凸显了自媒体虚假信息、煽情传播的危害。

自媒体不能只信仰流量和金钱，失去对真实和正义的敬畏。有论者提出，眼下，即使走了咪蒙，但类似咪蒙的流量生产模式，依然在被效仿和传承。事实上，我们更需要做的是建立一个行业标准。传统媒体的行业标准，早已经比较成熟，一旦出现专业上的错误和缺失，自然有着纠正和处罚的反馈机制，但是自媒体没有。咪蒙的倒掉，应成为自媒体行业的警钟。自媒体行业要保持欣欣向荣，甚至形成强大的文化产业，需要有个前提：法律是底线、行业标准和规范是基础。如果底线被无视，规则和伦理迟迟不到位，自媒体的乱象就难以得到遏制，下一个咪蒙还会出现。③ 针对自媒体乱象和未来发展，有学者提出建议：一

① 参见何勇：《自媒体创作必须守住法律和道德底线》，《检察日报》2019年2月22日。

② 参见樊成：《自媒体该从"咪蒙"身上反思什么》，《光明日报》2019年2月22日。

③ 参见樊成：《自媒体该从"咪蒙"身上反思什么》，《光明日报》2019年2月22日。

是建构职业共同体的专业意识形态，其中包括被共同认可的职业信息传播伦理原则、要求、规范，比如公共利益至上、客观、真实、公正、平衡。二是遵循真实性与透明性的传播基本原则。三是依据自媒体用户身份及其传播行为特征，建立自媒体责任伦理。①

① 参见范明献：《自媒体传播伦理：特征、问题及认知框架》，《中国出版》2016年第2期。

案例 50

百度为“百家号”引流与搜索引擎平台责任

案例介绍 》》《搜索引擎百度已死》与百度争议

2019 年 1 月 22 日晚，一篇名为《搜索引擎百度已死》的文章刷屏。该文章出自前南方周末记者方可成之手，微信公众号“新闻实验室”首发。文章批评百度搜索结果一半以上会指向百度自家产品，尤其是百家号，而百家号充斥着大量营销和质量低劣的内容，也导致百度搜索结果的内容质量大幅下滑。

文章指出，在使用百度搜索引擎的过程中，第一页看到的搜索结果，基本上有一半以上会指向百度自家产品，尤其频繁出现的是“百家号”。百家号是百度的自媒体平台，刚推出的时候曾经主打过优质作者和高品质内容，后来几经调整，现在成了一个以营销号为主体的内容平台——内容包罗万象，数量很大，质量堪忧。比如一篇刊登在百家号上题为《美国中情局竟向本·拉登家族道歉并希望赔偿 1800 万美元获得原谅!》的假新闻就获得了超过 40 万的阅读量。“百家号的信息质量可见一斑。而百度正通过搜索框，不断地将人们的流量导向百家号。”该文作者分别在百度搜索引擎搜索了“英国脱欧”“美国政府关门”“中国 2019 年 GDP”“特朗普”“卡舒吉”“小猪佩奇”“人工智能”“怎样写毕业论文”等关键词，发现搜索结果多数为来自百家号的信息。作者感叹：“基本上，百度已经不打算好好做一个搜索引擎了，它只想做一个营销号平台，把希望来搜索内容的人全都变为自家的流量，然后变现。”作者认为百度搜索已经可以改名为“百家号站内搜索”了。“作为搜索引擎的百度已死。baidu.com 已经不是你寻找中文互联网内容的地方，而是百度自家的站内搜索；它将你引向的不是中文互联网中的优质精神食粮，而是囤积在自家的腐臭变质内容。”“写到这里，很是悲哀：偌大的中文互联网竟已堕落到如此境地，连一个搜索引擎都没有了。”①

23 日，百度官方微博回应，针对该文评论百家号在百度搜索结果中占比过高的情况作出说明。该说明第一条强调：“目前百度搜索结果中，百家号内容全

① 方可成：《搜索引擎百度已死》，2019 年 1 月 22 日，https://www.huxiu.com/article/282406.html。

站占比小于10%。”其余回应内容均是对百家号的推广信息。对于百度的回应，方可成认为：全站比例没有太多意义，大家搜索一般只看前两页，如果能给出第一页的结果占比会更有说服力。

据百度官方介绍，百度百家号2016年9月28日起，面向所有用户开放注册，任何人都可以在百家号的官网注册成为作者，发布的文章有可能被推荐到手机百度、百度搜索结果以及百度体系的其他信息流当中。

任何人都可成为作者，这意味着发布的文章质量必定参差不齐。上述文章就写到，百家号的信息质量可见一斑，例如，某篇刊登在百家号上的假新闻已经获得了超过40万的阅读量。百度正通过搜索框，不断地将人们的流量导向百家号。

实际上，百度自己对收录内容质量是心中有数的。2019年1月14日，百家号发消息称，近一周，平台累计查处了1558个严重违反《百家号平台服务协议》和《百度联盟会员注册协议》相关规定的账号，对查实存在违规行为的账号进行永久关闭账号的处理。[①]

鉴于百度以“全站占比”回应“第一页搜索结果”的指责，上观新闻使用12520个搜索热词在百度搜索上进行了测试，返回结果显示，50.3%关键词在第一页有一半以上的结果指向了百度自家的网站，这其中有59.3%指向百家号。[②]

针对上述质疑，百度方面由沈抖在2019年1月23日下午再次表态。在调侃上述文章帮百家号做了推广之后，他承认上述文章的描述反映了中国互联网发展的现状，“互联网内容正在逐渐割裂，其实百度在2018年世界互联网大会上和百度开发者大会上都多次提到过，百度也一直在努力扭转”。[③]

本次事件影响力指数已达66.8，是继2018年5月18日的“百度宣布陆奇将卸任COO”(70.1)后，知微热点舆情事件库中百度相关影响力最高的事件。远远高过曾经同样刷屏的文章《百度没有文化》。[④]

① 以上内容参见张小松：《百度回应后“搜索引擎百度已死”作者再怼》，《中国青年报》2019年1月23日。

② 参见年度虚假新闻研究课题组：《2019年虚假新闻研究报告》，《新闻记者》2020年第1期。

③ 参见魏蔚：《百家号搜索结果占比过高遭质疑　百度转型中求平衡》，2019年1月24日，http://media.people.com.cn/n1/2019/0124/c40606-30588109.html。

④ 参见《一篇自媒体文章，如何让百度陷入近半年影响力最高的负面舆情?》，2019年1月25日，https://www.thepaper.cn/newsDetail_forward_2903226。

案例总结>> 搜索引擎的营利性与公共性

百度给自家产品引流，似乎不违反商业伦理——就像一家百货商场，把自己生产的产品放在醒目位置吸引顾客，不是很平常的事？然而，搜索引擎的作用绝不同于百货商场。

南京大学新闻传播学杜骏飞教授直言："搜索引擎作为目前互联网应用极其广泛的应用工具和信息平台，它其实已经承担了新闻媒体和公共信息检索平台的功能，实际上它就是一个媒体，甚至从功能和效用上看，比媒体更媒体，从客户端的体验来说，被认定为超级新闻媒体(新闻媒体的媒体)也是题中应有之义。所以我们可以说，它的应用属性不完全是商业性的，而且牵涉到公共领域的合法性、公共服务的公益性。"在搜索引擎形塑了用户信息接收秩序的今天，新闻内容的重要程度被呈现的"位置"所取代，"真相"被"搜索排名最靠前的结果"重新定义。在这个意义上，作为一家搜索引擎的百度需要着眼于公众的知情权、接近权，以公平、公正、开放的伦理标准设计其算法原则。①

新媒体观察者、上海交通大学媒体与设计学院教师魏武挥撰文说，百度真正面临的难题是：移动端用户对搜索的需求的确有，但手机小屏，再堆关键词广告是不合适的。加之魏则西事件对百度关键词广告体系有着巨大的冲击，百度需要改变既有的 PC 时代那种搜索结果配关键词广告的模式。百度想出来的方法之一是：PC 时代不掌控内容网站，但我可以做关键词广告，到了移动时代，我能不能直接掌控内容，在内容网页上加载广告？这就是百家号出现的逻辑之一。但人们对一般平台的宽容不适用于百度，因为百度是一个流量分配者，就必须对流量分配承担一定的责任。对于百家号传播假新闻，百度是要承担责任的。②

《钱江晚报》特约评论员王攀刊登文章指出："每一次广告事件，百度都深陷舆论漩涡。之所以如此，在于搜索作为互联网最基础的一个应用，具有公共性，但百度在利益诱惑面前，往往给忽略了。其实卖广告不是问题，像谷歌广告收入也是很大一块。关键是，如何让搜索的公共性与企业的营利性恰当地结合起来。但遗憾的是，百度似乎在这个问题上，始终没有把握好。于是，从之前涸泽而渔卖广告，到现在无节制百家号，百度搜索越来越不顾及到用户需求，以至于

---

① 参见年度虚假新闻研究课题组：《2019 年虚假新闻研究报告》，《新闻记者》2020 年第 1 期。

② 参见魏武辉：《百度的毛病》，2019 年 1 月 24 日，https://www.shobserver.com/news/detail? id=128974。

随着市场分化，口碑不佳，百度搜索成今日局面。而这才是百度最应该反思的。”①

案例分析》》搜索引擎服务提供者的社会责任

如果把搜索引擎比作通向互联网世界的导航，那么这次争议的起源，或许就在于导航出了问题，使得用户不一定能方便及时地找到自己想要的内容。应该说，搜索结果总会有一个先后的排序。但如果这个排序是以自家产品为优先，就难免会引来争议。毕竟，一个科学的、客观的、方便的搜索引擎，才能“急用户之所急、想用户之所想”，而不是像走迷宫那样弯弯绕，让用户迷失在信息海洋中。②

在充斥大量信息的网络空间中，如何对信息的真实性、权威性进行判断？如何对信息进行把关和筛选？这两个问题构成了搜索引擎信息过滤与自由获取之间的冲突。③ 既然搜索引擎有准公共服务属性，提供的搜索结果应该是客观、公正的。应该说，最初搜索引擎提供的搜索结果，绝大部分网友是满意的，否则也不会使用搜索引擎。但后来，搜索结果越来越商业化，如竞价排名影响搜索结果，其公正程度处于不断下滑态势。搜索结果客观公正，是所有搜索引擎的生命线。如果丧失了客观公正，网友们就会用脚投票；如果丧失公正的同时还违反法律法规，有可能要付出惨重代价。因为搜索引擎不是单纯的商业产品，而是互联网时代具有一定公共服务属性的产品。④

搜索引擎网站没有承担起相应的社会责任，究其原因：一方面源于搜索网站本身的营利性质。搜索网站是以检索服务为载体，以营利为目的的商业公司，不能回避的营利性促使其要对股东负责，而不是对大众负责，这一点造成了搜索网站的社会责任与其商业利益之间的矛盾和冲突。另一方面，则是受中国互联网发展所处阶段的制约。中国互联网行业正处于急速发展期，但监管机制不健全，使搜索网站易于被利益驱使，如广告、竞价排名、关键词销售等网站营利方式，都容易成为违法、违规的重灾区。搜索网站在利益驱动下，过于注重经

---

① 王攀：《百度饮鸩止渴，忘了初心》，《钱江晚报》2019年1月24日。

② 参见《百度搜索遭质疑：众里寻他千百度　那人却在三页后？》，2019年1月24日，http://media.people.com.cn/n1/2019/0124/c40606-30588108.html。

③ 参见钟瑛、李秋华等：《搜索引擎网站社会责任的现实考量与提升路径》，《现代传播》2016年第10期。

④ 参见丰收：《“结果公正”是搜索引擎的生命线》，《北京青年报》2019年1月24日。

济效益而忽视社会效益，与其践履社会责任的角色存在典型冲突。[1]

百度极力推荐“百家号”，可能有经营策略上的考量，比如出于市场竞争需要。但对于经常使用百度的网友而言，则希望百度搜索回归到公正的立场，提供自然的搜索结果。百度可以推荐“百家号”内容，但该内容应该是自然搜索结果而不是人为控制的结果。当然，需要反思的不仅是百度，还有其他搜索引擎以及其他带有检索功能的网站。特别是商业化搜索网站，更要反思自己的搜索结果是否客观公正。只有把搜索结果公正视为生命线，才有更多网友愿意使用，因为人们都希望看到全面、公正的搜索结果。[2]

① 参见周妍：《网络时代搜索引擎的信息伦理问题研究》，《图书馆学研究》2011 年第 13 期。

② 参见丰收：《“结果公正”是搜索引擎的生命线》，《北京青年报》2019 年 1 月 24 日。

案例 51

百度竞价排名广告的传播伦理

案例介绍 >> “魏则西事件”与百度竞价排名

2016 年 5 月初，“魏则西事件”引爆微信朋友圈。这位西安大学生之死引起公众对百度搜索“竞价排名”信息公正和商业伦理的质疑。

事情的起因是：大学生魏则西在罹患滑膜肉瘤这种罕见的癌症后，通过百度搜索到三甲医院武警北京总队第二医院（以下简称“北京武警二院”）拥有治疗这个病症的“美国技术”。起初他也有质疑，但由于对方是三甲医院并且有百度搜索的背书，他放下疑心，选择治疗，最终结果是家财散尽，花费近 20 万医药费，却发现所谓美国最新技术只是一场骗局。在耽误了宝贵的治疗时间后，魏则西去世了。

在知乎上，魏则西本人将百度的医疗竞价排名机制形容为“邪恶”，并且认为是导致其延误治疗的罪魁祸首。

北京武警二院在百度搜索中的位置很高，并非因为其权威性、知名度、公信力高，而是因为其在百度投放了高额广告费。该事件凸显了百度搜索引擎、一个入口网站的商业利益底线问题。

事实上，这已不是百度第一次因类似事件遭到舆论“讨伐”。2016 年 1 月，百度就曾因出售“血友吧”一事被“炮轰”。

竞价排名服务并非一种新的商业推广模式。据新华网报道，自从“三鹿奶粉”事件中曝出一些问题奶制品企业出巨资要百度消除负面信息时，百度竞价排名搜索固有的花钱可以改变搜索结果的弊端就已经显现。但百度却没有对此自省，仍然沿用这一模式，致使问题越来越多，引起网民的强烈不满进而引发媒体曝光。而假医药信息只是百度竞价排名收费推广模式带来问题的冰山一角。用百度搜“整形”或者“吸脂”等有关美容整形的关键词时，出现在第一页的几乎全是竞价排名网站。按照相关规定，凡从事手术类美容机构必须要有“医疗机构执业许可证”。从百度搜索结果首页中，一个拥有这种许可证的都看不出来。

2008 年 11 月 17 日，在各界的问责之下，百度就帮助虚假医药信息推广一事对外发布了道歉信，开除了被曝光的违规员工。百度道歉信中说，有部分网站利用竞价排名服务推广虚假医药信息，是该公司对销售运营体系管理不善造成的。19日，百度CEO李彦宏表示，法律并没有要求付费搜索引擎为发布的信息负责。李彦宏说："提供广告主资质并非中国法律要求，另外搜索引擎或许不应该为网络信息真实性承担责任。"①

虽然百度删除了被曝光的假医药收费推广链接，但隐藏在竞价排名模式后的更多违法内容依然存在。相关调查结果表明，近80%的被调查网民曾因用百度的竞价排名搜索进入虚假网站。②

竞价排名搜索和自然搜索的页面很难区分，很容易造成混淆和误认。有专业人士指出，只有经验丰富的用户才能分辨出百度竞价排名与自然搜索结果：前者在网页摘要下显示的是"推广"小字，后者显示的是"百度快照"。除此之外，二者的界面没有任何区别，非资深搜索爱好者很容易把竞价排名当正当搜索结果，直接点进去。③

案例总结》竞价排名机制缺乏法律监管

从法律层面看，魏则西事件的责任主体为涉事医院，但百度也脱不了干系。该事件暴露的管理问题包括："莆田系"进入公立医院背后的医院管理体制问题、医疗行业与互联网行业监管问题以及百度搜索竞价排名的真实性问题等。其中要害问题是：百度竞价排名的本质属性，即到底是网络搜索服务，还是网络广告行为？如果属于商业广告，那么作为广告发布者的搜索引擎服务商（百度公司）应当承担什么样的审查义务？所搜索的商家内容造成消费者损失，搜索服务商应承担什么责任？

登录"百度推广"页面，"让百度上找您的客户，看到您的广告""全球中文第一搜索引擎百度，每天数十亿次搜索请求，让高潜客户立刻找到您"等广告语，注释着百度"搜索广告"的特点："基于百度搜索，在搜索结果显著的位置展示您的推广信息，只有客户点击广告之后，您才需要付费。"④

百度百科的"竞价排名"词条注明：竞价排名的基本特点是按点击付费，推

① 刘静沙、陈慧：《百度遭遇"竞价排名"风波》，2008年11月27日，http://newpaper.dahe.cn/hnrb/html/2008-11/27/content_128310.htm。

② 参见顾洪洪：《假医药信息只是百度问题的冰山一角》，2008年11月21日，http://tech.163.com/08/1121/15/4R9JLSEV000932EA.html。

③ 参见曹悦平：《竞价排名：网民的砒霜　百度的蜜糖》，《新京报》2008年11月19日。

④ 《百度搜索广告之初识》，2020年1月30日，https://www.jianshu.com/p/4645642a177f。

广信息出现在搜索结果中(一般是靠前的位置),如果没有被用户点击,则不收取推广费。在搜索引擎营销中,竞价排名的特点和主要作用如下:(1)按效果付费,费用相对较低;(2)出现在搜索结果页面,与用户检索内容高度相关,增加了推广的定位程度;(3)竞价结果出现在搜索结果靠前的位置,容易引起用户的关注和点击,因而效果比较显著;(4)搜索引擎自然搜索结果排名的推广效果是有限的,尤其对于自然排名效果不好的网站,采用竞价排名可以很好弥补这种劣势;(5)企业可以自己控制点击价格和推广费用;(6)企业可以对用户点击情况进行统计分析。

该词条明确,竞价排名这种按效果付费的网络推广方式,用少量的投入就可以给企业带来大量潜在客户,有效提升企业销售额和品牌知名度。"不论多么热门的关键词,只要你想做,你都可以进入前三甚至第一。"[①]而引起公众质疑的恰恰就是竞价排名这种不同于自然搜索的人为干预属性。

搜索引擎的基本产品是搜索服务。但百度以竞价排名的方式,在该服务中掺杂广告并不以显著方式声明,其做法等同于强迫甚至欺骗用户接受捆绑服务。

《新京报》文章指出,广告是网站重要的收入来源,但百度在申办自己的《广告经营许可证》时,是否如实将竞价排名这一产品作为广告申报?如果有,那么根据《广告经营许可证管理办法》,百度必须设有自己的广告审查员,按照法律法规对竞价排名中的内容进行审查核实。街边电线杆上的内容怎么能登上全球第一中文搜索引擎的搜索结果首页?[②]

在利益支配下,人为修改搜索结果是百度被诟病的焦点。

百度竞价排名风波彰显了目前对竞价排名这一隐性搜索广告形式监管的缺失,特别是法律监管的缺失。百度的根本问题在于其竞价排名的经营模式。[③]

新华网采访到的多位法律专家认为,百度竞价排名"祸根"没有得到根治。有专家提出,竞价排名事件被曝光后,百度紧急删除了上千条虚假信息,被辞退的员工当时所采用的行为准则是百度内部审核就可通过的规定,在无法律监管的前提下,这或许形成了企业运营的一种潜在规则。很显然,百度上成千上万条虚假医药信息与其他非法信息是这两个员工无法完成的。还有专家提出,百度开除员工并不能免除自己和被开除员工的法律责任,应按照《广告法》第37条

---

① 参见百度百科词条"竞价排名",最后访问日期 2020 年 5 月 12 日,https://baike.baidu.com/item/%E7%AB%9E%E4%BB%B7%E6%8E%92%E5%90%8D/746725。

② 参见曹悦平:《竞价排名:网民的砒霜　百度的蜜糖》,《新京报》2008 年 11 月 19 日。

③ 参见古丰:《百度新危机:竞价排名不休　集体诉讼不止》,2008 年 11 月 21 日,http://tech.163.com/08/1203/08/4S7OSQ4I000915BF.html。

所规定的虚假广告的法律责任对百度进行追查、监管。提出受百度虚假广告上当受骗的消费者可运用法律手段维护自身权利,如请求民事赔偿。有人则提出,百度竞价排名不除,还会有更多的“魏则西”。[①]

案例分析 >> “魏则西条款”与竞价排名广告治理

魏则西用生命换来了“魏则西条款”,医疗信息的竞价排名模式由此纳入医疗广告监管范围。

但百度竞价排名广告从未消失,如网民所言,“还是原来的配方,还是熟悉的味道”。仅 2018 年以来,百度就多次被媒体抓了现行:4 月,《南方都市报》的调查报道《竞价医疗广告转战移动端》,直指百度移动端与网站存在“双重标准”,提醒网民“在搜索的那一刻,你就已经被盯上”;5 月,新华社刊文指出,医疗竞价广告公然把公立名牌医院搜索名称卖了,其中包括“搜李逵出李鬼”等套路;作家六六更是直言“百度都是骗子广告链接”。据央视报道,不少在上海求医的患者反映,去了在百度搜索结果中排名前列的“上海复旦大学附属医院”就诊,花大价钱看病也没见好,再去三甲医院复诊后方知原来只是小毛病。该医院涉嫌虚假宣传已被上海市工商局立案调查。如论者所言,从魏则西事件到山寨情况,百度之所以不顾吃相难看,不舍得彻底整改,是因为竞价排名广告是一块关乎企业利益的“肥肉”。[②]

竞价排名,又称作付费搜索,是网络搜索平台采取的一种商业模式,通过人为干预改变搜索结果,特别是搜索排名,使该结果服务于出价高的商家,失去客观真实性,蒙蔽和欺骗不知情的消费者。魏则西事件之后,国家网信办于 2016 年6 月制定了《互联网信息搜索服务管理规定》,但并未对“付费搜索信息服务”和“商业广告信息服务”进行区分和界定,未能明确付费搜索的法律性质。同年 7 月 4 日颁布的《互联网广告管理暂行办法》则明确了付费搜索的广告经营性质。

既然明确了竞价排名是广告信息服务而非信息搜索服务,广告经营者和发布者就必须对所发布广告的真实合法性尽到审查义务。如未尽该义务造成消费者损失的,应承担相应责任。根据《互联网广告管理暂行办法》,互联网广告发布者、广告经营者、广告需求方平台经营者、媒介方平台经营者、广告信息交

---

① 参见威锋网:《百度竞价排名不除 还会有更多的“魏则西”》,2016 年 5 月 2 日,https://www.sohu.com/a/72983824_161062。

② 参见陈广江:《搜李逵出李鬼,竞价广告屡次触碰底线没得治?》,《工人日报》2018 年 9 月 11 日。

换平台经营者以及媒介方平台的成员等多元主体对广告证明文件、广告内容等负有审核查验义务，对明知或者应知的违法广告，应当采取删除、屏蔽、断开链接等技术措施和管理措施，予以制止。

竞价排名网络广告模式亟须严管，但竞价排名带来的广告收入是搜索引擎公司主要的收入来源，让其自律并不容易。除行政主管机关加大执法力度，还需社会和公众提高“搜索素养”，增强社会监督，探索多元主体协同治理的途径，督促百度等搜索引擎公司遵守网络传播伦理，善尽互联网企业的社会责任。

案例 52

在悖德与非法之间徘徊的网络删帖

案例介绍 >> 隐而不显的“删帖”灰色产业链

财新传媒在 2012 年推出特别报道《删帖生意》，揭露了一条由公关公司、门户网站中高层联手操纵的灰色产业链。①

该报道披露，2012 年 7 月，北京市海淀区公安分局在整治非法网络公关行为专项行动中搜查了新讯天下广告传媒有限公司（以下简称“新讯传媒”）和雅歌时代广告传媒有限公司（以下简称“雅歌时代”）并抓捕了两名公司的员工。新讯传媒的业务与删帖无关，但雅歌时代是业内有名的“删帖公司”，两公司的实际控制人均为雅歌时代的总经理顾腾达。雅歌时代从 2006 年下半年涉足删帖业务，逐渐形成一条由公关公司、门户网站中高层甚至部分监管官员里应外合联手操纵的“删帖”灰色产业链。删一条负面新闻需要几千到上万元，屏蔽关键词业务收费多达百万元之巨。要求删帖的客户既有企业，也有政府官员。公关公司大多通过收买网站编辑以及中高层管理人员、监管部门人士完成删帖业务，有的业务员为赚取高额利润不惜铤而走险，通过私刻政府、监管部门公章，伪造通知要求网站删帖。更有甚者，公关公司自己给自己制造客户，通过外包千龙网等门户网站转发企业负面新闻，直到企业出钱才给删除。这一行径已成变相敲诈勒索，令企业苦不堪言。

北京市属的新闻网站千龙网，曾将子频道外包给雅歌时代，最初雅歌时代通过给企业发软文牟利，后来发展到不时给企业发负面新闻，并要挟企业付钱删帖。千龙网的管理人员、负责财经频道的胡春郁，也因此涉案被抓。②

案例总结 >> 信息不对称导致删帖业务层出不穷

本案例发生之前，删帖生意隐而不显，无人监管，给公关公司带来不菲利

① 参见王晨等：《删帖生意》，《财新周刊》2013 年第 6 期。

② 参见王和岩：《“口碑互动”的删帖生意》，2013 年 12 月 5 日，http://other.caixin.com/2013-12-05/100614091.html。

润，其中既有像雅歌时代这样以删帖为主要生意模式的公关公司，也有很多知名公关公司承接相关业务，直接或间接收费。

随着网络传播的快速发展，网络负面新闻的杀伤力也增大，一些受影响的企业和个人产生了强烈的删帖需求。2006 年左右，当时很多网站尚未建立严格的内控制度，删帖很容易，不需要什么技术含量和渠道关系。雅歌时代利用删帖信息的不对称，涉足删帖业务。其客户名单中，既有中国移动、一汽大众等国企，也有必胜客、吉野家等外企，还有恒大地产、特步中国等大型民企和上市公司。此外，还包括很多个人。除了门户网站和地方论坛，在百度贴吧删帖是雅歌时代连续两年的主要业务。其还打出“关键词屏蔽，一切负面都能解决”的招牌，承接屏蔽百度关键词的业务，该业务吸引大量企业花钱删除网络负面信息。当时百度有专门的部门“在线管理部”负责删帖。通常提出删帖要求的有三个来源：公司、媒体和政府。对公司卡得比较紧，但对媒体或官员提出的删帖申请，手续会简化一些。但多数人不了解百度正规删帖渠道，转而求助于雅歌时代等黑公关，助长了公关公司与网站、网络服务商勾结寻租。在《财新周刊》报道的这次公安部专项行动中，百度有四名员工因“删帖生意”被捕。

案例分析 >> “有偿删帖”的失德违法本质与网络寻租治理

近年来，不断爆出公关公司与网站员工勾结有偿删帖被查处的消息。2015 年1 月 18 日，北京警方通报，因从事有偿提供删除信息服务，北京口碑互动营销策划有限公司等 6 家公关公司被查处，抓获违法犯罪嫌疑人数十名，涉案金额 1000 余万元。涉案人员分别因涉嫌非法经营罪、对非国家工作人员行贿罪、非国家工作人员受贿罪被刑事拘留。腾讯网编辑王某亮从 2011 年底开始帮人删帖，每条收费 500～1000 元。他还行贿搜狐网安中心高级经理何某 46.95 万元，让对方帮忙删新闻。王某亮以非国家工作人员受贿罪、行贿罪被判处有期徒刑 6 年。[①]

删帖公司的存在暴露了网络公关背后的非法利益链。一些企业或个人缺乏接受网络监督的心态，而有偿删帖扰乱了正常的舆论监督。最高人民法院、最高人民检察院 2013 年 9 月 9 日出台的《关于办理利用信息网络实施诽谤等刑事案件适用法律若干问题的解释》规定，违反国家规定，以营利为目的，通过信息网络有偿提供删帖信息服务或者明知是虚假信息，通过信息网络有偿提供发布信息等服务，扰乱市场秩序，属于非法经营行为，以非法经营罪定罪处罚。

---

① 参见《网信办公布网络敲诈和有偿删帖十大典型案例》，《中国日报》2015 年 1 月 26 日。

如果说“删帖公司”以前的行为是打了法律的擦边球，那么“两高”司法解释出台之后，“删帖公司”的有偿删帖就可能会受到法律的严惩。

公关公司“有偿删帖”和新闻媒体“有偿新闻”遵循的逻辑是一致的，同是违反职业道德甚至构成违法犯罪的行为。

发表调查报道《删帖生意》的财新传媒，此前还曾发表长篇报道《达芬奇案中案》《IPO有偿沉默》等，揭露我国新闻媒体“有偿新闻”“有偿不闻”等新闻寻租黑幕，引起巨大震动和广泛回应。著名媒体人、财新传媒负责人胡舒立说，和转型期的其他行业一样，中国的新闻寻租并不是个人操守有亏的偶然发作，而是存在于相当一部分新闻机构和媒体人的顽疾。媒体本为社会公器，新闻界不是“升官发财”的通道。但由于体制机制原因，多数媒体又有官方背景和政府隐性支持。因此，倘缺乏自律与他律，媒体很可能在市场与权力之间“套利”。在一部分媒体中，“卑鄙是卑鄙者的通行证，高尚是高尚者的墓志铭”。有的拉广告不成，便以揭露真相为名，做选择性负面报道；有的自觉充当公关工具，深深卷入利益输送。此类以“新闻寻租”为特征的“商业模式”不仅不是秘密，还常常成为一些人私下炫耀的资本。如果放任这种寻租行为蔓延发展，则无法期待中国新闻业的健康成长，还会给整个中国社会特别是市场体制建设和商业文化培育，带来极大破坏。①

魏永征教授撰文指出，从大学的新闻理论教材上看，新闻无非是传播信息，反映舆论，不存在什么权力。但是在我国的实际生活中，新闻媒体的权力背景，是人们都能够感知的。在中国国情下，眼下要切断新闻与权力的联系是不可能的。要克服新闻寻租现象，就不仅要对新闻媒体和记者，也要对相应的权力部门与媒体的关系作出必要的规范和约束。② 在网络环境下，还应当对具有媒体属性的网络企业应遵循的法律和伦理规则予以明确。

---

① 参见胡舒立：《新闻寻租不可恕》，《财新周刊》2013年第42期。

② 参见魏永征：《辨析“有偿新闻”与“新闻寻租”》，2013年11月7日，http://www.tmtpost.com/75833.html。

案例 53

灾难报道与传播伦理

案例介绍》 18 人遇难的车祸现场 女主播居然微笑留影

2017 年 11 月 15 日 7 时 45 分许，安徽阜阳滁新高速 30 余辆车连环相撞，造成 4 车起火，交通堵塞 3～4 公里，事故原因初步分析为突发团雾。这起突发重大交通事故，累计造成 18 人死亡，75 辆车受损。事故发生后，当地政府迅速组织公安、消防、交通、安监、医疗等部门开展事故救援和调查工作。

然而，就在这样的车祸现场，安徽阜阳颍上交通音乐广播 87.7 频率女主播凌某在受损车辆前，微笑并比“V”形手势拍照。凌某的自拍照片在网络流传后，引发网友批评。

当晚，当事人凌某手机自拍一段道歉视频发在微信朋友圈，并被网友转发。凌某表示已认识到错误，并对自己的行为深表歉意。

16 日，颍上交通音乐广播发布处理决定，表示因凌某在交通事故现场“行为举止不当，在社会上造成了严重不良影响”，对凌某进行解聘，频道负责人停职检查，并向公众表达歉意。①

案例总结》 灾难场合怎可“秀”微笑自拍

本案例被写入《新闻记者》杂志 2018 年第 1 期的《2017 年传媒伦理问题研究报告》。

该报告对本案例点评如下：

> 人有殇，不歌于侧。在灾难事故现场，任何一种欢喜都是不恰当的，即便不表现为悲伤，也应举止肃穆，体现对生命起码的尊重……秀自拍已经成为社交媒体时代年轻人的生存方式。新闻记者由于职业的原因，有更多机会接近重大新闻事件现场，但是记者不是路人、不是观众，报道事实、探查真相才是记者的使命，因此，不仅是灾难场合秀自拍不合适，即便采访

① 参见年度传媒伦理研究课题组：《2017 年传媒伦理问题研究报告》，《新闻记者》2018 年第 1 期。

“两会”、明星等，也不宜自拍炫耀。

光明网刊发评论，认为这张以严重车祸现场为背景并配以剪刀手的微笑自拍照，让人看了五味杂陈。尽管事后当事人解释这是应现场粉丝要求合影而拍下的照片，但无论是基于新闻工作者的基本职业伦理还是基于对逝者应有的尊重以及基本的社会公德，这样的现场“留影”都堪称违和。结合某种普遍化的社会背景，对这样的个体案例，社会当有更深入反思。

应该看到，尽管车祸现场微笑自拍的荒诞意味不言而喻，但类似的因自拍、直播而引发的失态行为，在今天已然不再鲜见，甚至可谓是全球“同此凉热”。比如，此前就有媒体报道过“女护士直播为病人插胃管”的案例；而在2017年8月埃及发生的一起上百人死伤的火车相撞事件中，一辆救护车上的救护人员却在车祸现场玩自拍，最终六名当事急救人员被调往埃及最偏远地区以示惩戒。

为何会有如此多的人在自拍和直播中对他人的苦难与基本伦理视而不见？哈佛大学校长德鲁·福斯特在2015年哈佛毕业典礼上的一番演讲或许提供了答案。她在演讲中称“这是一个自拍还有自拍杆的时代”：我们无休止地关注我们自己、我们的形象、我们得到的“赞”，就像我们不停地用一串串的成就来美化我们的简历，进行不停的“自我放大”。而这种对自我的过度关注和放大，令我们很容易丧失对他人的责任与依赖。车祸现场“无意识的”微笑自拍，便是丧失了对他人苦难的基本同理心。

技术的进步，大大释放了人们“自恋”的天性，这是技术进步带来的红利，其价值本应是中性的。可当一切都可以被当作自拍背景，一切都可以用来反衬自己的存在感，这注定是一种危险的边界失守。

不管技术如何进步，不管人类如何热衷于展现自我，有一些东西应该是永远被坚守的，比如对他人痛苦的同情与悲悯，比如对职业伦理、道德责任的担当。就此来说，当一张张不合时宜的自拍照发出来时，作为旁观者不仅要看到其中的荒谬，更应在下一次拿起摄像头对准自己时能够“有所思”，而不是全然沉浸于对自我的“修饰”之中。①

① 参见朱昌俊：《车祸现场微笑自拍不只是一个人的“病”》，2017年11月17日，http://guancha.gmw.cn/2017-11/17/content_26820388.htm。

案例分析》反思社交媒体时代的传播伦理

在社交媒体平台兴起的当下,“所见即所得”的逻辑支配着许多人不断在互联网上分享自我,或为自我身份构建,或为获得身份认同。这也暗合了不分地域、不分职业、不分年龄或阶级,都可共同享有的互联网思维。

回到事件本身,新闻工作者由于职业的特殊性,拥有诸多第一时间亲临公共事件现场的机会,这也为他们在私人社交媒体上的形象,赋予了更多公众领域色彩。加之大多数时候,新闻工作者私人自媒体的影响力,本就来自所供职的媒体本身。这些也就意味着,新闻工作者在使用个人社交媒体时更需谨言慎行。因为无论是否有意为之,你的一言一行都将会因为媒体人的身份标签被放大。[①]

作为前去采访报道灾难事件的新闻工作者,在现场应该更能够感受到因众多生命无端逝去带来的悲情。凌某即便不表达伤悲之情,也不该报以微笑,尽管自拍耗时很短,但恶果业已无法挽回。18 人遇难、21 人受伤,这起事故牵动人心,无数人为之唏嘘不已,新闻工作者有很多机会接近灾难、事故、悲剧现场。看多了天灾人祸,也许你会麻木;看多了悲欢离合,也许你会玩世不恭——但这些都不能发生在新闻人身上。学会悲天悯人,是这份职业对从业者提出的一项基本要求。凌某不是普通的路人,而是带着任务去现场报道的新闻工作者。凌某穿着本单位的制服玩自拍,自然招致千夫所指。新闻伦理以社会普遍伦理为基础,又高于普遍伦理的要求,这是因为新闻工作者把持社会公器,天然地比普通人更能发挥舆论影响力。对新闻工作者提出更严格的伦理要求,是新闻职业规范的共识。这起“本不该发生的新闻事件”,让新闻工作者都应该引以为戒:不必煽情,不必自哀,当新闻发生时,请冷静而专业地记录一切。[②]

在车祸现场微笑比剪刀手,伤害的不仅是个人形象与媒体公信力,还挑战了社会道德伦理与公众感情。凌某与涉事新闻单位应从此事中吸取教训,避免重蹈覆辙。作为深度参与到社交媒体、自媒体中的每一个人,也需以此为鉴,反思怎样的行为举止才是社交媒体、新媒体应该的。[③]

---

① 参见李楚悦:《车祸现场自拍,社交媒体时代也不能这样刷存在感》,2017 年 11 月 17 日,http://www.thepaper.cn/newsDetail_forward_1867638。

② 参见张云长、罗健:《自毁前程的自拍》,《声屏世界》2017 年 11 期。

③ 参见朱昌俊:《车祸现场微笑自拍不只是一个人的“病”》,2017 年 11 月 17 日,http://guancha.gmw.cn/2017-11/17/content_26820388.htm。

案例 54

《齐鲁晚报》记者对涉己医疗纠纷的报道

案例介绍 》《齐鲁晚报》驻聊城记者因一篇报道丢了饭碗

2017年12月5日,“齐鲁晚报·今日聊城”微博发布标题为《医疗技术被质疑,护士猛踹老太太》的报道:

> 12月4日上午,聊城市人民医院儿科第4住院病房护理室,一名年轻护士上演“全武行”。因家属对该护士的医疗技术质疑,她张口对患者家属进行谩骂,最后竟然动手打起人来。监控显示,该护士盛怒中抬脚猛踹患者家属中一位年近七旬的老太太。

该报道画面感强,倾向性明显,除了文字还配发一段视频。从该视频来看,事发时涉事护士正准备向外走,一位身穿米色上衣的家属突然上前拦住该护士,随后双方爆发冲突,一位穿花色上衣的老人伸手拽掉了该护士的口罩和眼镜。双方互相推搡,场面一度非常混乱。

《齐鲁晚报》旗下新闻客户端“齐鲁壹点”也进行了报道,内容与“齐鲁晚报·今日聊城”所发微博相同。

该报道发布后引发轩然大波,国内诸多新闻媒体和商业网站、社交媒体纷纷转发。如扬子晚报网以原题转发,并配发两张视频截图照片来表现医患双方冲突现场。其中第二张照片的压图文字为:“事发当天,简单的扎针,导致针头扎歪,孩子头上流了不少血,医疗技术被质疑。”

事实真相真的是“护士猛踹老太太”吗?《齐鲁晚报》的报道引起网友的大面积质疑。有的网友说,报道配发的监控视频有经过剪辑的痕迹,所述经过也都是一面之词。还有网友提出,在真相未明前,请不要随意带节奏。

网友“嘤嘤”撰文概括该报道的主要事实问题:对静脉穿刺叫“简单的扎针”,对有护士安抚幼儿的情况叫“把患儿扔到一边”,对双方的肢体冲突叫“站起来要对老太太动手”……这名网友呼吁:在事情尚未证实之前,不要轻易地站立场、下结论，为本就紧张的医患关系徒增矛盾。[①]

之后，网上出现疑似当事护士的自述，其对该报道所涉冲突前后经过进行了说明。网上也出现聊城人民医院的官方回应信息。该情况说明陈述了事件经过，表示该报道的视频是被剪辑过的，是老人先抓护士脸，最后发生肢体冲突。

面对社会对新闻报道真实性的质疑，6 日下午，"齐鲁晚报·今日聊城"、"齐鲁壹点"分别删除该报道（但其他网络平台转载的该内容还在）。当晚，《齐鲁晚报》发声明表示，相关报道没有做到全面客观公正，当事人张某峰作为新闻从业人员，存在违犯新闻纪律、有悖职业操守的问题，经研究对其解聘，对其主管领导予以降级。

在《齐鲁晚报》发出声明后的第二天，《北京青年报》刊出调查报道：《护士猛踹患者家属？家属为记者 发布不实报道已被解聘》[②]。该报道主要内容如下：

> 12 月 6 日，聊城市人民医院宣传科的赵科长在接受北京青年报采访时表示，该报道严重失实，该患儿的父亲是齐鲁晚报驻聊城副主编张某峰。
>
> 赵科长告诉北青报记者，事发时该患儿已经在医院住了 8 天，按照医生要求护士正在利用留置针为该患儿输液，输液过程中由于孩子动了一下输液管不滴液体了，因此需要拔针重新扎，在此过程中家属非常不满并骂了脏话。该护士准备出去找其他护士来扎针，家属就拦住她不让走，因此出现了视频中的冲突。赵科长表示该护士是一名有着 7 年工作经验的老护士，此次操作不存在任何问题。
>
> 事后，该患儿家属仍继续在病房闹，其家属表示："我们家是记者，你等着瞧，把人叫来有你好吃的。"4 日上午事件发生后，医院已经组织该护士和护士长向患儿家属道歉，但是该患儿父亲张某峰要求开除涉事的护士，院方未答应其要求，5 号就出现了这个报道。

在被报道者、社会各界、记者所属媒体的合力下，"护士猛踹老太太"的"新闻"历时短短一天就反转了，以真相大白、记者丢了饭碗告终。

---

① 参见《"护士猛踹老太"？真相未明前请不要带节奏》，2017 年 12 月 6 日，http://www.haijiangzx.com/2017/1206/1947892.shtml。

② 参见张目朦：《护士猛踹患者家属？家属为记者 发布不实报道已被解聘》，2017 年 12 月 7 日，https://baijiahao.baidu.com/s?id=1586095713309376989&wfr=spider&for=pc。

案例总结 >> 记者能做自己事件的报道者吗？

《齐鲁晚报》是大众报业集团主办的山东省唯一省级晚报，一直以来是全省影响力最大的媒体之一。该事件中，身为《齐鲁晚报》工作人员的张某峰隐瞒利益关联，伪装第三者，剪裁事实颠倒黑白、捏造虚假新闻，欺骗公众，性质恶劣。

该事件得以迅速真相大白、水落石出，一个重要原因是记者的违规职业行为受到医疗自媒体人的监督揭露。张某峰通过《齐鲁晚报》新媒体发布新闻指责医院后，医疗自媒体大佬“烧伤科超人阿宝”“急诊科女超人于莺”“白衣山猫”集体行动，挖出冲突当事人张某峰记者身份，指控其以第三人口气采访当事人（自己亲妈），视频和微博与报道描述不符合，且署名春秋笔法，指控其公器私用，编发假新闻。该事件中，作为社会监督者的媒体受到了自媒体的监督，说明传统媒体所掌握的舆论话语权遭遇网络与网友挑战。[①]

记者用报道权“欺负”小护士，虽然相关单位迅速处理了当事记者，但媒体报道和评论似乎在刻意回避着这一丑闻。事件发酵过程中，国内媒体无一家进行调查报道。《齐鲁晚报》发布声明认错和对当事记者进行处理后，仅有《北京青年报》进行报道。当事媒体《齐鲁晚报》也未再有后续消息发布。很少有媒体对这一事件反映出的媒体深层问题进行评论反思。

“记者被欺”时义愤填膺，“记者欺人”时就集体沉默？著名时评人曹林对这一现象进行了严厉批评：

> 我们的媒体和记者习惯于自怨自艾，习惯于自我悲情化，习惯于用“弱势群体”这个词在精神上贿赂自己，而很少意识到自身的问题。媒体出了问题，有记者滥用权力，媒体人会觉得那种“坏”只是个人的“坏”，完全是个人的事。而如果记者被打，媒体人会觉得，那打的是集体的脸，涉及的是群体的权益。这种意识使媒体长期陷于那种悲情的职业叙述中不能自拔，看不到这个行业诸多问题。媒体在监督其他社会问题，有一种天然的扒粪冲动，而对自身问题，则有一种习惯性的回避，讳言，淡化，遮掩，集体无意识。
>
> 监督公权力的媒体权力，对自身可能的腐败更应该有一种警惕意识。媒体不能一起陷入可怕的“塔西陀陷阱”——不能等到有一天无论媒体报道什么，公众都带着那种“那上面说的是真的吗”去怀疑一切时，才想到去重建公信，就太晚了。记者无力，则国民无力国家无力——记者的力量越

---

① 参见王中银：《齐鲁晚报今日聊城副主编张某峰遭医疗自媒体人围攻》，2017年12月8日，https://www.douban.com/group/topic/110427594/。

是如此地重要，越需要捍卫他的纯净，不能被污染。记者被欺负，当然应该去维护记者权益，但当记者欺人，媒体暴露出问题时，媒体应以更大的力度去批评和监督，体现这种社会公器的公信力。①

案例分析 >> 记者和媒体不可公器私用

尽管采访权是公民享有的权利，互联网的发展让每个人都可以成为信息的传者和受者，都有机会创办媒体和成为媒体人。但是，作为以新闻服务为职能的媒体，特别是体制内媒体，是监督政府、守望社会、服务公众的公器，绝不是哪个人用以谋私的工具。如果记者、编辑或媒体与被报道的事件有利益关联或利益冲突，即使该事件有新闻价值，记者、编辑也应该回避，媒体也不应该参与该事件的报道。《齐鲁晚报》记者事件提醒我们：即使报道客观真实，没有造假，记者和媒体也不能做自己事件的报道者，这一条新闻职业伦理规则应该被媒体人铭记。

《新闻记者》发表的《2017年传媒伦理问题研究报告》对该案例作出如下点评：

> 公器私用，歪曲事实，带偏舆论。这位媒体人的行为让整个媒体行业为之蒙羞。《中国新闻工作者职业道德准则》（2009年修订版）指出：（媒体）不得“利用新闻报道发泄私愤”。在处理涉及本媒体（记者）的矛盾、纠纷等冲突问题时，应秉持回避原则，无论是否被冤枉，都不应利用本媒体喊冤叫屈。

媒体应该检点自己，管好自己记者的职业行为。媒体同业应相互监督，促进媒体自律，共同维护良好的媒体职业操守，这是媒体发挥社会功能、维护社会公正的基础。俗话说，打铁还要自身硬。监督者同样需要被监督。

---

① 曹林：《“记者被欺”时义愤填膺，“记者欺人”时集体沉默？》，2017年12月9日，http://culture.cyol.com/content/2017-12/09/content_16762100.htm。

案例 55

新闻"公器"该如何用

案例介绍>> 新闻史上罕见:11 个版、7 首诗悼念自杀记者

2015 年 9 月 22 日,广西日报社旗下的《南国今报》用 11 个版,配 7 首诗、14 张照片的超常篇幅,悼念该报一位自杀离世的记者。

据了解,自杀离世记者韦巍为《南国今报》经济专刊部主任,9 月 18 日自杀离世,年仅 40 岁。在 22 日从 23 版至 33 版名为"时尚·时殇"的 11 个专版中,报道记录了韦某工作生活的一些情节。

报道的标题有:《写遍城市芳华　广播文艺星火》《兄弟,说好的书呢》《我还要唱给你听》《你的眸是最闪亮的星光》《嘿,爵士》《乐声中的灵魂》《请别为我唱悲伤的歌》《今后我再不走这座桥》《一个不愿退而求其次的人》《最"挑剔"的导演》《送你一幅我画的乐神》《人琴俱杳》《我与韦编的三面之缘》《永远年轻　永远热泪盈眶》《你演奏的曲子 35 万人在听》《吉他是他永远的情人》《离开　回来》《这个世界你曾经来过》。

配发的 7 首诗分别为:《韦巍足迹》《其实,我不愿意再见你!》《岸边接韦巍》《希望自己是秋天的一颗种子》《柳江终于平息》《今夜无眠》《我在山里为你鼓盆》。

记者跳江身亡,报社花 11 个版悼念,属于破天荒之举,在中国新闻史上也属罕见,因此引起很大争议。有人称,曼德拉这种国际大人物辞世时,最多才发过 8 个版,《南国今报》的行为令人惊讶。

案例总结>> 公器私用还是人文关怀?

《南国今报》创刊于 2002 年 12 月,与《南国早报》同属广西日报社旗下,是该报社第 3 张子报。

该案例入选《新闻记者》评选的"2015 年十大传媒伦理问题"。该杂志在点评中指出,报纸用 11 个版面悼念本报死去的记者,这在以往媒体中并不多见。《南国今报》此举引起较大争议:支持者认为这是报社的人性关怀,对逝去员工

的追思能使家属得到慰藉；反对者则认为《南国今报》此举属“公器私用”，报纸是新闻公器，不应因为逝者曾是编辑部员工就如此大规模地刊发悼念报道，这样做既是对版面的浪费，也是对公共资源的私用、滥用。①

案例分析≫ 媒体需慎报自家事

刘海明教授曾主持的西南科技大学学生媒体《龙新时报》对该案例进行过梳理和分析。该报发现，微博认证为“广西日报传媒集团，南国今报副总编”的“新闻法眼”账号于9月22日在其微博上表示：请你投一票，南国今报该不该这样刊登？今报理由：他不仅属于今报，更属于柳州文化圈；一个改变城市时尚圈的媒体人，就应该享受这种哀荣。第二天，这条微博便被删除。

事实上，媒体报道自家事总会惹争议。

2011年，《长株潭报》对“7·23”甬温线动车事故的报道深入人心，从此《长株潭报》便进入公众视野。2011年6月6日，《长株潭报》创刊，于2015年9月21日起休刊。9月18日，《长株潭报》在头版刊发休刊公告，宣布自2015年9月21日起休刊。9月21日出版的《长株潭报》共有8个版面，名为《新闻简史》，实则为其“告别特刊”。曾在《长株潭报》工作过的老员工得知老东家休刊的消息后，也一起参与制作最后一期“告别特刊”，进行撰稿或编版。不少人看了《长株潭报》的告别特刊后，为其“体面”赞叹道：“纸朽了，而铅字不朽!”但也有人对《长株潭报》告别特刊的做法提出质疑，不能因为出“告别特刊”，就完全放弃了新闻版面，毕竟当天有更多重要的事情值得记录。

2013年10月，《新快报》在头版刊出《请放人》《再请放人》，为记者陈永洲“维权”，引发社会广泛关注，然而事件后续发生了反转，使得《新快报》遭遇舆情危机。

类似的事情曾在媒体上多次上演，如记者在采访过程中遭遇殴打时，所在媒体经常会刊发相关报道。然而媒体的此类行为往往会引发争议，看来，如何用好“公器”确实值得思考，“公器”私用需谨慎。②

---

① 参见年度传媒伦理研究课题组:《2015年十大传媒伦理问题研究报告》,《新闻记者》2016年第2期。

② 参见中国网络传播学会:《中国网络传播学会新浪官微9月槽点》,《中国传媒科技》2015年第9期。

案例 56
采访对象修改稿件的是与非

案例介绍 记者炫耀陈道明为自己改稿

2015 年 3 月 7 日，新华社客户端和微信公号推出记者手记《陈道明席地而坐，为我亲手改稿》，讲述新华社记者吴雨采访知名演员、全国政协委员陈道明及陈道明为她改稿的详细经过。记者写的陈道明专访稿《做文化的人首先要有文化自觉》反应平平，讲述采访过程手记稿却引发热议。

采访手记写道：

不少同行可能会“嫉妒”我——一位“男神”昨天与我席地而坐，亲手给我改稿子！……但当时我内心的独白是：冲你这股认真劲儿，你想怎么改就怎么改！

“我知道你是新华社的记者，我很重视你们这种大媒体发出的声音，所以对于这个稿子，我们是否可以再多交流一下。”陈道明很有礼貌地向我发出邀请。我能拒绝“男神”的邀请么？不可能呀。“好呀好呀好呀。”我心想，但我表现得相当淡定：“好的，没问题。”

我发现他把我文中的一些修饰的成分删掉了，比如“情绪有些激动地”“语重心长地”。我问他为什么删掉有现场感的东西，他说，“我又不是在表演，咱们就实实在在地、简单地用‘说’就好了。”

……看着被陈道明改成“大花脸”的稿子，回想刚才发生的事情，忽然想为这次难得的采访经历留下些什么。趁休会间隙，我又找到陈道明，请他在他亲手修改的稿件上签下了大名。

该稿件发表后引来众多媒体同行“吐槽”，大家认为新华社记者的行为“很丢脸”，是“自我矮化”“有损尊严”“没有专业素养”“犯了媒介伦理大忌”“难保客观中立”等。

该事件还入选《新闻记者》评选的“2015 年十大传媒伦理问题”。

陈力丹教授专门撰文，对记者请陈道明审稿改稿的各种意见进行点评，提出应尊重采访报道对象的正当要求。①

案例总结 >> 采访对象修改稿件引发新闻业内争议

该不该让采访对象改稿，成了新闻业内争议的焦点问题。《上海观察》就"陈道明有资格改稿子吗"进行了舆情收集和分析，要点如下：

"稿子怎么可以让采访对象改？这不是新闻业大忌吗？"《华尔街日报》中文网主编"袁莉 wsj"虽然喜欢陈道明，但也觉得此事不妥："听说过有些采访对象是要求文章发表前看稿子的，对这个一定要回答：不行！发表前记者有责任核对事实，但写什么怎么写是记者的事，采访对象应该尊重这一点，如果不接受这个立场可以不接受采访，但不能扮演审稿的角色。"

"媒体这个行业，采访对象要求核实自己说过的话，是可以理解和配合的。"媒体人"朱学东"把核实和改稿区分了开来："但记者把自己的稿子交采访对象修改，这是没有职业操守专业素养的表现，而不仅是文字修养的问题。"

另一位粉丝众多的"传媒老王"也看不下去了："唉！'陈道明席地而坐亲手为我改稿'被记者当新闻而发出来，这是对新闻专业主义的亵渎！记者采访，采访完了，稿子写好了，再给被采访者修改，全世界有多少记者这样做？"

中国新闻社南非分社社长"宋方灿"呼应"传媒老王"说："对记者，笔在谁手里是原则问题。记者严禁当被采访对象的粉丝，至少在采访时。必须有独立人格与判断，采访对象负责给你提供素材，但怎么写稿子必须你来裁定。"

而娱乐记者、娱评人"兰恩发"则认为这事没必要大惊小怪："记者为了准确表达被采访者的意思，条件允许的话，请被采访者把关过目也是必要的。而且画面很温馨。跟戏霸不戏霸、记者会不会写稿什么的不挨着。"

相对于批评方，也有些网友认为这事有商量。"建筑小僵尸"就觉得这样挺好："你记者传递的就是正确真实的么，至少受访者改完后的是他自己想告诉读者的，至于怎么看待它，由读者自己理解，你记者只是一个载体而已，不能发挥创造。"而"乌七八糟大胡子"反倒认为这是种专业的行为："一个小记者欢迎被采访者改稿应该是很讲新闻专业精神的行为。因为，改稿不是最后定稿，改稿也是被采访的补充表述(等于新增了采访内容)，纠正更是有价值的新闻

① 陈力丹：《尊重采访对象的正当要求——评对记者请陈道明审稿改稿的某些意见》，《新闻与写作》2015 年第 5 期。

内容。"[1]

中国人民大学新闻学院马少华老师认为，批评者觉得记者以"粉丝"心态进入采访，且让采访对象审稿，丧失了新闻业的职业尊严，说难听点就是"丢人"。可实际上我们做过记者的人，难道还少被人改过稿子吗？但被不同的人改稿，性质可能就有很大不同，因此评价也就有很大不同。一个记者的稿件被编辑修改，被自己的领导修改，那是常事。这都在新闻业的专业流程之中，因此毫无争议。一个记者的稿子，也可能被新闻媒体之外的上级领导和采访对象的主管机关审核修改，虽不在新闻传播的专业流程之中，却也在权力运行的流程之中，也没法争议。最后一种是：记者的稿子被专业流程和权力流程之外的采访对象修改，这是争议性最大也最具有思考价值的行为。采访对象肯定没有改稿的权利或权力，但他们有权要求记者的报道事实真实、准确、全面，没有断章取义。为了维系记者和采访对象之间的信任，记者应尊重采访对象的正当权利。因此，马少华老师觉得，对于这一事件，新闻界朋友的反应不必过于敏感。对新闻业的职业权利和职业尊严的威胁，主要还不是来自采访对象的改稿行为。[2]

案例分析》媒体应做不偏不倚的报道

魏永征教授撰文说："从来没有听说过这样做（给采访对象看稿）是有损谁的尊严、犯了哪里的大忌、违反了什么专业规范，因为这是基于最普通的道理：对媒体和记者方面来说，这是确保报道内容真实客观的必要措施。从采访对象方面来说，这是他行使依法享有的权利。有人说如果发出来的报道有差错，采访对象可以要求记者道歉、媒体更正甚至起诉。果真这样，那无论是采访对象还是记者、媒体，都是劳民伤财；像核实陈道明专访那样，几根烟的功夫，把可能发生的差错都消灭在先，又有什么不好呢？采访对象为了几句话的出入而同媒体和记者对簿公堂可能还没有发生过，但是我和我的一些朋友都有过自己的言论到了报道里走样的经历，或者完全不是这个意思，或者根本就没有说过，或者把只是对某个观点的异议变成了对某个特定人物的批评，坦率说，虽然一辈子'从媒'，但对陌生记者采访还是心怀戒备。曾经在北大听一位著名法学教授的演讲更是言出惊人——我对记者从来是敬而远之，免得受他们的'强奸'或'诱

---

① 参见木易：《陈道明有资格改稿子吗》，2015 年 3 月 7 日，https://www.jfdaily.com/news/detail?id=3998。

② 参见马少华：《陈道明"改稿"不是权力行为，没必要过敏》，2015 年 3 月 9 日，http://news.ifeng.com/a/20150309/43299122_0.shtml。

奸'！看来，少数记者不尊重采访对象的行为不只是打了本媒体的脸，更是打了整个新闻行业的脸。"①

本案例入选《新闻记者》评选的"2015 年十大传媒伦理问题"，专家点评意见如下：

> 请被采访者看稿、改稿其实在新闻业由来已久，受访者有权要求涉及自己叙说的部分真实、全面，这是宪法赋予的公民言论自由权的延伸。尤其是访谈这种形式，如果对方有要求，记者可以给采访对象核实加在引号里的话以及某些专业内容。当然，这类审稿与某些机构凭借权力要求媒体发稿前先进行全文审查完全不同。本案例中，记者请陈道明审稿，体现了对受访者的尊重，确保引用符合他本人表达的原意，本无可厚非。但全文审核，以及不时流露出的粉丝心态则显然有失专业水准，会伤害其他媒体人作为一个群体的职业尊严。②

陈力丹教授撰文认为，新闻采访是一种在参与者同意之下进行的平等交流，采访对象不是记者的资料袋。为了保障新闻的客观和真实，核对基本事实(包括观点事实)是一项必备的职业要求。请被采访者审稿改稿不仅没有违反新闻专业主义，恰恰体现了新闻专业主义。因为请被采访者审稿改稿正是为了保障报道的客观、真实。陈力丹教授考证，请被采访者审稿改稿是我党新闻工作的传统。为受众服务才是媒体的正道。摆正新闻工作者的位置迫在眉睫。当然，他也提出，不应以粉丝心态采访明星。"尽管作者不完全承认自己是陈的粉丝，但文章的字里行间还是多少透露出一些粉丝心态。采访是记者的工作，用这种追星的心态采访是不够专业的。"③

其实，持异议的媒体同行是担心因为给采访对象看稿，让媒体丧失独立第三方的地位，沦为与采访对象合作的乙方。媒体确实应该提供不偏不倚的报道，做不受利益驱动和干扰的评论分析，不能变身为一手写稿、一手拉广告的公关公司，更不能假装社会公器但行宣传之实。需要警惕的是权力(公共权力和商业权力)干预媒体报道内容和报道标准，而不是对普通采访对象看稿改稿的要求草木皆兵。

---

① 参见魏永征：《请采访对象看稿改稿有什么不可以?》，2015 年 3 月 17 日，http://yongzhengwei.com/archives/33332。

② 年度传媒伦理研究课题组：《2015 年十大传媒伦理问题研究报告》，《新闻记者》2016 年第 2 期。

③ 参见陈力丹：《尊重采访报道对象的正当要求——评对记者请陈道明审稿改稿的某些意见》，《新闻与写作》2015 年第 5 期。

案例 57

新闻报道更正背后的媒介伦理

案例介绍 >> 人民网首页刊出“更正”声明

2014 年 5 月 14 日，人民网发布一篇题为《地沟油去哪儿了？起底京畿地沟油黑色产业链》的报道，文中称记者经过一个多月的暗访，发现地沟油黑色产业链最终流向位于天津保税区的“嘉里粮油（天津）有限公司”（以下简称“嘉里粮油”）。

2014 年 5 月 16 日，针对该报道，天津公安经侦部门、质检、工商、食药和天津港保税区管委会等五部门介入调查。同时嘉里粮油所属的益海嘉里集团（以下简称“益海嘉里”）也迅速作出回应，称记者所追踪的地沟油进入的是化工企业“嘉里油脂化学工业（天津）有限公司”，而非与其一墙之隔的嘉里粮油。益海嘉里同时宣布将起诉人民网，要求人民网更正道歉，并索赔 1 亿元。

引发双方争议的焦点是报道中车牌号为 B-8520 的油罐车究竟驶入了哪个工厂。文中称，该车驶入嘉里粮油（天津）有限公司厂区。嘉里粮油（天津）有限公司回应指出，该油罐车实际是驶入嘉里油脂化学工业（天津）有限公司（简称“嘉里油脂化工”）。两家企业同属益海嘉里集团，但产品原料、生产差异很大，嘉里油脂化工主要以废弃油脂为原料，生产皂粒、脂肪酸等产品。随后，嘉里粮油进一步澄清油罐车运输的是牛羊油，并非媒体所称的地沟油，且原料从进厂到加工均有据可查，没有进入食用油领域。[①]

2014 年 5 月 16 日，天津滨海新区食药保税分局受滨海新区食品药品监督管理局的委托，在新闻发布会上通报：经核实，人民网报道中涉及情况不属实，通报内容与之前嘉里粮油的澄清基本一致。沉默两日的人民网公开声明，称记者跟踪拍摄的装有疑似地沟油的油罐车的确驶入了嘉里油脂化学工业（天津）有限公司厂区，但被张冠李戴的“嘉里粮油（天津）有限公司”与“嘉里油脂化学工业（天津）有限公司”厂区相连，“两个厂区之间只有低矮的隔离物”。[②]

---

① 参见蔺丽爽：《人民网就“地沟油报道”错误致歉》，《北京青年报》2014 年 5 月 21 日。

② 参见游海滨、赵迪迪：《〈地沟油去哪儿了？起底京畿地沟油黑色产业链〉之二》，2014 年 5 月 18 日，http://society.people.com.cn/n/2014/0518/c1008-25031189.html。

2014 年 5 月 19 日，人民网记者在河北省石家庄市深泽县耿庄村的鑫海油脂有限公司(以下简称“鑫海油脂”)对此前关于地沟油报道进行回访时遭殴打，两名记者受伤，相机、手机被抢。据了解，鑫海油脂是嘉里油脂化工的上游供应商。对此事件的发生，益海嘉里官方网站发布了一则声明，声明中称：“我们深表震惊，我们反对一切的暴力行为！”“向不畏黑恶势力的记者朋友表示崇高的敬意！”“呼吁全社会关注地沟油这一社会问题，并积极寻找解决办法和通路。”[①]

2014 年 5 月 20 日，人民网首页刊出“更正”，以人民网记者赵恩泽的名义发表更正声明，称自己不慎将“嘉里油脂化学(天津)工业有限公司”误报为“嘉里粮油(天津)有限公司”，对益海嘉里集团表达歉意。声明还称，人民网在 5 月 18 日刊发报道《〈地沟油去哪儿了？起底京畿地沟油黑色产业链〉之二》，已就此处失误作出澄清。[②] 曾提出 1 亿元索赔的益海嘉里集团回应称，基于人民网已对部分内容进行澄清、删除并更正，不会再采取法律行动。

案例总结》事实查证不清造成的虚假新闻

针对 2019 年 5 月 14 日人民网《地沟油去哪儿了？起底京畿地沟油黑色产业链》的报道，中国粮油学会油脂分会组织有关专家进行了研讨，提出如下意见：“一、为保障消费者的权益和食用油的安全，中国粮油学会油脂分会一贯主张‘地沟油’等废弃油脂，决不能流入餐桌食用，这是保障食用油安全的底线；二、我们认为‘地沟油’也是一种可以变废为宝的工业可利用资源。嘉里油脂化学工业(天津)有限公司以废弃油脂为原料生产皂粒、脂肪酸等化工产品，是利用‘地沟油’等废弃油脂生产化工原料的成功企业，我们曾组织业内专家对该企业进行过考察调研，得到了专家们的一致认可；三、我们再次倡导食用植物油加工企业一定要做到在任何时候、任何情况下都不能让‘地沟油’流入餐桌，并欢迎社会各界和媒体机构对此加以监督。同时，希望媒体在报道前能与行业专家及时沟通，以免造成负面影响。”[③]

《新闻记者》刊载的《2014 年虚假新闻研究报告》将人民网对京畿地沟油黑色产业链的报道列为“阴差阳错陷被动”类型，成为 2014 年虚假新闻的典型。

---

① 《益海嘉里公司回应人民网记者被打：深表震惊 反对暴力》，2014 年 5 月 19 日，http://www.mnw.cn/news/shehui/753997.html。

② 参见孔令钰：《人民网记者就地沟油报道错误致歉》，2014 年 5 月 20 日，http://china.caixin.com/2014-0520/100679506.html。

③ 参见中国粮油学会油脂分会：《我会对近期人民网“地沟油”报道后有关情况的意见》，《粮食与食品工业》2014 年第 3 期。

该报告指出：

> 这次报道本来是一次难得的服务公共利益的调查性报道，就因为记者搞错了涉事公司的名称，后续报道的重心成了这家被误点名的公司如何来维护名誉，偏离了报道的初衷，无端耗费媒体资源，残留一地鸡毛。我们无从知晓记者是如何把两家公司搞错的，这种“不慎”给被点名公司带来的影响却不小，以致这家公司不得不花费大量力气来澄清。但从报道来看，搞清楚两家公司的业务范围似乎并不是件困难的事儿。这个案例又一次提醒我们，对于新闻事实的查证核准何等重要，做好了才能既不致伤及无辜，也能保护媒体自身。①

案例分析>> 中国媒体的“更正”：尚未成型的媒介伦理

更正和答辩，即媒体报道出了差错要主动更正和让相关人员答辩，这已成为一个国际社会公认的新闻职业规范。陈力丹教授研究发现，更正与答辩权的提出，并非某个人的发明，而是在长期的新闻实践中逐渐形成、与新闻报道的特点相适应的一种人权的延伸。新闻报道需要尽可能在第一时间发出，但是事实的发生、发展以及人们对事实的认识有一个过程，因而关于事实的报道有可能在开始阶段出现差误，通常后续的报道应该自然而然地、不止一次地纠正以往报道中的差误，直到事实被完整地真实地揭示出来。就传媒与受众的关系而言，传媒负有向受众提供真实新闻的责任，既然新闻报道会出现这类难以避免的差误，相关人向传媒提出更正与答辩的要求，便成为一种自然的权利。②

1999 年，新闻出版署发布的规范性文件《报刊刊载虚假、失实报道处理办法》(共九条)，其基本处理方式借鉴了各国现有新闻法规定的更正与答辩的程序。2001 年，国务院颁布的《出版管理条例》，将更正和答辩的要求上升到了国家行政法规级。中国记协制定的《中国新闻工作者职业道德准则》(1991 年制定，1994 年、1997 年、2009 年、2019 年四次修订)也明确：“刊播了失实报道要勇于承担责任，及时更正致歉，消除不良影响。”《民法典》第 1028 条明确了民事主体请求媒体对失实报道内容更正、删除等必要措施的权利，要求媒体认真核实报道的基本事实，确保报道的新闻要素准确无误，不得编发未经核实的信息，不得刊载未经核实的来稿。如果出现失实报道内容，需要履行及时更正、删除的

① 年度虚假新闻研究课题组：《2014 年虚假新闻研究报告》，《新闻记者》2015 年第 1 期。

② 参见陈力丹：《更正与答辩——一个被忽视的国际公认的新闻职业规范》，《国际新闻界》2003 年第 5 期。

义务。这就对媒体从业人员在新闻采访报道中的底线思维、法治思维,提出了更高要求。

潘祥辉教授研究发现,主流媒体的更正以文字更正为主,“被动更正”占主导,虽有更正但很少解释出错的原因,更正内容避重就轻比较普遍。此外,媒体致歉的对象往往倾向于政府强势部门而非普通受众。

魏永征教授认为,大凡新闻媒介被指控侵害名誉权、隐私权等案件,除了内容并无问题、纯属错告的以外,既有一个与当事人的关系问题,也有一个与广大读者的关系问题。侵权诉讼只调整前者,不涉及后者。有的案件,被告媒体多方抗辩,免除了差错内容的侵权之责,于是额手称庆,心安理得,班师回朝。这是不行的。是的,差错不等于侵权,但是对于读者或听众、观众来说,那是任何差错都是不允许的,应不应该对他们做一个交代呢?[①]

人民网时隔六天发出更正确实不容易,却不免跳进了“被动更正”占主导、虽有更正却没有解释出错的原因、更正内容但避重就轻的“坑”中,着实令人感到遗憾。同时,更正以记者个人名义发出,似与网站本身无关,只向当事公司道歉,没有对其造成的严重社会后果进行反思。不禁让人联想:若当事公司不是益海嘉里这样的大企业,若当事公司迫于压力不敢呛声媒体,是不是也就不会有更正这回事了呢?相信《民法典》的颁行会让更正与答辩制度得到更好落实。

① 参见魏永征:《温总可以道歉,媒介为何不可以?》,2009 年 10 月 14 日,http://yongzhengwei.com/archives/31172。

第十章　传播与伦理

传播伦理指传播者和媒体机构在媒体职业道德体系中的诸因素(道德诫命)发生冲突时的理性抉择原则。本书选取的典型案例,分别对媒体涉性报道、犯罪报道中的受害人保护、不同情境的暗访偷拍、明星八卦与狗仔报道、灾难报道的死难者呈现、自杀事件报道、传媒的企业报道与自身利益冲突、资本的“资讯操纵”与传媒的“利益集团式新闻”、网络直播的规范与言论边界等多种传播伦理问题进行探讨。

案例 58

媒体涉性报道的边界与伦理

案例介绍 》》《高管性侵养女事件疑云》撤稿与涉性报道争议

2020 年春天曝出的鲍某明性侵养女李星星(化名)一案,引发轩然大波。4 月 9 日,《南风窗》杂志在其微信公众号上刊出文章,披露某企业高管鲍某明长期性侵未成年“养女”却逍遥法外一事,该事件触及大众心理层面的敏感点,引起巨大的舆论声浪。12 日,财新网发出一篇题为《高管性侵养女事件疑云》的“反转”报道,该文依据鲍某明所提供的书面说明和聊天记录,结合对参与援助李星星的各界人士的采访,披露大量《南风窗》未披露,甚至与《南风窗》报道相反的事实。这篇特稿一面世即被痛批,引发强烈的舆论批评,财新网被指责过于站在鲍某明一方,通过鲍某明的话语来暗示受害人是自愿的,带有明显的淡化责任的意味,是“新闻专业主义的溃败”。财新网在疫情期间凭借专业的深度调查报道建立起来的良好口碑,几乎面临着一夜之间崩塌的危险。

当日,财新网将该报道撤稿。13 日,财新网编辑部发布官方声明:

> 财新网4月12日刊发报道《高管性侵养女事件疑云》，引起舆论较大争议，我们认真核查，报道确有采访不够充分、行文存在偏颇之处，已在当日撤回报道。财新矢志满足公众更为充分的知情权，努力传递更多信息，呈现复杂事实的真相，这些事实既可能符合也可能不符合人们（包括我们财新自己）的期望，但无论是对此案还是任何新闻事件，我们都将奉行新闻专业主义立场，以严谨严肃的态度深入调查。有未经慎查明辨的仓促报道，我们诚挚致歉，并将作出修正和追踪报道。感谢读者们长期以来的厚爱，财新唯以更高标准的自省与努力回报大家的信任。

《高管性侵养女事件疑云》被认为是一篇“有悖新闻伦理的‘残忍’报道”，原因除了信息源严重失衡、叙事框架偏颇呈现之外，文中对于未成年受害者隐私信息的披露，对于性侵细节的渲染式描述，以及对于受害者的标签化和污名化等不仅违背新闻伦理，也违背人性的善意与尊重，无疑为受害者带来二次伤害。有网友批评：“从天上到地下，从身先士卒去武汉前线到预设立场偏颇暗示性报道，财新的经历像是一趟过山车。”[①]

财新网的案例说明，涉性新闻因其具备的新闻价值受到公众的强烈关注，但同时，涉性新闻的内容具有特殊性和敏感性，因此在写作和传播中存在诸多界限，也极易引发媒体在报道过程中的失范行为。在财新网撤稿事件之前曾发生过多个类似的媒体报道失范案例，以下选取三个典型案例简要介绍。

（一）深圳“杨武案”

2011年10月22日，深圳市宝安区某街道，深圳联防队员杨喜利手持钢管闯进王娟（化名）家中，从一开始的辱骂，到对其进行长达一个小时的毒打和强奸。她的丈夫杨武（化名）由于害怕，一直躲在杂物间。沉默一个小时后，杨武才报了警。该事件引起公众质疑的一个问题是媒体“最残忍的采访”，不加遮掩地采访受害人夫妇，对同为受害人的杨武口诛笔伐，称之为“世界上最窝囊的丈夫”，对涉嫌犯罪的加害人却并无更多报道。另一个问题则是对性侵行为的细节描述。多家媒体记者反复地逼问杨武与王娟事件的经过，逼问受害人王娟是否与杨喜利通奸，一直逼问到王娟用被子捂住脸。造成这个惨剧的固然是杨喜利，但媒体毫无节制的信息披露也难逃追责。[②]

（二）“甘肃白银连环杀人案”

2016年8月26日，“甘肃白银连环杀人案”在发生28年后终于告破，

① 参见窦锋昌：《新闻伦理事件公共化，媒体人怎么办》，《青年记者》2020年第12期。

② 参见李绮：《从“二次伤害与公众知情权”角度看涉性报道的信息尺度》，2016年3月17日，http://media-ethic.ccnu.edu.cn/info/1010/1054.htm。

1988 年到 2002 年的 14 年间共杀死 11 名女性的凶手高承勇被抓获。2018 年 3 月30 日，甘肃白银中院作出一审判决，被告人高承勇被判故意杀人罪、强奸罪、抢劫罪、侮辱尸体罪，数罪并罚判处死刑。2019 年 1 月 3 日，高承勇被执行死刑。这起案件被公安机关定性为“性变态杀人案件”，因影响巨大，被媒体密集报道。据统计，2016 年 8 月 26 日至 9 月 6 日的短短十天，媒体关于“甘肃白银连环杀人案告破”的新闻报道约 8560 篇。媒体报道涉及强奸杀人作案过程、犯罪现场状况，报道对案件残忍细节进行描写的高达 23%。[①] 如 8 月 28 日《新京报》的报道《甘肃 28 年前连环强奸杀人案告破，9 起案件细节曝光》称，凶手专门选择身穿红色衣服的年轻女性作为下手目标，大部分作案选在白天，采用尾随盯梢或长期观察后直接进入所选女子居住地，进行强奸杀害或奸尸。有的死者，甚至还被割去生殖器官、人体组织。媒体的大尺度报道将犯罪分子凶狠可怖的作案手段和触目惊心的犯罪现场直接呈现在受众面前。

（三）“海南女学生遭性侵案”

2013 年 5 月 8 日下午，海南某市 6 名小学生集体失踪，引起老师和家长极度恐慌，连夜四处寻找无果。第二天晚上 11 点，4 名女生在海口被找到，直到第三天上午 10 点，另外 2 名女生才在某度假村被找到。这 6 名女孩被找到时，看上去都迷迷糊糊的，有的女孩手、脖子等处还出现青肿。经医院检查，6 名女生下体受到不同程度伤害。经调查，是海南某小学校长陈在鹏连同当地房管局工作人员冯小松带 6 名女学生开房。5 月 15 日，二人被以涉嫌猥亵儿童罪批捕。6 月 20 日，海南省一中院以不公开审理的方式开庭审理，认定冯小松等构成强奸罪，犯罪情节恶劣，依法应从重处罚。媒体对该案的报道同样引起很大争议。“处女膜是否破裂”“开房事件流程”“校长是‘干爹’”等成了媒体争相关注的热点。虽然媒体未公开未成年受害人的照片和真实姓名，但具体的案发时间、地点的曝光也为受众提供了“对号入座”的可能性，对受害人及其家人造成了“二次伤害”。该事件还引发了媒体对类似案件的挖掘和追踪。从该事件被报道后的 20 多天内，媒体报道的女童遭性侵事件高达 8 起，很多媒体对此类案件进行大幅报道或转载，热衷于对案件细节的描述和刻画，忽视了对于当事人隐私的保护，报道本身还隐含一些不良的阅读倾向。[②]

---

① 参见鹰眼舆情观察室：《甘肃白银连环杀人案告破》，2016 年 9 月 7 日，https://www.eefung.com/hot-report/20160907135227-57146。

② 参见崔雨晴：《未成年人遭性侵害案件报道中的“二次伤害”——从“海南女学生遭性侵案”谈起》，2017 年 5 月 28 日，http://media-ethic.ccnu.edu.cn/info/1010/1286.htm，。

案例总结≫ 涉性新闻报道中的失范问题

涉性报道在新闻传播中占据了重要地位，嫖娼、强奸、同性恋报道等均为涉性报道所属范围。在涉性事件的信息传播中，媒体如何描述事件成了影响事件发展和公众舆论的非常重要一环。媒体可以利用强大的议程设置能力把相关新闻直接带入大众视野，甚至引导大众主动去了解相关事件。同时媒体还具备在大众记忆中塑造涉性事件来龙去脉的能力，进而影响大众对涉事人员、涉性问题乃至社会权力关系的认知与理解。新闻其实是由新闻工作者建构的符号真实，其本身就是一种社会性生产，依照各媒体内部独特的“框架”，按照制度化过程开展制度化的操作。[①] 在对涉性事件进行报道评论时，媒体工作者“社会人”与“新闻人”的双重身份所附带的价值观常会产生冲突，直接影响其报道内容与报道方式，增加新闻媒体伦理失范问题出现的风险。涉性报道中的客观性、隐私性和报道尺度等都是媒体需要关注的重要方面，结合具体案例来看，媒体在涉性新闻报道中的失范行为主要表现在以下方面：

（一）过度呈现细节，渲染受害场面

媒体对甘肃白银连环杀人案的报道十分典型地体现了这一问题。在涉性案件的新闻报道中，许多媒体从业人员常常专注于向受众细致、全面地展现整个案件的“可怖”和“狠毒”程度，但这种专注有时会造成对现场和行事过程的过分刻画，会令读者感到自己是施暴者的“同谋者”而产生不适感。涉及强奸情节的新闻报道在还原事件本身的面貌时，叙事者不自觉会受到当前意识形态与主流文化的影响，从而在叙述文本时带有一系列的“强暴迷思”。[②] 因而媒体在报道之时对“度”的把握需要重点把控。过多的细节展现和暴露画面描写会对观看新闻的青少年儿童形成性暗示，对这些心智尚未成熟的未成年人造成心理阴影。同时，网络传播此类案件很有可能在极短时间内给心怀不轨但还未付诸行动的潜在犯罪分子以“示范”效果，造成更大的社会危害。

（二）披露个人隐私，造成“二次伤害”

新闻媒体追求新闻真实，往往会与保护个人隐私和实现人文关怀相冲突。媒体在激烈的报道竞争中为了获取更多的独家新闻信息，往往迎合受众的窥私欲，容易忽略媒介伦理和法律的边界，打着“新闻自由”的名号肆意侵犯公民个

---

① 参见黄旦：《新闻专业主义的建构与消解》，复旦大学出版社2005年版，第231页。

② 参见展江：《美国媒体为何对性侵案报道方式有变——媒体道德与伦理经典案例评析（六）》，《青年记者》2014年第36期。

人的隐私。尤其是当信息源从专业媒体扩大到自媒体，缺少“把关人”的专业审视，未经证实的信息在自媒体上疯狂散布，负面信息呈病毒式传播，人肉搜索更让每一位公民都处于隐私暴露之下。[①] 就个体隐私保护而言，如果说传统新闻涉及的伦理问题主要是对未经授权的个人肖像、行为、私密信息的发布，新媒体时代的智能新闻伦理则将目光转向了遍布在社交网络中各种形态的数据形式，相应的伦理失范问题也主要表现为对个体数据的非法采集、暴力使用或二次开发。[②]

在涉性新闻传播中，对受害人隐私权的侵犯主要表现在未经允许直接公布受害者的姓名、身份等个人信息，过度挖掘当事人家庭背景、个人经历等隐私信息，直接曝光不加处理的图片、视频等报道素材。2018 年的“高云翔性侵案”中，受害人因不堪隐私曝光的干扰，抑郁症复发；“空姐郑州遇害案”中，受害人隐私照片被传播给家人带来精神痛苦；“北大女生自杀案”“李某某案”等一系列的涉性新闻中都可见到隐私侵害的情况。传媒在涉及“性”的问题上给当事人造成的“二次伤害”不同于侵犯名誉权给当事人带来的损害，侵犯名誉权带来的损害可以通过更正和道歉等方式消除影响，而隐私的泄露造成的后果是不可复原的，尤其对于未成年人来说这种伤害是一生的阴影，挥之不去。

性暴力是创伤性最大的人类经历之一。“只要人们还认为性行为和人类的身体是隐私，那么强奸就是一种耻辱——受害人不应当为这种耻辱受到责备，但却会将她的名字永远地和一种难以言语的羞辱联系在一起。”[③]因此，记者在报道相关事件时必须具有高度的伦理敏感和职业自律。但是，在一些性侵害案件的报道中，媒体更多的是基于新闻伦理道德考虑把“创伤的复现”和“创伤的治愈”对立。受害人向媒体反复叙述受害过程，对其内心的伤害无异于雪上加霜。而媒体记者“揭伤疤”式的强制采访、“往伤口上撒盐”式的情绪渲染，在某种程度上使得当事人及家属的隐私成为媒体和大众关注的焦点，是对当事人造成媒介伤害的集中表现。“杨武案”报道和“海南女学生遭性侵案”报道就是“二次伤害”的突出案例。

案例分析 涉性新闻报道的“度”与伦理选择

“传播即涉伦理”，作为新闻从业者，从选择新闻线索、确定新闻选题、获取

---

① 参见史惠斌：《新媒体环境下如何破解新闻伦理失范困局》，《中国报业》2019 年第 6 期。

② 参见刘涛、刘倩欣：《融合新闻伦理的“问题域”及其内涵》，《新闻与写作》2020 年第 6 期。

③ [美]罗恩·史密斯：《新闻道德评价》，李青藜译，新华出版社 2001 年版，第 121 页。

新闻素材、撰写新闻报道，再到新闻报道的编辑、发布和传播、反馈，每一个环节都面临伦理问题的考验和选择。在“众声喧哗”的社交媒体环境下，如何合理把握涉性报道的“度”，在保护隐私权与满足公众知情权之间作出正确权衡，在坚守新闻伦理的前提下进行信息传播，需要所有媒体的自省与伦理自觉。

（一）把握涉性报道的度

作为对事实客观呈现的新闻报道，新闻的“专业性”要求对新闻事件尽可能做到客观呈现和事实还原；而新闻的“伦理性”，则要求记者关怀被报道者及其亲属以及受众的心理需求。“客观性”一直是新闻学者和新闻从业者关注的新闻专业主义要求，对某个事件报道或者呈现的不全面显然是失职的表现。在新闻伦理中，对犯罪事件等的过细描述或过多暴露则会越过新闻伦理的警戒线。伦理与专业主义之间的模糊界限，常常让新闻从业者无所适从，难以把握报道的“度”。

《华商报》评论员曾评论说：“公共伦理在构筑一种底线，那么职业伦理则是在建构日常生活里的重要经纬。我们倡导对伦理底线的守护，也警惕伦理道德与法律边界的模糊。”[①]综上，新闻从业者应该如何在展现新闻真相的同时，不侵犯被采访者的隐私，不越过伦理道德与法律的边界，不让受众对报道产生不适感，显然是新闻传播行业需要回答的重要课题。在涉性报道的尺度方面，需要遵循三个“度”的原则：首先，不能超越国家政策的允许范围；其次，不能超越社会公德的认可尺度；最后，还要保证不能超越群众心理的承受能力。[②]

（二）守住涉性报道的伦理底线

新媒体环境下，新闻生产主体更加多元，公众发表意见更加便利，新闻伦理事件很容易超越媒体范畴而被社会化和公共化。[③] 虽然涉性报道中的“度”难以把握，但是作为当下社会的记录者、社会价值的传达者，新闻工作者依然需要牢牢守住涉性报道的伦理底线，以免造成媒体报道中的失范现象，对广大受众形成不良影响。

首先，切忌过分展现。《纽约时报》报头有这样一句话：“新闻必须有选择。”这句话其实阐明了该报的观点和立场，报道是有所选择的，要依循新闻价值等标准对新闻事实进行选择。涉性报道往往涉及违法犯罪事件的报道，媒体从业人员要厘清伦理道德与法律的边界，把握客观报道和人文关怀之间的关系，要

---

① 毕诗成：《梳理符合这个时代的社会伦理》，《华商报》2009 年 11 月 7 日。

② 参见周梦婷：《浅谈雷洋嫖娼案件中新闻伦理失范行为》，2017 年 5 月 28 日，http://media-ethic.ccnu.edu.cn/info/1010/1285.htm。

③ 参见窦锋昌：《新闻伦理事件公共化，媒体人怎么办》，《青年记者》2020 年第 12 期。

考虑当事人的人格权等人权保护，避免对涉性内容的过分展现。具体操作中，记者可采取一些技巧和方法来尽可能避免这些情况，例如对图片或影像采取打马赛克等技术手段处理，在文字描写中选取一些隐喻、避讳性的词语，而不是直接露骨的描写等。这些方法可以给新闻当事人更多的尊重，也可以避免一些侵权行为的发生。①

其次，牢记人文关怀。记者需要切记自己在作为"新闻从业者"之前，首先是一个人，需要有对普通大众的关切和人文情怀。在对弱势群体的报道伦理问题上，奇尔德斯通过对主流媒体的报道内容进行研究指出，对弱势群体的报道应注意报道语言、报道范围及报道对象隐私权等问题，以此来促进记者从一种更符合伦理价值的态度去对待争议性事件等。② 在涉性新闻报道中，媒体工作者需要正确处理好业务需求与社会道德之间的冲突，处理好受众知情权与报道对象隐私权之间的矛盾，尊重和保护受害者及其家人的感情，在伦理问题面前作出正确的选择。

最后，相对于"不失真""不失语""不失调"的媒体职业道德最基本要求，"不失品"则是媒体要坚守的道德底线，是对媒体更高的要求。③ 在当下的移动互联网时代，一些专业媒体为了生存变得急功近利，甚至忽视了自身的职业操守，出现为了点击量无所不为的情况。不加处理的涉性图像、影像，以及露骨描写的文字信息加剧了网络乱象。杜绝网络乱象要从记者的自我监督做起，坚守职业道德，树立良好职业形象。在涉性报道中，媒体"不失品"是其中重点。

---

① 参见周梦婷：《浅谈雷洋嫖娼案件中新闻伦理失范行为》，2017年5月28日，http://media-ethic.ccnu.edu.cn/info/1010/1285.htm。

② D. Childers, "Media Practices in AIDS Coverage and a Model for Ethical Reporting on AIDS Victims", *Journal of Mass Media Ethics*, vol.3, issu.2(1988), pp.60-65.

③ 参见李良荣、仇逸：《不失真、不失语、不失调、不失品——守住主流媒体的底线》，《新闻记者》2013年第11期。

案例 59

“最残忍的采访”与犯罪报道中的受害人保护

案例介绍 >> 杨武事件：媒体“最残忍的采访”

2011 年发生在深圳的一起入室强奸案因媒体的不当报道，被称作“最残忍的采访”。

10 月 22 日晚上，深圳市宝安区某街道，深圳联防队员杨喜利手持钢管闯进王娟（化名）家中，一通乱砸后，对她进行长达一个小时的毒打和强奸。她的丈夫杨武（化名）则躲在几米外，不敢做声，眼睁睁看着妻子遭此横祸。

最先报道此事的是《南方都市报》记者成希，他采写了题为《妻子遭联防队员毒打强奸　丈夫躲隔壁“忍辱”一小时》的长篇报道，之后又发表一篇。两篇报道均为 4000 多字的长文，在报道中记者对涉及当事人隐私的细节描写得细致入微。

《南方都市报》的报道引来众媒体蜂拥追踪。为了报道这条新闻，多家媒体记者找到杨武家，用摄像机、相机、话筒和录音笔将杨武和王娟团团围住，一遍又一遍向他们逼问事件的经过。尽管《南方都市报》此前的报道已经描述了受害人王娟的精神状态，称她“自事发后一直躺在家中不愿见人，也不愿与人对话，不吃不喝，精神失常，还时常撞墙”，并有自杀行为，但各路媒体依然找上门，话筒伸向蜷缩在被窝里的王娟，甚至还有记者追问受害者案发的经过与感受，一直逼问到王娟用被子捂住脸。杨武跪在地上，带着哭腔的声音说：“我忍受的是所有男人不能忍受的屈辱，我不愿意回忆，求求你们出去好吗？”

11 月 9 日，安徽《江淮晨报》对此事的整版报道更是配上了这样的标题：《“我是世界上最窝囊的丈夫”　是的，你还好意思说！》

《东南快报》《新城快报》《都市快报》等媒体的标题几乎清一色是《“我是世界上最窝囊的丈夫”》，甚至还对“我软弱　我窝囊　我没用”进行突出处理。

虽然报道中受害人使用了化名，但报纸上刊登了杨武住所的外景和受害人照片，当事人的容貌是清晰呈现的，受害人痛哭流涕的表情还被没做任何遮掩地呈现在电视画面上。

媒体的行为引起公众的愤怒和强烈不满。11 月 12 日，《中国青年报》发表

《“最残忍的采访”有违新闻伦理》，率先对媒体行为进行反思。

《江淮晨报》在官方微博上道歉：“在制作标题时，我们只是浅薄地对受害人杨某‘哀其不幸，怒其不争’，未能做到应有的公正、公平，给受害人及读者带来了伤害，在此表示道歉。”

作为首个报道者，《南方都市报》记者成希也被网友呼吁道歉，成希在接受天涯论坛访谈时称：“事发十几天，杨武跟很多媒体求助过，但都没有得到任何回应……他找到了我们，我立即赶到现场进行采访报道，应他的请求报道此案。至于其他媒体粗暴采访，跟《南方都市报》无关。”他还称：“在新闻伦理上，我们做了很大克制。……原本我们是有机会跟他妻子对话的，但看她情绪过于悲伤，根本不忍打搅，只是看了一眼她。”但他承认，在报道中有些表述“确实有所不妥”，比如他在与杨武的对话中直接对杨武说：“你太懦弱了。”①

《新民周刊》记者杨江认为，“我们一些同行像狼外婆一样对受害人表演同情，生硬揭开伤疤，‘循循善诱’刺激受害人痛苦回忆、掩面而泣甚至精神失常，这样做很不道德”。他认为，强奸时的过多细节，如时间、动作、声音等压根就不是新闻所需要的，“在这个事件中，案犯反倒不是新闻核心，很荒谬”②。

案例总结 >> 媒体采访报道受害人的正当理由

近年来，各类事件中的受害人成了媒体关注的焦点，特别是刑事案件的受害人。他们频频被媒体聚焦，血淋淋的照片见诸报端，痛苦的表情出现在电视屏幕和网络空间的画面上。媒体为什么要这样做？原因是市场化媒体往往把社会新闻当作吸引受众眼球、谋求经济效益的“利器”，不仅追踪违法犯罪新闻中的加害人，连受害人也成了报道的“富矿”。媒体把受害人当作开拓新闻市场的工具，尤其是当受害人有激烈反应时，更有“新闻性”。捕捉受害人的表情、语言和行为，成为媒体提高收视率、发行量、点击量的利器，因此追逐受害人变成新闻媒体的“黄金定律”。③

媒体如此报道，受害人很可能因媒体行为而“二次受害”。典型表现就是媒体不顾当事人死活而抢新闻、对受害人的同情演变成冷漠的展示、把新闻传播的警示效果“蜕变”成对犯罪行为的宣扬。这方面的一个极端例证是 1997 年台

---

① 《“最残忍的采访”有违新闻伦理》，《中国青年报》2011 年 11 月 14 日。

② 《“最残忍的采访”有违新闻伦理》，《中国青年报》2011 年 11 月 14 日。

③ 参见许琼文：《新闻记者采访报道受害者应面对的新闻伦理：多元观点的论证》，（台北）《新闻学研究》2009 年第 7 期。

湾媒体对知名艺人白冰冰之女白晓燕被绑架案的报道。在白晓燕被绑架案报道中,台湾媒体极尽炒作、煽情之能事,往往抢在警方行动之前公开案情,对警方侦查活动采取全天候跟踪报道,甚至采取秘密摄像、秘密盯梢、窃听信息等手段,严重干扰警方正常侦查活动,并给犯罪嫌疑人潜逃提供了信息。当绑匪把恐吓信和被害人白晓燕上半身裸照发给白冰冰时,竟有媒体把裸照刊登于显著版面。在白晓燕被歹徒残忍撕票之后,还刊发白晓燕双手反绑、全身赤裸、面目全非的大幅尸体彩照和特写镜头。媒体这种做法引起了公众强烈抗议。[①]

媒体为什么要报道受害人?犯罪新闻是法治新闻的重要内容。新闻媒介的犯罪新闻报道是公众获取案件信息和表达意见的有效渠道。校园血案、人质事件等公共安全事件与公共利益关联,公众理应有权获知真相。如果媒体不报道,公众对真相不知情,势必造成恐慌的蔓延、安全感的降低、社会信心的丧失以及偏颇观点的流行。对"最残忍的采访"所涉及的强奸犯罪案件,媒体也可进行正当的舆论监督。对犯罪新闻进行报道是基于公民的表达权和知情权,而这两种权利并不是不可克减的绝对性权利。表达权和知情权的相对性及其界限,体现于二者与公共安全、公共秩序、公正审判、公民人格尊严等重要价值之间的平衡与协调。在对刑事案件所涉的犯罪嫌疑人、受害人和侦查权运用等的报道中,集中体现了多种价值之间的冲突与取舍。"最残忍的采访"、校园血案、人质事件报道之所以引起公众质疑,原因就在于报道对多种价值的界限把握模糊和恣意侵越。从传播法与伦理的视角,探讨犯罪新闻报道与其他价值之间的冲突和平衡,明确犯罪新闻报道规范,对改进新闻报道受害人保护尤为必要。[②]

案例分析 >> 犯罪新闻报道的伦理失范与规范

在"最残忍的采访"中,各媒体不是对犯罪嫌疑人的犯罪行为进行舆论监督,而是过多地关注强奸细节,描写强奸受害人的丈夫如何无能和懦弱。有学者提出,如此选择报道主题,反映出记者人性的缺失。[③] 其实,媒体如此行为,是新闻伦理缺失的表现,是记者无德的结果。记者之所以屡屡做出违背伦理道德的事,一个重要原因是新闻伦理规范不明确,共识尚未形成。如何保护受害人权利等具体问题更是乏人思考、混沌不清。

---

① 参见陈绚:《也谈"新闻自律"——从台湾"白晓燕事件"和英国"戴安娜事件"说起》,《国际新闻界》1998 年第 1 期。

② 参见张文祥:《犯罪新闻报道的价值冲突与平衡》,《国际新闻界》2011 年第 1 期。

③ 参见陈力丹:《论传媒的"二次伤害"——以"联防队员入室强奸"案的报道为例》,《新闻与写作》2012 年第 1 期。

考察国外新闻伦理规范或守则的制定历史，可以发现国外早期对记者采访过程的规范较少探讨，但随着犯罪与灾难新闻剧增，新闻记者组织或专业团体开始重视对受访人的尊重。以成立于1909年的美国专业新闻记者协会(Society of Professional Journalists, SPJ)为例，其1987年的伦理守则与1996年修订的版本有相当大的差别，新增了两个新的部分，即减少伤害(minimizing harm)与问责(accountability)，首度在新闻伦理规范中强调记者的同情心(compassion)。[①] 这说明新闻行业已意识到采访过程中对受访人可能造成伤害。域外新闻伦理规则加入受害人权利保护，可以看作新闻伦理的一种转向，背后体现了新闻伦理价值观的调整。其精神就是逐渐改变由记者控制采访过程与内容呈现专业主义，转向以受害者为主，更多强调媒体保护受害人的义务。

我国媒体工作者遇到由价值冲突引起的伦理困境时，常以公共利益为自己的行为辩解，说自己的行为是为了公众知情权，是为多数人的利益。问题在于，在采访受害人时，谁来决定其采访与公共利益有关？即使是公共利益，受害人就不能拒绝采访吗？若因为公共利益而采访，要如何才是尊重且不过度侵扰和强迫受害人及家属呢？要如何小心处理画面？要如何才能保护受害人隐私？记者行为要回归新闻专业，不仅要做公共利益的考量，使对受害人的报道有社会意义，而且要有基本的德行伦理、人性尊严，而非只顾媒体私利恣意而为。问题是建立怎样的伦理规则，才能保证记者在价值判断和采访行为中做到这些呢？

作为目前唯一全国性的行业伦理规范，中国记协制定的《新闻工作者职业道德准则》过于笼统，对新闻职业行为难以发挥有效的规范、指引作用。行业公认的媒体执业行为准则、业务守则，或不同类型媒体的记者信条、具体道德规范尚未形成。高校新闻伦理道德教育也尚未细化到将采访受害人的注意事项纳入课程。

无论制度和国情有多大不同，有一点是相通的：不自律的媒体一定不自由。媒体还是要“以自律换取自由”。规则如何形成？仅靠媒体作为新闻组织自生，高专业水准的带有普遍适用性的规则难以形成。归根结底要靠新闻媒体间的有效自律机构的积极作为。[②]

---

① 参见张超：《“后台”前置：新闻透明性的兴起、争议及其“适度”标准》，《国际新闻界》2020年第10期。

② 参见陈绚、张文祥：《新闻传播与媒介法治年度研究报告(2011～2012)》，中国人民大学出版社2013年版，第176～191页。

案例 60

《南方都市报》记者卧底高考替考事件中的新闻伦理

案例介绍 》》《南方都市报》记者卧底揭出高考舞弊黑幕

2015 年 6 月 7 日，高考第一天，第一场考试开始没多久的 10 点 49 分，《南方都市报》在其新闻客户端、官方微信公众号同时发布一篇文章《重磅！南都记者卧底替考组织 此刻正在南昌参加高考》，震惊社会！

报道说，南都记者卧底高考替考组织，7 日上午，记者正与多名“枪手”一起在南昌参加高考。其中，有 6 名“枪手”在南昌十中替考。

报道记述了卧底调查组联系替考组织，记者卧底赴武汉与“上线”见面，抵达江西南昌，拿到用于高考的“身份证”和“准考证”，进入考场应考的全过程；还调查了证件出处、枪手和替考组织如何挣钱，追问“替考者照片为何能进入江西省教育考试院系统”“替考者李士雨究竟是谁”，并且绘制了高考替考流程图。

该文发布后随即在朋友圈迅速传播，阅读量很快就突破了 10 万。随着记者的揭露，相关参与替考人员逐个被警方控制。

曝光消息引起时任公安部刑侦局打拐办主任陈士渠的注意。陈士渠表示：“高考必须公平竞争，应当严惩替考组织者和相关人员！”

6 月 7 日下午 2 点 30 分，江西省教育厅、江西省教育考试院召开新闻发布会，对外通报称，他们获知消息后迅速与警方采取行动，在首场考试结束前将一名涉事考生控制，其对替考行为供认不讳。

7 日下午 4 点 20 分，教育部对南都报道的江西高考替考事件作出回应。教育部表示，高考公平公正关系广大考生切身利益，对于破坏考试秩序、组织替考作弊等违法犯罪行为，一经查实，有关部门将坚决依法严厉打击。[①]

报道引起国内媒体的集中关注。《人民日报》发表评论《斩断“替考”的利益链》，文中提到“只要有一名替考者最终得逞，就意味着变相剥夺了另一名考生受教育的权利，势必将消解社会的公平与诚信”。[②] 众多媒体反思高考替考现象

---

① 参见《教育部回应江西高考替考事件：坚决依法严厉打击》，2015 年 6 月 7 日，http://www.xinhuanet.com/politics/2015－06/07/c_127887446.htm。

② 李浩燃：《斩断“替考”的利益链》，《人民日报》2015 年 6 月 8 日。

屡禁不止的原因。新华网在评论《高考替考为何屡禁不止?》中表示:要终结高考替考顽疾,必须扫除法律上的盲区。尽管刑法的规定不能从根本上杜绝考试作弊,但是填补法律空白后,既能推进国家在维护高考公平方面的法治进程,也能解决司法实践中的难题,使司法机关能对高考作弊利益链条上的每一个犯罪行为精准打击。[①]《新京报》评论《江西替考事件背后有关制度形同摆设》指出:不能总是等到出了问题再来查,国家有关主管部门应当介入,通过分析归纳高考替考发生的原因,对于各地防范高考替考的制度设计,提出明确的要求,并建立明确的责任制。[②]

《南方都市报》独家曝光江西高考替考事件后,社会对此高度关注。7月7日江西省教育厅通报,此次替考案件已基本调查清楚,共处理各类人员42人。其中,6名替考组织者及中介人员由公安、检察机关立案查处;7名被替考考生和7名替考者,按教育部第33号令及相关规定进行处理;涉案的22名公职人员分别给予相关处分。

此后,南昌市人民检察院介入调查,有关区(县)检察院依法立案侦查涉嫌招收学生徇私舞弊、玩忽职守、受贿、行贿等犯罪23人。2016年1月27日,江西省人民检察院在江西省十二届人大五次会议上披露,检方已对"6·7"高考替考渎职案中的23名被告提起公诉,法院已对其中12人作出有罪判决。[③]

案例总结 ≫ 记者卧底高考替考是否违法?

记者暗访江西高考替考的新闻一石激起千层浪,不少人钦佩赞扬记者的行为和勇气,不过,这则新闻也引发了媒体界、法律界的激辩:记者直接进考场"替考",以这种违法的方式来调查是否违法?人民网舆情监测室对记者替考的争议观点进行了收集和分析。[④]

(一)质疑方:记者不能"越界"自当"警察"

"反省"质疑声首先来自媒体圈人士。以财新法治记者陈宝成最为典型:

---

① 于子茹:《高考替考为何屡禁不止?》,2015年6月8日,http://www.xinhuanet.com/politics/2015-06/08/c_127887557.htm。

② 参见卢永春、宋天卓:《南都记者卧底替考事件舆情分析》,2015年6月9日,http://yuqing.people.com.cn/n/2015/0609/c354318-27125490.html。

③ 参见嵇石:《江西高考替考渎职案　法院已对12人做出有罪判决》,《南方都市报》2016年1月27日。

④ 参见卢永春、宋天卓:《南都记者卧底替考事件舆情分析》,2015年6月9日,http://yuqing.people.com.cn/n/2015/0609/c354318-27125490.html。

"记者干了警察的活儿。在科场舞弊案中由记者行使警察权，闻所未闻。"他还表示：目的的合法性不能替代行为的合法性和结果的合法性。网络名人吴法天也持反对态度："这是知法犯法，也违反职业伦理。难道为报道黑社会，记者就得卧底进入扮演杀手砍人吗？记者不能干警察的事情，也不能为了追求新闻的新奇置职业操守和法律底线不顾。"

（二）力挺方：恰是监管漏洞，才促使记者深入虎穴

法律媒体人段宏庆分析，"记者的替考行为相较其揭发的事情的恶劣程度而言，危害性几乎为零（如果记者不去替考，替考组织仍然会找到另外一个人去替考）。而记者卧底完成全部过程之后，能够提供完整证据链，这是有意义的。替考本身是违纪行为，组织替考、制造假证件等才是犯罪行为，记者参与替考是用自身冒险涉嫌违纪来揭发犯罪，法理上也是可豁免的"。清华大学新闻与传播学院副院长陈昌凤也认为，报道手法受到一些质疑，可不是非正常手段，又如何能挖出这样的新闻呢？

（三）当事记者说明：主动联动警方调查

面对卧底替考是否违法的争论，当事记者在朋友圈转发《教育部已介入调查高考替考事件》一文时，进一步说明：作为个人先简单回应下，高考前《南方都市报》已经跟警方提前报备，此次报道南都前后方联动，后方同事配合发稿，并主动联动警方调查。

（四）媒体评论：多数为记者行为辩护

《人民日报》评论文章《斩断"替考"的利益链》认为，且不论记者"卧底"调查是否于法有据，其所披露的事实情节，客观上的确反映出当地在高考组织、监管等方面存在一定的漏洞，以至于让有组织的替考行为有了生存土壤。

《新京报》以《"记者卧底替考"不构成犯罪》为题阐述道，记者卧底参与高考舞弊，的确危害了"高考管理秩序"。但这种"危害"相当有限，还因为及时曝光避免了舞弊者被录取，也保障了公众知情权，这是比所谓现场秩序更高的法益。

《深圳特区报》文章也认为，记者的卧底，事实上是参与了高考舞弊的整个过程，的确有损于"高考管理秩序"；但是这种"损失"并不是严重的，没造成学生因为替考而被不公平录取的结果，相反，因为记者的卧底调查，及时曝光了高考舞弊的黑洞，使主管部门及时重视、解决问题，提升了高考的社会公信，"两种法益孰轻孰重，并不难判断。"

凤凰网评论《记者卧底替考，入戏太深有错吗》则指出，往小了说，记者卧底、报案，哪怕只为帮助几个清白的考生上大学，也是有意义的。往大了讲，记者戳破一斑，"教育公平"的全部底色都有待重新审视。

案例分析 >> 记者卧底的伦理标准与警媒协作方式

一些专家学者在关注高考替考问题的同时，把焦点更多地放在了记者卧底替考的合法性上。《中国青年报》的曹林评论认为，"替考，违法。不能因为加了卧底，就合法了，记者没这个权利"。但他进一步解释说，关于卧底取证，法律有严格的限制约束。"相信记者和媒体已经做了衡量，这种良性违法，揭开替考问题，值。法律上从轻处罚甚至不罚，道德和职业上赢了，所在媒体赢了，社会赢了。"媒体人盛大林也认为，从动机上说，记者是为了查明真相；就后果而论，其行为对社会有益而无害。

中山大学传播与设计学院院长张志安认为记者暗访须满足几个关键要素：看是否别无他法，有否诱导事实，且不要扮演国家公职人员。在他看来，"南都这个报道，记者已经报警，也基本符合暗访伦理要素，尽管最后记者进了考场、必要性不大，但总体上问题不大。尤其是南都的报道揭露了'代考'的严重问题，应该给予鼓励和肯定"。

魏永征教授在《中国新闻出版报》撰文认为，中国的新闻媒体有其特殊性，新闻记者的行为在若干情况下恐怕不能以通行的伦理标准来衡量，例如这一次。该文的主要内容实录如下：

> "南都"记者此次行动并非独立的新闻采访。他们声明事先已向警方"报备"。在"卧底"行动的当天下午，警方就抓捕了一名"枪手"，第二天又有9人被控制。可见记者的行动和所获得的信息始终是在警方视野之内，警方无需再作更多的调查核实就可以直接对嫌犯采取强制措施，说明记者所提供的情况已经不是一般的社会举报。毋宁说，这是一次成功的"警媒协作"，正如南方都市报的新闻标题也说他们是在"协助警方破案"。
>
> 警察依法行使对于涉嫌犯罪行为的侦查权(包括在立案侦查前的调查权)。但警方经过一定手续也可以使用非警人员协助参与较为边缘性的侦查和调查。为了查案需要，警察侦查在必要的时候可以采取隐匿的手段进行，这种手段有的也可以授权非警人员行使。这是各国刑警的常见做法。"狗仔"一语，最初就是香港在英占时期称呼协助港警对侦查对象进行监视、跟踪、偷拍等的非警人员的。"狗仔"一词有贬义，今天我们不应以此称呼协助警方工作的非警人员。这里只是说明，经过警方认可，采取某些隐匿手段协助警方进行调查是谈不上什么违法的；即使发生什么误会，警方可以出来解释。

至于像“南都”这样的行动则属于中国特色。在西方一些国家，新闻媒体标榜为“独立”于政府的所谓“第四权”，警媒之间界限分明，不可能有这样的协作。我国新闻媒体属于国家所有，直接或间接隶属于一定的党政机关，承担正确舆论导向等重大社会职责，如南方都市报隶属于南方报业集团，而南方报业集团则由广东省委宣传部主管主办。媒体与作为国家机关的警方存在“血缘”的共通性，历来视为“一家人”、“自己人”，这是警媒协作在体制上的特有基础，在我国传统久远。警方需要借助媒体传播信息，借以宣传法制、弘扬战绩、澄清非议等，媒体也要通过警方获取各类信息，像案件报道历来就是社会关注的热点。警媒协作有其积极效果，好比“南都”这次行动，揭露了高考舞弊黑幕，推动了有关政府部门予以进一步查处，正如人们指出，黑幕背后是贿赂、伪造和买卖公文印章以及渎职等等严重犯罪行为。这无疑有利于社会公共利益，“卧底”记者的辛勤工作应该得到理解和肯定。

不过在推进法治中国建设的今天，对传统警媒合作也应该有所检讨，应该切实纳入法治的轨道。

警察对犯罪现象的侦查，目的是查清犯罪事实，对犯罪人绳之以法，所以侦查过程除了依法对嫌疑人采取强制措施等事项外，原则上是不公开的，我国保密法就把追查刑事犯罪的事项列为国家秘密。而新闻采访报道目的是要将采访的事实公开出来，是实现民众知情权。这两者存在一定冲突。这次南方都市报在记者进入考场的几乎第一时间，就通过其新闻客户端、官方微信公号高调发布《重磅！南都记者卧底替考组织　此刻正在南昌参加高考》，就很不妥当。此举的目的固然是为了引起公众对查清高考舞弊的注意，增强对于制止和打击舞弊行为的威慑力，当然也含有扩大自身影响力的考虑，但是这无异向正在实施犯罪的替考团伙发出信号，有可能使犯罪团伙及时采取种种反侦查手段，增大警方下一步侦查的难度。正确的做法应该是在警方对枪手采取强制措施时才报道这件法律事实，然后适当披露本报记者参与隐匿调查的工作。

按照法治原则，有些传统的警媒合作方式应该予以重新考虑。例如以往习惯于在警方破案后就披露警方认定的嫌疑人全部犯罪事实，其实从法律上说，警方所查明的犯罪事实，都还只是待证事实，要经过检方审查和法院庭审调查，才能作为认定犯罪的证据，所以报道警方破案时认定的犯罪事实，应该留有余地，有些事实应该到庭审才予以报道。再如记者往往可以得到警方准许，直接进入羁押场所“采访”嫌疑人，报道他们如何“认罪悔罪”，这是不符合“未经人民法院依法判决，对任何人不得确定有罪”和“不得强迫任何人证实自己有罪”等规定的，至少会有损法律的严肃性和国家的法治形象。可见，目前应该就中国特色的警媒协作关系进行专项研究，明确一些主要规则。

至于新闻记者单独从事的暗访和“卧底采访”，由于没有警方背书，就更应该遵循既定的新闻伦理规则，决不超越法律底线。新闻业界的基本共识就是“不得已而为之”，或者说是“最后的手段”，应该慎用。

所以此次“南都”记者卧底的成功只是一件个别事件，并不意味着新闻业界可以更加广泛地采用卧底之类的采访手段。[①]

① 魏永征：《警媒协作与卧底采访》，《中国新闻出版报》2015年6月16日。

案例 61

“周一见”:明星八卦与“狗仔”报道

案例介绍 >> 《南都娱乐周刊》的“周一见!”

“周一见!”2013 年 3 月 28 日晚,《南都娱乐周刊》执行主编谢晓在微博抛下一枚“重量级炸弹”,她表示将于下周一出版的周刊会有猛料。但等不到“周一见”,29 日起众多网络媒体相继发布与演员文章有关的消息,一些微博认证大 V 甚至直接揭开谜底:“文章、姚笛有事发生。”“新浪娱乐”官微直接点名发稿《传文章出轨恋姚笛　曝女方爱到无法自拔》。随后,《南方娱乐周刊》出品人陈朝华发微博承认确实拍到了重磅新闻,同时暗示网友猜谜结果正确。几大门户和非门户网站全部投入到这场娱乐新闻战中,各种抢发和披露,直到把受众对该周刊“周一见”的期待全部消解。

30 日,《南都娱乐周刊》通过官方微博公布当期杂志封面,图中文章姚笛亲密贴面同游,彼此相拥,表示“详情请关注本刊图文报道,说到做到,周一见!”当晚,本来应在第二天面市发售的杂志因为已经提前印制完毕,内页内容被翻拍上网提前曝光。

网友在等待媒体爆料的同时,也在挖掘着文章、马伊琍和姚笛三人各种互动中的蛛丝马迹,网友们的“成果”又被网媒转载,更加扩大了事件影响力。“周一见”成微博热门话题。

在知道“周一见”后,周日上午,文章的经纪人接受媒体采访,没有否认出轨一事,只表示文章也是普通人。该回应受到视频的拍摄者卓伟反驳,认为当事人“没有诚意,也看不到文章对这件事的基本态度”。文章出轨的传闻在网络上引发疯狂热议和调侃。网友在马伊琍的微博后面纷纷评论“不哭,挺住”,在文章的微博下评论“周一见”,在姚笛的微博下评论“周一贱”。

3 月 31 日凌晨,文章在微博中主动回应,称“我文章,在生活中写就了一篇大错特错的文章”“时至今日都是我咎由自取”“愿承担一切后果”,并道歉称辜负了妻子马伊琍和孩子,辜负了家庭。相隔三分钟后,马伊琍在“外遇门”后首次发声,称“恋爱虽易,婚姻不易,且行且珍惜”,表明夫妻之间已经达成了谅解。

本来该事件就要结束了,但周一晚文章在微博发怒,第二天署名为“马伊琍父亲"的微博再发"求南都放过他们"的长微博,将事件热度推到第二阶段,把网友对文章私德的拷问变成了对媒体新闻伦理的讨论。

明星出轨等娱乐八卦消息多数出自卓伟及其风行工作室之手。据悉,该工作室于2006年11月成立,室成员共有6～7人,卓伟和冯科是核心成员,卓伟自称是"中国第一狗仔",专门跟踪、偷拍、调查明星隐私。工作室自成立以来,曝出过很多重磅八卦。之前窦唯在新京报社门口烧车,就是因为不满卓伟的报道。除以上两个事例外,"赵薇和王励勤在街头相拥""王某和李亚鹏的恋情第一次曝光""徐峥出轨""周冬雨复合富二代"等,都是出于卓伟的报道。

卓伟认为自己爆料明星隐私是在做新闻,是为了满足公众的知情权。他曾在访谈中说:现在的娱乐明星,钱也被他们挣了,名也被他们出了,坏事他们一样没少干,但是如果还没有媒体来报道他们,他们是不是太潇洒了。虽然常常被人嗤之以鼻,但不少娱乐记者认同像卓伟这样的人,认为他们是在践行新闻理想。①

"虽然我们做的是文娱八卦,但有自己的底线在。我们坚持报道实在,坚持保护大众的知情权。我们绝不会拿我们的新闻来做买卖。"在接受采访时,卓伟屡次重复"虽然是八卦可是有准则""虽然是八卦可是影响力大"这样的句式。他自称是狗仔,也自称是新闻人。②

案例总结 »"周一,本不必见"

媒体对娱乐明星的婚外情等私人生活进行披露,被俗称为"八卦"。这类通常借助跟踪、偷拍等手段得来的八卦新闻,有什么价值?明星隐私与公共利益是什么关系?公众对娱乐明星的隐私有知情权吗?暗访偷拍有没有正当性?狗仔行为的边界在哪里?这些问题因八卦新闻的屡屡发生,而一再引起人们的疑惑。

对《南方娱乐周刊》的"周一见"报道,新媒体观察者魏武挥评论道:"南方有个媒体集团的打法叫'上下其手',上三路下三路一起来。上三路的实力不弱,更有很多年前让一部法规完蛋的底子,后来有司频频出手,上三路武功被封了好几次大穴。倒是下三路功夫越练越猛,现在俨然已成招牌功夫矣。"

《人民日报》微博为此专门发文:"公众人物固然需要让渡一些隐私给公众

---

① 参见卓伟:《一天到晚总想搞个大新闻》,《界面》2016年10月25日。

② 参见县火一现:《专访卓伟:我没有明星朋友,我也不配和他们做朋友》,2017年5月11日,https://www.163.com/dy/article/CK55FGUC0517F70A.html。

的知情权，但如果不涉及公众利益，只制造一点娱乐的泡沫，又何必穷追不舍？周一，本不必见。”

《南方娱乐周刊》执行主编谢晓撰文讲述“周一见”报道经过，并对该周刊行为辩解。在发与不发之间，他们有过伦理摇摆，经过全面评估该新闻的价值，发现并非只是吸引眼球。“刊发出来如果导致两人离婚，这是我们不愿意看到的。但我们作为娱乐圈的报道者和监督者，首要的还是告知真相，揭发事实。刊发报道，或许可以促进整个社会对婚外情泛滥的反思，令娱乐圈的类似事件发生概率大大减低，最终有利于社会和谐稳定发展。”①

《三联生活周刊》主编朱伟评论说，媒体以辛勤地蹲守偷窥得手为功绩，拍两张模糊照片为价码，八卦值钱的时代也该过去了吧？②

案例分析 》》“公众人物”不是“狗仔”报道的挡箭牌

狗仔偷拍明星出轨事件满足了公众的好奇心与窥私欲，却披露了明星的隐私。是否侵犯了明星的隐私权呢？《南方娱乐周刊》和卓伟们的“辩护词”是：娱乐明星是公众人物，他们的隐私权受到限制（有的是娱乐明星为了保持公众对自己的注意力，主动出让隐私事项），公众对明星婚外情等事项享有知情权。果真如此吗？

“公众人物”不是“狗仔”报道的挡箭牌。魏永征教授撰文指出，“狗仔”报道主要对象就是“公众人物”，普通人物没吸引力，“狗仔”就是请也请不来。“公众人物”由于同社会公共利益存在较多联系，隐私要少于普通人，但并非所有个人事项都可以拿来进行新闻报道。即使有些事项与公共生活、公共利益有关，获取信息也要取之有道。不能滥用偷拍偷录等隐性采访手段，反对任何形式的窥探、监视和骚扰。“公众人物”不等于一切都“公众”。③ 和公众利益关系不大或无关的私事和私人领域，不应该纳入媒体报道范围而被公开。公众的兴趣或知情权不是可以一概而论的挡箭牌。

媒体的舆论监督不应该成为任意侵入私人领域、揭露任何私人事项的理由。何镇飚教授认为，《南方娱乐周刊》的“周一见”报道之所以受到公众指责，就是因为媒体超越了公众立场，没能保持记录事实的身份和姿态，从记录者变

① 参见谢晓：《传媒伦理的考量与选择——“周一见”报道的经过及思考》，《新闻记者》2014 年第 5 期。

② 参见《文章姚笛“周一见”网络狂欢　全民制造娱乐新闻》，2014 年 3 月 31 日，http://media.people.com.cn/n/2014/0331/c120837－24778359.html。

③ 参见魏永征、傅晨琦：《“公众人物”不是“狗仔”报道的挡箭牌》，《新闻记者》2014 年第 5 期。

成了主导者，还掺杂了媒体自身利益。媒体监督要严守边界，对娱乐明星的报道要避免低俗和过度，应站在维护公众利益立场，而非满足大众娱乐偷窥欲和好奇心。①

《新闻记者》发表的《2014 年十大传媒伦理问题研究报告》指出："周一见"报道中涉及几个层面的伦理问题，如公众人物隐私权、狗仔报道的争论以及新闻炒作等，特别是把香港业界不齿的"狗仔"行为搬到内地来"正名"，受到舆论抨击。确实，娱乐新闻自有一套操作手法，将其与严肃新闻等量齐观并不现实；但同时，也不应以新闻专业主义、公共利益之名来为低俗恶俗的娱乐狂欢式新闻炒作辩解。因为它"本是一种增加发行量和经济利益的商业行为，更多是满足公众的窥探与好奇，虽然在一定程度上实施了对明星的道德监督，但绝不是新闻自由层面的形而上话题。这种自我粉饰，会混淆公众的认知，使公众对新闻自由的理解发生偏差"②。

针对一段时期以来部分平台、机构和个人大肆炒作明星绯闻隐私和娱乐八卦等低俗之风，2018 年 2 月，国家互联网信息办公室会同公安部、文化部、国家税务总局、国家工商总局、国家新闻出版广电总局，对热衷炒作、涉嫌违法违规的各类行为主体进行全面排查清理和依法综合整治。即日起，相关网络平台对"卓伟粉丝后援会""全明星通讯社""娱姬小妖"等专事炒作明星绯闻隐私的账号进行永久关闭。六部委按职能、分领域进一步加强对新浪微博、腾讯、百度、优酷、秒拍等网络平台的依法从严监管。对北京大风行锐角度文化传播有限公司、卓伟视界(上海)影视工作室等相关企业经营活动进行检查，对发现的违法违规行为进行依法惩戒。

国家网信办有关负责人指出，低俗炒作、渲染明星绯闻隐私严重扰乱了网络传播秩序，传递了错误导向，侵害了公民合法权益尤其是青少年身心健康，引起社会各界强烈反感。③

① 参见何镇飚:《媒介伦理的新思考——以南都娱乐周刊"周一见"事件为例》，《新闻记者》2014 年第 5 期。

② 参见年度传媒伦理研究课题组:《2014 年十大传媒伦理问题研究报告》，《新闻记者》2015 年第 2 期。

③ 参见《国家网信办等六部委联合整治炒作明星绯闻隐私和娱乐八卦》，2018 年 2 月 2 日，https://baijiahao.baidu.com/s? id=1591281707095816927&wfr=spider&for=pc。

案例 62

空难报道的死难者呈现与伦理危机

案例介绍》 空难报道对死难者的呈现

2002年发生的大连“5·7”空难造成机上103名乘客、9名机组人员全部罹难。由于出事地点位于大连海域，寻找遇难者的工作成为公众关注的焦点。金羊网-新快报记者随打捞船出海，目击了打捞飞机残骸、遇难者遗体和遗物的过程，并写下了《“5-7”空难追踪　记者目击尸体打捞全过程(多图)》的报道，这篇报道被新浪新闻等多家媒体和网站转载。暂且不论“尸体”的表述是否妥当，仅看报道所配的新闻图片，赫然展示了衣衫不整的遇难者遗体，并没有进行任何打码或遮挡处理。记者在报道中对图片内容有一段这样的描述：“正当记者准备乘船返回岸边时，甲板上传来喧闹声，原来是海军雇用的一艘渔船在拉网式搜索时打捞到一具男尸。渔船向我们的船靠近，几名年轻的海军士兵戴上手套，将尸体抬上我们所在的军舰。尸体颇为完好，衣裤都还保留着，不过全身已被海水泡得浮肿。”[①]冰冷的话语配上展现死难者形象的新闻图片，会令读者产生不适，也是对逝者极大的不尊重。

无独有偶，人民网的图片新闻《组图：“5·7”空难5具遇难者遗体今被火化》也出现此类现象。记者拍摄了大量遗体告别式的场景，直观、近距离展现遇难者遗体甚至是容貌，并且将悲伤的家属与逝者同框拍摄，图片将家属最痛心的场景展现给公众，无疑是对他们的二次伤害，侵犯了逝者的人格尊严，也加剧了家属的心灵创伤。[②]

2004年11月21日发生包头空难，搜狐新闻转载自新华网的《东航客机包头坠毁机上53人地面1人罹难　接A2版(组图)》，也出现了救援人员打捞上岸的遗体图片，尽管进行了简单的打码处理，但依稀可见遇难者的惨状。

除了展现遇难者遗体，渲染悲伤情绪、报道悲情事件也是媒体的惯常选择。

---

① 参见夏畅：《“5-7”空难追踪　记者目击尸体打捞全过程(多图)》，2002年5月12日，http://news.sina.com.cn/c/2002-05-12/1026572745.html。

② 参见侯滨江：《组图：5·7空难5具遇难者遗体今被火化》，2002年5月16日，http://www.people.com.cn/GB/shehui/47/20020516/729973.html。

安徽卫视的《超级新闻场》节目在雅安地震发生后报道了一则《汶川地震丧子 雅安地震又失女》新闻，介绍了一位50岁的母亲在两场地震中相继丧子失女，虽然没有播放采访视频，但屏幕上清楚地展现了她的照片，主持人提到在采访中这位母亲说“我就这么两个孩子啊！这是为什么啊！”并且以“不幸中的不幸”评价她，最后说“我们用什么样的语言都没有办法抚慰这颗痛失儿女、饱经沧桑的心，面对这位母亲，所有的词语都显得苍白无力”。[①] 报道通篇充满了对这位母亲的同情，但媒体以旁观者的视角进行一种“窥视”式报道的意图和价值值得怀疑。

案例总结>> 悲情传播中反价值取向与眼球暴力

媒体对灾难事件中的苦难呈现被称作悲情传播。这种传播可分为两类：一类是媒体拍摄灾难现场遇难者惨不忍睹的肢体、尸骸，以及家属极端痛苦的表情，这些图片内容超出了受众的心理承受度，极易引起恐惧、过度悲伤等负面情绪。另一类是媒体通过安排、导演煽情性访谈，向遇难者家属问一些极具刺激性的、挖掘伤痛的问题，不断让家属回忆灾难时刻或遇难者生前事，久久沉浸于悲伤中。这些媒体为了报道的煽情和耸动，站在“他者”的立场，不断推出大剂量的悲情要素来锐化人们对灾难的情绪感知，叫人猝不及防。[②]

十几年前，移动互联网尚未兴起，主流媒体还是人们获取新闻的主要途径。尽管信息传播主体还相对单一，但媒体枉顾伦理，任意呈现灾难事件中死难者形象或其他血腥恐怖画面的行为已不容忽视。倒塌的房屋、写满悲伤的脸，惨烈的受灾场景某种程度上满足了人们的窥探欲望——想要探究处于灾难中人的状态。为了获得高点击率，媒体主动迎合受众，即使这类图片伴随着强大的视觉冲击确实能达到警示作用，但这不能不称之为一种“眼球暴力”。公众有追求刺激画面的好奇心，但也会因看到血腥、恐怖的画面而产生恐慌心理。

近年来，血腥恐怖类画面已较少出现在媒体报道和公众视野中，但煽情性报道有增无减，更多表现为重复再现灾难现场和往事，引导被采访者走入悲情氛围，这曾遭到遇难者家属的反感和抗议。不少报道深挖遇难者出事前与家人的最后一次见面、原本计划做何事等隐私，以多种手法表现一个家庭失去亲人

① 参见《汶川地震丧子 雅安地震又失女》，2013年4月22日，https://tv.sohu.com/v/dXMvMTQyMTI1MzcxLzU0 NzA5MzY3LnNodG1s.html? src=pl。

② 参见陈翔：《悲情传播中的媒体伦理危机——以“5·12”汶川地震报道为例》，《新闻与传播研究》2008年第4期。

的痛苦，不仅使家属受到刺激和伤害，也使大众恐慌、紧张情绪得以蔓延。

案例分析 >> 灾难报道的真相追寻与伦理考量

每一次灾难事件的发生，都会成为社会关注的新闻议题，各路记者深入灾难现场采集新闻。灾难，意味着伤亡，悲伤是主要的基调，遇难者亲属承受着生命逝去带来的极大创伤。新闻业的灾难报道面临报道真相与呈现灾难之间的矛盾，处在伦理困境中的媒体是满足公众获取信息的需求，不断挖掘灾难的事实信息，还是秉持人文关怀，给予被报道对象应有的尊重和保护？在灾难报道中，伤亡情况和救援是最受外界关注的重要内容。灾后的救援既包括对幸存者的搜救，也包括对遇难者遗体的搜寻和妥善安置。灾难本身无疑具有重要的新闻价值，及时准确地报道灾难造成的伤亡情况是记者的职责所在。

按照新闻专业主义规范，记者要客观、真实、准确地报道，尽力将事实的原貌展现给公众。一般情况下，展现人物苦难、贫穷、痛苦、受虐待、受伤害的场景，更具有震撼力和新闻价值。但记者应当时刻谨记的是生命的价值是第一位的，要尊重死难者。记者为了追求“真”而拍摄逝者的遗体，是对逝者极大的不尊重，严重违背了新闻伦理的基本要求和应有的人文关怀。

英国学者约翰·泰勒在其著作《身体恐怖：新闻摄影、灾难与战争》中提出了“身体恐怖”(body horror)这一概念，他研究了新闻照片里直白而露骨地表现出的令人感到恐怖的身体。这些身体常被表现为各种不同的具体形态，如血腥的肢体、腐烂的尸体等，泰勒把新闻照片里的这种表现方式，看作是一种恐怖的形式，称其为“身体恐怖”。[①] 在追求刺激性效果的驱使下，遇难者遗体频频被新闻报道所公开。这样做不符合新闻专业主义要求，因为记者首先是一个人，生活在充满社会关系和情感的世界中，其次是社会生活的记录者，一切新闻报道活动都应当在合理的伦理框架中进行。

灾难是媒体报道的重要题材。商业化媒体常常把灾难中人类最脆弱的情感和最悲悯的氛围当作新闻猛料和炫耀题材，以此来抓取注意力和争取市场轰动。同时，媒体拥有接触灾难现场和第一手资料的得天独厚条件，权利的滥用导致无边界地挖掘和报道信息，以自身的利益为导向传播给公众，而非公共利益为先。长期以来，媒体对灾难报道形成了固定的框架，媒体按照自身逻辑去解释客观事实。悲情进入到媒体的刻板印象中，它就不再是悲情本身，而仅仅

① 参见王飞：《“人文关怀”与“身体恐怖”的视觉化解读——从汶川地震和海地地震看境外媒体图片报道的差异》，《新闻爱好者》2010 年第 21 期。

是一个被议程设置的道具，但其作为悲情的“议程”在道具的摆布中被添加了更多想象力和传播元素。[①] 新闻伦理学界普遍认为媒体的自由权应当以伦理道德为边界，应当在传播方式和传播内容上始终坚守伦理底线。应当明确的是，即使没有对遇难者身体的呈现，从其他侧面展现的灾难现场依然可以满足公众的知情权。面对惨烈的灾难现场，记者应该极力避免将镜头对着遇难者的容貌和身体。

总之，在灾难报道中，新闻记者不应仅是一部拍照、写作机器，更应当是连接事实与人心、理性与感性的沟通者，在追寻真相的职业责任和恪守人道主义关怀的新闻伦理之间寻求平衡。[②]

---

① 参见陈翔：《悲情传播中的媒体伦理危机——以“5·12”汶川地震报道为例》，《新闻与传播研究》2008年第4期。

② 参见王卉：《灾难报道中的新闻伦理——基于汶川大地震的案例分析》，《西南民族大学学报》（人文社科版）2008年第9期。

案例 63

“上海外滩踩踏事件”报道引发的争议

案例介绍 》》 媒体对遇难的复旦女生报道引争议

2014 年 12 月 31 日晚，聚集在上海外滩陈毅广场准备参加跨年庆典活动的市民发生严重踩踏事故，共造成 36 人死亡，遇难者中最大的 37 岁，最小的仅 12 岁。

对这起重大公共安全事故，新闻媒体前期报道主要集中于对事件本身的惊讶痛心、对逝者表示哀悼以及对事件发生原因的探究。随着细节的不断披露，焦点开始转向对事件的反思。舆论各方对事件发生原因的追问开始呈现爆发之势。

先是新浪新闻追问：陈毅广场为何聚集大量民众？灯光秀换地方了是否有人通知？踩踏发生的原因到底是什么？

随后，新华网发文三问上海外滩踩踏事件：风险预防策略是否充分？安全管理手段是否到位？应急控制措施是否及时？

《新京报》将事件追问增加到 10 条：事发时外滩人流量多大？灯光秀转场是否及时通知？交通为何没有管制限流？踩踏是否由“撒钱”引发？外滩警力配置是否得当？应急控制措施是否及时？为什么遇难者多是女性？伤亡人员如何救治赔偿？此次踩踏事件如何追责？特大城市缘何出现踩踏？连续的追问，让事件的舆情热度不断上升。①

财新网、《新京报》、《华商报》还报道了跨年夜当晚部分黄浦区领导在外滩附近一家高档餐厅用餐，发挥了非常重要的舆论监督作用。

1 月 21 日，上海市公布“12·31”外滩拥挤踩踏事件调查报告，认定这是一起对群众性活动预防准备不足、现场管理不力、应对处置不当而引发的拥挤踩踏并造成重大伤亡和严重后果的公共安全责任事件。通报对黄浦区委书记周伟、黄浦区区长彭崧在内的 11 名党政干部进行处分。其中，黄浦区委书记周

---

① 参见朱明刚：《上海外滩踩踏事件舆情分析》，2015 年 1 月 14 日，http://yuqing.people.com.cn/n/2015/0114/c210114-26385382.html。

伟、区长彭崧在新年倒计时后公款吃喝,影响恶劣,分别给予撤销党内职务处分、行政撤职处分。[①]

但媒体对遇难的复旦大学女生的报道引起了很大争议。1月1日,《新京报》和《南方周末》均发表了踩踏事件遇难者的人物报道。《新京报》在《复旦20岁"才女"外滩踩踏事故中遇难》一文中引用个人社交平台上的信息以及采访相关同学,对这位逝者的情况进行了报道,通过"云南籍大二学生杜某骏""复旦大学燕曦汉服学会会长""1994年出生""2013年7月从云南师范大学附中毕业""复旦大学社会发展与公共政策学院社会学专业"等字眼,公布了其真实姓名、年龄、专业、生平喜好等,大篇幅引用了遇难者的私人资料。[②]《南方周末》则以"遇难者杜某骏"为题,力图还原事故发生的现场。一些网媒转载了媒体的报道,并配以遇难者的真实头像。当晚,复旦大学官方微博及微信平台先后发文呼吁媒体尊重、保护这位逝者,不要再挖掘她的隐私,不要再刊登她的照片,让逝者安宁。2日,复旦大学校友会微信公众号发表帖子《复旦学生致部分媒体的公开信》。公开信中不满一家媒体的一篇报道:"在这一篇报道中,媒体大篇幅地引用了杜同学的私人资料:年龄、生源地、专业、生平喜好,甚至生前的男友的话语。"写信者责问这家媒体及这篇报道的作者:"那么我想问一句,这么做的目的究竟是为了要哀悼一个生命的逝去,还是仅仅为了博得关注度的手段?[③]

《新京报》与《南方周末》对上海外滩踩踏事件遇难者杜某骏的报道,引发了社会对灾难性事件遇难者媒体呈现的再次反思:为何报道遇难者?如何报道遇难者?

案例总结 >> 媒体在灾难性事件报道中存在的误区

如同美国著名讣闻记者古姆·尼克尔森所说的"你要记述的不是死亡,而是生命",对灾难性事件中逝去生命的个体关注和报道,所带来的打动人心的巨大力量,远远超越那些以固定口径、固定模式和固定语言所呈现的冰冷的死亡数据,也更具情感与温度。此外,对灾难性事件中的遇难者进行报道,能够唤起人们对于其不幸遭遇的深切同情、对逝去生命的哀痛与追思,引发民众对事件

---

① 参见张婷:《上海外滩踩踏:黄浦区委书记周伟、区长彭崧被撤职》,2015年1月21日,http://www.bjnews.com.cn/news/2015/01/21/350819.html。

② 参见王大鹏:《复旦20岁"才女"外滩踩踏事故中遇难》,2015年1月1日,http://www.bjnews.com.cn/news/2015/01/01/348365.html。

③ 参见李贝贝:《媒体对灾难性事件中普通逝者报道的误区——以上海外滩踩踏事件报道为例》,《青年记者》2015年第5期。

原因和事件责任的深层追问。因而，对灾难性事件遇难者的个体进行报道是可行的、有意义的。[①]

但是，对灾难性事件遇难者的报道应当遵循一些规则。首先应当避免使用煽情手法。媒体对复旦女生的报道，刻意强调“刚过 20 岁”“无法看到柳枝再绿”等细节，虽然能营造悲痛的气氛，博得受众的眼泪，但会使报道偏离新闻的真实性和客观性。另外，复旦大学的学生质疑媒体：为什么在 36 名遇难者中，唯独对复旦女生进行事无巨细的报道？再就是，媒体大量披露普通遇难者的个人生活与私人信息，而这些信息与公共事务、公共利益无关，缺乏对逝者的尊敬与对逝者尊严的维护。

除了报道披露个人隐私的问题，媒体是否有权发布普通逝者生前在社交网站上发布的内容，是新媒体时代记者所面对的新情况。《新京报》在新闻报道中直接引用了复旦女生在人人网上的状态“当日 17:07 她还直接发状态称‘求明天中午上马基的同学帮我带个假条’”。报道还引用了其男友在社交媒体上发布的纪念女友的全文。有人提出，个人在社交网站的发布与媒体发布并不是一回事。公民在社交网站上发布的个人信息，在技术上具有公开性，实质上还是个人隐私。如某报记者直接引用了复旦女生男朋友在微博上的一段话，但之后说记者私信联系当事人未得到回复。这种情况下，记者再将信息发布出去，就违背了职业道德。[②] 还有人提出，媒体在报道灾难性事件时，要立足于媒介的公共价值属性，把报道的重点放在对灾难事故发生原因的追问和监督问责上，而不应借新闻价值和公众的知情权，挖掘个人隐私，追求新闻的眼球效应。而且，过度报道还会让受众质疑报道的客观性，损害媒体的公信力。灾难事件对新闻媒体来说是极佳的新闻素材，而对当事者及其家属却是巨大的打击和悲痛。媒体对此次事故的某些报道角度会对遇难者家人造成二次伤害。媒体人对灾难事件的采访活动不应对生者造成侵扰，增加他们的痛苦，更不能为了增加报道的情感力量而忽视或不顾受害者家人的感受。[③]

案例分析 >> 灾难性事件中遇难者报道的伦理尺度

童兵教授专门就上海外滩踩踏事件的新闻报道撰文，提出新闻舆论工作必

---

① 参见李朗、朱鹏：《灾难性事件：对遇难者媒体呈现的反思——以〈新京报〉与〈南方周末〉对上海外滩踩踏事件遇难者杜某的报道为例》，《新闻界》2015 年第 6 期。

② 参见李贝贝：《媒体对灾难性事件中普通逝者报道的误区——以上海外滩踩踏事件报道为例》，《青年记者》2015 年第 5 期。

③ 参见王英翠：《“上海外滩踩踏事故”报道中的新闻伦理问题》，《新闻世界》2015 年 6 月 30 日。

须坚持以人为本，媒体应当对照尊重人、理解人、关心人、帮助人这些具体要求，检讨自身行为，在报道中更好地体现对人性和人格的尊重与关爱。他认为这是我们媒体工作者应该补课的重要内容。另外，媒体应当承担自身社会责任，加强新闻自律，提倡和实行新闻界、新闻记者的自我约束。自律的内容至少应该包括：(1)摆正报道踩踏事件等突发公共事件和维持社会安定的关系，以社会安定为重。(2)关注信息公开和当事人隐私权保护的平衡，既要最大程度地实现对整个事件的信息公开，又要千方百计地保护当事人的隐私权。(3)涉及事件各方（当事人方、责任方、救助方）的报道中，始终恪守尊重人格、敬畏生命、以人为本的原则，决不感情用事，决不无视法律。①

灾难性事件中的遇难者如果事关公共利益或遇难者的个案具有公共意义、公共价值，媒体则理应报道。但在报道之中，应对逝者信息进行技术性处理：既展现逝者的“死亡”，又不停留于悲情的场景，而是从还原现场、故事呈现升华到反思原因、追问责任和防范应对，从而使个体的逝者死亡展现具有更深层和更广泛的意义与价值。②

① 参见童兵：《人性·责任·自律——从上海外滩踩踏事件新闻报道说开去》，《新闻与写作》2015 年第 2 期。

② 参见李朗、朱鹏：《灾难性事件：对遇难者媒体呈现的反思——以〈新京报〉与〈南方周末〉对上海外滩踩踏事件遇难者杜宜骏的报道为例》，《新闻界》2015 年第 6 期。

案例 64

高空挑战者坠亡的媒体呈现

案例介绍》》高空极限运动者失手坠楼死亡视频流出

2017 年 11 月 8 日，高空极限运动者吴某（网络昵称“咏某”）在一次攀楼表演中高空坠楼身亡，引起公众极大震惊和悲痛，引发人们的讨论和舆论关注。随之而来的是死者家属以未经同意就公布死者坠落的视频为由提出的抗议和相关媒体的道歉。网络直播平台播出高度危险的高空极限挑战视频的做法也被公众质疑。

《北京青年报》、《新京报》、澎湃新闻等媒体播出失手坠落的视频，并对该事件进行了文字报道。

《北京青年报》报道的主要内容如下：

> 12 月 10 日，北京青年报深一度记者从相关渠道获得极限咏某 11 月 8 日13 时从长沙华远国际中心坠楼的视频，这是记录吴某生命的最后一段影像。
>
> 这段视频是吴某架设在坠楼地点附近的手机拍摄，镜头正对着吴某攀爬地点。
>
> 这段视频约 19 分钟。视频中，吴某先是尝试了一次，然后重新回到顶楼平台，大约在视频的第 12 分钟，吴某做了第二次尝试，他贴着墙面做了两次引体向上，视频中可以看出吴某体力不支，他的双脚贴在玻璃墙面勉强支撑，想要往上爬。挣扎了大约 20 秒，吴某坠落了，在坠落的那一刻，吴某发出了一声惨叫。
>
> 12 月 8 日，他的女友通过个人微博证实了咏某去世的消息。深一度记者从长沙警方证实，死亡原因系从高楼顶层附属物上坠亡。[①]

凤凰网的报道，则附有坠楼原视频。

至 2021 年 2 月 1 日，好看视频、优酷、爱奇艺、腾讯视频、搜狐视频等视频

① 《国内无保护高空挑战“第一人”极限咏某坠楼视频曝光》，2017 年 12 月 10 日，http://news.ynet.com/2017/12/10/749869t70.html。

网站均可看到这段坠楼视频。

《北京商报》报道，快手、火山小视频等平台被网友质疑为吴某极限挑战的合作平台。还有网友爆料，今日头条旗下的火山小视频曾出价10万签约吴某，邀请其在火山小视频发布极限高空挑战视频和进行直播。[①]

在快手App搜索“咏某”，可以看到昵称为“咏某（极限挑战视频集）”的用户，其账号下发布了4个作品，其中一个为高空极限挑战视频。不过，该账户已被标注为“视频已经被视为不宜公开”。在火山小视频App里，一个昵称为“咏某一视频”的账号，粉丝超过99万，火力值是55.7万。该账号发布过300个视频，内容大部分是各种极限高空挑战。好看视频、爱奇艺等平台也有大量的吴某高空挑战的视频。

根据澎湃新闻报道，针对吴某之死，一些直播平台先后作了回应：美拍表示，为避免类似事件发生，平台不应再鼓励此类内容；快手表示，吴某的快手账户已于2017年9月被限制传播；火山小视频表示，已和家属沟通，会尊重家属意愿对相关视频进行处理。

目前，美拍、快手和火山小视频已无法检索到吴某的账户及其相关视频，但其他网络平台尚有大量图片和视频。以“极限咏某坠亡”为关键词搜索，百度显示有267000个相关结果。

受到死者家属质疑后，《北京青年报》撤下坠楼视频，并于2017年12月11日在“深一度”微信公众号发表对吴某家属的致歉信，讲述了视频取得的经过和发布缘由。该报表示，记者在吴某家中经其父母同意查阅了吴某的手机，并在其中看到了他生命最后的影像。“随后，吴某的父亲陪同记者一起对视频进行翻拍，过程中，吴某父亲一直在记者身边，未提出反对意见。”该报表示，发布这段视频的目的首先是说明真相，因为此前网上已有流传吴某坠楼瞬间的短视频，真假难辨，部分为谣传。其次是希望提醒极限运动爱好者做好保护措施，远离危险。

案例总结 >> 追问网络直播平台：高空极限运动可以直播吗？

媒体播出坠楼视频的行为受到质疑，网络直播平台对高空极限运动的直播也引起争议——一个拥有百万粉丝的ID，频繁上传着危险系数非常高的动作视

① 火山小视频的工作人员回应称，该平台并没有与吴某签约，也没有与任何一位极限运动员签约。对极限运动类内容传播，他们在审慎评估基础上区别对待：一是严禁用户直播涉及极限类运动；二是由第三方直播或非直播的短视频允许在平台上传播；三是不鼓励，也从不与极限运动员签约。

频，这种行为会不会产生不良效应，如被青少年模仿？电视节目会有警示“专业动作　请勿模仿”，作为直播平台要不要尽到提醒义务？一旦有其他粉丝去模仿主播从事类似的行为，造成人身伤害，平台要不要负相应责任？

央视网的评论认为：这一切的一切，都反映了平台监管的缺失，而吴某不幸用生命为这个缺失买了单。

评论员彭健认为：网络直播激发了潜藏人性之中的野心和虚荣心，以及一种超越常识的认知和自我评价。在这起事件中，网络视频直播是一个无法被忽视的关键词。假如没有这一个元素的催化，吴某也许不会走到今天这步。[①]

案例分析 >> 网络直播平台应承担社会责任

著名传播法学者魏永征教授提出，该事件再次提出一个重大的媒体伦理问题：以图像（照片或视频）公布一条鲜活生命在瞬息之间粉身碎骨的画面，合适吗？

《新闻记者》发布的《2017年传媒伦理问题研究报告》对该事件作了专业分析，认为：

> 媒体应该报道这起坠楼事件，这一悲剧可以提醒更多极限运动爱好者充分认识其中的风险，但报道方式却是值得商榷的。正如魏永征教授所言，不应以图像展示尸体等死亡场面，是国际传媒界的通行准则。美国联邦法院曾经多次驳回媒体和记者、作家们根据《信息自由法》要求政府部门提供涉及死者的资料，其中包括肯尼迪总统遇刺的相片、意外爆炸的“挑战者号”黑盒子录音带（录有遇难航天员最后的声音）、克林顿总统办公室法律顾问吞枪自杀的照片，等等，理由都是维护死者的尊严和家属的隐私利益。
>
> 中国网络视听节目服务协会发布的《网络视听节目内容审核通则》中，明确禁止出现“展现过度的惊悚恐怖、生理痛苦、歇斯底里，造成强烈感官、精神刺激并可致人身心不适的画面、台词、音乐及音效等”内容和情节。正如人民日报微博评论《管管“带血的直播”》所批评的，爱玩高空极限挑战的吴某坠亡，令人唏嘘和反思。是什么让这个年轻人以性命为赌注去冒险？蛊惑其冒险的打赏者，推波助澜的直播平台，或许都难辞其咎。此外，极限冒险表演，还具有危险的模仿效应。靠猎奇“聚拢”流量，无节制消费用户，

---

① 本案例资料参考《高空挑战者吴某坠亡背后：直播平台被指出价10万买视频》，2017年12月11日，http://www.mycaijing.com.cn/news/2017/12/11/155677.html。

这种带血的直播真该管管了。[①]

虽然如央视网所言,网络直播高空极限运动,和色情、暴力、血腥、低俗等禁止性内容都不沾边,法律法规并没有明确的禁止性规定,但网络直播平台并不能就此不履行其社会责任。

从2016年12月1日开始施行的《互联网直播服务管理规定》,对直播平台的内容管理、网络直播信用体系等提出了具体要求,但对极限运动等冒险直播缺乏具体规范。不过,该规定第3条明确:"提供互联网直播服务,应当遵守法律法规,坚持正确导向,大力弘扬社会主义核心价值观,培育积极健康、向上向善的网络文化,维护良好网络生态,维护国家利益和公共利益,为广大网民特别是青少年成长营造风清气正的网络空间。"对该条款进行文义解释,可以推知网络直播平台应自觉承担相关社会责任。今后,网络直播平台可通过用户协议等方式,禁止用户直播此类极限类运动,同时应负起责任,不传播这类内容。

① 年度传媒伦理研究课题组:《2017年传媒伦理问题研究报告》,《新闻记者》2018年第1期。

案例 65

自杀事件新闻报道的分寸

案例介绍 》 少年自杀视频的网络传播

2019 年 4 月 17 日，上海卢浦大桥上发生一起跳桥自杀事件。

现场监控视频显示，当晚 21 时 58 分，在车流中，一辆白色小轿车打着双闪停在路中，一名女子从轿车左侧进入主驾位置。数秒钟后，一名男孩从轿车左侧走出，快跑至桥边纵身跃下。女子紧随其后，试图将其拉住，女子的手曾触及跳桥者的腿部，但未果。男孩坠桥后，这名女子跪在地上，双手多次拍打地面，痛哭悲泣。后根据记者调查，坠桥男孩 17 岁，是某职校二年级学生，视频中的女子是其母亲。男孩因在校与同学发生矛盾，遭其母亲批评后，一气之下拉开车门，跳下卢浦大桥。孩子的遗体在卢浦大桥下方绿化带内被发现，经 120 到场确认，男孩已死亡。

事件发生后，摄下全过程的监控录像迅速被上传至腾讯视频平台，并被众多社交媒体转发扩散。多家媒体转发该视频或其主要片段进行新闻报道，视频未经过任何处理，将少年整个跳桥自杀过程完整呈现给受众，有的媒体甚至将跳桥片段做成动图进行传播，其中包括一些顶级新闻媒体的客户端和公众号。媒体公然传播这种惨烈视频进行报道的行为遭到舆论批评，腾讯视频当即从平台上删除该视频，但是一些新闻媒体客户端的自杀视频并未删除，以“上海17 岁少年跳桥视频”为关键字在网络上进行搜索，仍有大量搜索结果。

该事件迅速在网络上发酵为热点。各类自媒体就此事发表文章，网络存在大量类似“妈妈用语言杀死了自己的孩子”“男孩心理承受能力差”“不值得同情”等谴责声音，更有媒体试图还原少年跳桥之前与母亲的冲突，甚至连母子间的对话都“报道”出来。部分自媒体借此事件蹭热点，发表激烈的不当言论，甚至肆意揣测，混淆受众判断。

据蚁坊软件舆情报告显示，该事件还引起媒体对类似事件的重新关注和报道。被提及的事件分别有：安徽合肥高三学生自杀，自称“我就是这么玻璃心”；四川彭州 14 岁女生自杀留遗书，称被班主任体罚侮辱“逼死”；江苏丰县 10 岁女生喝农药，老师曾表示“不让参加期中考试”；玩手机被批评，江西宜丰一高中女生跳楼自杀;安徽黄山一学生坠亡,疑与被教师"谈心"有关;湖南初三女生服药自杀,曾在班级群公开讨论自杀。

此事件发生后,上海人民广播电台"市民与社会"节目组织了一期讨论,一位女听众打进电话说:她正好和她的孩子处于一种略带冷战意味的状态。她看到十七岁少年的跳桥视频,一开始并没有怎么当回事。然后,她的孩子拿着手机过来,让她看这个视频,她说了一句看过了,还是没太放心上。但当她抬头看了一眼小孩,从眼神中似乎读出了什么,那一瞬间,整个背寒毛倒竖了起来。受邀参加节目讨论的魏武挥说:"我理解她那个刹那的恐惧。"[①]

案例总结 >> 媒体可以报道自杀事件吗?

新闻报道是社会价值传递的重要阵地。媒体对于自杀事件的报道影响着公众的态度和行为,自杀新闻作为极具冲突性的话题往往能够聚焦更多的舆论。据学者研究,大众传媒与自杀行为之间存在着复杂关联。学者提出"维特效应"理论,用来专指模仿自杀的行为,意为在某一地区发生轰动性的自杀事件报道,那么此地区的自杀率便会大幅上升。20 多年后,日本当红歌星冈田有希子的自杀再次引发一股模仿自杀的高潮,事发后无论是报刊还是电视等日本媒体,大篇幅广泛报道这宗新闻,而且不乏煽情的照片和详述自杀过程的文字,后被日本学者名之为"冈田有希子症候群"。[②] 在我国,比较典型的事件如深圳富士康跳楼事件,在短短的 10 个月时间内,富士康连续发生了 14 起员工跳楼事件。

尽管不能简单地认为媒体的自杀报道能够引起示范效应,但媒体报道自杀事件应当慎之又慎。对于自杀事件,国际媒体大都遵行一条通则:一般不要报道自杀事件,决不能渲染式地报道自杀事件。[③] 媒体如何报道自杀事件,历来是一个敏感话题。数据显示,1 例自杀死亡事件可使 6 个人受到严重影响,1 例自杀未遂事件可使 2 个人受到严重影响。自杀死亡给他人造成的心理伤害可持续 10 年,自杀未遂造成的心理伤害则可持续 6 个月。[④] 世界卫生组织多年来一直把减少和预防自杀作为自己的一项重要工作,世界卫生组织认为,除了"减少自杀手段的可获得性"外,一项有效措施是"媒体对自杀问题负责任地作出报

① 参见年度传媒伦理研究课题组:《2019 年传媒伦理研究报告》,《新闻记者》2020 年第 1 期。
② 参见夏德元:《连环自杀事件:大众传媒应担的责任》,《传媒评论》2009 年第 4 期。
③ 参见年度传媒伦理研究课题组:《2019 年传媒伦理研究报告》,《新闻记者》2020 年第 1 期。
④ 参见王谦:《对网络媒体中大学生自杀报道的反思》,《新闻战线》2016 年第 20 期。

道，比如避免使用使自杀敏感化的语言（渲染）以及避免对使用方法进行详细描述等”。2000年，世界卫生组织发表了名为《自杀预防：供媒体工作者参考》的媒体工作手册，之后全球28个国家陆续设立国家级预防自杀战略计划，制定相关媒体自杀报道守则，协力预防自杀。香港报业评议会《新闻从业员专业操守守则》同样就媒体报道自杀新闻作出要求：新闻界不宜完全不报道个别的自杀案件，而应在报道自杀新闻和避免产生“模仿”效应之间求取平衡。事实证明，负责任的媒体报道是预防自杀的重要手段之一。

2019年4月，国家广播电视总局发布的《未成年人节目管理规定》第9条规定禁载内容，其第10项就是“介绍或者展示自杀、自残和其他易被未成年人模仿的危险行为及游戏项目等”。而“未成年人节目”定义为“未成年人作为主要参与者或者以未成年人为主要接收对象的广播电视节目和网络视听节目”。魏永征教授认为，新闻媒体和视频网站展示上海少年跳桥自杀过程的视频正属于这种情况。为什么包括顶级媒体的客户端、公众号在内的新闻媒体也和自媒体一样传播自杀视频？他认为，一个重要的原因是新闻媒体在新的新闻传播生态中，再也不可能一统天下，因此无论是出于宣传目的还是商业目的，都需要与非机构媒体争夺覆盖率、粉丝数、流量等，因此放下身段，屡屡降格以求。[①] 同时，我国没有关于自杀报道的专门伦理规范，在网络环境下，各类媒体的伦理考量和规则意识更加淡薄。不少媒体因缺乏对生命的敬畏感，被读者斥为“吃人血馒头”也不为过。

智能传播时代，媒介“三元”伦理主体（职业新闻传播主体、个体传播主体、网络平台主体）正在或者已经形成。[②] 网络社会几乎所有的传播行为都已经社会化，伦理问题的社会化就更为突出。[③] 在激烈的市场竞争面前，有些媒体受到个体主义或者消费主义的支配，为了吸引注意力刻意炒作，追求“轰动”效应，本质上是为了“新闻”而抛弃新闻伦理和道德观念，一味地追求“卖点”，放弃了媒体应担当的底线。在媒体报道自杀新闻行为中，伦理失范主要表现在：一是详细报道或夸大渲染死亡细节，对凶杀暴力、自杀手法、当事人心理状态等采用细节描写或对事态进行详细全面的报道。二是侵犯死者及其家属的人格权，披露死者及家属的隐私信息，对逝者及其家人造成二次伤害。三是对死亡事件的不当解读，主观臆造死亡原因，将自杀原因简单化、片面化，扰乱公众视听、错误引

① 参见魏永征：《发布少年自杀影像　顶级媒体何以违背新闻伦理》，《新闻界》2019年第8期。

② 参见涂凌波：《网络视频传播再反思：伦理主体、伦理失范与传播伦理的重构》，《新闻与写作》2019年12期。

③ 参见彭增军：《从把关人到公民新闻：媒介伦理的社会化》，《新闻记者》2017年第4期。

导舆论走势，甚至引发新的社会矛盾。四是对生命和逝者尊严的漠视，在未经家属同意的情况下，私自进行报道或评论，是对生命尊严的侵犯。[①]

案例分析 >> 媒体应如何报道自杀？

对自杀事件，媒体一概不报道显然也行不通。媒体应当如何报道自杀事件呢？香港大学社会科学学院和香港赛马会防止自杀研究中心合作发布的《探讨传媒对自杀的影响：自杀新闻报道建议》提出，专业传媒工作者须遵守数项基本原则，即自杀行为在涉及公共利益的情况下，才具有报道的价值；在报道时要尽力减少对其他人的伤害；传媒的报道手法须恰当、有分寸。还明确，除非涉及公共利益或重大公众关注的事件，避免就自杀的报道刊于头版；尽量避免用大字标题；避免将自杀方法或某一自杀原因放在标题上，例如“跳楼亡”“烧炭死”“为情自杀”。对报道内容的用字方面，提出不应使用“自杀成功”“自杀失败”“自杀癖”等含价值判断的字眼；要采用“自杀率”取代“自杀风气”或“自杀潮”；报道（尤其涉及知名人士）不可煽情，用字不可夸大；不可歌颂自杀行为或将之浪漫化；不可批评自杀者，也不可予以同情；提及自杀者全名及其他个人资料，有可能令其他自杀高危者以为自杀能引起公众注意，因此传媒的处理手法要特别小心；报道不可详述自杀方法、过程、地点、使用工具、服用的药物和数量等。对相片和图片说明，明确若刊登自杀者相片，自杀高危者会以为自杀后能“见报”，传媒的处理要特别小心；不可采用相片、美工或设计图片详细描述自杀的方法和地点。对电视新闻提出的建议包括：除非涉及公众利益或重大公众关注的事件，电视新闻不可在头条新闻中报道自杀消息；报道时用字须小心及准确；不可详述自杀的过程，小心处理自杀者的背景资料；不可美化自杀新闻。[②]

世界卫生组织在 2014 年发布的《预防自杀报告》中认为，要减少和预防自杀，除了“减少自杀手段的可获得性”外，一项有效措施是“媒体对自杀问题负责任地作出报道，比如避免使用使自杀敏感化的语言（渲染）以及避免对使用方法进行详细描述等”。为此，该组织自 2000 年起多次编发《预防自杀：供媒体工作者参考》，最近一次是 2017 年，其中告诫媒体“不要清楚地描述自杀所使用的方法”“不要提供有关自杀地方/位置的详细信息”“不要使用照片、未经剪辑的视频录像或者电子媒体链接”等。[③]

---

① 参见杜辉：《死亡报道道德失范现象分析》，《新闻知识》2017 年第 2 期。

② 转引自展江、彭桂兵：《媒体道德与伦理案例教学》，中国传媒大学出版社 2014 年版，第 333～335 页。

③ 转引自魏永征：《发布少年自杀影像　顶级媒体何以违背新闻伦理》，《新闻界》2019 年第 8 期。

案例 66

《“不寒而栗”的爱情》引发的媒介伦理争议

案例介绍 》》《南方周末》的一则自杀事件报道

2019 年 12 月 12 日，《南方周末》刊发记者柴会群采写的报道《北大自杀女生的聊天记录：“不寒而栗”的爱情》，披露了“一个发生在高校学生间的不寻常的恋爱样本”：呈现了一对大学生情侣之间的纠葛以至于死亡的故事，其中充满了精神暴力、控制欲、处女情结等关键词。[①] 该报道引来媒体同行批评和讨论。

12 日晚，《三联生活周刊》微信公众号发表署名“尤铭”的文章《有罪推定？——为什么我们不这么报道“不寒而栗”的新闻》，认为“一个公共媒体，不应该发这么一篇轻率的报道”。文章认为在这件因为感情引发的悲剧中，男女双方的冲突是核心，《南方周末》的报道未能遵循平衡报道原则，导致“不愿意配合采访”一方被“舆论踩在脚下”。同时，文章对女方使用化名，男方却以实名报道，未能公平地保护被采访对象的隐私提出了质疑。另外，报道呈现了一个因果关系简单明确的故事，而现实中悲剧的发生往往有更为复杂的原因。

同时，一位据称是“当事女生的朋友”通过微信公众号发表《我是包丽的朋友，真相远比你知道的更可怕》，文章认为《南方周末》的报道“为了夺人眼球有不实和不全之处”，“南周模糊重点，将焦点转移到两人扭曲的关系上”，并提出女生之死的根本原因在于男方对其进行的精神控制和精神暴力，同时贴出大量两人微信对话的截图作为证明。

13 日，媒体人方可成发表题为《〈“不寒而栗”的爱情〉是一篇有问题的报道吗？》的文章，反驳《三联生活周刊》的文章，认为《南方周末》的报道给予了当事男方说话的机会，但他不愿意配合，平衡报道的意思是给各方均等的发声机会。如果任何一方不愿意使用这样的机会，那么这并不是媒体的错。

此后，一篇题为《骂南方周末的各位，你们订阅它了吗？》出现在朋友圈，文章的主要意思是：“中国新闻界最顶尖的市场化媒体，经营已经非常艰难。”“深

---

① 参见柴会群、马晨晨、朱妙杉：《“不寒而栗”的爱情：北大自杀女生的聊天记录》，《南方周末》2019 年12 月 12 日。

度报道已经快搞不下去了。”

案例总结 >> 自杀新闻与平衡报道的规则

对《南方周末》的报道，《三联生活周刊》认为对男方不公，有罪推定，误导读者；女方朋友则认为，报道隐瞒了男方更多恶行，误导读者。《南方周末》则主张报道是客观、平衡的。

媒体人叶伟民认为，三方观点截然对立，其实这是个很标准的“镜像分歧”。《南方周末》的报道虽有瑕疵，但没有“失实”或“失衡”等本质性问题，未严重违背新闻伦理。报道中起码有 5 处记者联系男方求证，对方除了几句简短的话，其他的“不回应”“拒绝说明”“不方便回答”，自己放弃发声，不能怪记者。至于瑕疵，较明显的是不该过多披露女生自杀的细节，这一点很多同行都提到过。此外，只聚焦“是什么”，而没有回答“为什么”，即悲剧背后有无更隐藏和深刻的原因、转折是怎样发生的、类似的问题还有多少、如何避免和解决等。这些内容的缺失，是大遗憾，消解了该报道本该传递的公共价值。这些瑕疵和遗憾，是必须要向记者苛求的。①

然而，在矛盾一方不接受采访的情况下，如何履行平衡报道原则？在中国新闻业界，媒体人更强调的是给对立各方以平等发声的机会，而不是在一方拒绝采访时就放弃报道，甚至在某些舆论监督报道中为倒逼那些不愿出来面对公众的权力部门而使用仪式性平衡报道。比如柴静援引梅尔文·门彻在《新闻报道与写作》里的说法——“尽可能给每一方，尤其是受到指证的一方说话的机会”，认为“尽可能”的意思就是即便有人拒绝采访，媒体也要把他的态度呈现出来，“有些人的观点在片子中必不可少，那就把为了得到他的观点而采取的措施呈现出来”。这是多数媒体人对《南方周末》报道在平衡问题上表示认可的原因。②

方可成认为，《南方周末》的报道并没有严重的结构性问题，不过确实有一些具体的问题和争议之处。一个重要的细节问题，是报道中披露了女方所使用的一种冷门自杀方式，有引发模仿的风险。《美联社新闻写作指南》(*AP Stylebook*)对报道自杀的指南中也写道：“在写作自杀新闻时，不应该详细描述所使

---

① 参见叶伟民：《争议〈“不寒而栗”的爱情〉，到底在争议什么？》，2019 年 12 月 15 日，https://www.sohu.com/a/360573154_681737。

② 参见年度传媒伦理研究课题组：《2019 年传媒伦理研究报告》，《新闻记者》2020 年第 1 期。

用的方法。”①

我国媒体同行间互不批评，是多年以来的一个默认规则，这次《三联生活周刊》公开批评《南方周末》的报道，是传媒业很少见的现象。尊重媒体同行，并不意味着不允许互相纠错、互相监督，但是，批评一定要以专业的形式。《三联生活周刊》与《南方周末》同为主打调查性报道的新闻媒体，专业的纠错方式应该是通过同题报道、更深入更专业的采访调查，展现不一样的真相。至于编辑个人对于新闻业务的批评探讨也值得提倡，但更适合发布在相关专业媒体或个人自媒体上。在这里必须指出的是，腾讯新闻在转载《南方周末》报道的时候，把标题改为《不寒而栗的爱情：因为不是处女，北大女生遭男友精神折磨后自杀》，放大一点，显失偏颇。2019 年新修订的《中国新闻工作者职业道德准则》对此有明确规定：“抵制严重歪曲文章原意、断章取义等不当摘转行为。”②

案例分析》》新媒体语境下的媒介伦理坚守与重塑

《“不寒而栗”的爱情》报道引起的争议，反映出在我国传媒环境快速变迁的进程中，多主体、新实践带来各种传媒伦理新问题。媒介伦理随着新传播技术的发展而演进，新媒体语境对新闻报道提出了新要求，媒体的伦理规范逐渐演变为一个创新发展、动态实践的过程。传统的媒介伦理注重在环境、组织、个体之间建立基于“伦理价值文化”的意识形态连接，而新的传媒伦理重点则是构建“职业伦理＋社会伦理＋技术伦理”的基本框架。

然而，新闻专业精神是新媒体伦理规范不变的内核。“真实、公平、生命至上、最小伤害”是新闻专业精神的重要内容，也是传统媒介伦理的基本要素。③同时，坚持新闻报道的平衡原则也未改变：新闻媒体应拓宽采集新闻的信源渠道，通过对多个新闻源的使用和交代，表明新闻事实的根据，增加新闻的真实性；通过集纳各方信息，兼顾矛盾各方，防止新闻报道的“一边倒”，实现新闻报道的平衡。记者也应把握好单篇报道的平衡，重视新闻报道的整体平衡，不漏报、瞒报重大新闻事件，注意报道价值取向的适当平衡，以增加媒体的公信力。④

在新媒体环境中，新闻生产主体对于新闻采编、信息引用必须预先评估传播效果，考虑新闻报道对信源尤其是个人用户可能造成的风险与影响。如本案

① 参见方可成：《〈“不寒而栗”的爱情〉是一篇有问题的报道吗?》，2019 年 12 月 13 日，https://www.huxiu.com/article/330970.html。

② 参见年度传媒伦理研究课题组：《2019 年传媒伦理研究报告》，《新闻记者》2020 年第 1 期。

③ 参见欧阳照、张鑫蕾：《新媒体语境下媒介伦理问题的再思考》，《青年记者》2019 年第 33 期。

④ 参见李良荣、赵智敏：《试析当前新闻报道的平衡原则》，《新闻爱好者》2009 年第 3 期。

例中，对新闻当事人的身份信息和生活隐私进行了无必要的披露，给其家属造成一定的心理压力，从而造成了“二次伤害”。与此同时，新闻媒体及新闻工作者应实现新闻伦理自律——以伦理规约或专业理念和价值观对自己的职业行为进行自我“授权”和自我“限权”，培养职业理念和操守。①

严三九教授指出，新闻工作者要充分认识到自身的角色特点，认识到自己的信息传播行为通过传媒体系能够对社会产生的影响，杜绝违反传媒伦理的采编行为，强化“自我把关”意识，从根源上确保信息、内容的真实与全面。同时，也应加强传媒从业者的信息辨别意识与求证能力，提升新媒体素养，确保新闻信息在人文关怀、舆论引导、网络生态建设等各个方面成为表率，最大限度地压缩新媒体伦理失范现象的空间。②

在新媒体语境下，新闻失范激起的浪花已经呈现扩散之势，重塑一种新闻伦理不仅是拯救新闻专业主义的必要条件，也是维护信息生态健康、有序，实现社会和谐、平衡的助推因子。传统的新闻伦理中，理性和责任的向度更多是从“事实”层面来加以表现，即在追逐新闻报道真实、全面、客观、不偏不倚的诉求中彰显理性和责任。现如今，这种取向应转变为“事实”和“人文关怀”的并重，用一种人文价值去充实新闻伦理成为必然。③

---

① 参见展江：《各国舆论监督的法律保障与伦理约束》，《中国青年政治学院学报》2005 年第 4 期。

② 参见严三九、刘峰：《试论新媒体时代的传媒伦理失范现象、原因和对策》，《新闻记者》2014 年第 3 期。

③ 参见刘丹凌：《困境中的重构：新媒体语境下新闻专业主义的转向》，《南京社会科学》2012 年第 2 期。

案例 67

传媒监督权的正当行使与滥用

案例介绍》《京华时报》对农夫山泉的创纪录批评报道

2013 年 4 月 10 日，农夫山泉的“标准门”事件因《京华时报》①的报道而进入人们视野。在 27 天的时间里，该报使用 67 个版面、76 篇报道对农夫山泉瓶装水的标准问题进行报道，创造了“一家媒体批评一个企业”的记录。该报的报道称，农夫山泉“标准不如自来水”，引发了不少市民对饮用水问题的强烈担忧。事件持续发酵，从瓶装水的标准问题演变为一场企业和媒体间的争执，造成农夫山泉企业损失超过 20 亿元，并导致农夫山泉桶装水退出北京市场。

5 月 6 日，农夫山泉在北京就标准问题召开新闻发布会，实证自己标准严苛于国标、地标，认为《京华时报》的报道是虚假新闻、媒体暴力，并已向北京市中级人民法院提起诉讼，要求《京华时报》赔偿名誉权损失 6000 万元。

11 月 4 日，农夫山泉派员赴京举报《京华时报》，称《京华时报》今年 4 月 10 日至 5 月 7 日连续发表针对农夫山泉的负面新闻，捏造事实，进行虚假报道，对公司造成严重损害。当日，国家新闻出版广电总局受理该举报，表示会按照举报处理程序进行操作。

案例总结》媒企争执中的传媒监督与“京华疑云”

农夫山泉与《京华时报》的持续缠斗，从企业危机公关角度看，农夫山泉的回应态度和发布会上的措辞，缺少应有的诚恳和歉意。与媒体较真的结果是企业利益大大受损。而事件中的另一方《京华时报》，则在传媒监督方面暴露出行使监督权的限度问题。陈力丹教授撰文对媒体行为提出质疑：一家国有资产的报纸以公共版面，连续数日、超大规模地报道一家企业的问题，双方的争执本身成为焦点，是否恰当？传媒的监督程序和传媒监督的必要前提是什么？传媒能

---

① 《京华时报》原是由人民日报社主管主办的新闻类综合性都市日报，创刊于 2001 年 5 月 28 日。2011 年 9 月，改由北京市委宣传部主管主办。2016 年 11 月，主管主办单位变更为北京日报报业集团，2017 年 1 月 1 日起休刊。

从新闻的报道者演变为新闻的主角吗？

正当农夫山泉与《京华时报》争执不下之时，《京华时报》的发行部门一直投资饮用水行业的消息在网络上被爆出。“京华时报不仅仅是报社，还是一家卖了十年桶装水的企业。京华时报特供水有三个品牌：8益泉、德溢源、8贝水。”网民的爆料很快得到证实：登录《京华时报》发行中心的网站，在配送产品的下拉菜单选择中，便有各种类型的桶装水可供购买，并且还有小蓝帽送水的广告。这一新闻的披露无疑为公众全面了解这场争执增添了新的背景信息。《京华时报》的暧昧身份，使公众对其在价值冲突下的舆论监督动机质疑。①

东方网的评论称：“一家媒体多种经营不是坏事，但集中火力抨击一家与自己有交叉经营项目的企业，即便纯属巧合，也难免给人留下太多的遐想空间。……媒体有监督企业的权利，同时更需自证清白。若不能证明自己经营的桶装水和农夫山泉在京生产桶装水存在竞争关系，无论京华时报的报道再真实，也不利于这家报纸的声誉。”“《京华时报》对农夫山泉穷追不舍的‘韧性战斗’精神，更让人对这样的媒体行为和报道动机产生怀疑。”②

对于农夫山泉和社会提出的质疑，时任《京华时报》总编辑助理苏宁认为，整个报道是关于农夫山泉的标准，从未涉及农夫山泉的质量。苏宁承认系列报道使用了很多版面，是开创了媒体批评企业的纪录，但使用的版面数量并不过分。对于《京华时报》创下批评企业的纪录或者被批评为舆论暴力，她不接受这一批评，认为该报报道是正当舆论监督，否认该报选择农夫山泉进行负面报道有媒体私利考虑。

但资深公关人士高明认为：《京华时报》如果是以公信力、追求事实真相为标准进行报道，要做的第一件事情是先拿水样去测一测。如果讨论的是标准问题而不是质量问题，那为什么不一开始就告诉我们“标准标得不对”而是说“水质不如自来水”？另外，《京华时报》在报道中频频援引的“中国民族卫生协会健康饮水专业委员会”并不是一个真正的全国性的权威性机构。③

案例分析 》》 传媒应服务公众而非为自己造势或谋私利

《京华时报》对农夫山泉的监督报道到底有没有问题？

---

① 参见陈力丹、毛湛文：《规范传媒监督行为》，《新闻记者》2013年第6期。

② 参见刘海明：《“京华疑云”中的媒体良知安在？》，2013年5月7日，http://www.cntgol.com/Announcement/2013/0507/19426.shtml。

③ 参见王贺新：《转型期的中国媒体与企业关系重构》，《新闻记者》2013年第6期。

陈力丹教授对该案例作了专业而细致的分析。他对北京地区几份主流都市报的报道进行比对后发现，《京华时报》以外的媒体对农夫山泉标准问题都没有倾注超常的精力，报道规模和力度都远远不及《京华时报》。《京华时报》对此事的新闻价值判断，显然超过了整个行业判断共识的基准。除了报道规模外，《京华时报》对农夫山泉的监督报道后来变质为这样一种情形：改变领导人活动的新闻主题，滥用编辑权和发稿权，通过版面造势压人。

我国报纸的新闻版面是公共资源，报纸作为一类传媒组织，只有义务使用这样的资源来为公共利益服务，而无特权为自己造势，更不允许谋取传媒的私利。传媒为公众提供新闻产品，理应从维护公众的最大利益出发，以新闻价值来选择事实和完成报道，兼顾公平正义，合理分配版面资源。然而，27 天时间里，使用 67 个版面、76 篇报道的超常报道规模，不是揭示农夫山泉的水质量到底是否有问题，而是与这家企业就其他具体问题进行争执，这意味着报纸自然会牺牲掉其他更有价值新闻的报道。

传媒监督维护的是社会公共利益，公众渴望弄清答案的最大问题是：农夫山泉的水质到底怎么样？以后还能不能喝？喝了有没有危害？而《京华时报》持续近一个月的报道，一味较真、反复纠缠的只是执行标准，始终没有直面水质安全和对百姓健康影响的问题。于是，这场争执也逐渐演变成了无谓的口水战，距离维护公共利益的目标越来越远。

《京华时报》一直没有拿出足够的证据来证明农夫山泉的水不安全，证据的缺失也削弱了传媒监督的说服力。《京华时报》一方面是对饮用水市场进行监督的媒体，另一方面又是涉足饮用水经营的市场主体。《京华时报》暧昧的身份让监督本身的正当性也受到了挑战。《京华时报》这次的监督，带给中国传媒的教训在于：谨防把传媒监督的“权利”当作“权力”使用。公道自在人心，当舆论监督的真正主体——民众开始借助新技术站到前台时，媒体借助话语优势打压报道对象的做法，只会为传媒的形象减分，逐渐失去自己的受众和市场。[①]

张志安教授从消息来源的权威性、报道的准确性、报道的选择性、报道用力程度、媒体进行监督报道的时间、是否预想到公众的感受、媒体是否存在预设立场等七个方面来反思，认为《京华时报》在报道事实上无问题，但专业规范有瑕疵。其主要问题在于：对标准问题的新闻价值判断、对农夫山泉的监督方向欠准，对这个题材的版面投放过度。今后，媒体监督企业过程中必须非常审慎，避

---

① 参见陈力丹、毛湛文：《规范传媒监督行为》，《新闻记者》2013 年第 6 期。

免因选择、放大或失实而让企业蒙受不必要的损失。①

由于新媒体的冲击和市场环境的变化,《京华时报》身陷困境,亏损严重,突围未果。2016 年 12 月 31 日,《京华时报》走完了纸质版的最后一程。从 2017 年1月 1 日起,有 15 年历史的《京华时报》纸质版正式休刊。

① 参见王贺新:《转型期的中国媒体与企业关系重构》,《新闻记者》2013 年第 6 期。

案例 68

刘强东案中的“利益集团式新闻”

案例介绍 》 刘强东性侵案与媒体的倾向性报道

2018 年 8 月底，21 岁的明尼苏达大学女留学生在美国明尼阿波利斯指控刘强东在一次聚餐后强暴了她。刘强东方面对此始终予以否认。2018 年 12 月 21 日，美国检方作出对刘强东不予起诉的决定。

美国时间 2019 年 4 月 16 日，指控刘强东强奸的明尼苏达大学学生提起民事诉讼，外媒称其要求赔偿 5 万美元。财新记者查阅明尼苏达州法院官网，亨内平郡(Hennepin County)法院的记录显示，4 月 16 日，刘强东和京东成为诉讼被告，案件类型为“人身伤害”。诉讼记录未披露具体的赔偿金，但首次确认涉事女性的姓名为“Liu Jingyao”。17 日，刘强东代理律师 Jill Brisbois 称目前对此无法发表评论，但认为起诉缺乏事实依据，将坚决对不实指控进行辩护。

京东集团代理律师 Peter Walsh 向澎湃新闻发来的声明称：“我们目前对此无法发表评论，但我们将坚决地对这个不实的指控进行辩护。”此次事件的具体详情，刘强东方面与涉事女士方面各执一词。①

4 月 22 日，此前从未发过微博的用户“明州事记”发布了两段视频，并配文字“刘强东明州案晚宴视频曝光，女方未醉酒主动跟随”“仙人跳实锤？明州案公寓视频曝光女方举止亲密主动邀请刘强东进入”。这两段来源不明、未经查证的视频直接成为许多专业媒体报道的内容。

《南方都市报》官方微博于 4 月 23 日晚发表题为《网传刘强东“明州案”公寓监控！匿名录音曝光女生向律师索要钱财》的报道，称此前南都记者收到匿名邮件，发信人有刘强东代理律师和女方当事人的谈判录音。《南方都市报》发布并翻译了这段录音。

南都和其他媒体依据来源不明的单一信源所作的报道，引起业内强烈批评。资深媒体人宋志标指出，南都的这个报道没有记者署名，对材料来源、真实

① 参见温婧：《刘强东性侵案起诉书曝光》，2019 年 4 月 18 日，https://mp.weixin.qq.com/s/S2d6ZPQo0JcO7bHrZUNkMg。

性不作推敲，完全照搬其他报道。这当然不符合一个机构媒体的基本做法。[①]学者方可成认为，不知真假、不知是否完整、没有当事人回应的情况下，一家重要媒体就把自己完全当成了某一方的传声筒。媒体对刘强东案音视频的报道反映出机构媒体的堕落与溃败。[②]

案例总结 >> “资讯操纵”与媒体的“利益集团式新闻”

刘强东是家喻户晓的电商“大佬”，事件一经传出就引发了社会广泛关注。鉴于刘强东给大家留下的良好社会形象，很多人倾向于相信刘强东是被冤枉的。在等待警方公布调查结果期间，网上各种版本的传闻铺天盖地。而《南方都市报》作为机构媒体，在刘强东案中的报道很明显违背了新闻业最基本的新闻专业主义原则以及新闻伦理，因而遭受了一系列强烈批评。

除了《南方都市报》，其他媒体也对刘强东案作了不恰当的报道或转发。财新网更因其报道被网络媒体修改了标题，歪曲了报道原意，误导了公众而提出法律交涉：

> 2019 年 4 月 26 日，财新传媒发布《反侵权公告(44 号)：对凤凰网科技、新浪微博擅改标题歪曲财新文章的强烈谴责》，侵权公告指出，财新网于 2019 年 4 月 26 日发布原创文章《独家|刘强东案女事主回应：“我一直在拒绝”》，凤凰网科技微博未经财新网授权许可，通过微博发布信息擅自将文章标题修改为《刘强东案女生曾承认自愿发生关系》，仅引用关于警方询问的描述内容来强化标题“承认自愿发生关系”，引起大量评论及转发；凤凰网科技擅自修改的标题及引用内容的表达方式，严重歪曲了财新网文章的真实意思表示，此种行为，不仅严重侵害了财新对文章所享有的著作权利，亦严重误导广大用户。同时，除凤凰网科技外，在手机的锁屏显示通知中，新浪微博的锁屏通知显示通知为“刘强东案女生曾承认自愿发生关系”。新浪微博同样擅自修改了财新网文章的标题、歪曲了财新网文章的真实意思表示，严重侵害了财新网对文章所享有的著作权利和严重误导广

---

① 参见宋志标：《只谴责南都是不够的》，2019 年 4 月 24 日，https://songzhibiao.blog.caixin.com/archives/203230。

② 参见方可成：《刘强东案音视频：机构媒体的堕落与溃败》，2019 年 4 月 24 日，https://www.huxiu.com/article/295983.html。

大用户。①

上述几则媒体报道因核心事实真实性不明、倾向性明显，有迎合受众趣味倾向，故而违背新闻专业主义及媒体伦理，应该受到批评。同时，新闻报道的立场倾向让人怀疑其可能受到“资讯操纵”，导致媒体的新闻选择违背了新闻价值准则，作出了“利益集团式报道”。这种类型的新闻报道可能会在更大程度上对新闻业造成腐蚀，对新闻受众造成误导，同样值得警惕。方可成认为，在刘强东案最近的进展中，许多机构媒体抛弃了专业守则和职业操守，出产了大量不合格的内容产品，说是堕落和溃败，并不为过。

案例分析 >> 媒体不要做资本的“网军小弟”

随着网络技术的迅猛发展，新兴媒体的迅速发展为价值观传播和文化输出提供了更多动能与途径。在新的形势下，媒介网络话语权的争夺尤为利益攸关。在此背景下，“利益集团式新闻”应运而生，这在刘强东案中表现明显。

美国学者比尔·科瓦奇和汤姆·罗森斯蒂尔在《真相：信息超载时代如何知道该相信什么》一书中曾经对“利益集团式新闻”进行过简要分析。他们认为，随着传统新闻编辑部的缩小，利益集团意识到自己可以制作新闻，控制新闻流程，然后通过覆盖较广的主流媒体进行发布。这类报道就个人而言可能正确准确，但消费者必须小心其背后的目的，因为真正的目的决定了它们对报道什么和不报道什么的选择。“利益集团式新闻”通常不能满足全面报道标准，就因为绘制一幅全面而准确的地图不是它的目的所在。② 制造“利益集团式新闻”的目的不是传播信息，而是控制新闻流程，影响舆论。对于专业媒体而言，涉入此类报道的基本原则是“新闻必须全面而均衡”，为公众呈现一幅公正而全面的新闻画面。但是包括《南方都市报》在内的众多专业媒体却像看热闹的“吃瓜群众”一样，“不知真假、不知是否完整、没有当事人的回应”，就把“自媒体”内容原样发布，“一家重要媒体就这样把自己完全当成了某一方的传声筒”。针对当前大变革中的专业媒体，有学者指出，市场化初期所带来的丰厚利润曾经支撑了中国新闻业者对于专业性的追求，也带来业者的“从容”，然而数字化对于媒体市场利润的冲击摧毁了这种“从容”，商业上的焦虑已经构成了这个群体的支配

---

① 参见财新网传媒有限公司法律部：《反侵权公告(第44号)：对凤凰网科技、新浪微博擅改标题歪曲财新文章的强烈谴责》，2019年4月26日，https://www.caixin.com/2019－04－26/101409065.html。

② [美]比尔·科瓦奇、汤姆·罗森斯蒂尔：《真相：信息超载时代如何知道该相信什么》，陆佳怡译，中国人民大学出版社2014年版，第52页。

性情感经验。毫无底线的操作频生，专业媒体的商业焦虑恐怕是重要原因之一。[①]

在传媒商业化经营的背景下，媒体追逐商业利益本无可厚非。问题在于，当媒体仅仅以商业利润作为追求目标时，势必会影响媒介社会责任的实现。媒体不仅仅是所有者的媒体，媒体也是所有影响媒体或受媒体影响的团体及个人的媒体。媒体不应只服务于所有者的利益，应该尽可能实现利益相关者的诉求。[②]

王天定教授认为，如果媒体可以寻找各种借口玩弄事实，将使社会失去真实信息自由流动的前提，在摧毁了新闻业自身的合法基础的同时，也摧毁了社会的信任基础。[③]

在传媒业转型的当下，面临生存压力的专业媒体如何防范网络空间的资讯操纵，不做资本或其代理人（公关公司）的网军小弟，避免媒体服务于商家掌控网络舆论风向的意图，是一项极其重要的现实问题。资深媒体人宋志标曾专门就此撰文，认为资讯操纵是比假新闻更厉害的信息污染。[④] 现摘录该文如下，供读者思考：

> 资讯操纵作为一种成熟的信息干涉，问题在于对人们认知的特定影响，以及对三观的有意识改建。透过媒体看到的一定是变形的世界，这是很早就有的预警：注意资讯操纵的进攻性与侵略性。
>
> 社交媒体是最容易进行资讯操纵的地方，这已经被世界范围内包括选举在内的许多案例所证明，而且这种信息操纵仍将继续。德国、法国、新加坡等都出台了相关法案，法国直接言明是《反资讯操纵法》，新加坡叫《防治网络不实和操纵内容罪》，显示反资讯操纵已是趋势。
>
> 上海发生少年跳立交桥自杀一事后，魏武挥发文批评媒体的表现，说值得他尊重的媒体越来越少。一个原因在于，机构媒体在与自媒体竞夺流量时，对新闻报道与资讯操纵的界限认识不清，或者故意模糊边界意识，新闻业艳羡资讯操纵的生意，被深深吸引、扭捏卷入，观感当然很差。
>
> 这也是南都充任那个角色所揭示的大难题：资讯操纵中最重要的部分

---

① 参见年度传媒伦理研究课题组：《2019年传媒伦理研究报告》，《新闻记者》2020年第1期。

② 参见王亮：《媒体应该对谁负责？——媒体利益相关者的界定和分类研究》，《传媒观察》2012年第12期。

③ 参见王天定：《媒体可以放“烟幕弹”吗》，《新闻记者》2001年第7期。

④ 参见宋志标：《只谴责南都是不够的》，2019年4月24日，http://songzhibiao.blog.caixin.com/archives/203230? cxw=IOS&Sfrom=Wechat&originReferrer=iOSshare。

是组建代理人网络，在新闻羸弱舆论僭越的今天，机构媒体成为操纵者俯视与挑拣的菜肴，行业中人身不由己，不做生意就要付出代价。强公关与弱媒体的力量对比，让坚固的东西极易瓦解，而受众似乎不在乎。

资讯操纵像是一股时代浪潮，被掌握资源的势力和富豪任意使用、按需使用。你做的是新闻还是生意、是服从原则还是接受号令、是放弃立场还是随时转变立场，每一天都在考验着人。眼球经济从未如此势利，眼光也从未像今天这样珍贵、稀缺，真是一个世纪难题。

案例 69

媒体人的言论自由与新闻职业规范

案例介绍 >> 网络直播解说员发表不当言论

2017 年 3 月 22 日,“2018 俄罗斯世界杯”亚洲最终预选赛的“中韩大战”前夜,央视 5 套在网络直播韩国队训练时,解说员刘嘉远竟然在直播中说:“该去韩国队酒店放鞭炮,就当过年了。没有炮就把锣啊锅啊,拿到酒店敲一敲……把时间分配好,别一窝蜂地去,比如一点去一拨,等三点做梦呢再去一拨,早上再来个广场舞……”

由于当时节目是直播,刘嘉远现场言行都被直接播出了。之后知名足球人李璇发微博提醒:有的人是听不出你是玩笑还是说真的,所以真要小心说话。万一闹出丑闻就不好了。[①]

果然,该言论引发网友争议,很快把刘嘉远置于风口之上。[②] 网上多篇文章就“央视主持人动员球迷放鞭炮骚扰韩国队”作出评论。有网友指出,在绝对实力面前,任何阴谋诡计都是无用的,何况是这种下三烂的手段。

23 日,刘嘉远在其实名认证微博(昵称:我是嘉远)就不当言论作出解释:“纯粹电视直播节目外的新媒体端网友互动闲聊,被某些同行演绎成了电视直播煽动并造势,年轻想不到啊,很多圈里好友劝诫今后莫开玩笑,人心难测。更有些严肃的朋友着急了一晚上,生怕韩国队睡不好。天亮了,能想通缘由的朋友自然会对大战前的氛围会心一笑。”

案例总结 >> 媒体人发表公共言论应注意理性

对于刘嘉远的表态,有网友评论道:“哥哥,你是在央视,不是在德云社……

---

① 参见绿茵猫:《央视解说:今晚上球迷可以在韩国队酒店前放鞭炮过年》,2017 年 3 月 22 日,https://www.sohu.com/a/129822652_511145。

② 参见齐帅:《央视体育又出了个“黄健翔”号召球迷放鞭炮 玩笑开大了!》,2017 年 4 月 9 日,https://www.sohu.com/a/132889824_351928。

你不仅代表你自己，更不仅仅代表央视，而是代表咱们中国媒体从业人员的素质。"[①]的确，这位解说员的问题在于：没有弄清楚个人身份与职业身份、个人言论和公共言论的边界。

在直播镜头面前，解说员所代表的是其所在媒体的形象。所发表的言论是面向全体公众的。因此，有些言论，在私下可能问题不大，但放在工作中就极不妥当，甚至违背职业道德，会造成恶劣的社会影响。比如，媒体人就不应该煽动狭隘的民族主义，不能侵犯他人隐私，更不能无端猜测、造谣生事。

刘嘉远把让网友去韩国队入住酒店外放鞭炮解释为"新媒体端网友互动闲聊"，言外之意似乎因为是与网友互动就可以降低对其行为的职业规范要求。但实际上传媒业规范和禁忌并不因为传播载体的变化而变得无关紧要，甚至由于新媒体广泛扩散的便利性，而变得更加重要。[②]

刘嘉远在央视直播节目中发表"到韩国队酒店放鞭炮"的言论，不仅违背了体育竞技精神，还对社会舆论造成了错误导向。在3月22日晚的直播过程中，就有网友在节目评论中讨论"给韩国队捣乱"的方法了——有的说"直接停热水"，有的说"需要这种招数吗，不给他们提供泡菜就行了"。在刘嘉远关于此事的微博评论中，不少网友对韩国骂声不断，充斥着污言秽语，极不文明。由此可见，刘嘉远的言行不是一个职业媒体人应有的立场与态度。在播出这场中韩足球比赛时，央视没有再让刘嘉远出现在节目之中，这无疑是正确的举措。刘嘉远"鼓吹放鞭炮"的言论，事情虽小，折射出来的问题却不容忽视，值得高度重视。

媒体人作为个体，自身情绪和言行都不可避免会受到个人价值观的影响。然而在媒体平台发言，媒体人即是该媒体机构的有机组成部分甚至是代言人，其一言一行便不再是个人行为，在某种程度上代表整个媒体机构的态度与立场。

作为媒体行业的专业人士，媒体人在公共领域发表言论，万不可将媒体作为自己发泄一时情绪的通道，应当本着专业精神，理性发表公共言论，传递党的方针政策，维护国家的利益，反映公众的需求，保护民众的权利。[③]

案例分析 >> 媒体人的言论自由与新闻职业规范

本案例除涉及媒体人的新闻职业规范，也体现了言论自由（freedom of speech）及其边界问题。言论自由是公民的一项基本人权。我国《宪法》第35条

---

① 参见年度传媒伦理研究课题组：《2017年传媒伦理问题研究报告》，《新闻记者》2018年第1期。

② 参见年度传媒伦理研究课题组：《2017年传媒伦理问题研究报告》，《新闻记者》2018年第1期。

③ 参见董天策、何宏亚：《媒体人的公共言论要理性》，《新闻与写作》2017年第6期。

对公民的该项权利作了确认。第 51 条则明确了言论自由的边界:"中华人民共和国公民在行使自由和权利的时候,不得损害国家的、社会的、集体的利益和其他公民的合法的自由和权利。"

与我国法律采用笼统限制的立法技术不同,对言论自由(表达自由,freedom of expression)最经典权威的表述体现在《政治权利和公民权利国际公约》第 19 条,该条规定:

> 一、人人享有保持意见不受干预之权利。
>
> 二、人人有表达自由之权利;此种权利包括以语言、文字或出版物、艺术或自己选择的其他方式,不分国界,寻求(seek)、接受(receive)及传播(impart)各种消息及思想之自由。
>
> 三、本条第二项所载权利之行使,附有特别责任及义务,故得予以某种限制,但此种限制以经法律规定,且为下列各项所必要者为限:
>
> a.尊重他人权利或名誉;
>
> b.保障国家安全或公共秩序,或公共卫生或风化。[①]

我国政府早在 1998 年 10 月就已签署了该公约,只待全国人大常委会批准,该公约就会产生国内法效力。第 19 条是对表达自由的完整表述,不仅明确了表达自由的内容(表达权、知情权),也说明了表达自由实现的方式(通过报刊、广播电视、电影、互联网等所有传播媒介)。同时明确了表达自由的边界及其限制方法:只能依据狭义的法律来限制,把政府依据行政法规、规章,甚至红头文件限制公民基本权利的行为排除在合法之外。限制的理由仅限于该条款列明的几项:他人权利或名誉;国家安全或公共秩序;公共卫生或风化。除此之外,任何理由都不可以限制公民的表达自由。第 19 条体现了公民基本权利的法律保留原则和精确限制、最小化限制等原则,从立法技术上最大限度地防止政府或其他公共权力限制表达自由。我国的制度现状与第 19 条有所不同,主要依据《宪法》第 51 条和其他法律、法规等确定公民表达自由的边界。在法理上,自由和权利得到法律的保障,也要接受法律的限制。违反法律规定滥用言论、出版自由和新闻自由,侵犯国家、社会和集体的利益以及他人权益的行为将会构成违法、侵权乃至犯罪,要承担相应的法律责任。

刘嘉远言论引起的争议提醒我们,媒体人作为公民,并不享有超越法律的特权,既享有言论自由,也要遵循言论自由的边界。当然,同时还要接受新闻伦理规范的约束。

---

① 转引自魏永征、周丽娜:《新闻传播法教程》(第 6 版),中国人民大学出版社 2019 年版,第24 页。

后 记

本书为山东大学新闻传播学院在部校共建背景下组织编写的《马克思主义新闻观实践案例集》的组成部分，是学院重点出版的系列图书之一。本书的撰写是以案例研究范式为基础，辅以理论分析和学术探讨，目的是为新闻传播学科进一步展开马克思主义新闻观研究和教育提供素材和依据。

在山东大学一校三地一体化建设的格局下，本人有幸参与并见证了山东大学新闻传播学科优质资源共建共享和一体化建设进程，为学科发展略尽绵薄之力。本书出版得到山东大学新闻传播学院的大力支持，威海校区文化传播学院也提供了部分出版资助，在此一并表示谢忱！

本书集纳了本人为山东大学威海校区文化传播学院新闻学专业本科生讲授7年“大众传播法与伦理”、为山东大学新闻传播学院新闻与传播专业硕士生讲授3年“新闻传播政策、法规与伦理”课程的心得。本人所教授的山东大学新闻传播学院博士生杨林和威海校区文化传播学院新闻学硕士生仲少华、李瑞、王也、孔令媛、李佳、张晓涵、陈力双、赵晗阳、张贺琼、陆茜、周姝丽、毛红敏、闫利超，以及山东大学新闻传播学院硕士生鹿文玉先后参与本书的案例收集、理论思考、问题分析，在此过程中师生切磋，教学相长。欣慰的是，历数年辛劳，不少学生对传播法与伦理产生了浓郁兴趣，并循此方向学习深造或作为终身志业，有望成为传媒法治的新生力量。特别需要说明的是，英国曼彻斯特大学法学博士、浙大宁波理工学院传媒与法学院的吴泓老师给予本书极大的帮助和支持，在此表达衷心的感谢。吴博士对传播法问题有浓厚兴趣，他以饱满的热情和不凡的创造力积极投入到传播法的学术研究中来。

本书所选取的案例皆为我国发生的典型传播法与伦理案例，案例解析力求专业、精到、可读性强。本书作为魏永征教授的经典教材《新闻传播法教程》（普通高等教育“十一五”国家级规划教材、教育部普通高等教育精品教材）的姊妹书，同时以展江教授之媒体道德与伦理分类标准为根据，为网络环境下的传播伦理提供案例解读。本书既能作为国内高校新闻传播学、法学学科本科生、研究生的教材使用，也可供对传播法律和伦理问题有兴趣的社会各界人士阅读使用。

人生苦短。本人在地方党报工作十年后萌生学习之意,先后在山东大学法学院攻读硕士学位、中国人民大学新闻学院攻读博士学位。又一个十年寒窗,终得从新闻业界转到学界。求学路上识得魏永征、徐迅、展江、陈绚、李丹林、吴飞、顾理平、张志安、富敏荣、林爱珺、陈堂发、范玉吉、孙江、姚泽金、肖金明、周长军、刘明洋等诸恩师先进,还有众同道友朋,一起培育拓展传播法与伦理这一充满生机的学术园地。

感谢导师陈绚教授引我入门!感谢魏永征教授一直以来的奖掖提携,恩德铭感于心!魏老师欣然为本书作序,并审阅全书,从传媒法和伦理的治学高度阐言案例评析之重要,顿使本书增色加分!本人诚惶诚恐,唯愿本书能助各位在"案例推动理论研究"的道路上"有所创新,有所发明,有所前进",则心安矣!

只是令我痛心万分的是,本书尚未付梓的 2021 年 7 月 23 日清晨,传来恩师陈绚教授已于两日前病故的噩耗!最后一次与导师通话是在 7 月初,当时我正在筹办"中国传媒法研究的源流与前景"高峰论坛,本想邀请导师来宁波参会,并分享魏永征教授荣升"80 后"之喜悦,谁知电话里传来陈老师虚弱柔和的声音,说很累,正在休息。随即找同门师妹问询,被告知导师生病了,但无大碍。谁知短短两三周后,还未及赴京拜谒,竟然就天人永隔!导师的离去是徒儿心中永远的痛!导师的学术期许和未竟事业,弟子们当真心体认、勠力接续!

张文祥
2020 年 7 月 15 日初稿于威海玛珈山下
2021 年 4 月 22 日修改于宁波启航城寓所
2021 年 9 月 1 日终稿于浙江大学宁波校区